私たちの
セクシュアル・ウェルネス

女性の体・性・快楽のメカニズム

エミリー・ナゴスキー 著
高尾美穂 日本語版監修
小澤身和子 訳

日経ナショナル ジオグラフィック

私の生徒たちへ

私たちのセクシュアル・ウェルネス　女性の体・性・快楽のメカニズム　目次

第4部　エクスタシーは私たちのもの

※本文中の（　）は訳注を、文章脇の数字は巻末に原注があることを示す。

この本の主な登場人物

エミリー・ナゴスキー

本書の著者。
長年、大学や大学院で教えてきた性教育のスペシャリスト。
現在は執筆と講演活動を中心に、大学生や一般の人々への指導や、
専門家へのトレーニングも行っている。
以前、セックスに積極的なタイプだったが深く傷つく経験をし、
その後に出合った今の仕事に、自分自身も救われた。
悩める女性たちが自信を取り戻し、健康な性生活を送れるように、
セクシュアル・ウェルネスの科学と芸術をさらに追究する日々！

Olivia

オリヴィア

心理学専攻の大学院生。エミリーの元生徒。
セックスにとても積極的で、特にストレスを感じると性欲が高まる。
それはクリトリスが大きめで、男性ホルモンが多いせいだと
思っているが……。
反対に、パートナーのパトリックは穏やかな性欲の持ち主なので
いつも彼にプレッシャーをかけているような気になり、
それがまたストレスを生むという悪循環に陥っている。

Camilla

カミラ

イラストレーター。エミリーの元同僚。
知識としてのセックスにはとても興味があるが、
実際の行為としてのセックスにはなかなか積極的になれない。
結婚して5年になる夫のヘンリーのために、
もっと頻繁にセックスしたいと思えたらいいのにと思っている。
やっと気持ちが高ぶっても濡れないことがあり、不安を感じている。

Merritt

メリット

ボーイズラブの小説家。更年期前のレズビアン。
パートナーであるキャロルとは20年近くをともに過ごし、
キャロルの産んだ10代の娘と3人で暮らしている。
両親が厳格なキリスト教徒だったために、
セックスとは隠すべきものと教えられてきた。
オーガズムに達しないことが多く、セックスは面倒なものでしかない。

Laurie

ローリー

幼い息子を育てるワーキングマザーで、大学院生でもある。
出産を経て体つきが変わってしまったことが悩み。
妊娠以降は夫のジョニーとセックスしたいと思えなくなり、
快感も得られない。なのに、ひとりでバイブレーターを使えば
オーガズムにすぐ達し、性欲がないわけでもない……？
夫にそれを知られたら傷つけてしまいそうで、ひどく混乱している。

KEYWORDS

この本に登場する主なキーワード

キーワード	意味	取りあげる主な章
二重支配モデル	脳内にある性的反応のメカニズム。「性のアクセル」と「性のブレーキ」という2つの普遍的な構成要素で成り立つ。	第2章
SE 性的興奮システム	脳内で性的反応を加速させる、性のアクセルのこと。	第2章
SI 性的抑制システム	脳内で性的反応を抑制する、性のブレーキのこと。	第2章
〈文脈〉	あなたの置かれた状況や現在の精神状態。体や脳と同様、セクシュアル・ウェルネス（性の健康）に大きく影響する。	第3章
（感情の）「一つの指輪」	愛、ストレス反応、嫌悪など、あらゆる感情反応は「学び」「好き」「欲求」からなる脳の機能に集約される。その3つの機能の集合体のこと。	第3章
ストレス反応サイクル	ストレスを解消しようとする脳のメカニズム。始まり、中間、終わりのプロセスがあり、それを完了できないとストレスは収束しない。	第4章
体感覚	ストレスを受けた体に潜在し、治癒のプロセスにおいて無意識に表出したり、抑圧されたりする感覚。	第4章
セルフ・コンパッション	自分への思いやり。自己批判の対極にある、自分自身を大切に扱う能力のこと。	第5章
（性的興奮の）不一致	性器の反応が、そのときに起きている性的興奮や欲望と一致していないこと。	第6章
自発的な性欲	外的な刺激やきっかけがなくてもセックスをしたくなる、積極的な性欲。	第7章
反応的な性欲	性的なきっかけや行為が始まることによってセックスをしたくなる、受動的な性欲。	第7章
リトル・モニター	脳内の小さなモニタリング装置。自分自身に対する期待、努力とその成果を常に監視し、成果がともなわないときにプレッシャーをかける。	第8章
「NOジャッジ」の姿勢	内にある感情をただ認め、それに対して良い／悪いという判断をしないこと。マインドフルネスのスキルを上げることで身につく。	第9章

序章

大丈夫、あなたは正常です

性教育者をしていると、たくさんの質問をされます。大学の食堂で、料理がのった皿を手に持ったまま、オーガズムについての質問に答えたことがあります。会議が行われているホテルのロビーで呼び止められて、バイブレーターについて質問されたこともあるし、公園のベンチでSNSをチェックしていたら、見知らぬ人から、性器が左右非対称であることについて訊《き》かれたことも。また、学生から、友人から、友人の友人から、見ず知らずの人から、性欲や性的興奮、快楽、痛み、オーガズム、フェチ、妄想、体液などについてのメールをもらったこともあります。

例えばどんな質問かというと……

・パートナーがはじめると、自分もその気になるけれど、自分からはじめようと思ったことはこれまで一度もないように思う。なぜですか？

・ボーイフレンドに「濡《ぬ》れてないから、まだその気になってないんじゃない？」と言われました。でも私は十分興奮していた。それなのにどうして濡れないの？

・自分の体を気にして、セックスを楽しめない女性の話を見聞きしてきたけれど、それはまさに私のこと。どうしたら楽しめるようになる？

・女性の中には、交際してからしばらくすると、たとえパートナーを愛していても、セックスを望まなくなる人もいるとどこかで読みました。私もそうなのですが、どうしたら、またセックスしたいと思うようになりますか？

・オーガズムに達したときに、おしっこをしてしまったかもしれないのだけど……？

・オーガズムを感じたことがないような気がするのですが……？

こうした質問のあとには、いつも同じ質問が続きます。

「私はどこかおかしいのでしょうか？」

（答えは、ほとんどいつも「いいえ、おかしくありません」です）

この本には答えが詰まっています。実際に女性の人生を変えた答えや、自分が抱える問題に直結する科学とセックスへの理解を深めて、体との関係が変わった女性たちの実体験から得た答えがまとめられています。まさに私のヒーローである彼女たちの話を語ることで、これを読むあなたに、自分のことを深く掘り下げ、奥深くてユニークな自分の性の可能性を探り、それを実現する力が与えられることを願っています。

セックスにまつわるほんとうの話

世の中には、セックスについて書かれた本やポッドキャスト、テレビ番組や雑誌の記事、みんなのお悩みに答えるラジオ番組まであるのに、どうして私たちはいまだに多くの疑問を抱えているのでしょうか?

ズバリ言いましょう。腹立たしいですが、それは嘘《うそ》を教えられてきたからです――意図的になされたことではないし、誰かのせいでもないけれど、それでも嘘は嘘です。私たちは、真実とは異なる話を聞かされてきました。

西洋の科学や医学では、ほんとうに長い間、女性のセクシュアリティーは男性のセクシュアリティーの「マイナー版」だと考えられてきました――基本的には同じだけれど、男性ほど良くないものだと。

例えば、男性は「ペニスをヴァギナ(膣《ちつ》)に挿入するセックス」、つまり性交でオーガズムを感じるので、女性も同じ方法でオーガズムを感じるはずで、もし感じないとすれば、それは女性がおかしいからだと思われていました。

実際には、性交で確実にオーガズムを感じる女性は、全体の約4分の1に過ぎません。残りの75%は、性交でオーガズムを感じることがほとんどない、あるいはまったくないですが、いずれも健康で正常です。女性は手を使ったセックス、オーラルセックス、バイブレーターの使用、乳房への刺激、足の指をしゃぶられるなど、その他の多くの方法ではオーガズムを感じるのに、性交中にはオーガズムを感じないことがあります。でも、それは正常です。

また、男性はペニスが勃起していれば、そのペニスの持ち主も興奮しているというように、性器の反応が心の反応と一致するのが一般的なため、女性の性器の反応も気持ちと一致しているはずだ、と思い込まれてもいました。

女性の中にはそういう人もいます。ですが、多くの女性はそうではありません。完全に正常で健康な女性が、「性的興奮の不一致」――性器の反応（濡れているか、乾いているか）が、頭の中（興奮しているか、興奮していないか）と一致しない――を経験することがあるのです。

また、男性は突発的に、なんの前触れもなくセックスをしたくなるものだから、当然女性もそうだろうと思われていました。

ですが、必ずしもそうとは限りません。完全に正常で健康な女性が、「自発的な性欲」を覚えないことがある。でもその代わりに、とてもエロティックな状況になったときにだけ欲望が表れる、「反応的な性欲」を経験することがあるのです。

現実として、女性と男性は異なります。

でも、ちょっと待ってください。女性も男性もオーガズム、性欲、性的興奮を経験するし、男性もまた、反応的な性欲や、性的興奮の不一致、性交中にオーガズムに到達しない、などを経験することがあります。女性も男性も恋に落ち、妄想を膨らませ、マスターベーション（自慰行為）をし、セックスに戸惑い、恍惚《こうこつ》とするような快楽を味わえるのです。女性も男性も、体液を分泌し、エロティックな想像が生み出す禁断の道を辿《たど》り、予想もしないところで唐突にセックスをはじめ、また、予想もしないところで唐突にセックスを断られる（やんわりと、あるいはそうでない場合も）じゃないですか。

では、女性と男性はほんとうにそれほど違うのでしょうか？

問題は、私たちがセックスを、「行動」として捉えるよう教えられ、行動に至るまでの生物的、心理的、そして社会的な過程をないがしろにしてきたことにあります。私たちは生理的な反応――血流量や性器から出る分泌物、心拍数などについてはよく考えます。また、社会的な行動――ベッドの中で何をするか、誰とするか、どれくらいの頻度でするかなどについてもよく考えます。セックスに関する本は、平均的なカップルは週に何回セックスしているかや、オーガズムに達する方法に焦点を当てているものが実に多く、そうした本が役立つこともあるでしょう。

でも、人間のセクシュアリティーをほんとうに理解しようと思ったら、行動だけではとうてい無理です。行動を見ることでセックスを理解しようとするのは、カップルが結婚式で撮った写真と離婚届を見ることで愛を理解しようとするようなもの。ふたりが結婚して離婚した、という「起きたこと」については説明できても、理解は深まりませんよね。私たちが知りたいのは、「なぜ」「どのようにして」そうなったのかということです。このカップルは結婚後に愛が冷めてしまって、離婚したのでしょうか？　それとも、そもそも愛し合ってもいなかったのに、結婚を余儀なくされて、離婚してやっと自由になれたとか？　ちゃんとした証拠がない以上、ただの推測に過ぎません。

ごく最近まで、セックスについてはほとんど推測で語られてきました。しかし今、性科学は重要な局面を迎えています。人間の性的反応について何十年も研究してきた結果、ようやく「なぜ」「どのようにして」という性的な行動を裏づけるプロセスが明らかになりつつあるからです。

20世紀最後の10年間、「性・性差・再生産のためのキンゼイ研究所」のエリック・ヤンセンとジョン・バンクロフトは、人間の性的反応を体系化し、セックスを真に理解するための原則をまとめました。彼らの提示する「二重支配モデル」によれば、人間の脳内にある性的反応のメカニズムは、「性のアクセル」と「性のブレーキ」という2つの普遍的な構成要素から成り立ち、これらは、性器への刺激、視覚的な刺激、感情への刺激など、さまざまな性的な刺激に反応します。そして、アクセルとブレーキの感度は人によって異なるというのです。

つまり、性的興奮、性欲、オーガズムはほぼ普遍的な経験だが、いつ、どのようにそれらを経験するかは、ブレーキとアクセルの感度と、刺激の種類によって大きく変わるということです。

これこそが、性的反応や行動の基礎となるメカニズムであり、「なぜ」、「どのようにして」を説明するものです。本書を通じて私がお話しすることには、通底するルールがあります――私たちはみな、同じパーツでできていますが、一人ひとりのパーツは、それぞれ唯一無二の方法で構成されていて、生涯のうちに変化する可能性もあるということ。

どの組織も他の組織より優れていたり劣っていたりせず、私たちの一生におけるどの局面も他の局面より優れていたり劣っていたりすることはありません――ただ、それぞれ「違う」というだけです。リンゴの木は、どんな品種でも健康でいられます。品種によっては、太陽の光が常に当たっていないと育たなかったり、陰があったほうがよく育ったりするものもあるかもしれません。リンゴの木は、種のとき、苗木のとき、成長するとき、季節の終わりに休眠状態に入るときも、夏の終わりにたわわに実をつけるときと同様に、健康でいられます。ただ、それぞれの局面で必要なものが異なるだけです。

それはあなたも同じで、性的な発育がはじまるとき、成長するとき、そして自分の体に対する自信と喜びを持って生きる実感を得られるとき……そのどの段階にあっても、健康で正常です。太陽の光をたくさん浴びたいと思っても健康だし、日陰を楽しんでいても健康。私たちはみな同じで、私たちはみな違う。そして私たちはみな正常。それが真実です。

本書の構成

この本は第1部『私たちが知らない基礎知識』、第2部『セックスを左右する私たちの〈文脈〉』、第3部『私たちのセックスはこうなっている』、第4部『エクスタシーは私たちのもの』という4部構成になっています。

第1部の3つの章では、誰もが生まれながらにして持っている基本的なハードウェア――体、脳、そして〈文脈〉――について説明しています。第1章では性器について、各パーツ、それらのパーツに押しつけられている意味、そして、「あなたの性器はそのままの状態で、完全に健康で美しい」ことを決定づける科学についてお話しします。第2章では、脳内の性的反応メカニズム――アクセル（興奮）とブレーキ（抑制）の「二重支配モデル」を詳しく説明します。そして第3章では、あなたの性的なアクセルとブレーキが、脳内や周りの環境にある他のたくさんのシステムとどのように相互作用するのか、今この瞬間にも、特定の感覚や人があなたを興奮させるのか、しないのか、それらがどのように方向づけられているのかを、紹介していきます。

第2部では、基本的なハードウェアが、あなたの感情、人間関係、体に対する思い、そしてセックスに対する姿勢などの影響を受けて、実際の生活の中でどのように機能するかについて考えます。第4章では、ストレスと愛着という2つの主要な感情システムと、あなたの性的反応にそれらが影響を及ぼす方法が、いかに矛盾しているのかに焦点を当てます。第5章では、性機能を決めつけて抑圧する文化的な圧力について説明し、これの良い側面を最大限に活《い》かして、否定的な側面を克服するにはどうしたらいいかをお伝えします。そして体や脳と同様に、あなたの置かれた環境や現在の精神状態といった〈文脈〉も、セクシュアル・ウェルネス（性の健康）にとって非常に重要であることを学びます。これらの内容を習得すれば、あなたのセックスライフには大きな変化が表れることでしょう――もしかしたらこれからの人生までもが、大きく変わるかもしれません。

第3部では、性的反応そのものについて論じ、長年信じられてきた危険な2つの神話を徹底的に批判し、叩《たた》きのめします。第6章では、快楽や性欲は、性器の反応と関係があるのか否か、その根拠を明らかにします。そして、先ほど述べた「性的興奮の不一致」が、なぜ正常かつ健康なのかを学びます。第7章を読み終えれば、誰かが「性衝動」なんて言うのを聞くたびに、ああ、でもセックスは衝動ではないから、と思わずにはいられなくなるでしょう。この章では、「反応的な性欲」の仕組みについて説明します。もし、あなた（あるいはパートナー）が、セックスに対する関心が増したり減ったりしたことがあるなら、この章は特に重要になります。

そして第4部では、セックスを完全に自分のものにする方法、つまり、人生で最高の性の喜びを生み出す方法を説明します。第8章は、オーガズムについてです。オーガズムとはいったいなんなのか、何がオーガズムではないのか、オーガズムに達する方法、そして、星を虹に変えてしまうような、本で読んだオーガズムを実際に体験する方法を記しています。そして最後に、第9章では、性生活を向上させるためにできる、たった1つの重要なことを述べています。

でもせっかくですから、今ここでもお伝えしましょう。最も重要なのは、あなたの体がどんなパーツでできているかや、どのように構成されているかではなく、それらのパーツについてあなたが「どのように感じているか」です。あなたが自分のセクシュアリティーをありのままに受け入れられれば、恍惚とするような快楽を得られる可能性が最大限に膨らみます。

いくつかの章には、ワークシートやエクササイズなどが含まれています。その多くは楽しみながらできるもので、例えば第3章では、最高のセックスをしたときのことを思い出して、どうして素晴らしかったのか突き止めるよう、あなたに問いかけます。本書のエクササイズはどれも科学的根拠に基づいており、あなたのセックスライフを一変させる実用的なものにアレンジされています。

本書を通じて語られるのは、オリヴィア、メリット、カミラ、ローリーという4人の女性の体験談です。実際の人物ではなく、彼女たちの話は、私が20年間、性教育者として教え、話し、メールを送り、支えてきた数多くの女性たちの実話を統合したものです。顔はこの写真から、腕は別の写真から、脚はまた別の写真から……という具合に、写真をコラージュするように作った人たちだと想像してみてください。

特定の女性たちの話を伝えるのではなく、こうしたスタイルをとることにしたのには2つの理由があります。第一に、彼女たちは秘密保持を前提に私に話をしてくれているため、身元がわからないようにしたかった。そのため、詳細は変えています。そして第二に、1人の女性の話ではなく、私がこれまで見てきた何百人もの女性に共通するテーマという、より大きな話に焦点を当てることで、女性の性体験を可能な限り幅広く伝えられると考えたからです。

各章の終わりには、読みきれなかった人のための「まとめ」があり、その章で最も重要な4つのメッセージが簡潔にまとめられています。もしあなたが「友人のアリスはこの章を読むべきだ！」とか「パートナーがこれを知っていたらいいのに」と思ったなら、まずこのリストを見せることからはじめるといいかもしれません。

いくつかの注意点

まず、私はこの本の中で、医師が赤ちゃんを「女の子」または「男の子」と宣言する理由――

トランスジェンダーの性教育者S・ベア・バーグマンが時折「工場で取りつけられたパーツ」と呼ぶもの——について解剖学的な詳細を述べます。わかりやすくするために、そうしたパーツについて話すときは、「メス」または「オス」という、生物学で使われる、多くの有性生殖種を表す言葉を使用します。人間についてのみ話すときは、その人のアイデンティティーと社会的役割を示す「女性」または「男性」という言葉を使います。

ジェンダーに関するさらなる注意点——本書は既存の科学を基盤にしているため、私が「女性」という言葉を使うときはほとんどの場合、それはシスジェンダーの女性を指します。つまり、周りの大人たちに「女の子だ！」と宣言させるような体で生まれ、女の子として育てられ、今では「女性」という社会的役割と心理的アイデンティティーに違和感を抱いていない人たちのことです。このような特徴が1つもない女性も大勢いるし、アイデンティティーが「女性」ではなくても、これらの特徴の1つ以上に当てはまる人も大勢います。トランスジェンダーやノンバイナリー〔前者は体の性と心の性が一致せず、違和感を抱いている人の総称。後者は性自認や性表現において、従来の男性・女性という二元的なカテゴリーに当てはまらないセクシュアリティーを指す〕の人々も、科学的根拠に基づいた快楽を重視する素晴らしい性教育を受けてしかるべきで、トランスジェンダーの性機能に関する研究はまだ（強調しておきます、まだ！）少ないので、シスジェンダーの女性のセクシュアル・ウェルネスに当てはまることが、トランスジェンダーの人々にも当てはまるとは、確信を持って言えません。今も研究が進んでいるはずですが、今後数十年の間にさらに進めば判明するでしょう。シスジェンダーの男性も含め、どんな人もジェンダーに関係なく、（不完全ではあるものの）既存の科学から多くのことを学べると私は確信しています。しかし今の段階で、この本に関しては、ほとんどシスジェンダーを対象とした科学に基づいていることを、ここに記しておきます。

第三に、私は女性のセクシュアル・ウェルネスを推進するために、科学に何ができるのかを知ろうと、情熱を持って取り組んでいます。この本では、自分の体に自信と喜びを持って生きることを女性に教えるために行われた研究を紹介しています。ですが、時に意図的に、実証的な内容を含めたり、除いたりしています。その判断は「この事実は、女性がより良い性生活を送るために役立つのか。それとも素晴らしいし重要だけれども、謎が残る実証結果なのか?」と自問して決めました。

そして本書には謎がある部分は含めず、女性の日常生活に最も深く関連する科学だけを残しました。ですからこの本には、女性のセクシュアリティーに関するすべての情報が記されているわけではありません——全部書き出そうとしたら、とても1冊では収まりきらないでしょう。その代わり、私が性教育者として女性のセクシュアル・ウェルネス、性への主体性、快楽を推進する仕事をしてきた中で、最も強力で有意義だと思ったものを載せています。

本書の目的は、女性のセクシュアル・ウェルネスについて、科学的根拠に基づいた新しい考え方を提示することです。新しい考え方が生まれるときはいつもそうであるように、この本も多くの既存の知識に疑問を投げかけています。さらに深掘りしたければ、巻末に載せた参考文献を読んでみてください。また、複雑で多面的な学術研究を実用的な読み物にするために私が踏んだプロセスについても、巻末の注記に詳細に記されています。

自分はおかしいと感じていたら、あるいはそういう人が周りにいたら

第1章に入る前に、もう1つだけ。少し前に、私たちはみな、嘘を教えられてきたと述べたのを覚えていますか？　その嘘がもたらした影響についてお話しするために、少し時間を取りたいと思います。

私のワークショップや授業、講演会に来る実に多くの女性が、自分は性的に「おかしい」と思い込んでいます。機能不全だとか、異常だと感じているのです。そのうえ、医療の専門家やセラピスト、パートナー、家族、友人からの情報やサポートが足りないことに、不安や不満、絶望を感じています。

彼女たちは、「リラックスすればいいんだよ」とか、「ワインを飲んでみたら？」とか、「女性はそこまでセックスをしたがらないものだよ。あきらめるんだね」とか、「セックスって、痛いときもあるものだよ。どうにかして、やり過ごせないの？」などと言われてきました。

私は彼女たちが経験している不満や失望を理解しています。この本の後半では、人々を欲求不満や失望に陥れ、希望や喜びから切り離している、神経学的なプロセスについて説明しています。そして、そこから抜け出すための科学的な方法を解説しています。

今、あなたにぜひ知っておいてほしいことがあります。この本を読めば、あなたがセクシュアリティーについて経験していること――興奮、性欲、オーガズム、痛み、不感など――はどれも、

不適切な世界で生きているあなたの性的反応のメカニズムが、適切に機能しているからだとわかるでしょう。あなたはなんの問題もないし、正常です。おかしいのは、あなたの周りの世界のほうですから。

実に厄介な話ですよね。

でも良い点として、性的反応のメカニズムを理解すると、不適切な世界でも、周りの環境と脳をコントロールし、自分の性的な潜在能力を最大限に引き出せるようになります。そして、環境と脳を変えれば、性的機能を変える——救う——ことができるのです。

私は、この本に書かれた情報によって、実際に女性たちのセクシュアル・ウェルネスに変化が表れるのを目の当たりにしてきました。また、男性が女性のパートナーに対する理解を深めるのを見てきました。同性のカップルがお互いに顔を見合わせて、「ああ、そういうことだったのか」と言うのも見ましたし、学生や友人、ブログの読者、そして性教育者仲間までもが、この本を読んだり、私の講演を聴いたりして、「どうして今まで誰も教えてくれなかったんだろう？　これで納得だよ！」と言うのも目にしました。

この本は、きっとあなたの助けになるはずです。女性が自分のセクシュアリティーに正しく生きることは、おかしいのではないか——そう思える文化のせいで負うことになった傷をすべて癒やすには、足りないかもしれませんが、あなたを救うための強力なツールとなるでしょう。

どうしてそんなことが言いきれるのかって？

それはもちろん、証拠があるからです！

ある学期末、私は187人の学生に、私の授業で学んだほんとうに重要だと思うことを1つ書いてもらいました。

その一部をご紹介しましょう。


「私って正常なんだ!」

「私はおかしくない」

「正常だとわかって、これからの人生を自信と喜びを持って歩むことができます」

「私は正常なんですね! また、自発的な性欲を持つ人もいれば、反応的な性欲を持つ人もいるという事実も知れたことで、自分の人生をほんとうに理解することができました」

「さまざまな女性がいるということ! そして、他の多くの女性と同じような経験をしていないからといって、私が異常であるとは言えないということ。女性の性欲、性的興奮、反応などは、驚くほど多様だということ」

「セクシュアリティーに関して言えば、人は、ものすごくさまざまだということ」

「みんな違っていて、すべてが正常であり、まったく同じ人は誰一人いないということ。誰一人!」


その他にもたくさんありますが、半数以上の学生が、「自分が正常であることを知った」と書いていました。

私は自分のオフィスで、目に涙を浮かべながら回答を読みました。授業で、学生たちを「誰もが正常」というすぐにでも知るべき、とても重要な事実に導けたと思えたからです。

女性のセクシュアル・ウェルネスに関する科学の歴史は浅く、学ぶべきことはまだたくさんあります。しかし、この若い科学はすでに真実をいくつも発見し、そのおかげで学生たちは自身の体との付き合い方を変えることができました。間違いなく私もそのひとりです。私たちは、自分はおかしい、機能不全で魅力がなく、愛されることはないと感じさせる文化の中で生きています。ですが、科学や体験談、そしてセックスに肯定的な洞察をみんなで共有すれば、誰もが自信を持ち、楽しいセックスが絶対にできる。それを証明したくて、私はこの本を書きました。

本書は約束します。今、あなたがセクシュアリティーの旅の途中であろうと、素晴らしいセックスライフを送っていてそれをさらに深めようと思っていようと、悩んでいて解決策を見つけたいと思っていようと、読後にはあなたのセックスライフは改善され、自分と性に関する理解を変える、何かを学ぶことでしょう。そして、たとえ今はまだそう思えなくても、自分のセクシュアリティーはすでに完璧で健康なのだと気づくでしょう。

なんせ、科学がそう示しているんですから。これから、証明していきますよ！

第 1 部

私たちが知らない基礎知識

第1章

解剖学的構造

自分の体をよく知れば、それはあなたの力になる

オリヴィアは、マスターベーションをするときに鏡で自分の姿を見るのが好きです。多くの女性と同じように、彼女も手でクリトリスをこすりながらします。でも、多くの女性とは異なり、彼女は全身鏡の前で片肘を立てて体を支えながら、ヴァルヴァ（外陰部）のひだの中で動く自分の指を見るのです。

「10代の頃にはじめたの」と彼女は話してくれました。「ネットでポルノを観《み》て、自分のはどんなだろうと興味を持ったのがきっかけ。そこで鏡を持ってきて、陰唇《いんしん》をめくってクリトリスを見てみたら、気持ちよくて、オナニーをはじめたんだよね」

彼女のマスターベーションの方法はそれだけではありません。シャワーヘッドのマッサージ機能を使うのも好きだし、小型バイブレーターをいくつか持っているし、数カ月かけて、体にいっさい触れることなく、呼吸だけでオーガズムに達する方法も習得しました。

性教育者をしていると、こういう話を女性たちから聞くのはしょっちゅうです。

また彼女は、自身のヴァルヴァを見て、自分のセクシュアリティーは男性のものに近いと確信したと言っていました。彼女のクリトリスは「ベビーキャロットくらいの大きさ」と比較的大きく、そのせいで、より男性的になっているのだと。テストステロンという男性ホルモンが多いからクリトリスが大きくなり、そのためにいつもムラムラすると言うのです。

そこで私は、「実は、成人女性のホルモン値や性器の形や大きさが、性欲に関係するという証拠はないんですよ」と伝えました。

すると彼女は「ほんとうに?」と訊いてきたのです。

「そうね。〝テストステロンに起因する性欲〟がある女性もいる」と私は考えながら答えました。「彼女たちの性欲には最低限のテストステロンが必要になるけれど、〝高い〟テストステロン値である必要はないの。クリトリスと尿道の間の長さから、女性が性交中にどれくらい確実にオーガズムに達するかは予測できるけれど、それはまったく別の話。[1] このことに真っ向から問うような研究があれば嬉《うれ》しいけれど、今ある証拠では、女性器の形、大きさ、色の違いからは、なんの予想もできないの——特にその人の性的関心の高さについてはね」

「へえ……」とオリヴィアは言いましたが、それはこう言っているのと同じでした——「エミリー、あなたはわかってない」

オリヴィアは心理学を研究する大学院生で、私の元教え子です。女性のリプロダクティブ・ヘルス〔性や妊娠・出産など生殖に関わるすべてにおいて、身体的にも精神的にも社会的にも、本人の意思が尊重され、自分らしく生きられること〕に関する問題を扱う活動家でもあり、現在は独自の研究をしています。だからこんな会話に発展したのですが、私は科学的根拠に基づく話ができることに夢中になっていました。でも、彼女が冷静に「へえ……」と言うのを聞いた瞬間、オリヴィアにとってこれは科学の話ではなく、「自分はどこかおかしい」と思わせようとしてくるものだらけの文化の中で、自分の体やセクシュアリティーをありのままに受け入れる葛藤についての話だと気づいたのです。

だから私はこう言いました。「あなたのクリトリスは、正常ですよ。誰の性器もみな同じパーツでできていて、ただ構造が違うだけだから。その違いには必ずしも意味があるわけではなくて、ただ美しさや健康にさまざまなバリエーションがあるっていうだけなの。もしかするとそれは、人間のセクシュアリティーに関して私たちが学ぶべき、最も重要なことかもしれない」

「そうなの？」と彼女は尋ねました。「なんでですか？」

本章には、その質問への答えが書かれています。

中世の解剖学者たちは、女性の外性器を「プデンダム（pudendum）」と呼んでいました。「pudere」はラテン語で「恥じること」を意味します。私たちの性器は、「女性の中にある、見られることを恥じる気持ち」から名づけられたのです。(2)

ちょっと待って、どういうこと？

男性の性器は前に出ていて、誰でも見ることができるのに対し、女性の性器は隠れたがっているように股に収まっているから、そう呼ばれていました。なぜ男女の性器にはこのような違いがあるのでしょう？　もしあなたが、純潔の性倫理に染まりきった中世の解剖学者なら、「恥ずかしいものだから」だと答えるでしょう。

では、仮に女性の性器が隠れている理由が「恥」ではないとすると――「恥」ではないと、口に出すのもはばかられるくらい明白な事実だと認識されてほしいものです――なぜ生物学的に、オスの性器は前に出ていて、メスの性器は隠れているのでしょう？

答えは、隠れてなんていない！　です。ペニスに相当するクリトリスは、ペニスと同様に、前に出ています。ペニスよりも目立たないのは、ペニスよりもずっと小さいからで、小さい理由は、恥ずかしいものだからではなく、メスは自分の体内から他人の体内へDNAを運ぶ必要がないから。そしてオスの陰嚢《いんのう》に相当する大陰唇は、陰嚢とほぼ同じ場所にあるけれど、メスの生殖腺《せん》（卵巣）は睾丸《こうがん》のように体の外側にあるのではなく、体内にあるため、陰唇ははみ出さず、目立ちません。もう一度繰り返しますが、卵巣が内側にあるのは恥ずかしいものだからではなく、妊娠するのが私たち女性／メスだからです。

つまり、メスの性器は、生物学のレンズを通してではなく、〝文化的な先入観〟というレンズを通して見る場合にのみ、「隠されている」ように見えるということになる。

これからも本書の中で何度も繰り返し出てきますが、文化は生物学的事実をランダムに採用して、そこに「重要な意味」を持たせようとします。私たちは性器を比喩《メタファー》にして、それが実際なんであるかではなく、「〜なようなもの」として見ています。そして、文化的な「意味」をそこに重ねるのです。オリヴィアが自分の大きめなクリトリスに男性的という「意味」を重ね合わせ、自分が性的に男性的であるということに、体の構造が深く関連すると結論づけたのもそのためでした。

自分の体を、文化が「意味」づけるのではなく、ありのままに見ることができれば、性器やセクシュアリティーをありのままに愛し、共に生きるのがどれほど楽になることでしょう。

すべてのはじまり

想像してみてください。子宮に着床したばかりの2つの受精卵があります。片方はXX遺伝子のメス、もう片方はXY遺伝子のオス。二卵性双生児の姉と弟です。顔、指、足など体のパーツはすべて同じですが、構造が異なるため、成長するにつれて瞬時に見分けがつくような体になっていきます。それぞれの顔には2つの目、1つの鼻と口があり、それらがほぼ同じ場所に配置されるように、2人の性器も同じ基本的な要素を持ち、ほぼ同じように構成されていきます。でも、顔や指や足とは異なり、性器は生まれる前に、親が自動的に「男の子」や「女の子」と区別できるような形に発達します。

仕組みを説明しましょう。受精卵が子宮に着床してから約6週間後、男性化させるホルモンが流れてきます。オスの胚《はい》は、いわば「プレハブ」ともいえる普遍的な性器のハードウェアを、ペニス、睾丸、陰嚢を持つオスの構造へと発達させることで、これに反応します。一方、メスの胚は、男性化させるホルモンの流れにまったく反応せず、その代わりに、その「プレハブ」をクリトリス、卵巣、大陰唇を持つメスの構造へと発達させます。

相同性《ホモロジー》の、素晴らしい世界へようこそ！

「相同器官」とは、生物学的に同じ起源を持つ器官のことですが、機能が異なる場合もあります。外性器の各部分は、もう一方の性に相同器官があります。もうすでに2つ紹介しましたが、オスもメスも性器には、先端が丸みを帯びた、非常に敏感な多室性の器官があります。性的に興奮すると、血液が流れ込んでいく場所です。メスの体でいうとクリトリスで、オスの体ではペニスにあたります。次に、それぞれ柔らかくて伸縮性があり、思春期を過ぎるとごわごわした毛が生えてくる器官があります。メスでは大陰唇、オスでは陰嚢と呼ばれます。これらは見た目が似ているだけでなく、同等の胎児組織から発達します。陰嚢をよく見ると、中央部に継ぎ目のようなものが走っており、これを陰嚢縫線《ほうせん》といいます。化学反応や染色体の少しの違いで、陰唇と陰嚢に分かれていくのです。

妊娠7週

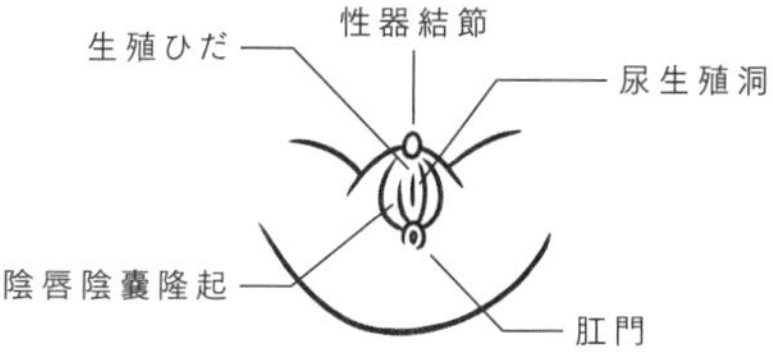

メス 妊娠12週

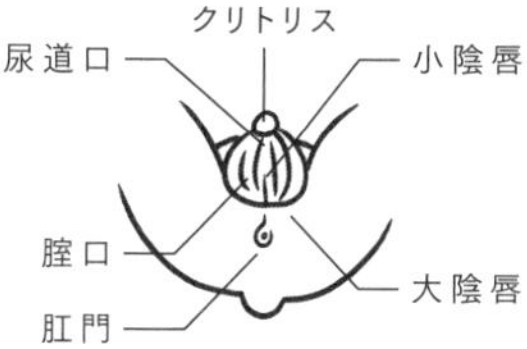

オス 妊娠12週

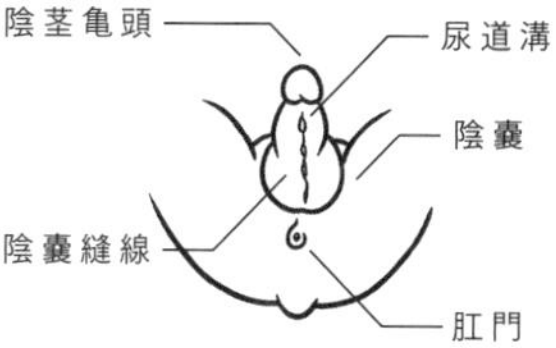

メス 誕生時

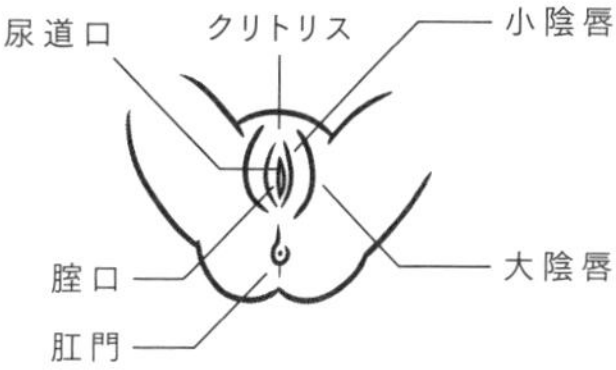

オス 誕生時

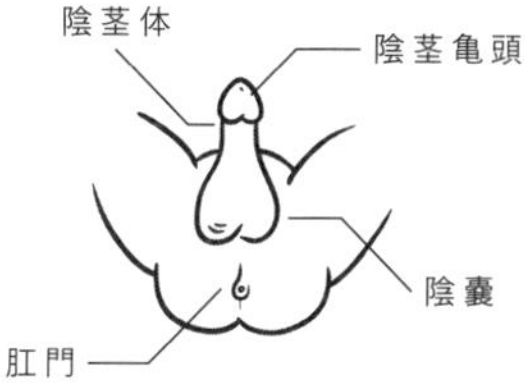

はじまりはどの体も、パーツは同じで構造が違うだけ。
どの体についている性器も妊娠6週に入るまでは同じ。
そこから、メスの形態かオスの形態へと発達していく。

姉にも弟にも乳首があるというのも、相同性によるものです。メスの乳首は、人間を含むほとんどすべての哺乳類の生存に不可欠です（ただし、カモノハシのような太古からあまり進化していない哺乳類には乳首がなく、腹部から乳を垂れ流します）。したがって、進化の過程でも、胎児発達のかなり最初の段階で乳首が作られます。乳首の発達を積極的に抑制するよりも、そのままにしておくほうがエネルギーをかけずに済むので――進化は、できる限り怠けるようにできているんです――その結果、オスもメスも乳首を持つようになりました。生物学的起源は同じですが、機能は違います。

クリトリスを語り尽くす

クリトリスとペニスは、神経末端が最も密集している外性器です。クリトリスの目に見える部分である陰核亀頭《いんかくきとう》は、性器の一番上にあります――膣（ヴァギナ）から少し離れているのがわかるでしょう（この事実は、第8章でオーガズムについて話すときに重要になります）。

平均的にペニスの8分の1の大きさでありながら、2倍近い数の神経末端を持ち、大きさは、ほとんど見えない豆粒大から小さなキュウリくらいのものまであります。でも、どんな大きさでもすべて正常で、美しいのです。

ペニスと違い、クリトリスの唯一の仕事は知覚です。一方のペニスには、知覚、挿入、射精、排尿という4つの仕事があります。

生物学的起源は同じですが、それぞれ機能が違います。

クリトリスの外側の部分である亀頭は、実はクリトリスの頭に過ぎず、同様に、ペニスの陰茎《いんけい》亀頭（竿《さお》の先端にあるどんぐりみたいなキャップ）も単なる頭に過ぎません。多くの人に馴染《なじ》みがあるペニスの竿は、3つの部屋で構成され、一対の陰茎海綿体《かいめんたい》と、尿道が通る尿道海綿体があります。これら3つの部屋は、いずれも体の奥深くまで伸びていて、尿道海綿体は骨盤の奥にある尿道球《にょうどうきゅう》まで続き、陰茎海綿体はそれぞれ先細りになりながら骨盤の骨に付着します。

クリトリスは文化的に、「ヴァルヴァ（外陰部）の上部にある小さな突起」と理解されていますが、生物学的な理解は、「ヴァルヴァの上部に頭を出す、器官としては広範囲に及ぶが、ほとんどが内側にある解剖学的構造」といったところでしょう。ペニスと同様に、クリトリスも3つの部屋から構成されており、陰茎海綿体と相同な一対の脚と、尿道海綿体と尿道球に相同な腟前庭《ちつぜんてい》の前庭球《ぜんていきゅう》があります。腟前庭は腟の入り口で、前庭球がクリトリスの頭からヴァルヴァの組織の奥に伸び、その後、尿道と腟をまたぐように分かれる。そう、クリトリスは腟の入り口（腟口《ちつこう》）にまで及ぶ大きな器官なのです。

クリトリスの頭部を覆っているのが陰核包皮で、ペニスではそれと相同にあたる包皮が頭部を覆っています。また、男性の小帯――包皮が竿にくっついている、亀頭近くの「Y字スポット」――は、腟の下端でY字を描く陰唇小帯と相同で、体全体を見ても、非常に敏感で、過小評価されている部分です。

クリトリスの解剖図

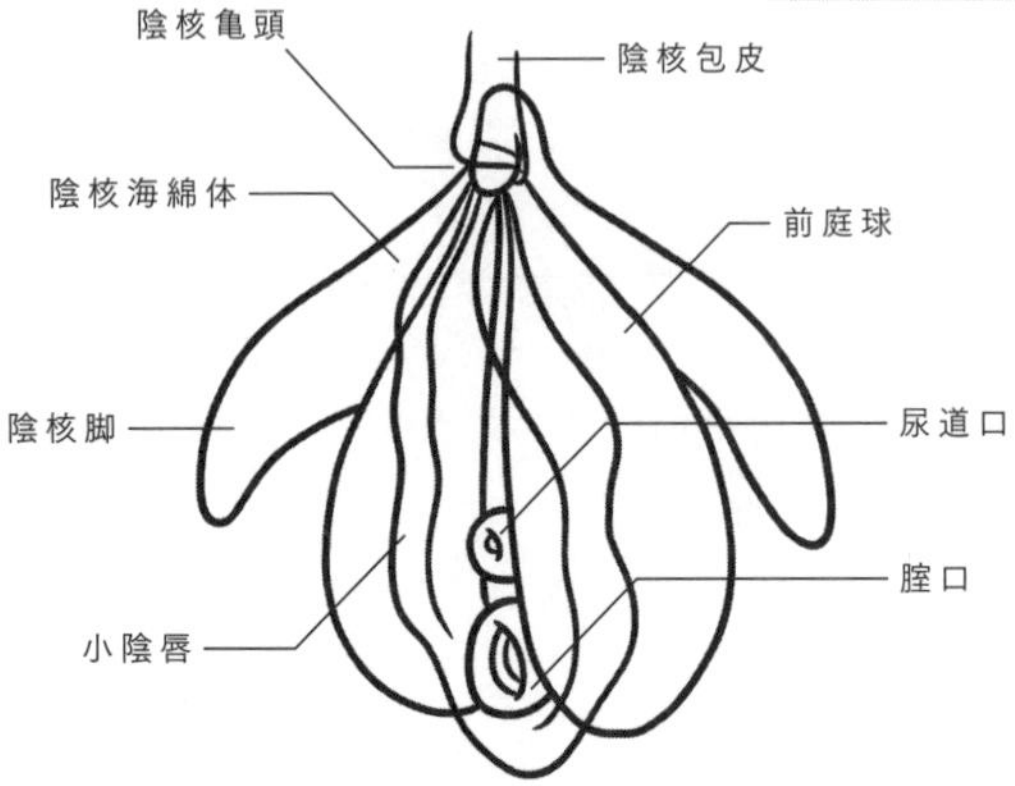

「クリトリス」という言葉は、一般的には外側のパーツである
陰核亀頭のみを指す言葉として使われる。
生物学的には内側の広い勃起組織一帯も含まれ、この部分は膣口まで伸びる。

クリトリスを見てみよう

もしまだクリトリスと「出合った」ことがないのなら、今すぐにやってみましょう（過去にクリトリスと楽しくおしゃべりをしたことがある人も、この機会にまた仲良くなってみてください）。目で探してもいいし、手で探ってもいい。次の2つの段落を読んだら、ひとまず本を置いて、どちらかの方法を試してみてはどうでしょう。

目で見つけるには、手鏡を用意して、大陰唇（ヴァルヴァの柔らかくて、毛が生えている外側の部分）を広げて、実際に見てみましょう。ヴァルヴァの上部に突起があるのが見えるはずです。

または、指で探すこともできます。まずは、中指の先を大陰唇の割れ目に当て、

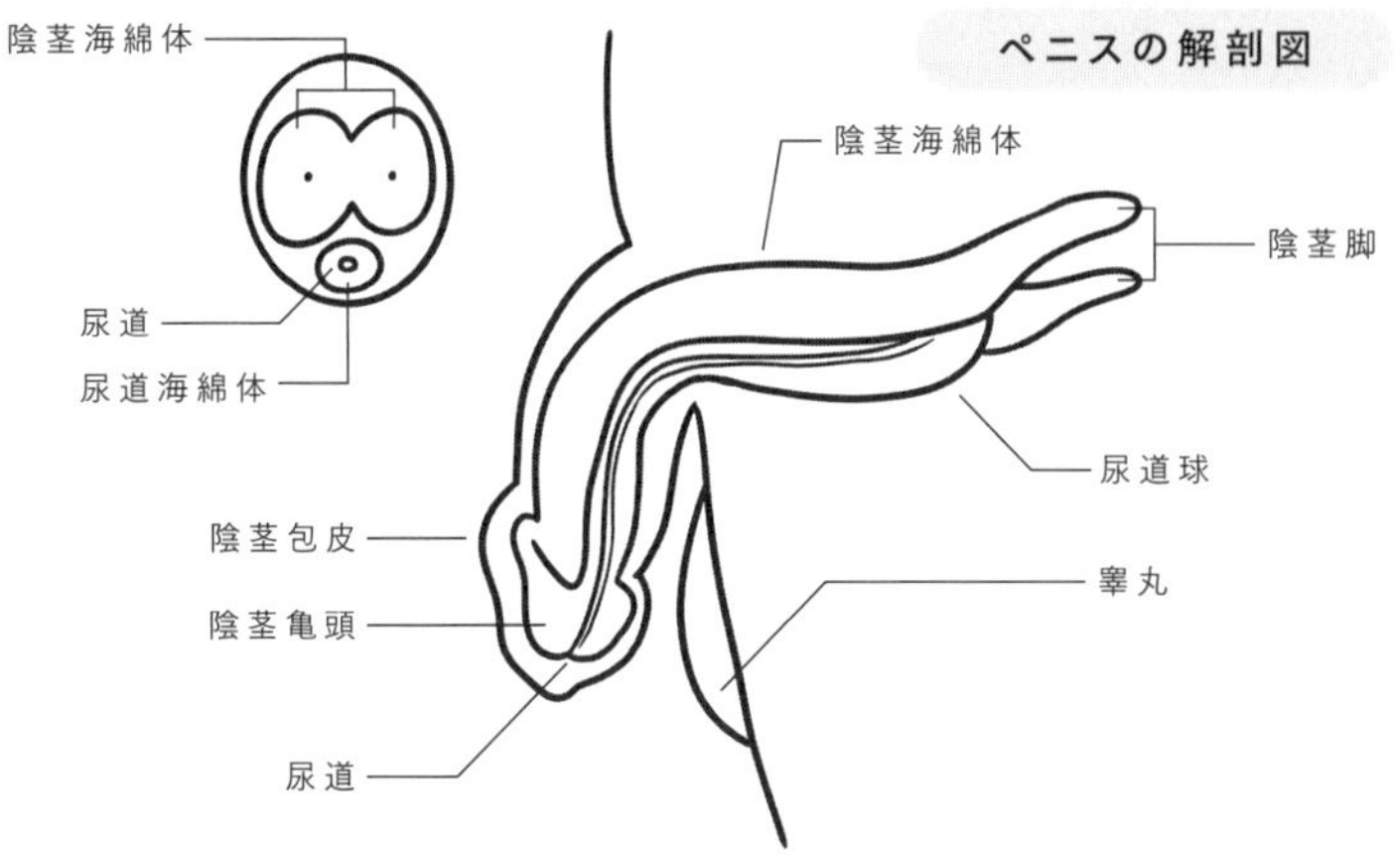

クリトリスと同様に、「ペニス」という言葉は、
一般的に外側の陰茎亀頭と陰茎部分のみを指す言葉として使われる。
またクリトリスと同様に、ペニスにも勃起組織がある。

優しく押しながら指を前後に動かして、皮膚の下にゴムのような小さな紐《ひも》があるのを感じるまで、指先を大陰唇の間にゆっくりと滑り込ませてください。もう片方の手で皮膚を恥丘《ちきゅう》のほうに引っ張るのもいいかもしれません。また、唾液や市販のローション、アレルゲンフリーのハンドクリーム、少量のココナッツオイルなどで指を湿らせておくのも効果的です。

　クリトリスを実際に見てほしいとお願いするのには、明確な理由があります。

　ある夜、授業後に学生が私のところにやってきて、母親とスカイプで今学期の授業について話していたときのことを教えてくれました。その中には、私の授業「女性のセクシュアリティー」も含まれていて、学生は、講義で使われるスライドには、実際のヴァルヴァの写真や図表、そしてイラストが含まれていると母親に話したそうです。すると母親は、衝撃的な告白をしました——「クリトリスの場所なんてわからないわ」と言ったのです。

彼女は54歳でした。

そこで、学生は私の講義のスライドを母親にメールで送ってあげたそうです。

そうしたこともあって、本書の最初の章は解剖学的事実について書くことにしました。この話を思い出すたびに、ヴァルヴァの絵に矢印を書いて、クリトリスの位置を「IT'S RIGHT HERE(ここですよ)」と指しているTシャツを作りたくなります。また、クリトリスの位置を手で探る方法と、目で確かめる方法の両方を説明したパンフレットを街角で配りたくもなります。自分のクリトリスを指差す女性のGIFアニメーションをネットで流行《はや》らせたいし、タイムズ・スクエアのビルボードで映し出したいと思っています。それくらい、みんなにぜひ知ってもらいたいのです。

でもそれ以上に、この本を読んでいるすべての人には、今すぐ自分のクリトリスを直接見てもらいたい。クリトリスの場所を知ることは重要なだけでなく……力を得ることなのです。手鏡を持って、自分のクリトリスを見てみましょう——私のところに相談に来た学生と彼女の勇敢で最高なお母さんに敬意を表すためにも。

性教育者として受けた初期のトレーニング中に、初めて自分のクリトリスを見たとき、私は泣いてしまいました。当時18歳だった私は、ひどい恋愛をしている真っ最中で、拠《よ》りどころとなる答えを探していたのです。担当講師が、「今夜家に帰ったら、鏡を持ってクリトリスを見つけてみて」と言っていたので、そのとおりにやってみました。そして、実際にクリトリスを見た私は、涙を流しながら呆然《ぼうぜん》としたのです。鏡の中に見えたものは、気持ち悪くも変でもなく、ただ……私の体の一部でした。私のものだったのです。

その瞬間から、自分のセクシュアリティーに関する知識の最良の源は自分の体である、と思い知らされていく10年間がはじまりました。

だから、とにかく自分のクリトリスを見てみてください。

そしてそのついでに、ヴァルヴァの他の部分もチェックしてみましょう。

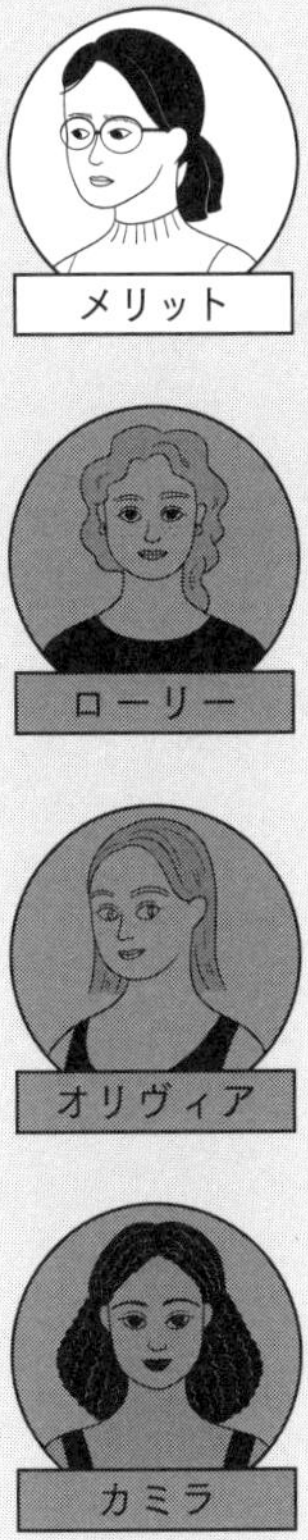

私が教えるクラスに、18歳から22歳という年齢層に入らず、伝統的な考えを持たない学生がいると、すごく嬉しいものです。メリットはまさに伝統とは真逆の考えを持っているよう

な人でした。閉経周辺期のレズビアンで、ボーイズラブの小説を書いている作家で、20年近く一緒にいるパートナーと10代の娘を育てています。初めて会ったとき、よく事情を知らなかった私は、彼女から「韓国人の両親は原理主義的なキリスト教徒なので、典型的な保守派の価値観のもとで育った」と聞いて驚きました。でもそれを聞いて、メリットのレズビアンらしい外見や、官能小説を書くこと、私の授業に通ってきていることが、さらに素晴らしく思えたのです。

42歳のメリットは、自分のクリトリスを見ようなんて考えたことすらありませんでした。私がいつものように最初の授業で提案するまで、可能性が頭をよぎることすらなかったそうです。

授業が終わると、彼女は私のところに来てこう言いました。「あんな若い子たちに自分の体を見るのを勧めるのは、ほんとうにいいことなの？　もし、彼女たちが……心を閉ざしてしまったらどうするの？」

「それはすごく重要な質問ね」と私は言いました。「これまで、そんなことになった人はいないけど、クリトリスを見るのは絶対にやらなくてはいけないことではないから、心を閉ざしてしまう可能性が高い人たちは、やらないほうがいいのかもしれない。でも、特に公衆衛生や医学の分野に進む予定の学生には、おすすめしているの。ですが、見るか見ないかは、完全に個人の自由です」

メリットは見ませんでした。

その代わりに、彼女はパートナーのキャロルに見てもらいました。それはある意味で、自分で見るよりもさらに勇気がいることでしたし、そのうえメリットは、キャロルのクリトリスを見たのです。そして、自分たちが見たものについてや、自分たちの体のセクシュアルな部分についてじっくりと見たり話したりしてこなかったことについて話し合いました。そうしてメリットは、驚くようなことを学び、翌週私に話してくれたのです。

「キャロルは、自分のヴァルヴァを見たことがあったんだよ！　80年代にフェミニストたちが作った意識覚醒《CR》のためのグループに参加していて、みんなで手鏡を持って輪になって見たんだって」

「すごい！」私は心からそう言いました。

すると彼女は自分の気持ちの重さを示すかのように両手を上に向けてこう言いました。「私にはどうしてこういうことが、彼女よりもずっと難しく感じられるのかな。セックスのことになると、いつも腕を風車みたいに回転させながら、崖っぷちに立っているような気になるんだよ」

メリットが成長過程において家族から「セックスは人生のある決まった場所に収めておくべきで、それ以外の場所にあるべきではない」と教えられてきたことを考えれば、感情の揺らぎを覚える彼女は間違いなく正常です。しかしメリットの場合は、脳の動きが関係しているため、別の意味でも納得がいきます。それについては、第2章でお話ししましょう。

「小さな唇」とも呼ばれるメスの小陰唇は、それほど内側にあるわけではなく、大陰唇の外にはみ出している場合もあれば、意図的に見つけようとしなければ中に隠れている場合もあります。また、小陰唇はどこも均一な色をしている場合もあれば、先端に向かってだんだん色が濃くなっていることもある。いずれにしても、すべて正常で健康で美しいことには変わりありません。長くても、短くても、ピンクでも、ベージュでも、茶色でも、すべて正常です。

大陰唇も、人によってさまざまです。毛が密生していて、太ももや肛門《こうもん》の周りまで伸びている人もいれば、ほとんど毛がない人もいる。また、陰唇がかなり膨らんでいる人もいれば、体の他の部分と変わらないいくらい平坦《へいたん》な人もいます。周囲の皮膚と同じ色のものもあれば、周囲の皮膚より濃い色や薄い色のものも。それらはすべて正常で、すべて美しいのです。

クリトリスと同様に、文化的な陰唇の見方は生物学上の事実と一致しません。ハードではないポルノに登場するヴァルヴァは、デジタル編集されて、「引っ込んでいて均質な色調のヴァルヴァ」という特定の基準に合わせられていますが、それは「リアルすぎないようにする」ためです[3]。つまり、一般的なヴァルヴァのイメージは、かなり狭い範囲に限定されているということ。実際の性器は多種多様で、身体疾患というケースはほぼ存在しません。しかし、こうして女性の体が限定的に表現されることが、正常なヴァルヴァとはこういうもの、という女性の認識に影響を与えている可能性があります[4]。

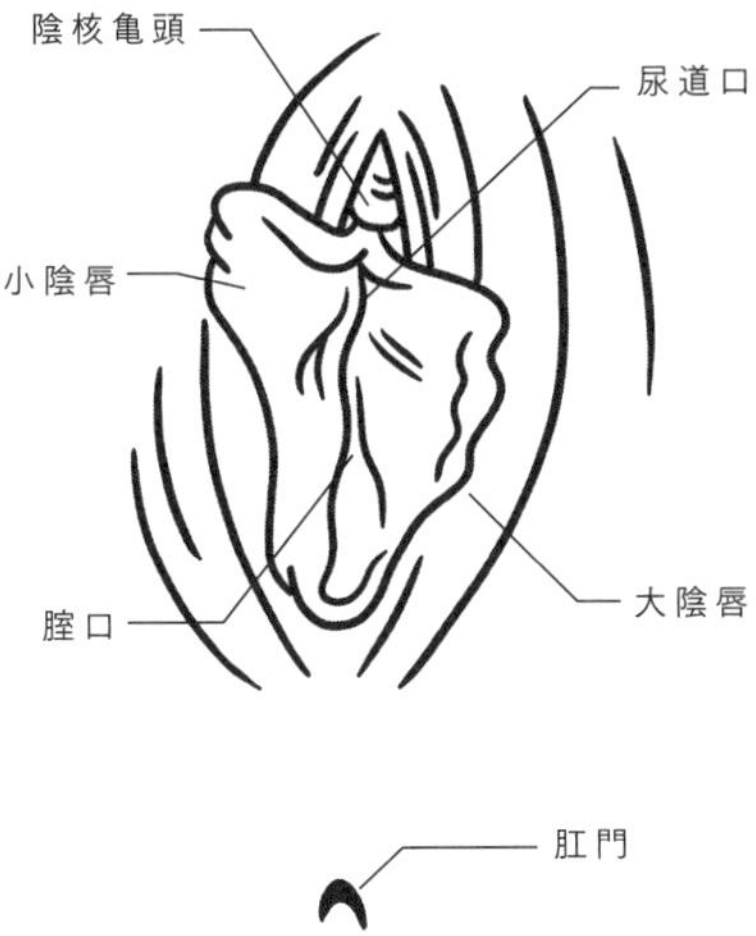

だから、もしあなたが他人のヴァルヴァを見ることになったら——私は強くおすすめしたいですが、本人の同意がある場合に限るのでご注意を——人によってヴァルヴァはすごく異なると気づくでしょう。『プレイボーイ』誌に載っているような、きれいに中に引っ込んだヴァルヴァというのは、めったにお目にかかれません。痛みがない限り（痛みがある場合は、すぐに医療機関に相談すること！）、あなたの性器はそのままで完璧、どこも問題ないのです。

処女膜の真実

処女膜《しょじょまく》は、ある人とない人がいます。処女膜とは、腟口の下端にある薄い膜組織のことを指しますが、あるなしにかかわらず、あなたが処女膜について教えられたことは、文字どおり、すべて間違っていると断言できます[5]。最も真実に近いのは、処女膜が伸びるのに慣れていないと、痛みを感じることがあるということ。これは挿入時に生じる痛みの原因のひとつと考えられますが、最もよくある原因では決してありません（最もよくある原因は、十分に濡れていないことです）。

しかし処女膜は、鮮度を保つために貼られた密封シールのように、いったん破いたらいつまでも破れたままというわけではありません。破れたり傷ついたりしても、治ります。また、処女膜の大きさは、腟（ヴァギナ）への挿入経験によっては変わりません。それに通常は、出血することもない。最初の挿入で血が出るのは、処女膜を損傷したからではなく、潤滑不足で腟が裂けることによるのが一般的です。

処女膜が伸縮を繰り返すことにより、柔軟性が増すという変化は実際に生じます。また、青年期が終わる頃（25歳頃）には、ホルモンの変化によって処女膜は衰えて目立たなくなる傾向があり、まったく見えなくなることもあります。

処女膜もまた、女性の生殖器に大きなばらつきがあることを示しています。生まれつき処女膜がない人もいるし、無孔《むこう》処女膜（薄くて硬い皮膜が腟口を全部覆っている状態）や、微細孔《びさいこう》処女膜（硬い膜に小さな穴がたくさん開いている状態）もある。また、腟を横切るように皮膚が筋のように伸びている中隔《ちゅうかく》処女膜もあります。さらに、丈夫な処女膜もあれば、もろいものもあるし、青年期の早い時期に消えてしまうものもあれば、閉経を過ぎても残っているものもあります。

人によって異なるのは、科学の発見に限って言えば、処女膜は進化の過程で選ばれたものではないからです。処女膜には、生殖機能もその他の機能もありません。副産物のひとつであり、男性の乳首のように、進化による淘汰《とうた》という絶対的圧力の中でかろうじて残された、小さなおまけなのです。男性においては、尿道が前立腺を通過して精管に合流する尿道壁にある、精丘《せいきゅう》という盛り上がりが相同にあたります。

処女膜は、人間が解剖学的事実を何かの比喩にしてしまうことを示す格好の例です。生物学的な機能を持たない器官であるにもかかわらず、かなり昔に、西洋文化は処女膜にまつわる強力な物語を作り出しました。ですがそれは生物学とはなんの関係もなく、女性をコントロールするための物語でしかありません。文化は、膣口にある「壁」を見て、それを「処女性」の印とすることにしたのです（処女性自体、生物学的には何も意味しません）。こうした奇妙な考えは、女性が文字どおり「所有物」であり、女性にとって膣は最も価値のある不動産であるとみなす社会でしか生まれません。多くの文化が処女膜にまつわる神話を作り上げ、あたかも医学的に必要であるかのように、処女膜を「再建」する手術が実際に行われています（男性の乳首を完璧にする手術はどこにあるのでしょうね？）。

ある意味、処女膜は女性の健康に関係することもあります。処女膜がないことを理由に殴られたり、殺されたりする女性もいます。また処女膜が無傷であるために「レイプされたはずがない」と言われる女性も。そのような女性にとって処女膜は、解剖学的な理由ではなく、「解剖学的事実について文化が信じていること」が原因となって、体の健康に実害を及ぼしているのです。

もう1つだけ、性器について記しておきたいことがあります。メスの外性器全体を指す名称は「ヴァルヴァ(外陰部)」です。「ヴァギナ(膣)」は、子宮につながる内部の生殖管のことを指します。よくヴァルヴァのことをヴァギナと呼んでいる人がいますが、もうこれで正しい呼び方がわかりましたよね。鏡の前に裸で立ったときに見える、あの三角形の部分は、恥丘といいます。

ヴァギナ(膣)＝生殖管
ヴァルヴァ(外陰部)＝外性器
恥丘＝恥骨の上の毛が生えている部分

間違った言葉を使う人を正してあげましょうとは言いませんが、どの言葉を使うのが適切なのか、これでおわかりいただけましたよね。顔やおでこを、喉とは呼ばないでしょう？　それと同じように、ヴァルヴァや恥丘を、ヴァギナと呼ぶのはやめましょう。それが、ヴァルヴァが生きやすい世界を作る一歩となるはずです。

「濡れる」とは何か

ヴァルヴァには、バルトリン腺と呼ばれる分泌腺がヴァギナの入り口の両脇にあり、性的に興奮するとそこから液体が放出されます――ヴァギナへの挿入の際に摩擦を減らすためかもしれないし、健康や生殖能力の状態を伝える匂いを発生するためかもしれません。要は、メスの性器が「濡れる」ときの状態のことです。そして、オスもメスも「濡れる」ことがわかっています。オスの場合、前立腺のすぐ下にあるカウパー腺というところから尿道球腺液が分泌されます。

生物学的な観点から見れば、オスの性器もメスの性器も硬くなったり濡れたりするのに、なぜペニスは「硬くなる」、ヴァギナは「濡れる」という言い方をするのでしょう？　それにはまた、文化が関連しています。オスの「硬さ」＝勃起は性交のための必要条件であり、「濡れる」のは体が性交する「準備ができている」ことを示すと考えられています（ただし第6章では、これがいかに間違っているかを検証します）。性交は性の世界の中心だと考えられているため、私たちはオスが硬くなり、メスが濡れることを、性的興奮の究極の指標として喩《たと》えてきました。しかし、私たちの生理機能は、生体構造と同様にメスもオスも同じ要素で構成されていますが、血流の変化や性器からの分泌物の生成など、その仕組みはさまざま。実際、オスも濡れれば、メスも硬くなります。

ヴァルヴァには、尿道口の近くにスキーン腺と呼ばれる腺があります。これは、オスの前立腺に相同します。前立腺には2つの働きがあります。尿道の周りで膨らむため、性的に興奮したときに排尿しづらく、あるいはできなくなるようにすることと、精子が移動する精液の約半分を生産することです。つまり、射精を引き起こすのです。メスのスキーン腺も尿道のあたりで膨らむため、すごく興奮すると尿が出にくくなります。オーガズムに達した直後におしっこをしようとしたことがある人は、この問題に直面したことがあるはずです——まずは深呼吸をして、性器をリラックスさせる必要があります。

たまに、スキーン腺から液体が出ることもあり、これがいわゆる「潮吹《しおふ》き」です。最近、「メスの射精」とも言われる潮吹きが注目されるようになったのは、科学的な研究が進んだことと、ポルノで取り上げられていることが原因です。そのため、私も定期的に質問を受けるようになりました。女子の学生寮に置いた匿名の質問箱に「どうしたら潮を吹けるようになりますか？」という質問と、「どうしたら潮を吹かなくなりますか？」という質問だけが入っていたこともあります。(7)

言うまでもなく私たちの文化は、女性の性液、あるいはその欠如について複雑な見方をしています。一方では、射精は本質的に男性のすることとみなされ、女性の性器は、先ほども述べたように、そう、恥ずべきものであるゆえ、メスの体があまりにもはっきりした反応を示したり、濡れたりするようなことは受け入れられません。でもその一方で、メスの潮吹きは比較的まれなことなので、新しいことへの絶え間ない探求と、いわゆる需要と供給の観点から、「潮を吹くメスの体」という稀有《けう》な商品が珍重され、棚に陳列されてもいます。ですから、文化の中で語られる潮吹きに、女性が混乱するのも無理はありません。

生物学的なメッセージはシンプルです。メスの潮吹きは、オスの乳首や、処女膜のように、副産物だということ。どんなに文化がそれを大げさに取り上げたとしても、人によってそれぞれなのです。私の知り合いの女性は、閉経したあとすぐに新しいパートナーができるまで、潮を吹いたことがありませんでした。でも突然、オーガズムのたびにコップ4分の1杯分の液体を分泌するようになったのです。パートナーが変わったせいなのでしょうか？　それとも、更年期のホルモンの変化のせい？　そのどちらでもないのでしょうか？　私にはわかりません。いくつかの研究によると、スキーン腺口の数（穴の数）によって、潮を吹くかどうかが予測できるということがわかっています。[8] では、開口部が多いと吹きやすいのでしょうか？　潮を吹くと、より多くの開口部ができるのでしょうか？　これもわかりません。

でもこの問題は、性器についての重要な点について考えさせられます。性器は濡れることもあるし、匂いもする。草やアンバーを思わせる、土のような豊かな芳香に、ウッディーなムスクも感じられる匂いです。性器は良い香りを放つこともあれば、ネバネバして不快なこともある。月経周期のどの時点にいるかによって、性器からの分泌物も異なるし、加齢によっても変化するし、食生活によっても変わります――つまり、女性はさまざまに変化するということです。

もしあなたが、性器が濡れたときの匂いや感覚を、完全には美しいとか、うっとりするとか思えなくても、性器に対する感じ方をどう教わったかを考えれば、なんの不思議もありません。しかし、自分の性器や分泌物についてどのように感じるかは自ら学習するものであり、自分の体をありのままに愛すれば、より深い快楽と欲求を覚え、より深くて素晴らしいオーガズムに達することができるのです。それについては、第5章で詳しく説明していきます。

インターセックスのパーツ

生まれたときに、性器がオスかメスかわからないインターセックスの人々[9]にも、同じパーツが備わっていますが、標準的なメスと標準的なオスの中間のような形体になっています。陰茎の大きさ、尿道口の位置、陰唇組織の割れが、メスともオスとも判断できる場合があります。

相同性は、インターセックスの性器がどのように生まれたかを説明するのに非常に役立ちます。性器が「女性と男性の中間」にある人々は、卵の受精から胚発生、妊娠に至るまで、胎児の成長に関わる非常に複雑な生化学的事象が次々と起きる中で、小さな変化を経験したのです。これにより、約60人に1人の割合で、性器がわずかに異なる新生児が生まれます。[10]大陰唇が他に類を見ないほど大きかったり、小さかったりする人がいるのと同じように、その人の性器にはなんの問題もありません。[11]例えば、通常は陰茎の先端にあるオスの尿道口が亀頭部後面などに位置していることもまれにありますが、排尿の妨げになったり、慢性感染を引き起こしたりしない限り（通常そういうことはありません）、それも問題ありません。性器の痛みがなく、感染症やその他の医学的な問題を引き起こさない限り、健康で、いかなる治療も不要です。私たちはみな、同じパーツでできていて、ただ構造が違うだけなのです。

多くの性教育者と同じように、私も解剖学の講義で見せるスライドには、さまざまなヴァルヴァの画像を載せています。

どこでそんな画像を見つけるのかって？　もちろん、インターネットです。

ただ難しいのは、多様なヴァルヴァの画像を手に入れることです。たいていの場合、若くてほっそりとして白い、完全に毛が剃《そ》られたヴァルヴァの画像はすぐに見つかります。年配の人のヴァルヴァ、有色人種や体格の良い人のヴァルヴァ、手術で再建されたヴァルヴァ、陰毛が生えたままのヴァルヴァなど、セックス・ポジティブな画像を見つけるには、さらによく探さなければなりません。

ある日、私は賑《にぎ》やかなコミコンの会場で、私と同じくオタクで、以前は大学の同僚で性教育者だったカミラと、画像を探すのがどれだけ難しいかについて話していました。彼女は私とは違って、ジェンダー研究とアートの学位を持ち、アフリカ系アメリカ人で、イラストレーターとして生計を立てています。こうした背景から、カミラは私の小さな挑戦に対してこう言いました。

「本気で言ってるの、エミリー？　〝黒人のヴァルヴァ〟なんてキーワードを入れてググってるわけ？　仕事中に？」

　私は申し訳なさそうに肩をすくめながら「ソーセージと法律と性教育の講義。これ全部、どうやって作られているのか知りたくないものだよね」と答えました。

　するとカミラはこう言いました。「当ててみせようか。検索結果はポルノの画像ばかりで、芸術的なものや、力をもらえるものや、ボディ・ポジティブ〔ありのままの体を前向きに愛そうとする欧米を中心にはじまったムーブメント〕なものとはほど遠いんじゃない？」

「ポルノと生々しい医療写真ばかりだね」と、私は同意しました。「〝有色人種のフェミニストのヴァルヴァ〟でも検索してみたけど、ＰｉｎｔｅｒｅｓｔやＥｔｓｙの刺繍《ししゅう》プロジェクトしか出てこなかった」

　それを聞いてカミラは笑っていましたが、「例えば、若い女性が、正常で健康的なヴァルヴァはどんなものか見てみようとしているとするよね。もし彼女が白人なら、Ｔｕｍｂｌｒにたくさん画像がアップされているから問題なし。でももし黒人やアジア人、ラテン系だったら？　ポルノと医療写真ばかり。これってつまり、どういうこと？」

　私は、「でも、『有色人種の女性たちよ、ヴァルヴァの写真をもっと投稿しなさい、そうすれば他の女性たちも自分が正常であると知れるから』とは言えないよね」と言いました。

「そうだね。それでも、私たちが目にする――あるいは目にしない――イメージっていうのは重要なんだよ。エッシャー・ガールズって知ってる?」とカミラは言いました。

「何それ?」

「コミックスに登場する女性キャラクターたちで、内臓が入るスペースがないくらいおなかがぺったんこで、後ろ向きで思いっきり体をねじっているから、おっぱいとお尻が両方見えるの。そのポーズがあまりにも解剖学的に不自然なので、ありえない幻想を描くので有名な画家にちなんで名づけられたってわけ」

「私が観たひどいポルノみたい」と私は言いました。

「そう」とカミラは言いました。「私は10代の頃にそのキャラクターを見たんだけど、彼女たちは〝メス〟がどうあるべきかを物語っているように思えた。私にはそれがメスのあるべき姿だとは思えなかったから、まずは自分のアイデンティティーを〝オタク〟にしたの。女性でもなく、黒人でもなく、オタク。ゲーム好きのね。自分のアイデンティティーのその他の要素を1つにまとめるのには長い時間がかかった。それらをどう組み合わせればいいのかわからなかったから。目で見るイメージは重要だよ。イメージは、何が可能か、どんなものとどんなものが合うのか、何がふさわしくて、何がふさわしくないかを教えてくれるからね。結局、私たちはみんな、自分たちにふさわしいグループに属そうとしているんだよ」

カミラのこの言葉は、私にとって大きな贈り物となりました。講義の準備をするときはいつも、この考えに立ち返るようにしていますし、何時間もかけてインターネットで、さまざまな種類のヴァルヴァを写したセックス・ポジティブな画像を探しています。なぜなら、私の学生たちはさまざまで、同じ人はひとりもいないからです。彼女たちの体は正常で、彼女たちは私が教える教室にいるにふさわしいということを、知ってもらいたいと思っています。

相同性について語ったわけ

なぜ、「人間の性器はすべて同じパーツでできているが、構造が違う」という一見単純な事実が、人間のセクシュアリティーについて学ぶうえで、最も重要なのでしょうか？

理由は2つあります。

まず、あなたの性器は、どんな形をしていようと正常であり、それだけでなく、素晴らしくて、美しくて、魅惑的で、かぐわしくて、魅力的で……どこまでも続けられるくらい、素敵なのです。あなたの性器は、あなただけにしかありません。

そして第二に、それは人間のどんな性表現にも当てはまるからです。このあとに続く章を読めばわかるように、性器の反応の仕方から、セックス中にお尻を叩かれたいというような性癖まで、私たちの性にまつわる生理、心理、欲望はすべて同じパーツでできていて、ただ構造が違うだけなのです。

このシンプルで奥深い考えを受け入れれば、いつも訊かれる質問に答えることができます――男性と女性のセクシュアリティーは同じなのでしょうか、それとも違うのでしょうか？

答えは、「同じ」です。

男性のセクシュアリティーも女性のセクシュアリティーも同じパーツでできていて、構造が違うだけ。

オスやメスの体を集団で見ると、明らかに2つが違うのがわかりますが、各集団の中にも、少なくともメスの集団とオスの集団との間と同じだけの多様性があります。

セックスとは関係ない例を使って説明しましょう。成人女性の平均身長は162・6センチ、成人男性の平均身長は177・8センチで、両グループの平均値には15・2センチの差があります〔アメリカ合衆国の数値、以下同〕。しかし、身長のばらつきは男性グループと女性グループの差よりも、各グループ内の差のほうが大きいのです。500人の男性と500人の女性という、ランダムに選んだ1000人の身長を測定すると、ほぼすべての女性が152・4センチから172・7センチ（女性グループ内での身長差は20・3センチ）の間であり、ほぼすべての男性が162・6センチから193・0センチ（男性グループ内での身長差は30・4センチ）であることがわかります。ここで注目してもらいたいことは、3つ。それぞれのグループ内には、20・3センチまたは30・4センチの身長差があり、2つのグループの間にある15・2センチの差よりも大きいこと。2つのグループには、10・1センチの重なりがあること。そして、1000人のうち100〜200人は、こうした平均値から外れていること！[12]

セックスも同様です。それぞれのグループの中には、幅広い多様性があります。解剖学的な意味においてだけでなく、性的指向〔恋愛感情や性的関心がどの性別に向くかを表す〕、性的嗜好《しこう》〔ある物や人、行動に対して性的興奮を覚えるような固有の好み、こだわりを持つこと〕、性自認と性表現、そして本書でこれから取り上げるテーマである性的機能（興奮、欲求、快楽、オーガズム）にも同じことが言えます。また、女性と男性のグループには重複する部分があり、「平均」とは大きく異なっていても、まったく正常で健康な人々もいます。

研究者の中には、男女の相違点は類似点よりも重要だと主張する人もいます。また、相違点よりも類似点のほうが重要であると言う人もいるでしょう。私は、相同性という基本的な事実――全部同じパーツで、構造が違うだけ――が、そのどちらよりも重要であると考えています。

そして「多様性」こそが、人間のセクシュアリティーにおける唯一無二の普遍的な特徴なのかもしれません。体から欲望、行動まで、地球上に生息する人間の数だけ「セクシュアリティー」が存在します。同じものは2つとないのです。

性教育者をしていると、友人と飲みに行ったときにこんな会話をしたりもします。

ローリー：私の知り合いの女性は、もし子どもができたら、出産後すぐにあそこの整形手術を受けるって言ってた。出産後は前よりも見た目が劣るからって。

カミラ　：そんなふうに思うのは、美容医療産業が広告に大金を払ってるせいだって教えてあげた？　その無駄な自己批判を、利益に変えようとしているんだよって。そんな手術を受けても、性的機能を向上させるというちゃんとした証拠はないんだって言ってあげた⑬？

ローリー：ううん。子どもができても、パートナーはあなたのあそこを見られさえすれば、それがどんな見た目でも、ただ喜ぶはずだよって言った。

エミリー：女性たちが産後の体に移行するのを祝う儀式を作ろうよ。変わるのは見た目だけではなく、母になった女性の体というのは、自分自身にとっても世界にとっても、意味するところが変わるんだから。

ローリーはその中で唯一の母親で、そう言った私のことを「あんた、ドラッグでもやってるの？」という怪訝《けげん》そうな目で見なかった唯一の人でした。彼女は「いいじゃない、儀式を作ろう。風船を膨らませたような体で生きるのが楽になるなら、なんだっていいわ」と言っていました。

「でも、あなたはすごく美しいじゃない！」全員がすぐにそう言いました。

ところが数日後、ローリーは、あの言葉は彼女が必要としていることとは正反対だったと私に言いました。

「私に必要なのは、『自分の体がもう二度と昔のようにならないことを、悲しんでもいいんだよ』という言葉。昔の体のときだって、私はその体を愛せるようになろうと、すごく努力してた。でもまた、今度は今の体を愛せるようになるために、もう一度最初からやり直さなくちゃならない」

だから私は、「自分の体が永久に変わってしまったことを、悲しんでもいいんだよ」と言いました。

ローリーは泣きはじめました——最近彼女は涙もろくて、誰かからの愛情を感じたり、注目を受けたりすると、いつも突然、静かで小さな嵐が吹き荒れるのです。

「自分の体を好きかどうかなんて、どうでもいい」と彼女は洟《はな》をすすりながら言いました。「それが、トレヴァーを産んでからほんとうに変わった点ね。自分の体が自分に必要な役割を果たしているかどうかのほうが、重要になったの」

彼女が言う「必要な役割」とは、出産と育児のことです。ローリーは自宅のバスタブの中でしゃがんで産み、1年以上母乳で育て、3年近く4時間以上まともに寝たことがありません。「トレヴァーは寝つきが悪くて」という言葉は、ローリーの目の下のクマを隠してもくれません。ローリーの体は素晴らしいけれど、本人はそう思っていないのです。

「同じパーツが異なる方法で構成されている」という考え方は、人の性器がそれぞれ異なるのと同様に、女性の体が生涯にわたって変化することにも当てはまります。そして、すべての人の性器が正常で美しいように、どんな女性の体も正常で美しいのです。

しかしほとんどの場合、女性はそのように教えられていません。私たちは、自分の体はある特定の形であるべきで、そうでなければ何か問題があるのだと教えられます。第5章ではそのことについて、そしてそれを克服する方法についてお話しします。

あなたの見方を変えるエクササイズ⑭

「あなたの性器は完璧で美しい」と言われても、自分の性器に違和感を覚えている人は特に何も変わらないでしょう。でも、もしその健康で美しい性器を見るのに抵抗があるなら、ぜひやってもらいたいことが2つあります。

1. 手鏡を用意して、この章の前半で説明したように、自分のヴァルヴァを見てみましょう（携帯電話のカメラを自撮りモードにするのでもOK！）。見ながら、いいなと思ったところを全部メモしておきましょう。ネガティブなことを脳が次々と挙げていこうとするでしょうが、それらは書きません。それを毎週、繰り返します。もしくは週に2回、あるいはそれ以上。そのたびに、いいなと思えることが少しずつ前面に出てきて、雑音は少しずつ消えていくでしょう。自分が見たもの、いいなと思ったことについて、誰かに話してみようかな、なんて思ったりするかもしれません。もっと良いのは、同じエクササイズをした人に話すことです！　このエクササイズは「認知的不協和」の解消に役立ちます。というのも、私たちはたいていネガティブなことを意識しがちですが、ここでは良いことを意識するように強制されるからです。ぜひ試してみてください。

2. もしいるのなら、パートナーに頼んでよく見てもらってください。電気をつけて、服を脱ぎ、仰向《あおむ》けになって、パートナーに見てもらいます。何が見えるか、見ているものについてどう感じているか、どんなことを思い出すか、教えてもらいましょう。パートナーに、あなたが心配に思っていることを伝え、彼／彼女が見ているようにあなたも見られるよう、助けてもらってください。パートナーの言葉に耳を傾け、恐れずに心で聞きましょう。

わかりやすい「庭」の比喩

この章では、いくつかの生物学的事実が都合よく比喩となり、意味付けされたせいで、女性が自分の体に対して不快感を抱くようになったという経緯を考えるところからはじまりました。こうした状況を打破するために、ここでは「庭」という別の比喩を使いたいと思います。私はこの比喩をよく使います。なぜなら、生まれつきの性のハードウェア（体と脳）と生まれ育った家庭や文化が、どのように影響し合って、大人になった今のセクシュアリティーを形成したのか、決めつけずに考えられるようになるからです。

例えば、生まれたその日に、他の人とは少し違う、豊かで肥沃な土壌の小さな区画があなたに与えられるとします。そして、あなたが自分でできるようになるまで、すぐに家族や文化が、あなたのために何かを植え、庭の手入れをはじめ、愛や安全、体や快楽に関する言葉や態度、知識を植えつけます。それから、庭の手入れの仕方を教えてくれます。思春期を過ぎて大人になるにつれて、あなたは庭の手入れに全責任を持つようになるからです。

でも、あなたはそのいずれをも選択したわけではありません。土地の区画も、植えられた種も、人生の初期に施された庭の手入れ方法も、自分で選んだわけではありません。

思春期を迎えると、あなたは自分で庭の手入れをするようになります。すると、家族や文化がよく手入れされた庭に植えたものが、美しく健康的に生い茂っていることに気づくかもしれません。それと同時に、変えたいところも出てくるかもしれない。もしかしたら、あなたが教わった庭の手入れ方法は非効率的だったかもしれない。もっと生い茂るように、違う手入れ方法を見つける必要があるかもしれない（これについては、第3章でお話しします）。あるいは、植えられた種は、あなたの庭では育たないもので、もっと合う種を見つけなければならないかもしれない（これは第4章、5章でお話しします）。

中には、土地や植えられたものに不満がない幸運な人がいます。その人たちは、意識が芽生えた初期の頃から健康的で生き生きとした庭を作ることができます。一方で、庭にある有毒なゴミにてこずり、そのゴミを根こそぎ取り除いて、より健康的な、自分で選んだものに置き換える作業をすることになる人もいます。

性器を含むあなたの体は、あなたのセクシュアリティーの基本的なハードウェアの一部であり、土地でもあります。あなたの脳と環境は、ハードウェアの残りの部分であり、それらについては第2章と第3章で説明していきます。

それが「何を意味するか」ではなく、「何か」を知ろう

オリヴィアは、自分のホルモン、「男性的」な性器、性的関心の高さについての考えを、彼女を「恥じるべき」と批判する文化への盾として使いました。「アバズレ」「女の色情」「体で注目を集めて男を捕まえ、他人をコントロールしようとしている」——そのどれも事実ではないですが、彼女の人生のさまざまな場面で投げかけられた言葉の数々です。世間はオリヴィアに、彼女のセクシュアリティーは有害で、彼女にとっても周囲の人々にとっても危険だと思い込ませようとしました。

彼女はセクシュアル・ウェルネスを守るために、こうした発言と懸命に闘ってきました。「ホルモンのせいだから、自然なことなの」という盾は、彼女を守る重要な防具となりました。

しかし、「みんな同じパーツでできていて、構造が違うだけ」という考えを理解するにつれて、そうした盾は必要なくなりました。「みんな同じパーツでできている」とわかると、自分を他人と切り離して考えなくなったのです。彼女も他の人と同じです——ユニークではありますが、「人間のセクシュアリティー」という1本の鎖でつながっているのです。

これは、まさに科学が人の役に立つ良い例です（私たちが望めばですが）。科学は、私たちの警戒心を下げ、私たちがみなつながっていることを実感する機会を与えてくれます。

オリヴィアが自分の性器やセクシュアリティーに違和感を抱いて生まれてきたのではないことを、私は知っています。しかし、何十年にもわたるセックス・ネガティブな文化が、不満の雑草を生やしてしまったのです。第3章と4章では、このことがあなたのセクシュアル・ウェルネスにどんな影響を及ぼすかを正しく説明し、第5章では、それを元に戻し、自分の体で満足して生きること、つまり、自分の体に対して深くて温かい愛情と好奇心を持つ、生まれたときの状態に戻るための方法を説明します。

しかしその前に、セックスに関わる体の部分の中で最も重要なもの——それもまた他の人と同じパーツでできていて構造が独特なだけなのですが——について、1章を割いて説明していきます。

言うまでもなくそれは、脳についてです。

第1章のまとめ

1

性器は、誰もがみな同じパーツでできているが、構造が違う。同じものは2つとしてない。

2

性器に痛みを感じているときは、医療機関に相談すること。もし痛みがなければ、あなたの性器はそのままで、正常で健康で美しくて完璧。

3

ポルノで見る性器は、より控えめに、収まり良く見えるようにデジタル処理されていることが多い。すべてのヴァルヴァ(外陰部)がそうだと信じてはいけない。

4

手鏡、あるいはスマホのカメラを使って、自分のクリトリスを見てみよう。クリトリスの位置を知ることは、あなたの力になる。自分の性器とセクシュアリティーをほかの誰かの基準ではなく、自分自身の価値観で見られるようになることは、ありのままの自分を愛するための第一歩。

第2章

二重支配モデル

性の「アクセル」と「ブレーキ」は人それぞれ

ローリーは、息子のトレヴァーが生まれる前から、夫のジョニーとセックスをしたい——つまり、したくてたまらない——と思ったことがありませんでした。最初は妊娠したせいだと思い、出産後はきっと産後のせいだろうと思っていました。

その後は、ただ疲れているのだろうと思いました。

あるいは、気分がふさいでいるのかもしれない。
あるいは、夫をほんとうは愛していないのかもしれない。
あるいは、自分はおかしいのかもしれない。
あるいは、人間は何カ月もの間、お互いのシャツについた赤ちゃんの吐瀉物《としゃぶつ》を拭き取ったりしていると、もうエロティックな関係ではいられないのかもしれない、と思うようになりました。

ふたりは素晴らしい人生を歩んできました。彼女が妊娠する直前まで、ふたりの性生活はロマンス小説に出てくるようなものでした。火傷《やけど》しそうなくらい熱くて、貪欲で、情熱的で、甘くて、愛に溢《あふ》れ、彼の両親の家で感謝祭のごちそうを前に、お互いに目くばせしてふざけたりするくらい、ほどよいふしだらさがありました。

もしかすると、それで終わりだったのかもしれない。残りの人生はずっとセックスレスなのかもしれない。

それでも、彼女たちは努力してきました。大人のおもちゃやマッサージオイルを買ったりもしました。彼女を縛り、彼を縛り、フレーバー付きのローションを使い、自分たちの姿を動画で撮影し、プレイをして……そうしたことがうまくいくときもありました。

でも、たいていはうまくいきませんでした。なぜなら、ローリーはジョニーを、ほんとうに心から愛していたので、心が痛くなり、悲しくなって孤独を感じたからです。でも、自分から彼を求めることはできませんでした。テクノロジーとファンタジーと寛容の21世紀の世界で、斬新なことに挑戦したり、冒険したりしてもダメでした。

副次的効果として、ローリーはバイブレーターを使うと5分ほどでオーガズムに達し、そのおかげで眠りにつくのが楽になることがわかりました。そこで彼女は早々にベッドに入り、ブンブン音を立てながら寝るようになりました。でもジョニーには言えませんでした。なぜなら彼に、自分ではオーガズムを得られるのに、彼とでは無理だと知られたら、きっと不愉快にさせるだろうと思ったからです。ほとんど何をやっても夫とのセックスを望むようにはならなかったのに、ひとりでのオーガズムにはこんなにも惹《ひ》かれるというのは、ローリーにとって不可解なことでした。

だから、私にこの話をしてくれたとき、彼女は行き詰まりを感じて混乱し、ひどく興奮していました。

でも、この章に書かれていることを学ぶと、彼女の現状に対する認識と絶望感はすっかり変わりました。それは、脳には、性的な刺激に反応する「アクセル」がある一方で、今はその気になれない正当な理由がある場合に反応する「ブレーキ」もある、ということでした。


今は1964年で、セントルイスにあるワシントン大学の、画期的な性研究者ウィリアム・マスターズとヴァージニア・ジョンソンの研究室で働いているところを想像してください。あなたは科学の最先端の現場で、これまで研究されたことのないものを理解しようとしていて、長い時間をかけて地元の新聞に募集広告を出しています。探しているのは、研究室で、心拍数、血圧、血流、性器の反応を測定する機械に接続され、あなたと科学者チームが観察する中、オーガズムに達するという意思だけでなく能力もある普通の人です。

広告に応えてくれた女性を研究室に招き、詳細な病歴とこれまでの性行為について聴取すると、健康上の問題がないか身体検査を行い、研究室と設備を紹介します。そして次回は、研究室でオーガズムを感じる練習をします——まずは彼女ひとりで、次は、同じ部屋に研究者チームを呼んで。研究室の機械につながれた彼女は、自分自身を刺激し、オーガズムに達するまで、観察され、測定され、評価されるのです——科学のために。

観察結果はこんな感じです。(1)

興奮期

刺激しはじめると、心拍数、血圧、呼吸数が上昇し、小陰唇とクリトリスが黒ずんで膨らみ、大陰唇が分離する。膣(ヴァギナ)の壁が潤滑になり、伸びやすくなる。乳房は膨らみ、乳首は勃起する。後半になると、汗をかくことがある。

平坦(高原)期

潤滑は膣の入り口、バルトリン腺からはじまる。乳首が埋没するほど乳房が膨らむ。胸の赤みが強くなる「セックスフラッシュ」を経験することもある。この頃には、小陰唇が安静時の

2倍の大きさになっている。クリトリスの内部が上昇し、外側の部分は引き上げられて内側に引き込まれるため体の表面から引っ込む。膣自体は子宮頸部《けいぶ》の周りに「テント」を張り、体の奥深くで大きく開いている。筋緊張症《ミオトニー》という不随意の筋収縮を経験し、それには手足の痙縮（手足の筋肉の収縮）が含まれる。胸部と骨盤の横隔膜《おうかくまく》が同時に収縮するため、息苦しくなったり、息を止めたりすることがある。

オーガズム期

骨盤底筋（ケーゲル）が尿道、膣、肛門と一緒になっていっせいに収縮する。呼吸と心拍が速くなり、血圧が上昇。骨盤が揺れ、さまざまな筋肉が無意識のうちに引き締まることがある。全身の筋肉に蓄積された緊張が突然解き放たれるのを経験する。

消退期

乳房、クリトリスと陰唇が元の状態に戻り、心拍数、呼吸数、血圧がすべて平常時に戻る。

この性的反応の4段階モデルは、すぐにセックスセラピスト、教育者、研究者の間で、人間の性的反応に対する理解の基礎となりました。性的反応の生理学が初めて科学的に説明され、セクシュアル・ウェルネスや性の問題を定義するベースとなったのです。

さて、次に、あなたは、1970年代に活躍するセックスセラピストで、性機能障害のある患者を理解して治療するために、この4段階モデルを利用しているところを想像してください。助けられる患者もいます。無オーガズム症の患者はオーガズムに達する方法を学び、すぐにオーガズムに達してしまう患者はそれをコントロールすることを学び、膣痙攣《ちつけいれん》の患者はそこの筋肉を緩めることを学びます。しかし、4段階モデルが提案するセラピーに対応しない患者もいます。

これは心理療法家ヘレン・シンガー・カプランが経験したことです。カプランは、自分や同僚の患者の治療失敗例を見て、最も治療成績の悪い患者は、セックスに興味がない人たちであることを発見しました。彼女は、この4段階モデルには何か重要なものが欠けていることに気づきます——それは、性欲です。人間の性的反応に関するこの有力な理論には、性欲の概念がすっかり抜け落ちていたのです。

今にして思えばありえない抜け落ちですが、でも仕方ありません——科学のためにマスターベーションをしに実験室に来た人は、はじめる前にセックスをしたいと思う必要はなく、実験のために興奮すればよかったのですから。

そこでカプランは、4段階モデルを実験室から持ち出して、患者の実体験に順応させました。彼女の「性的反応サイクルの3段階モデル」は、飢えや渇きと同じように、セックスへの「興味」や「意欲」として概念化された「欲求期」からはじまります。(2) 第2段階は、興奮期と平坦期をまとめた「興奮期」で、第3段階は「オーガズム期」です。

その後何十年もの間、カプランの新しい性的反応の3段階モデルは、アメリカ精神医学会の分類と診断の手引の基盤となりました。欲求は正常か問題ありか、性的興奮は正常か問題ありか、オーガズムは正常か問題ありか、というように。これらの診断の多くには、現在、認知行動療法、マインドフルネス、センサリーモーター・サイコセラピー(感覚運動心理療法)、投薬など、有効な治療法があります。

ここで20年、時間を進めましょう。今では、性欲の低下や性欲の不一致が、セックスセラピーを受ける最も一般的な理由となっています。また、欲求や行動をコントロールできないと感じるハイパーセクシュアリティー(性欲過剰)を経験する患者もいます。何が起こっているのでしょう?　どうして多くの人が性欲のなさに悩む一方で、性欲過多に悩む人がいるのでしょう?　なぜ性欲の度合いは変わるのでしょう?　私たちがセックスに興味があるかどうか、そしていつ興味を持つのかには、何が関係しているのでしょう?　そして、どれくらいの性欲が「適切な性欲」なのでしょうか?

21世紀の変わり目に、キンゼイ研究所の2人の性研究者が、こうした疑問に答える性的反応のモデルを提案しました。それは、マスターズとジョンソンの研究のように体の反応を説明するものでも、カプランのように性的な関係の中で起きることを説明するものでもなく、性的反応を支配する脳のメカニズムについてでした。この章では、それをテーマに扱います。性の「アクセル」と性の「ブレーキ」を提案する、性的反応の「二重支配モデル」についてです。

本書を手に取る前に、女性器にはヴァギナとクリトリスがあること、そして一般的な性的反応として性的興奮、性欲、オーガズムがあることは、すでにご存じだったのではないでしょうか?

この章を読み終えたら、アクセルとブレーキは、クリトリスや性欲と同じくらい、あなたの性機能にとって基本的で不可欠なものだと思ってもらいたいです。もし、私が次の数ページでうまく説明できれば、あなたは知り合い全員にこう言って回ることでしょう——「大変！　みんな、聞いて！　性欲に〝ブレーキ〟があるんだって！」

性の「アクセル」と「ブレーキ」の仕組み

まずは、性的反応の二重支配モデル(Dual Control Model)について紹介しましょう。

1990年代後半にキンゼイ研究所のエリック・ヤンセンとジョン・バンクロフトによって開発されたそのモデルは、それまでの人間のセクシュアリティーに関するモデルをはるかに凌《しの》ぐものでした。勃起、潤滑というように興奮時に「何が起きるか」だけでなく、性的興奮を支配する中枢メカニズム、つまりセックスに関する光景、音、感覚、考えにいつ、どう反応するかをコントロールする仕組みについて説明しています(3)。

私は、大学院で二重支配モデルについて学べば学ぶほど、人間のセクシュアリティーに対する理解に灯がともっていくのを感じました。そして、このモデルについて授業で教えているこの何十年は、教えれば教えるほど、人々が自分自身の性機能を理解するのにどれほど貴重であるかを実感しています。

では、このモデルの仕組みを見てみましょう。

中枢神経系（脳と脊髄）はアクセルとブレーキの連携で構成されています。交感神経系（アクセル）と、副交感神経系（ブレーキ）です。二重支配モデルの核心は、神経系の他の側面に当てはまることは、セックスを調整する脳システム――つまり性のアクセルと性のブレーキのこと――にも当てはまるはずだという洞察です（ダニエル・カーネマンは、ノーベル経済学賞を受賞した自身の研究について、「これほど明白なことをなぜ長い間見抜けなかったのかを、もはや頭で再構築できなくなったとき、自分が理論的に進歩したことを知る」と書いています。カーネマンのプロスペクト理論がそうであったように、二重支配モデルも同じです。ノーベル委員会がきちんと機能し、エリックとジョンの洞察の重要性を認識した日には、2人に特大フルーツバスケットを贈るつもりです）。

性的反応の二重支配モデルは、その名のとおり、2つの部分から構成されています。

性的興奮システム（SE）

性的反応を加速させるもの、性のアクセルです。見たもの、聞いたもの、嗅いだもの、触ったもの、味わったもの、想像したものなど、周りの環境からセックスに関連する刺激にまつわる情報を受け取ると、脳から性器に「スイッチON」と信号が送られます。SEは、常にセックスに関連するものがないか、あなたの〈文脈〉（あなたの考えや感情を含む、今の状況・状態）を調べています。意識レベルよりはるかに深いところで、常に作動しているのです。スイッチが入って、性的な快楽を求めるようになるまで、あなたがその存在を意識することはありません。

性的抑制システム（ＳＩ）

あなたの性のブレーキです。ここでいう「抑制」とは、「恥ずかしさ」ではなく、神経学的に信号が「スイッチＯＦＦ」になることを意味します。研究により、異なる抑制システムによる２つのブレーキが存在することがわかっています。

１つ目のブレーキは、アクセルとほぼ同じような働きをします。見るもの、聞くもの、嗅ぐもの、触るもの、味わうもの、想像するものなど、周りの環境に潜むあらゆる脅威を察知し、「スイッチＯＦＦ」と信号を送るのです。車のフットブレーキのように、その場その場の刺激に反応します。アクセルが「スイッチＯＮ」というシグナルを送るために周囲の環境を調べるように、このブレーキは、性感染症のリスク、望まない妊娠、社会的影響など、あなたの脳が「今、興奮してはいけない正当な理由」と解釈するものを探っています。そして、一日中、「スイッチＯＦＦ」という信号を送り続けるのです。このブレーキは、商談中や家族との夕食中に、その場にふさわしくない性的興奮を覚えないようにする役割を担っています。また、例えばセックスをしている最中に、おばあちゃんが部屋に入ってきたら、スイッチを切るのもこのシステムです。

２つ目のブレーキは少し違います。これは車のハンドブレーキのようなもので、慢性的で低レベルの「ノーサンキュー」の信号です。ハンドブレーキをかけたまま運転しようとすると、行きたいところには行けるかもしれませんが、時間がかかり、ガソリンもたくさん使うことになりますよね。フットブレーキが「行為の結果に対する恐怖」と関連しているのに対し、ハンドブレーキは「行為の失敗に対する恐怖」、例えばオーガズムが得られないのではないかという心配と関連しています。

これから本書では、これらの2種類のブレーキを区別することなく、「ブレーキ」と呼ぶことにします。というのも、今のところ、ブレーキを外すための有効な手段は、どちらのブレーキを踏んでいるかによって異なるわけではないからです。科学的な解明が進めば、特定のシステムをターゲットにした行動戦略や薬物療法が開発されるかもしれませんが、今はまだ、ブレーキを踏む方法を考えるのに、どちらのブレーキを踏んでいるのかを明確に知る必要はありません。

要するに、二重支配モデルとは、ブレーキとアクセルのことなのです。そして、それは比喩ではなく、中枢神経系が興奮したり抑制したりする活動を表現しています。[4] 言うまでもなく、詳細はもっと複雑ですが、こうした基本を知るだけでも、その影響力は絶大です。というのも、すべての性機能――そしてすべての性機能障害――を、ブレーキとアクセルとの間のバランスとしてすぐに概念化することができるからです。

もし、あなたが性的反応のどこかの段階で問題を抱えているとしたら、それはアクセルの踏み込みが足りないからでしょうか？　あるいは、ブレーキを強く踏みすぎているのでしょうか？

実際、オーガズムや性欲に悩む人はよく、アクセルが足りないのが問題だと思い込んでしまい

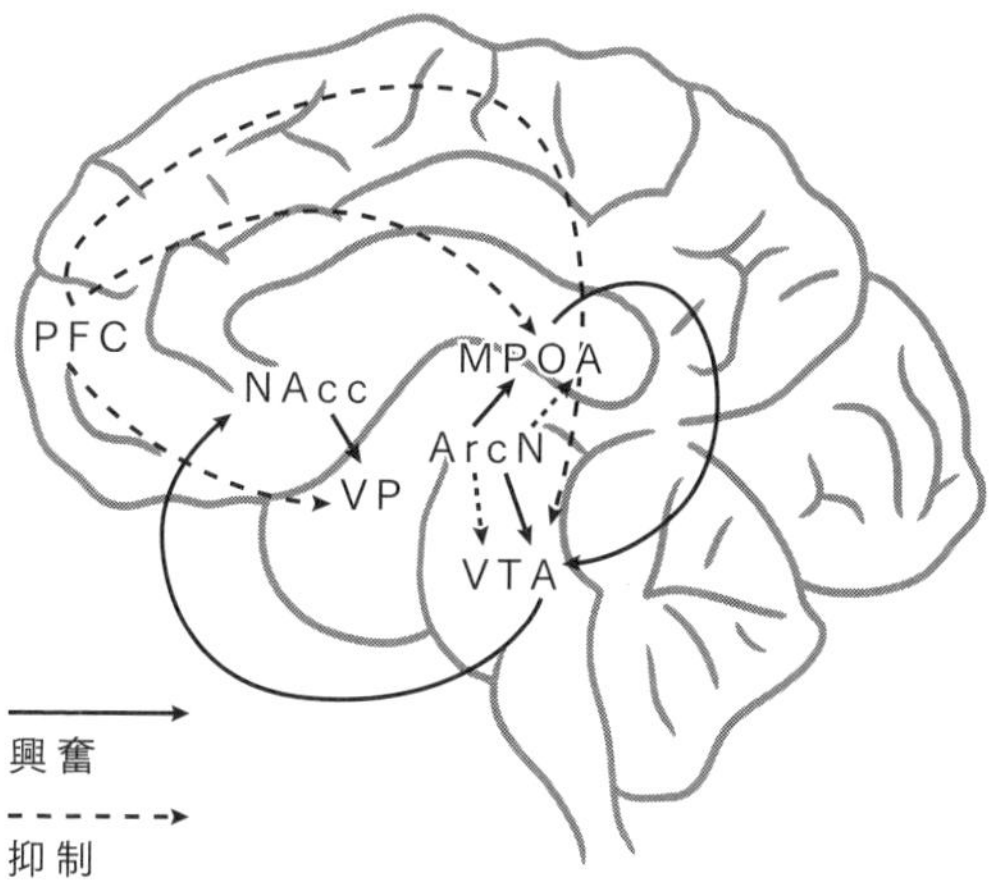

ArcN＝弓状核
NAcc＝側坐核
VP＝腹側淡蒼球
MPOA＝内側視索前野
PFC＝前頭前皮質
VTA＝腹側被蓋野

脳内の興奮性信号（アクセル）と抑制性信号（ブレーキ）の一部を
高度に簡略化した図。
ArcNからの信号には、興奮性と抑制性の両方がある。

ますが、それは間違いです。そうではなくて、ブレーキが利きすぎているのが問題である可能性が高い（詳しくは第7章、8章に記しています）。そして、そのどちらに問題があるのかがわかれば、どのように変えていけばいいのかがわかります。

オリヴィアが、私が考えた「興奮させるもの」についての質問に対して、「皿洗いをしていると興奮することがある」と答えたとき、私は彼女の脳について、理解が深まったように思いました。

オリヴィアは私に、「私はセックスが大好きだし、パートナーのことも大好き。新しいこと、新しい場所、新しい体位、新しいおもちゃ、新しいポルノなど、新しいものならなんでも挑戦するのが好き。私は〝いつでもＯＫ〟なのよ」と言いました。そして彼女の顔には、自分の体で満足して生きている女性の喜びと自信が見て取れました。

そこで私は、「何かを行ったあとで、『なぜあんなことをしたんだろう?』と思うことはある?」と尋ねました。

すると彼女は苦笑いしてうなずきました。「そういうこともある。めったにないけどね……でもすごくストレスが溜《た》まると、ただ外に出て、『どうにでもなれ』みたいな感じになる。バカなこともいろいろやったよ」

「1日に何度もオナニーしたくなることはある?」と私が尋ねると、彼女は、この人、私の寝室にカメラでも仕掛けたのかしらとでも言いたげな表情で私を見て、目をパチパチさせました。

「普段はやり過ごせるんだけどね。でも時折、頭がおかしくなるかと思うこともある。どんなに掻《か》いても治らないかゆみみたいに、コントロール不可能に思えるの」

「そうね」と私は言いました。「敏感なアクセルは、冒険や強迫観念、つまりコントロール不可能な感覚に陥りやすいんです」

「それが理由なの? 敏感なアクセルのせい? 私はテストステロンが高いんじゃなくて、SEが高いの?」

「そう。〝いつでもOK〟も、時折コントロール不能になってしまうことも、それで説明できるはず」

敏感なアクセルは楽しいだろうと推測するのは簡単ですが、楽しくなるのは、適切な〈文脈〉であればです。オリヴィアには、大好きなパートナーがいて、心配や恐れを抱くことなく探求してもいいんだというオープンな環境があります。だから彼女はすぐに飛び込んでいける。でも時には、特にストレスや不安を抱えているときは、「性欲が常に私の注意を引きたがって、放っておいてくれないように感じることがある」と言います。

敏感なアクセルに伴うリスクには、別次元のものもあります。オリヴィアは、自分のセクシュアリティーに支配されていると感じることがあるため、自分がパートナーを支配しているのではないか、強引すぎるのではないか、要求しすぎなのではないか、性欲が強すぎるのではないか、度を越えているのではないかと心配していました。

「私は人類の発展のためにも、この強力なセクシュアリティーを慎重に行使しなければならないの」と、ほとんど冗談のように彼女は言っていました。

でも完全に冗談ではなかったのです。

セクシュアリティーの気質は人それぞれ

二重支配モデルによると、性的興奮とは「アクセルを作動させる」と「ブレーキを解除する」の2つのプロセスのことです。つまり、性的興奮の高まりの程度は、アクセルがどれだけ刺激を受けているか、ブレーキがどれだけ刺激を受けていないかの表れなのです。
しかし同時に、その刺激に対してブレーキやアクセルが「どれだけ敏感に反応するか」ということでもあります。

ブレーキとアクセルは「特性」です。誰にでもあり、時間の経過とともに多かれ少なかれ安定するものですが、性格に「内向的／外向的」というものがあるように、個人差があります。[5] 第1章で見ましたが、私たちには全員、ペニスやクリトリス、そして陰唇と尿道があるように、私たちには全員、中枢神経系に性のアクセルと性のブレーキがあります（私たちはみな、同じです！）。しかしブレーキとアクセルの「感度」がそれぞれ違うので（私たちはみな、違います！）、性的な気質や特質が違ってくるのです。

ブレーキとアクセルの両方の感度が高い人もいれば、両方が低い人もいるし、ブレーキは高いけれどアクセルが低い人、アクセルは高いけれどブレーキが低い人もいます。ほとんどの人は平均的です。表にするとばらつきはきれいな釣鐘曲線を描き、大多数の人は真ん中の山に集中し、極端なところに位置している人は少数です。

では、ブレーキやアクセルが特に敏感な場合（あるいはそうでない場合）はどうなるかを見ていきましょう。

SEが高くSIが低い——アクセルが敏感でブレーキがほとんど利かない——とします。するとどんな性的反応になるのでしょう？

セックスに関連する刺激にはすぐに反応しますが、潜在的な脅威には反応しないので、簡単にスイッチがONになって興奮し、OFFにするのが難しくなります。これは、必ずしも楽しいとは言えず、状況によっては、コンドームの使用のばらつきや、より多くのパートナーとの行為、一夜限りの関係を繰り返し、性欲が「制御不能」だと感じるなどして、望ましくない結果を招くリスクが高まる可能性があります。(6)

敏感なアクセルと、そこまで敏感でないブレーキという組み合わせは、女性の約2～6％に見られ、性的なリスクや強迫観念と関連しています。(7) セックスに関連する刺激に気づく脳のメカニズムが非常に敏感なため、またリスクの高いことを阻止する脳のメカニズムが反応しにくいため、特にストレスを感じているときには性欲を「コントロールできない」と感じることがあります。ストレスを感じるとセックスしたくなる人を「レッドライナー」、ストレスを感じるとセックスへの興味が激減する人を「フラットライナー」と呼ぶことがあります。

SIが高くSEが低い――ブレーキが敏感でアクセルがあまり敏感でない――という、逆の組み合わせの場合はどうでしょうか？　これは女性の約1～4％に見られ、性的に興奮しにくい、興味や欲求がない、オーガズムに達しにくいなどの問題と関連しています。ブレーキが敏感な人は、興奮しない理由のすべてに敏感に反応しますし、アクセルが比較的鈍感な人は、セックスに没頭するには、かなり集中し、意識的に注意を向ける必要があります。

アクセルがどうであろうと、敏感なブレーキは、あらゆる性的な問題の最も強い予測因子になります。２００8年に18歳から81歳の女性２２６人を対象に行われた調査では、セックスへの関心の低さ、性的興奮の難しさ、オーガズムの難しさは、抑制因子――特に「性的興奮の偶発性」（物事がちょうどよく整わない限り性的興奮を覚えにくいこと）や、性機能に関する懸念（興奮してオーガズムに達するのに時間がかかりすぎるという不安など）――と大きな相関関係がありました。[8]

このあとの「セクシュアリティーの気質を知るための問診票」に答えると、自分のブレーキとアクセルの感度を知ることができます。でもこれは、実際の科学的調査とは違いますから、お間違いのないように！　このアンケートはいわば『コスモポリタン』誌に載っている質問を科学に寄せたバージョンで、あなたの内的な性的反応メカニズムが、性的な刺激への反応にどう影響するかを理解するための指針となりますが、あくまで近似値です。[9]特に、ブレーキには2種類あることを忘れないでください。内的な恐怖（興奮するのに時間がかかりすぎるなど）により興奮がより遮断される人もいれば、外的な要因（性病にかかる、セックスをしているところを見つかるなど）に対する恐怖により影響を受ける人もいます。どちらも、あなたの興奮を醒《さ》ましたり、そもそも興奮の妨げになったりします。

興奮させるもの（SE：アクセル）

パートナーの才能や知性を感じたり、他人とうまく付き合う姿を見たりすると、とても興奮する。

0	1	2	3	4
まったく 当てはまらない	ほとんど 当てはまらない	少し 当てはまる	わりと 当てはまる	まさに 当てはまる

魅力的で、セックスしてみたいと思う人のことを考えると、すぐに興奮する。

0	1	2	3	4
まったく 当てはまらない	ほとんど 当てはまらない	少し 当てはまる	わりと 当てはまる	まさに 当てはまる

セックスしているのを誰かに見られたり、音を聞かれたりしている可能性があると、興奮しづらくなる。

0	1	2	3	4
まったく 当てはまらない	ほとんど 当てはまらない	少し 当てはまる	わりと 当てはまる	まさに 当てはまる

特定の匂いを嗅ぐとすごく興奮する。

0	1	2	3	4
まったく 当てはまらない	ほとんど 当てはまらない	少し 当てはまる	わりと 当てはまる	まさに 当てはまる

暇なとき、セックスについてたくさん考える。

0	1	2	3	4
まったく 当てはまらない	ほとんど 当てはまらない	少し 当てはまる	わりと 当てはまる	まさに 当てはまる

合計（20点満点）＿＿＿＿＿＿

セクシュアリティーの気質を知るための問診票

抑制するもの(SI:ブレーキ)

ときどき、興奮できないかもしれないと不安に駆られることがある。

0	1	2	3	4
まったく 当てはまらない	ほとんど 当てはまらない	少し 当てはまる	わりと 当てはまる	まさに 当てはまる

いろいろなことが「しっくり」こないと、興奮するのが難しい。

0	1	2	3	4
まったく 当てはまらない	ほとんど 当てはまらない	少し 当てはまる	わりと 当てはまる	まさに 当てはまる

パートナーにどう思われているかがよくわからないままだと、興奮しづらい。

0	1	2	3	4
まったく 当てはまらない	ほとんど 当てはまらない	少し 当てはまる	わりと 当てはまる	まさに 当てはまる

興奮したり、オーガズムに達したりするのに時間がかかりすぎではないかという心配が、興奮の妨げになる。

0	1	2	3	4
まったく 当てはまらない	ほとんど 当てはまらない	少し 当てはまる	わりと 当てはまる	まさに 当てはまる

ときどき、セックスの最中にすごく「シャイ」になったり、自意識が高くなったりして、心の底から興奮できていないことがある。

0	1	2	3	4
まったく 当てはまらない	ほとんど 当てはまらない	少し 当てはまる	わりと 当てはまる	まさに 当てはまる

合計(20点満点)__________

低SE（性的興奮システム）：0〜6

あなたはアクセルがそれほど敏感ではないタイプ。そのため、セクシュアルなことに注意を向けるよう意図的に努力する必要がある。目新しいシチュエーションでは、慣れ親しんだシチュエーションよりもセクシーな気分になれる可能性が低くなる。バイブレーターのような強めの刺激を入れるなど、感覚に注意を払う訓練を日々行うことで、性機能を向上させられるだろう。もしスコアが極端に低いなら、低SEと深く関連する無性愛者のアイデンティティーに共鳴するところがあるかもしれない。私が調査している女性たちは、クラスを受講したり、ワークショップに参加したり、セックスに関するブログを読んだりするくらいセックスに興味があって、SEも全体の平均より高いが、それでもその約8％がこの範囲に含まれる。

中SE（性的興奮システム）：7〜13

あなたはちょうど中間にいて、セクシュアルな刺激に敏感かどうかは、背景情報によるだろう。とてもロマンティック、またはエロティックなシチュエーションでは刺激に敏感に反応し、そうでもないときには、性的なことに注意を向けるのはかなり難しいかもしれない。あなたの興奮や快楽に、今の状況や状態がどう影響を与えているかをよく認識して、生活の中にセクシーなシチュエーションを増やすためのステップを踏んでいこう。私が調査した女性の7割がこの範囲に入る。

高ＳＥ（性的興奮システム）：14〜20

あなたのアクセルはかなり敏感。嗅覚や味覚など、人が一般的にあまり反応しないものにすら刺激されるかもしれない。かなり幅広いシチュエーションをセクシュアルだと感じ、新奇なことをとても刺激的だと思えるかもしれない。セックスがストレス解消の方法になっているかもしれない。性機能を向上させるためには、パートナーのために時間と空間をたくさん作ることが効果的。敏感なあなたは、喜ぶパートナーを見て強い満足感を得るため、ふたりにとっていいことだらけ！　私が調査した女性の約16％がこのグループに当てはまる。

低ＳＩ（性的抑制システム）：0〜6

あなたはブレーキがそれほど敏感ではないタイプ。自分の性的機能についてそれほど心配しておらず、ボディ・イメージがセクシュアリティーに影響を及ぼすことはあまりない。性的なことを行っているとき、注意散漫になることはほぼなく、自分を「シャイ」だとは思わない。どんなシチュエーションでも性欲は落ちにくい。性に関する主な課題は、自分を抑えること。その行為によって起こりそうな結末を意識してみるといいかもしれない。私が調査した女性の約15％がこの範囲に当てはまる。

中ＳＩ（性的抑制システム）：7～13

あなたは、私が調査した半数以上の女性と同じく、ちょうど真ん中にいる。ブレーキがかかるかどうかは、背景情報に大きく左右される。新しいパートナーとのセックスなど、リスクが高かったり目新しかったりするシチュエーションでは、自分の性機能に不安や恥ずかしさを感じ、セックス中は注意散漫になりがち。低リスクで身近なものに囲まれた状況なら興奮する可能性が高く、ストレス――不安、落ち込み、困惑、疲労など――が高まると、性的なシグナルへの関心や反応が減退する。

高ＳＩ（性的抑制システム）：14～20

あなたのブレーキはかなり敏感。興奮するためには、相手を信頼してリラックスする必要があり、どんな場合でも急《せ》かされたり、プレッシャーを感じたりしないことがベスト。セックスから気が逸《そ》れやすいかもしれない。ＳＩはセクシュアルな問題に最も強く結びつく要因であるため、もしスコアが高ければ、ＳＥのスコアにかかわらず後の章にある「セクシーな〈文脈〉」というワークシートにじっくり取り組んでもらいたい。私が調査した女性の約4分の1がこの範囲に入る。

「中間」の意味するものとは？

どちらも中間あたりでしたか？　半数以上の人がそうです。これらの特性で非常に高いスコアや低いスコアを出すのは比較的まれです。ですから、大多数の人にとって、二重支配モデルの価値は、「私の脳は、この種のインプットに対して特別に敏感／鈍いから、気をつけなくちゃ！」という発見にあるのではありません。そうではなく、ブレーキとアクセルは2つの別々のシステムであるという気づきにこそ価値があるのです。世の中には、アクセルを踏み込むものもあれば、ブレーキをかけるものもある。中には、両方を同時に作動させるものもあるのです！　私のブログの読者から、ベストセラー小説『フィフティ・シェイズ・オブ・グレイ』〔早川書房・2015年刊〕を読んだときの体験が、まさに「ブレーキとアクセルを同時に踏む」ことだったというメールをもらいました。

「中間」であるというのは、「ほら、私は正常でしょ！」と自分に言い聞かせて、何が自分のブレーキを踏んだりアクセルを踏んだりするのかを知り、自分の脳の特性に合わせて生活を調整する方法を考えはじめられるということ。その方法については、第3章、4章、5章でお話しします。

どちらのスコアも高かったり低かったり、特に極端にそうである場合は、「ほら、私は正常で、しかも比較的珍しいタイプでしょ！」と自分に言い聞かせればいいのです。自分の持つブレーキとアクセルの役割を考えてみれば、私は他の人が経験しないような方法で性の世界と関わっている、と思えるようになるでしょう。

アーティストのカミラは、頭の回転が速くて好奇心旺盛な人です。中でもセックスに興味があります。それについて書かれた本を読むだけでなく、文献にも目を通すほどです。

でも彼女は、セックスについて知りたいという知的欲求と、実際にはそれほどセックスがしたいわけではないという気持ちに折り合いをつけるのが難しいと感じていました。私たちが女性が持つイメージについて話していたとき、彼女はこの課題について触れていました。特に、「突然性欲が湧いてくる」経験をしたことがないようだと言うのです。

ブレーキが敏感なのかもしれないと思い、問診票のように「抑制するもの」について彼女に訊いてみました。性的に興奮するには、物事が「しっくり」こなければならない？　パートナーへの全面的な信頼が必要？　セックスしている最中に不安になる？

彼女の答えは、「そうでもないかな」ばかりでした。

そこで私は続いて、「興奮させるもの」の質問をしました。パートナーが得意なこと（セックスとは関係ないこと）をやっているのを見たり、匂いを嗅いだり、「求められている」と感じたりするだけで興奮することがある？　新しい状況に興奮することは？　空想することで興奮する？

「そうでもないかな……何よ、その空想って？　ないない」

カミラは低SEです。でもだからといって、セックスという概念に興味がないのではありません。ただ、彼女の脳が敷居をまたいで、セックスを積極的に求めるようになるためには、多くの刺激を必要とするということです。

私はオーガズムについて質問しました。

「回数は少ないし、達するのが遅いわね」と彼女は答えました。また「努力するだけの価値がないように思えることが多い」とも。カミラはたいていの場合、バイブレーターで確実にオーガズムを感じることを発見しました──機械的な振動は、有機的な刺激にはない強烈な刺激を与えられるからです。しかし彼女にとってオーガズムは、セックスのゴールというより、気晴らしのようなもの。カミラはパートナーと一緒にいるのが好きで、遊んだり新しいことを一緒にしたりするのが大好きです。でも、セックスをするのと同じように、彼と一緒に料理をするだけで幸せを覚えることもあります。

「ヘンリーは世界一性欲の強い男ではないからね」と彼女は言いました（ヘンリーは彼女の夫で、すごく良い人です）。「でも、もう少し私から頻繁にセックスを求めるようになれば、彼は喜ぶだろうな。これって、変えられるものなの？」

もちろん、変えられます。

カミラの解決策については、部分的に第3章に書かれていますが、その核心に触れるには第7章までお待ちください。

集団ではなく、「あなた」を見よう

「男性と女性、どちらが平均的にSEが高く、より感度の高いアクセルを持っているでしょうか？」と訊かれたら、あなたはどちらを選びますか？

男性ですよね？　そうです。集団では、平均して男性のほうがアクセルの感度が高いです。(10)

そして、SIが高く、より敏感なブレーキを持っているのはどっちだと思いますか？

そう、そのとおり。集団では、平均して女性のほうがブレーキの感度が高い傾向にあります。

でも第1章で説明した、男性と女性で身長差はあるけれど、男女間よりもそれぞれのグループ内の違いのほうが多様であったことを思い出してください。特に女性は、ブレーキとアクセルにかなりの個人差があります。どれくらいの頻度でセックスをしたいと思っているかと1000人の女性に尋ねると、「ゼロ」と言う人から「1日に何度も」と答える人までさまざまですが、そのどれもが正常です。

男性と女性のアクセルやブレーキの感度以上に重要な違いは、この2つのメカニズムの、男女の心理における他の側面――特に気分や不安――との関係です。

例えば、男女ともに約10～20％の人が、不安を覚えたり、気分が落ち込んだりすると性的関心が高まると報告されています[11]。しかし不安や抑鬱《よくうつ》によりセックスがしたくなるのは、男性の場合は、ブレーキの感度が低いからで、女性の場合は、アクセルの感度が高いからだと考えられます。

これは、男女のブレーキとアクセルの感度の平均的な違いだけでなく、この2つのシステムと脳の他の動機付けシステム、特にストレス反応システムとの連携にも違いがあることを示しています（これについては、第4章で詳しく説明します）。

でも、いいですか？　ブレーキとアクセルの違いを集団レベルで語るのは、あまりにも安直です――前の世代の人たちが「女性はスイッチが切れやすく、スイッチが入りにくい」とか、「女性は男性ほどセックスを求めていない」とか言うのと変わりません。後の章で説明しますが、現実はまったく違います。ほとんどの人にとって性的反応は、脳のメカニズムと同じくらい、〈文脈〉にも左右されるからです。

あなたのブレーキとアクセル、そしてそれらとあなたの気分や不安との関係は、独特で個性的です。ブレーキとアクセルを理解する目的は、「男性はこうだ」「女性はこうだ」と対比させるのではなく、「あなたはこうなんだ」と理解すること。だって、一人ひとりユニークで、素晴らしい可能性を秘めているのですから。

ホテルの大きくて素敵なバスタブ
パートナーが子どもを寝かしつける姿
ハリー・ポッターとドラコ・マルフォイのボーイズラブを想像する
人前でセックスするところを空想する
実際に人前でセックスをする

こうしたものに、生まれながらにしてセクシュアルな反応をする人はいませんが、実際に女性たちから「興奮する」と言われたものばかりです。二重支配モデルは、脳が刺激に対してどのように反応し、性的興奮を高めたり低くしたりするかを、整理して説明しています。脳は、セックスに関連する刺激（空想や魅力的なパートナーなど）と潜在的な脅威（見られたくない人に行為を見られるなど）を察し、それに応じて信号を送ります。性的興奮は、「スイッチＯＮ」のスイッチを入れ、「スイッチＯＦＦ」のスイッチを切る二重のプロセスなのです。

しかしそれでは、脳がどのようにしてセックスに関連する刺激や潜在的な脅威を判断しているのかは、わかりません。

何がセックスに関係し、何が脅威なのかを学ぶプロセスは、言語を学ぶのと似ています。私たちはみな、人間の言葉であればなんでも学ぶことができる生得的な能力を持って生まれてきますが、ランダムに言語を学ぶわけではありません。英語しか話さない人たちに囲まれて育ったら、フランス語の幼稚園に行く意味はそこまでないかもしれません。通常は、自分の周りで使われている言語を学ぶものですから。

同じように、あなたは周囲で使われているセクシュアルな〈文脈〉を学びます。生まれつきの言葉がないように、生まれつき感じることのできるセクシュアルな刺激はほとんどないとわかっています。子どもが文化から語彙やアクセントを学ぶのと同じように、私たちも文化から、興奮させるもの、あるいは興奮させないものを学びます。

ジム・ファウスの研究室で行われた3匹のラットを使った研究で説明していきましょう。

例えば、あなたがオスの実験用ラットだとします。あなたの母親は、幼いラットに必要なものをすべて揃えて、あなたを正常で健康に育てます。発達途上で、研究者たちは、あなたがレモンの匂いと性的な行動を結びつけて考えるように訓練します。[12] 通常レモンは、人間同様に、ラットのセクシュアリティーにとってもなんの意味も持ちません。でもあなたは、脳内でレモンとセックスを結びつけるように訓練されました。そこで、2匹の発情したメスのラットが登場。1匹は健康なメスのラットの匂い、もう1匹はそれにレモンを加えたような匂いがする。すると、あなたはレモンの匂いのするほうをより好むようになります。「より好む」と言うのは、あなたは両方のメスと交尾することになりますが、射精の8割はレモンの香りのするラットが相手のときになされ、レモンの香りがしないラットとは残りの約2割になるということ。つまり、ラットとしてのあなたは学習によって、レモンの香りのする相手のときにアクセルをより強く踏み込んだというわけです。

別の実験を見てみましょう。今度は、あなたの弟のラットが、レモンの香りを嗅ぐことなく、通常どおり健康的な方法で育てられたと想像してください。でも、初めてメスと交尾する間、研究者は彼に齧歯《げっし》動物用のハーネス――苦しくない小さなジャケット――を着けます(13)。

もし弟が発情したメスと初めて交尾するときに小さなジャケットを着ていたら、次に発情したメスと交尾するときにジャケットを着ていないと、自己抑制してしまうでしょう。彼のブレーキはかかったままになります。なぜなら、たった一度の最初の交尾経験で、脳が「ジャケット＋発情期のメス＝セクシーな時間」と学習し、単に「発情期のメス＝セクシーな時間」にならなくなったからです。

この2つの実験からわかるのは、アクセルもブレーキも、経験に基づいて何に反応するかを学習しているということ。レモンもジャケットも、生まれつきではなく、どちらも学習によるものです。

しかし、より基本的なことに立ち返りましょう。

今一度、自分が母親に健康的に幸せに育てられたオスの実験用ラットであると想像してみてください。

思春期後半に差しかかり、まだ性的にナイーブな状態（つまり未経験）でいるところへ、実験者たちは発情期のメスのラットを紹介します。オスのラットにとっては初体験になるわけですから、最高に興奮しますよね！　でも、研究者はあなたにメスと交尾する機会を与えません。[14] 発情していて、あなたを受け入れようとしているメスとは、実際にセックスができないのです。

ここからわかるのは、ラットは発達の段階で生殖力のないメスや他のオスの匂いよりも、繁殖力のあるメスの匂いを好むようになるわけではないということです。発情期のメスが「セックスに関連する」とオスのラットの脳に教えるには、セクシュアルな（つまり交尾の）経験が必要なのです。交尾の本能はあり、誰とでも交尾をしようとはしますが、経験がなければ、本能を実行に移せません。

生まれながらにして持っているのは、こうした学習が行われるメカニズム、つまりアクセルとブレーキと、経験と関連付けを通じて学習する能力です。しかし、何が脅威で何がセックスに関連しているかをブレーキとアクセルに教えるには、経験を必要とします。

研究室の外の自然環境にいるラットは、セクシュアルな気分になるためにジャケットを着る必要はなく、レモンの匂いで射精してしまうこともないでしょう。ラットがそれを学んだのは、人間が学習させたからです。生まれながらにしてあると思われるもの――繁殖しやすいメスのラットがどれかを知る能力――でさえ経験によって学ぶものだということを、この実験は教えてくれます。

「何年にも及ぶ葛藤」――メリットは自分のセックスライフについて、そのように表現しました。

卒業後に私の友達になった彼女は、私の授業から得た最も重要なことは、アクセルがあるようにブレーキもあるということだと教えてくれました。そのおかげで、なぜ自分がセックスへの欲求を感じながらも、身動きがとれないように思えていたのか、理解することができたと。

彼女は、自分には敏感なブレーキがあると気づきました。性的に興奮するには、物事が「ちょうどいい」状態でなければならず、パートナーへの全面的な信頼が必要だったのです。そしてセックスをしている最中も、セックスのことを心配していました。彼女はこれを「頭の中の雑音」と呼んでいました。

「うん、完全に高SIね。その音は、あなたの性のブレーキの音で、まさにキーキー鳴っているんですよ」と、私は言いました。「ずいぶん前にあなたが言っていた『腕を風車みたいに回転させながら、崖っぷちに立っているような気になる』っていう感覚もそれで説明がつく。つまり、アクセルとブレーキが同時に作動しているってこと」

敏感なブレーキを持つメリットの動機付けシステムは、性欲、興奮、オーガズムに問題を引き起こすリスクが最も高く、本人もこの3つの問題に随時悩まされていたと言いました。最近は、オーガズムに悩まされているのだと。

「あと少しというところで、頭の中が騒がしくなるのよ」

彼女はパートナーと素晴らしい関係を築いていて、愛と遊び心に満ちたセックスを日常的に行っていますが、興奮が自分の中でネックになっていて、オーガズムに達せず、欲求不満に陥り、セックスは基本的に楽しみというよりも面倒なものになってしまったと話してくれました。

メリットが抱える問題の原因については第4章で、解決策の多くは第8章で詳しく説明します。

脳は変えられるか？

女性がセックスに関して難しさを感じている場合、二重支配モデルは、4つの質問を投げかけます。

・アクセルはどれくらい敏感か？
・何がアクセルを踏むのか？
・ブレーキはどのくらい敏感か？
・何がブレーキをかけるのか？

この章であなたは、60年代のセックス研究者になり、レモンフェチのオスのラットになりました。さて今度は、性教育者であり、人々にセクシュアリティーの仕組みを理解してもらうために、二重支配モデルを使おうとしているとしましょう。人々は、自分の性的反応メカニズムに不満があり——自分の思いどおり、または期待どおりにいかないことにイライラして——それを変えたいと言ってきます。

実際、変えられるのでしょうか？

その答えには2つの側面があり、どちらも同じくらい重要です。

まず、アクセルとブレーキそのものはあなたの生まれ持った特性で、時間が経《た》ってもほぼ変わらないというのが1つ目の側面です。そのどちらにも影響するだろうと思われる不確定要素に「パートナーの特性」がありますが、[15]それは第3章で説明します。一般的には、脳内のメカニズムを意図的に変えることは、ほとんどできないとされています。

いずれにしても、大半の人のアクセルとブレーキの感度は、過敏でもなく、鈍感でもない「中間」です。中間の人がアクセルとブレーキを変えようとするのは、望ましくありません。

しかし、答えには2つ目の側面があります。メカニズムそのものを変えることはできないかもしれませんが、「メカニズムが反応するもの」を変えることはできそうです。ブレーキが「潜在的な脅威」と捉えるものは変えられることが多く、望まない妊娠、性感染症、ストレスといった脅威は意図的に減らせます。

また、アクセルが「セックスに関連する」と判断するものを変えることもできるし、生活の中でセックスに関連することを増やすこともできます。言い換えれば、外的な状況と、内的な状態は変えることができるのです。なぜ変化させられるのか、どのように変化させるかは、これからの3つの章で主に扱いますので、今は簡単な説明だけにしておきましょう。

生まれつきアクセルとブレーキが反応するものはほとんどなく、脳が特定の刺激を興奮や抑制に関連づけるのは学習の成果であることはすでに学びました。ということは、脳と周りの環境の両方を「チューニング」すれば、性の可能性は最大限に引き伸ばせるのです。

性欲が低いローリーは、SIが高いに違いないと私は思っていました。彼女と一緒に、彼女のブレーキを踏み込ませる事柄を書き出しました——子ども、最悪な上司がいるフルタイムの仕事、両親などです。妊娠して以来、彼女の体が変化したのは言うまでもなく、彼女はそれを嘆いていました。また、そのために不幸な気持ちになることにも後ろめたさを感じていました。というのも、彼女の中のフェミニストの部分が、文化の中で気まぐれに生まれる理想形を切り離せず、「ただ自分の体を愛する」ことができない自分自身を批判していたからです。修士号取得のために大学に戻ろうとしているほどの彼女にとって、そんなのは大したことではないはずなのに。

彼女のブレーキは特に敏感だったわけではなく、至極平均的でしたが、常に圧力をかけているものが山ほどあったのです。

「このリストを見ただけで、マッサージに行きたくなったわ」と彼女はうめき声をあげました。

「だったら、ジョニーにマッサージしてもらったらいいのに」と私は提案しました。

「そうね、でもそのあとに、セックスをしないと悪いなって思うのよね」

「それはいい気づきね！　ブレーキをかけるもののリストに『セックスを期待されているように感じる』って付け加えておいてね」

彼女が言われたとおりにしたそのとき、ピンときたのです。彼女はこう言いました。「大人のおもちゃやプレイを総動員してアクセルを踏んでいたけど、同時に私の人生におけるいろんなことが脳内でブレーキを踏んでいたってことか……。ブレーキがかかっていたら、いくらアクセルを踏んでもダメってことか。なるほど」

「そうね」

「じゃあ、どうすればブレーキを踏むのを止められる?」

それは、答えられたら100万ドルの賞金がもらえるくらい難しい質問です。

短く答えるとしたらこうでしょう。ストレスを減らし、自分の体に愛情を持って接し、セックスは「こうするべき」という間違った考えを捨てて、実際にセックスがうまくいくための環境を生活の中に作ればいいのです。

でも、しっかり答えるとすると……それは本書の残りの部分に書かれています。

私はローリーに、しばらくの間、セックスをしたいと思うように自分を仕向けるのをやめるよう提案しました。成果を求めるあまり、自分にプレッシャーをかけるのをやめてみてはどうかと。

彼女は私のアドバイスに従いませんでした——すぐには。その代わりに、〈文脈〉をうまく変えることを試したのです。それについては次の章でお話しします。


第1章で紹介した庭の比喩を使えば、アクセルとブレーキは、あなたの庭の土の特性です。あなたの性器や体の他の部分や脳も同じです。生まれ持ってのアクセルとブレーキの感度は、どんな植物が繁殖しやすいか、どれだけ密に植えるのが適しているかといった特徴であり、庭の成長に影響を与えるものではありますが、それ以外の要素も少なくとも同じぐらい影響します。水、日当たり、植物の選択、肥料の与え方（これは、ストレス、愛情、信頼、バイブレーターと言い換えられます）のすべてが、あなたの庭の豊かさに関わるのです。土そのものを変えなくても増やすことはできるし、土の管理方法について賢い決断をすることはできます。

それについては第3章で。

第2章のまとめ

1

あなたの脳には、「セクシュアルな刺激」に反応する「性のアクセル」が備わっている。「セクシュアルな刺激」とは、あなたが見たり、聞いたり、嗅いだり、触ったり、味わったり、想像したりするもので、それを受け取るとあなたの体は「スイッチON」となり、性的興奮が高まる。

2

あなたの脳には、「潜在的な脅威」に反応する「性のブレーキ」がある。「潜在的な脅威」とは、あなたが見たり、聞いたり、嗅いだり、触ったり、味わったり、想像したりするもので、脳はそれを「今、興奮してはいけない正当な理由」と解釈し、あなたの体を「スイッチOFF」にして性的興奮を覚えにくくする。

3

生まれつき備わった「セクシュアルな刺激」や「潜在的な脅威」というものはない。私たちは経験を通じて、「アクセル」と「ブレーキ」が何に反応するかを学習する。つまり、自分の脳と周りの環境を調整すれば、あなたのセクシュアル・ウェルネスは向上する可能性があるということ。

4

「アクセル」と「ブレーキ」の感度は人それぞれ。「セクシュアリティーの気質を知るための問診票」に答えて、自分の特徴を調べてみよう。たいていの人は中間の範囲に入るが、どんなスコアでも正常であることをお忘れなく。

第3章

〈文脈〉

あなたの感覚や感情を支配する「一つの指輪」

もしあなたがヘンリーに会ったら、好感を抱かずにはいられないでしょう――礼儀正しくて、温かい笑顔で優しく話し、ハンサムで、少し古風な人です。女性が部屋に入ってくると、立ち上がるんですから。ヘンリーは、妻のカミラと同じくらいオタクです。金曜日の夜、ふたりはドイツのボードゲーム「カタンの開拓者たち」か、『バフィー～恋する十字架』など

で知られるジョス・ウェドンが監督した映画、あるいはアメリカのボードゲーム「カード・アゲインスト・ヒューマニティー」のどれか、あるいは3つ全部を楽しむのが理想的な過ごし方だといいます。

ヘンリーとカミラは、良いセックスライフを送っています。誘うのはほとんどいつもヘンリーで、妻の性的探求の対象になれたら間違いなく楽しむのだろうと思いますが、彼はあまり物事にこだわらない人なので、ユーモアのセンスと、バスルームをいつもきれいにしておくルールの両方を共有できる人生のパートナーがいることを幸運だと思っています。彼らは慎重で思慮深く、内向的な素敵な人たちです。

ふたりが初めて会ったとき——その前に、インターネット上で何週間もいちゃいちゃしていたのですが——目が合ったとたん、ふたりとも瞬時に「この人が運命の人だ」と思ったそうです。

でも、慎重で思慮深い彼らは、ゆっくり時間をかけることにしました。お互いに、「まだ恋愛をする準備ができていないから、友達として付き合おう」と言い、真面目な顔をしてお互いにうなずき合ったのです。

そうして、ふたりは友達のままでいました。

1年間。

徐々に、ヘンリーはカミラに言い寄るようになりました。レゴで作った花束を渡したこともありました。彼女の好きなオンラインコミックの作家に彼女のポートレートを描いてもらいました。彼女のためにRPGのシナリオを書きました。ネクタイをしました。彼女の手を握りました。

キスをしたときには、ふたりとも恋に落ちていました——でもどちらも口には出しませんでした。そして、初めて愛し合うと、ふたりは互いに人生を捧《ささ》げ合うことを誓い、暗闇の中で、何度も何度もそれをしきりに囁《ささや》きました。

カミラは低SEの女性——セックスに関連する刺激に対する感度がかなり低い女性で、全体の約4~8%のグループに属します[1]——ですが、結婚した日は敏感でした。

でも5年も経つと、そこまで敏感ではなくなります。

「以前は、キッチンにいると、彼が後ろからやってきて首筋にキスをしてきて……すると私は一瞬で溶けちゃったの。でも今は、彼が同じことをしても、『夕食を作ろうとしてるのに、なんなの』と思ってしまう。きっとどこかがおかしいんじゃないかな」と彼女は言いました。

「何もおかしくないわよ。ただ〈文脈〉が違うってだけだから」と私は答えました。

「どう違うの？　私は結婚した日と少しも変わらずに彼を愛してる。ただ、〝性欲のタンク〟が空になってしまったって感じなの。人間の〝性欲のタンク〟って、空になるものなの？」

「それは……まあ……あるっていえばあることかな？　そんなにはないけれどね。タンクというより……シャワーじゃない？」と私は言いました。「大量のお湯が出て、水圧もシャワーヘッドも最高なときもあれば、ほとんど水圧がなかったり、シャワーヘッドが汚れていたりするときもある。シャワーはいつでも浴びられるけど、そのシャワーが素晴らしいものか、それともイライラするものかは、〈文脈〉的な要因が影響しているってこと」

「〈文脈〉的な要因ねえ。それって、実生活ではなんなの？　キャンドルやお花？」彼女は顔を歪《ゆが》めてみせた。「官能的な映画や小説？」

「それはシチュエーションだよね。それも一部ではあるんだけど、〈文脈〉っていうのは、脳の状態も含まれるんです」

「ああ！」と彼女は明るい声で言いました。「キャンドルよりずっと面白そうね」

そう、そのとおり。この章では〈文脈〉を取り上げます――温かくて気持ちの良いお湯にして、水圧を強める方法について説明していきます。

ケイティー・マッコールとシンディー・メストンが「性欲を引き起こすきっかけ」について行った調査研究で、女性たちに何に興奮するかを尋ねたところ、その答えが、大まかに4つのカテゴリーに分かれることがわかりました。(2)

1．愛情や感情的な絆《きずな》によるきっかけ

恋愛関係における、愛、安心、献身、感情的な親密さ、守られている・支えられているという感覚、またパートナーから「特別な関心」を向けられていると感じること。例えば、ある女性が、恋人が交際2周年記念にサプライズで地球の裏側まで飛んできてくれたという、とびきりロマンティックなエピソードを話してくれたことがあります。そこでは、親密さ、献身、そして特別な関心が話題となりました。当然、その彼は彼女とセックスすることができたのです。

2. わかりやすいエロティックなきっかけ

セクシーな映画を観る、官能小説を読む、他の人がセックスしているのを見たり聞いたりする、セックスするだろうと予測する、パートナーが自分を求めているのを知る、あるいは自分やパートナーの性的反応に気づく、など。例えば、ある20代の女性は、恋人のアパートメントで、夜中に上の階の人がセックスしている音で目が覚めたときのことを話してくれました。リズミカルなキーキーいう音とあえぎ声で、一瞬にして興奮したといいます。彼女は恋人にキスをして目を覚まさせると、一緒に上からの声に耳を傾け、そして手短に激しいセックスをしました。

3. 視覚や接近によるきっかけ

これからパートナーになりそうな魅力的な人が着飾っている姿を見て、自信と知性、そして気品が溢れていると感じるようなこと。例えば、ある友人が私に修辞的な質問を投げかけました。「スーツのジャケットの下から覗《のぞ》くシャツの白い袖口にはどういう意味があるだろう?」と。私は「社会的地位のしるしじゃない?」と提案しました。すると彼女は、「それと、身だしなみだよね」と付け加えました。「真っ白な袖口のシャツを着ている男は、いい肌をしているのよ」

4. ロマンティックで暗示的なきっかけ
親密性の高い行動、例えば、体を密着させて踊る、一緒にお風呂に入る、マッサージをする、（顔や髪に）触れ合う、夕日を見る、一緒に笑ったり囁き合ったりする、心地よい香りを嗅ぐ、など。例えば、ある30代の女性は、バスルームを改装するために夫と一緒にお金を貯《た》めていると話してくれました。旅行したときに彼女がセックスしたがるのは、宿泊したホテルの巨大なバスタブに一緒に長く、熱く（いろいろな意味で）入っていられるからだと気づいたのです。もっと一緒にお風呂に入れれば、もっとセックスできるというわけですね。

どれもあまり驚くことではありませんが、直感を裏づけるデータがあるのはいつだって素晴らしいことです。エロティックなきっかけとロマンティックなきっかけが重なると、女性の性欲は高まります。マッコールとメストンの研究は、何がアクセルを作動させるかを教えてくれます。シンシア・グレアム、ステファニー・サンダース、ロビン・ミルハウゼン、キンバリー・マクブライドは、80人の女性を対象とした9回のフォーカスグループ調査において、女性の「スイッチを入れる」あるいは「ブレーキをかけ続ける」原因となる事柄について考察しました。(3) 彼女たちは、マッコールとメストンの研究と興味深い類似性を持ついくつかのテーマを発見しました。以下は、そのテーマと、それを説明するための調査参加者の言葉の引用です。

・自分の体に対する思い

「自分自身に心地よさを感じているときのほうが、興奮しやすい……自分や自分の体について良く思えないときは、興奮するのがそれほど簡単ではない」

・他人の目

「他の人とセクシュアルな関係を持ちたいと思うと、『こんなことをやっていいのだろうか』とか、『もっとやったほうがいいのだろうか』とか、『こういうことをすると、どう思われるだろう』と考えてしまう」

・自己抑制

「気持ちが傾いたとしても、すぐに『ちょっと待って、そんなことできない』とか、『あなたには付き合っている人がいるんだよ』とか、『あの男は甲斐性《かいしょう》なしでしょ』みたいな考えが表れて、急に、『わかった、もういい。今のことは忘れて。無理だから。良くない考えだった』となって、背を向けてしまうんです」

・妊娠、避妊に関する心配

「望まない妊娠は大きなブレーキとなります。パートナーがそのことに無関心そうだと、ほんとうにハラハラします」

・パートナーによる受容
「男性が、セクシュアルに反応する体の部分だけでなく、腕などを撫《な》でてくれるのが好きです。まるで彼が私を包み込んで、私の体のすべてを良いと思ってくれているような感じがするので……」
・パートナーからの拒絶
「16年間一緒にいた2番目の夫でさえ、私の性的反応を受け入れてくれませんでした……私は大きな声をあげてオーガズムに達するのが好きなのですが、そうすると彼は取り残されたように感じたのです。それがきっかけで、ほんとうに心を閉ざしてしまいました」
・誘い方とタイミング
「彼の〝プレイ〟ですよね……どうやって私に近づいてきたか、どうやって私に5分以上話をさせたか……いつもの彼のやり方でした」
・ネガティブな気分
「セックスをするかもしれない相手に対してすごく怒っているとき——何かの理由でものすごく腹立たしく思っていたら、性的に興奮するなんてありえません」

この2つの研究によって、女性の性的関心がさまざまな要因によって左右されることがわかるようになってきました。「何があなたをその気にさせますか？」と女性たちに尋ねると、こんな答えが返ってきます。

・自分を尊重し、ありのままを受け入れてくれる魅力的なパートナーがいること
・ふたりの関係に信頼や愛情を感じること
・心も体も健康で、自信に満ちていること
・パートナーに求められていると感じること、特別だと思えるようなアプローチの仕方をされること
・わかりやすいエロティックな合図、例えば官能小説やポルノ、または他の人がセックスするのを聞いたり見たりすること

しかし、ここからわかるのは、それらもまた「時と場合による」ということです。自分に自信があって、魅力的なパートナーと愛と信頼のある素晴らしい関係にある女性でも、インフルエンザにかかったり、その週に70時間働いたりしていたら、セックスをしたいと思わないかもしれないし、あるいは、一緒に庭仕事をしたあとなら、セックスする前にはふたりともシャワーを浴びたいと思うかもしれません。

また、これらの回答からわかるのは、調査やフォーカスグループでの女性の発言は、実生活で起きることのすべてを網羅するわけではない、という点です。心理学者で人間関係の研究者であるジョン・ゴットマンは著書『*The Science of Trust*（信頼の科学）』〔未邦訳〕で、虐待を受けている女性たちのエピソードを紹介しています。彼女たちは、習慣的に身体的暴力のターゲットになってい

ました。(4)

ところが、彼女たちは暴力を受けた直後のセックスは最高だったと語り、ゴットマンと研究パートナーを驚かせたのです。また、ダニエル・ベルグナーの著書『*What Do Women Want?*（女性は何を求めているのか？）』〔未邦訳〕に登場するイザベルという女性は、尊敬して大切に思っているボーイフレンドには興奮したり心煩わされたりしないのに、彼女にふしだらな服を着せたがり、真剣な関係を求めなかった最低な元彼にはどうしても惹かれてしまったといいます。(5) 私も多くの女性から同じような話を聞きましたが、この研究では何も説明できません。仲直りや別れ際のセックスが激しくなる、とよく言われるのはなぜなのか、何も教えてくれませんから。

では、実際どうなっているのでしょうか？

それは、二重支配モデルが、その他の多くの動機付けシステムとどのようにつながっているかに関係します。つまり、〈文脈〉が重要なのです。

〈文脈〉は、2つのことで成り立っています。今この瞬間の状況（誰といるのか、どこにいるのか、新しい状況なのか、慣れているのか、危険なのか、安全なのかなど）と、今この瞬間のあなたの脳の状態（リラックスしているのか、ストレスを感じているのか、信頼しているのか、信頼していないのか、愛しているのか、愛していないのかなど）です。女性の性的反応は、男性よりも気分や人間関係といった〈文脈〉に敏感であり、その影響の度合いも、女性のほうがより個人差が大きいと徐々に証明されてきています。(6)

そこでこの章では、〈文脈〉について――あなたの周りの状況や脳の状態が性的反応にどのような影響を与えるかを説明していきます。

前もって警告しておきますが、この章は、本書の中で最もオタク色が強く、最も科学的な内容になっています。ぜひじっくり考えながら読んでみてください。きっと、その価値はありますから。じっくり読んだごほうびとして、「女は複雑すぎる。昨日まで○○が好きだって言っていたのに、今日は全然違うものを欲しがるんだから」と愚痴をこぼしたり、「どうして私はこれまでみたいに反応しないんだろう？」と不思議に思ったりする人がいたら、「それは〈文脈〉のせい！　あなたが望むものや好きなものは、外的状況と内的状態によって変化するんだよ」と言えるようになりますよ。

ローリーが性生活に不満を抱いていたのは、厄介なアクセルとブレーキのせいではなく、

〈文脈〉が厄介だったからでした。しかし彼女は、しばらくセックスをしたくないという気持ちをそのままにしてみたらどうかという私の提案は気に入りませんでした。それはあきらめのように思えたからです。彼女はセックスをしたいと思うようになりたかった。だから、とことんまでやってみようと思ったのです。

そこでローリーは、過去に気持ちのいいセックスをしたときのことを考えてみました。そして思い出したのが、出産前に、記念日のお祝いで訪れた山の中の高級ホテル。それにそこで過ごした、とりわけ素晴らしかった休暇です。

「ああ、これがエミリーが話していた〈文脈〉なのね！」と思った彼女は、同じホテルに予約を入れて、当時の情熱を取り戻すための旅行をジョニーと計画しました。

でも、計画は完全に失敗に終わりました。ドライブはうんざりするくらい長くて、途中で口論になり、夕食を済ませる頃には、期待のプレッシャーにすっかり圧倒されてしまったのです。ローリーは自分の心が閉じていくのを感じ、すべてに「ノー」と答えました。そしてひとりで温かいお風呂に入って、ワインを飲み、眠りについたのです。その間、ジョニーは映画を観ていました。

次の日の朝になっても、昨晩の罪悪感から、もう一度試してみようという気にはなれなかったといいます。

それからしばらくしたある午後に、ローリーとジョニーは時間をとって、最初の旅行でうまくいったのに、2回目の旅行で欠けていたのはなんだったのかを考えることにしました。

すると、ふたりの生活がすっかり変わっていることに気づきました。彼らは親になり、ローリーはストレスが多い仕事をしながら、学生をしていました……ふたりが再現しようとしたのは外的状況のみで、〈文脈〉ではなかったのです。

「いいね、それなら君が仕事をやめて、学校もやめて、トレヴァーをサーカスに売り払っちまえば問題解決だ」と、ジョニーはからかいました。でも、それからより建設的な意見として、「もしかしたら、僕たちの考え方が間違っているのかもしれない。どこにいるかや何をしているかではなく、何を感じているかが重要なんだ。君はあの記念日にした素晴らしいセックスについて考えると、どんな気分になる？」

ローリーは1分ほど考えました。

そして、頬に涙を伝わせたのです。

彼女は、自分がどれほどジョニーを愛しているか、頼りにしているかを話し出しました。イライラばかりの人生を、正気を保ったまま送れているのは彼のおかげだし、どれだけ彼のことが大切なのかを、ただ口で伝えるだけでなく態度でも示したいのに、セックスのことを考えると、何かに呑《の》み込まれたかのように圧倒されて、体が止まってしまうのだと。彼女の話からは、性欲を失った悲しみだけでなく、心の平穏を失った悲しみ、母、娘、妻、上司、社員、学生という役割以外の、自分自身の感覚を失った悲しみが溢れ出ていました。

そうして悲しみの潮が引いた頃、ふたりは素晴らしいセックスをしたのです。

その後、ローリーは私のところにやってきて、「いったいなんなの？　ロマンティックな休暇に出かけても何もなかった……それどころか、さらにひどいことになったのに！　私がジョニーをどれだけ愛しているか、自分の人生がいかにボロボロかを見苦しいくらいに泣いて訴えたら、熱くてみだらなセックスをすることになったわ。この〈文脈〉ってやつは、意味がわからないんだけど！」

ここから先は、私がローリーにした説明をまとめたものです。

感覚は〈文脈〉に応じる

特別な相手といちゃいちゃしているときに、その人があなたをくすぐりはじめたとします。楽しそうに思える場面は、いくつか想像できますよね？　そこからセックスにつながるかもしれません。

次に、同じ特別な相手にあなたがイライラしているときに、その人があなたをくすぐろうとしたとします。

イラッとしませんか？　顔を殴ってやりたくなるかもしれません。

くすぐられること自体は同じ感覚ですが、〈文脈〉が違うために、その感覚に対する「認識」が変わってくるのです。

これは、あらゆる感覚に当てはまります。「チーズ」というラベルが貼られているときは良い匂いに思えても、それが「体臭」というラベルに代わると、最悪に思えますよね。(7) 同じ匂いでも、〈文脈〉が異なれば、感じ方も変わります。気分によって味覚が変わることもあります。泣ける映画を観たあとのように悲しい気分のときは、食べ物に含まれる脂質の味を感じる能力が低下するのです。(8)

小学校で習った基本の五感だけでなく、他のすべての感覚にも同じことが言えます。私たちはみな、そうした感覚を「体感」したことがあるはずです。火傷するくらい暑くてサウナみたいに湿度が高い日に、ガソリンスタンドから1キロ離れた場所で車がガス欠になったとします。あなたはべとべとした空気の中を1キロ歩きます。冷房の効いたガソリンスタンドに着くと、22度に冷えきっていて、まるで極寒の風が吹いているように感じられ、暑さからどっと解放されたような感覚に陥ります。半年後、同じ場所で車がガス欠になり、今度は厳しい寒さの中、猛烈な風が吹き荒れる日に、ガソリンスタンドまで同じ道をとぼとぼ歩くことになったとしましょう。同じ22度が、今度は温められたオーブンのように感じられ、痛烈な寒さからどっと解放されたような感覚に陥ります。それが、〈文脈〉です。

また、平衡感覚にも当てはまります。1週間の船旅を終えて船から下りた人なら誰でも、脳が動きを捉えてしまったことをわかるようになるはずです——足の下の地面が揺れているのを感じながら2日間を過ごすことになるでしょう。痛覚もそうです。深刻な痛みを経験した人は、将来被る痛みに対して高い耐性を持つようになります。(9) また、時間感覚もそうです。楽しいとき、つまり「フロー状態」にあるときは、時間は実に早く過ぎるように感じられるものです。[10]
こうした知覚の変化は、頭の中だけで起きるものではありません。「これはリラックスできる薬です」と言われて薬をもらった人は、なんの情報もなくただ薬をもらった人に比べて、よりリラックスした気分になるだけでなく、血中濃度が高くなります。[11]
また、性的な刺激にも当てはまります。第2章では、二重支配モデルがセクシュアルな刺激あるいは潜在的な脅威のいずれかに反応することを説明し、どんな刺激がどのカテゴリーに分類されるかをお話ししました――レモンフェチのラットの話を覚えていますよね？　しかし、チーズの匂いや脂質の味が私たちの精神状態や外的状況によって変わるように、ある刺激をセクシュアルと捉えるのか、脅威と捉えるのかは、私たちがそれを知覚する〈文脈〉によるのです。
くすぐるというのはその一例です。パートナーが家事をするのを見るのもまた一例となります。もしあなたが、ふたりの関係において、支えられていて、心がつながっていると感じているならば、パートナーが洗濯をしている姿はエロティックかもしれません。でも最近、あまりにも多く家事をこなしていて負担を感じているなら、パートナーが洗濯をするのを見ると、「ようやくやったか！」と満足感を覚えるかもしれませんが、セクシーだとは感じないかもしれません。
何がブレーキをかけるかも同じです。例えば、性感染症を恐れて性のブレーキがかかる場合、その程度は感染の可能性や、感染症の影響の認識によって変わります。コンドームを使う、パートナーの健康状態や過去のセックスについて知る、パートナー以外とは関係を持たない、といったことで脅威は少なくなります。一方、コンドームを使わない、過去を気にしない、あるいは浮気する可能性があるのであれば脅威は増します。社会的影響も同じです。社会的な地位や評判、人間関係が損なわれる可能性は、その可能性がどれだけ高いか、もしそうなったらどれだけダメージを受けるかによって、すべて脅威となります。

脳が世界をセクシーな場所として認識するようになる〈文脈〉を認識し、それを最大限に活かすスキルを身につけることが、あなたの性的満足度を高める重要な鍵になるのです。この章の最後には、〈文脈〉のどのような面が知覚に影響を与えるかを考えるためのワークシートがあります。まず、これまでに経験した素晴らしい性体験と、そうでない性体験を3つずつ思い出して、外的状況とあなたの心の状態の両方から、何がその体験を素晴らしくした／しなかったのかを、具体的に考えてみましょう。時間をかけて行ってください。両方について、1つずつでもいいので考え抜くことが重要です。そうすると、どの〈文脈〉がそうさせたのかを知ることができますから。

「服従」のセックスとは何か？

子どもの靴紐を結んでやっている最中に、パートナーにお尻を叩かれたら、腹が立ちますよね。

でも、セックスの最中にお尻を叩かれると、すごく気分が高まることがあります。〈文脈〉によって、お尻を叩かれたり鞭《むち》で打たれたりするような、一般的に痛みと捉えられる感覚が官能的に感じられるのです。性的に「服従」するには、リラックスして相手を信頼すること――「スイッチOFF」のスイッチを切ること――そして、パートナーに主導権を渡すことが必要です。このように、ひどく官能的で、高度な信頼関係が必要とされ、お互い合意のうえで行われている状況では、あなたの脳はオープンで反応しやすく、あらゆる感覚をエロティックに解釈する準備ができています。しかし、女性がブレーキをかけ、「ノー」と言い続けなければならない文化では、すべてのコントロールを放棄し、（ブレーキをOFFにして）リラックスした状態で絶対的な信頼関係に没頭して、ただただ感覚を味わいたいと思ってしまうのは無理もありません。

セックスとラットとロックンロール

〈文脈〉が脳の知覚に影響を与えることを示す究極のオタク的証拠とはなんでしょう？　ロックミュージシャン、イギー・ポップの音楽を聴かせると、ラットの脳がどうなるかを見てみましょう。

あなたは研究用のラットで、3つの部屋がある箱に入れられているとします。[12]研究者は、あなたの脳に、痛みを伴わない小さな探針《プローブ》を埋め込み、脳の奥深くにある小さな領域、側坐核《そくざかく》（NAc）に刺激を与えられるようにします。この領域は、どちらの方向に行けばいいかを教えてくれます――環境にある何かに向かっていくのか、あるいは遠ざかっていくのかを決めます。

最初の部屋は、実験室でいつも目にするような普通の設備に囲まれていて、電気はついていますが、とても静かです。ここで研究者がNAcの上部を叩くと、あなたは匂いを嗅いだり探索したりといった接近行動をとるようになります。心理学者のジョン・ゴットマンは、そうした行動を「これはなんだろう？」の行動と呼んでいます。(13) これは興味を持って探索をはじめ、何かに向かっていくことを指します。そして、研究者がNAcの一番下を刺激すると、あなたは回避行動をとりはじめます。前足を踏み鳴らしたり、顔を背けたりといった「うわ、何これ？」の行動です。恐怖を感じて、回避して、何かから離れていくことを指します。どの行動も正常で、生体《バイオ》工学《ニック》によって半分遠隔操作されたラットがとる行動として期待されるものです。

次の部屋に入ると、電気が消えていて、静かで落ち着き、家にいるような匂いがします。あなたはこの場所がとても好きで、ラットのためのスパみたいだと思います。このような〈文脈〉で、研究者があなたのNAcの上部を叩くと、同じことが起こります――接近行動です。でも面白いのは、ここから。研究者がNAcの下を叩いても、あなたは接近行動をとり続けるのです！　つまり、安心できてリラックスできる環境では、NAcのほぼ全域が接近行動をとりたいと思わせるということになります。

3番目の部屋に入ると、超高輝度な照明がついていて、突然イギー・ポップの曲が鳴り響きます。《キング・ビスケット・フラワー・アワー》がランダムな音量でかかっているのを想像してください。とても慣れることなんてできません。あなたはこの環境のすべてをストレスに感じます。まるで内気な読書好きが、ひどいナイトクラブに来たような気分です。今回は研究者がNAcの上部を叩いても、前の2つの環境のように、好奇心や接近行動が活性化されません。ストレスの多い新しい環境では、NAcのどこを叩いても、あなたはほぼ「うわ、何これ？」という回避的な行動をとります。

私が「知覚は〈文脈〉による」と言うのには、とても深い意味があります。進化論的に見て、古い脳の領域（サルの時代から変わらないもの）が周りの状況に応じて、接近または回避という正反対の反応を示すのです[14]。安心できる居心地の良い環境では、どこに刺激を与えるかはほとんど関係なく接近行動を引き起こし、好奇心や欲求が活性化されます。そして、ストレスの多い危険な環境では、どこに刺激を与えるかはほとんど関係なく回避行動を引き起こし、不安や恐怖が作動します。

「〈文脈〉によって脳がセックスにどう反応するかが変わる」というのは、キャンドルやコルセット、鍵のかかった寝室のように「ムードを作ろう」という意味だけではありません。セックスに肯定的な〈文脈〉にいれば、ほとんどすべてのものが、「これはなんだろう？」という好奇心を刺激し、セックスをしたいというあなたの気持ちを活性化する、という意味でもあるのです。

そこまで良くない〈文脈〉にいる場合（外的状況でも脳の状態でも）は、パートナーがどんなにセクシーでも、あなたがどれほどその人を愛していても、どんなに素敵な下着をつけていても、好奇心や楽しみたいという思いや欲望を刺激することはほとんどありません。〈文脈〉によって感覚の捉え方が変わるのは、まったくもって正常です。脳の仕組みがそうなっているのですから。

頭を悩ませる例のひとつを紹介しましょう。

ブレーキが敏感なメリットは、実生活でのセックスに苦戦していました。しかし彼女は性的な想像力が豊かで、10年前から官能小説の読者であり作家でもあります。読むのも書くのも好きなのは、ゲイの男性のBDSM〔嗜虐的な性的嗜好の頭文字をとったもの〕で、よく冗談で「フィフティ・シェイズ・オブ・ゲイ」と呼んでいます。2人の男性が激しい力関係の中で絡み合うところに、彼女のエロティックな想像力をかき立てるものがあるようです。

「男同士でみだらなセックスをする話には興奮するのに、愛する女性とのセックスのときはすぐに気持ちが冷めてしまう。それを、どう理解すればいい？　ちょっとした物音、思いがけないときに立てられた爪、ふと頭に浮かんだランダムな思いですら萎えてしまう。それなのに、私は毎日何時間もかけて、公共の場所や棚の上、あるいは木に縛られながらセックスする男たちのことを書いているんだから」

性のブレーキについて知ることは役には立ったけれど、〈文脈〉について話し合ってはじめて――「どんな〈文脈〉に興奮する？　ブレーキをかける？」――キャロルとメリットは理解しました。メリットにとって、実生活は挑戦ばかりだけれど、ファンタジーはうまく作用するのだと。

ブレーキが敏感な女性にとっては、とても理にかなったことだと思います。ファンタジーの〈文脈〉――周りの環境と脳の状態――は、現実とは大きく異なります。ベッドでひとり、見ず知らずの5人の体格の良い男たちに力ずくにされるところを妄想しているとき、実際のあなたは安全で、ストレス反応を作動させるような脅威はありません。ただ、斬新な妄想が情熱に油を注ぐだけ。良い〈文脈〉です！

しかし、もし現実の世界で、5人の見ず知らずの大男に囲まれたら、あなたの脳はおそらくストレスに反応して――逃げて！　戦って！　あるいは動かないで！――おそらく性のブレーキを踏むことになるでしょう。良い〈文脈〉とはとても言えません。

「じゃあ、どうすればいいの?」とメリットは尋ねてきました。

「信頼することね」と私は言いました。「ブレーキから足を離すことは、信頼するってことだから」

メリットは首を振ってキャロルを見ました。「私はあなたを100%信じてる。崖の下にマットレスがあるから大丈夫と言われたら、目隠ししたまま飛び下りる。少しも迷わずね」すると、キャロルが言いました。「そうしたら、あなたが信用できないのは、あと1人しかいないじゃない」

メリットは私たち2人を見て、目をパチパチさせながら「それって、私のこと? 私は自分を信用していないって言いたいの?」と言いました。

私は「信用してるの?」と訊きました。

「私は自分が請求書を期限内に支払うって信じてる。私は親である自分を信頼してる。作家である自分も。そうね、私は……えっと……」。そう言うと彼女は黙ってしまい、考え込むように顔をしかめ、私を見ました。

「あなたは自分の知性と心は信頼していると思う」とキャロルは言いました。「でも、自分の体はどう?」

メリットは額を手で強くこすりながら、「正直言って、してないと思う。それには理由があるの」と言いました。

それから、私たちはその理由について話したのです。

さて、ここで、中脳辺縁系《ちゅうのうへんえんけい》の皮質について少し触れたいと思います。ここからオタク的な話になりますよ。庭に喩えるなら、次の2つのセクションは、土が種を苗に変える様子を説明するようなものです。庭師がコントロールできることではなく、私たちが直接観察できないような、土中で起こっていること。でも、特にあなたが自分（またはパートナー）のセクシュアリティーを育てることを難しいと感じているのであれば、これからの数ページは、性的反応の深い潜在意識の部分で何が起きているのかについての理解を深めてくれるでしょう。

準備はいいですか？　さあはじめましょう。

「学び」「好き」「欲求」からなる「一つの指輪」

「脳の快楽中枢」に関する面白い研究成果について、もしかしたらどこかで読んだことがあるかもしれませんね。食べ物を口に入れると、これらのシステムが作動しはじめます。水を飲めば、反応します。音楽を聴き、アートを眺め、ヘロインを打ち、小説を読むと、中脳辺縁系の皮質がせっせと評価し、学習し、動機付けをはじめるのです。ポルノを観たり、隣人がセックスしているのが聞こえたり、パートナーの手があなたの髪をつまんでいるのを感じたりすると、脳のこれらのシステムが応え、評価して計画を立て、もっとそれに近づく、あるいは遠ざかるようあなたを促します。

中脳の図を壁に貼っていて、自宅でも理解を進めたいような方にお伝えすると、これらのシステムに関係する器官には、腹側淡蒼球《ふくそくたんそうきゅう》、側坐核（ＮＡｃ）本体《コア》と殻《シェル》（これはイギー・ポップの曲を使った研究の部分です）、扁桃体《へんとうたい》、脳幹の結合腕傍核《けつごうわんぼうかく》などがあります。

しかし、実はこれらは「快楽中枢」ではないのです——単なる快楽中枢ではないと言ったほうがいいかもしれません。

私たちがよく脳の「快楽中枢」や「報酬中枢」と表現するものは、実際にはそれよりもずっと捉えにくくて興味深い存在です。「快楽」や「報酬」とは、ほんとうは「ヴァルヴァ」なのに私たちが「ヴァギナ」と呼ぶのと似ています。快楽は確かにその機能の一部ですが、ほんの一部であり、他の部分を否定することは、その意義を否定し、多面的な全体の本質を誤解することになりかねません。

脳の奥深くにある、人間の進化のうえでも古くからある部分には、「学び」「好き」「欲求」という、つながりはあるものの、それぞれ別の３つの機能があります。この３つのメカニズムは、ケント・ベリッジとモーテン・クリンゲルバッハの専門用語を借りれば、「すべてに介在する、快楽に関する脳システム」を作る、哺乳類共通のハードウェアを形成しています。(15)

『指輪物語（ロード・オブ・ザ・リング）』〔評論社・２０２２年刊・最新版〕には「一つの指輪」が登場します。「一つの指輪」には他のすべての「力の指輪」をコントロールする力がある。感情に関連する脳で言えば、「一つの指輪」は、感情／動機付けシステムをすべて処理しています。そこには、ストレス反応（恐怖、攻撃、心を閉じる）、嫌悪、肉体的な快感や芸術鑑賞の歓《よろこ》びなどさまざまなことから受ける快楽、愛や社会的なつながり、そしてもちろんセックスなどが含まれます[16]。

ですから、「セックスは、コカインを摂取したときと同じ脳の領域が活性化する」という通俗的な科学の記事を読んでも、あまり感心しすぎないでください。もちろん、そのとおりです。それが「一つの指輪」で、すべてに介在するのですから。

本書の中で私は、セックス、ストレス、愛、嫌悪などあらゆる感情反応が競合し、相互作用して、互いに影響し合う「学び」「好き」「欲求」の集合体のことを、「一つの指輪」と呼ぶことにします。

ではこれから、この3つのシステムがどのように機能するのかを見ていきましょう。

「学び」とは、今起きていることと、次に起こるべきことを結びつけるプロセスです。パブロフの犬がベルを鳴らすと唾液を垂らすのは、「学び」のシステムがベルを食べ物と結びつけているから。第2章で登場したラットが、レモンやジャケットをセックスと結びつけたのは、この「学び」のシステムのためでした。それは、暗黙的学習と呼ばれ、明示的学習とは異なります。明示的学習とは、間を置きながら何度も繰り返し唱えて詩を暗記するような、意識的に努力することです。暗黙的学習とは、「学び」のシステムが時間と空間を超えて刺激を（ある程度）関連づけること。私たちはあえて勉強や暗記をしなくても、どの食べ物がおいしいか、どの人が意地悪かを知ることができる。こうした感情的なことは、暗黙のうちに学んでいます。

「好き」という感情は、私たちが一般的に考える「見返り・報酬」に最も近いかもしれません。「好き」のメカニズムは、脳内の「イエス！」「ノー！」であり、刺激の持つ「快楽に関する影響力」を査定します――それって気持ちいい？　どんなふうにいいの？　嫌な気持ちになる？　どんなふうに嫌なの？　というように。新生児の舌に砂糖水を1滴垂らすと、赤ちゃんの「好き」のシステムは花火を打ち上げはじめます。砂糖は本質的に満足感が得られるものです――私たちは甘い味を楽しむようにできていますから。塩とは違うのです。この1つのシステムが、甘い味、性感覚、美の知覚、愛の喜び、勝利のスリルといったあらゆる快楽を管理しています。

「欲求」は、専門的には「インセンティブ・サリエンス」と呼ばれ、感情に関わる脳領域のアクセルです。何かに近づきたい、あるいは遠ざかりたいという欲望を刺激します。ストレス反応メカニズムによって作動すると安全を求め、愛着メカニズム（次章参照）によって作動すると愛情を求めるようになる。そしてもちろん、性に関するアクセルによって作動すると、私たちは性的な刺激を求めるようになります。

「欲求」が作動すると人は、ケント・ベリッジが言うところの「特別な誘惑」を経験します。[17]執《しつ》拗《よう》に何かを渇望したり欲したりすることは、欲求システムによって作動します。

そしてそれは〈文脈〉によります。スパのような環境とナイトクラブのような環境でラットを使って実験したのを覚えていますか？　脳（NAc）への刺激によって引き起こされる「これはなんだろう？」の行動と「うわ、何これ？」の行動は、より近づきたい、あるいはより離れたい、という「欲求」行動です。どちらの行動が誘発されるかは、ラットの精神状態やストレス具合によります。

では、このようなシステムは、人間のセクシュアリティーにおいてどのように作用するのでしょうか？　例えば、パートナーにキスされるなど、何かによって性のアクセルが作動すると、何かを1つ学んだことになります。ジャケットを着せられたラットのように、あなたのアクセルは、パートナーからのキスがセックスに関係することを学習したのです。

ですが、「学び」は中立的で、良いものでも悪いものでもなく、ただ……関連性があるというだけ。「学び」を作動させるきっかけが、セックスに関連するだけでなく素敵なものでもあれば（これは〈文脈〉によって異なりますが）、「好き」も作動します。そして、それが十分に素敵であれば、「欲求」につながるのです。

順序を説明するとこうなります――セックスに関連することが起こり、脳が「ほら、これはセックスに関することだよ」と感知します。それが「学び」です。そして、〈文脈〉が適切であれば、あなたの脳は「ほら、これって素敵だよ！」となります。それが「好き」。そして刺激が十分に素敵であれば、脳は「いいね、もっと、もっと！」となる。それが「欲求」です。

わかりましたかね？　ふー！　難しい部分ですが、よく頑張りましたね。「学び」「好き」「欲求」からなる「一つの指輪」は、これからも本書にたびたび登場します――例えば第6章では、性器の反応は「学び」であり、「興奮した」という意識的な体験は「学び」＋「好き」であることを学びます。そして第8章では、「一つの指輪」を性的な快楽に集中させて、他の意欲から解放することが、恍惚とするようなオーガズムを得る道であることを学びます。

この3つのシステムが人間のセクシュアリティーにおいてどのように機能するかを測定する研究は、まだはじまったばかりです。本書でこのシステムを紹介するのは、それらがセクシュアル・ウェルネスに与える影響の決定的証拠があったからではありません。欲望と快楽と性器の反応は同じではないと知ることがどれほど人々の助けになるかを、生徒に教える中で実際に見てきたからです。脳は、もっと「欲求」しなくても、何かを「好き」になることがあります。ある刺激がセックスにつながることを「学び」、その学習が〈文脈〉によっては、「欲求」を高める（何かに近づいていく）こともあれば、嫌悪感を高める（遠ざかっていく）こともある。脳は、特に「好き」でなくても、何かを「欲求」することがあるのです。まさにそれを経験したオリヴィアの例を後ほどご紹介しましょう。

そして、3つのシステムはすべて〈文脈〉によります。もし、あなたの「学び」「好き」「欲求」の基質がストレスや愛着の問題（この2つは次章で扱います）への対処に忙しかったら、セックスに関連する刺激をセクシーだとは感じないかもしれません。

この3つは分けられると理解することは、ブレーキがあるのを知るのと同じくらい有力で意味があります！　では、それぞれがどのように性的反応を変化させるか、2つの〈文脈〉で見ていきましょう。

〈文脈〉1

あなたが妊娠する前。ベッドの隣ではパートナーが横になっていて、ふたりで明日の予定について話しながら、いつものように1日の終わりのハグタイムを楽しんでいます。パートナーの手があなたの体を撫ではじめると、すっかりリラックスして愛情たっぷりの状態のあなたは、「学び」と「好き」が作動して、すぐにパートナーと一緒に楽しいことがしたくなります。そしてキスをしたり、手で体をまさぐったりしているうちに、どんどん「欲求」が高まっていきます。

〈文脈〉2

出産から2カ月後。ベッドの隣で横になっているパートナーが、何日かぶりにぐっすり眠れている貴重な時間にあなたを起こし、抱き合いながら明日の予定を話したがります。パートナーの腕に包まれながらしばらく話をしていると、パートナーの手があなたの体をまさぐりはじめます——寝不足で、授乳中で、体形が変わっていて、まだヴァギナは治りきっておらず、足は1年前より半サイズ大きくなり、赤ちゃんの小さな手に常に叩かれ続けているあなたの体を。まだ自分でも慣れない体にパートナーが触れると、「学び」が作動して、あなたは恐怖心に押しつぶされそうになり、セックスを避けたいという「欲求」となります。そこであなたは背中を向けて、「ハニー、今夜はダメ」と言うのです。するとパートナーはこう思うでしょう。もしかしたら、あなたもそう思うかもしれません——「どうして？　以前はすごくうまくいったのに」。

同じ刺激でも、〈文脈〉が違うと、感情の「一つの指輪」の反応も異なり、結果も違ってきます。

この「出産」を、「親をホスピスに入れる」「パートナーが浮気していたと知る」「仕事を解雇される」と置き換えても、似たような結果になるでしょう。また、「妊娠しようと試みる」「バウ・リニューアル〔年月を重ねた夫婦が、改めて感謝の気持ちを伝え合い結婚の誓いを再び交わすセレモニー〕」「宝くじに当たる」と置き換えると、かなり違う結果になるはずです。

イギー・ポップの曲が鳴り響く環境に置かれたラットの例で見たように、ストレスレベルが高いと、ほとんどどんなものによっても、「うわ、何これ？」という回避モードで欲求が作動します。でも、セックス・ポジティブな〈文脈〉にあれば、ほとんどどんなものによっても、「これはなんだろう？」という好奇心モードで「欲求」が作動するのです。

どのような〈文脈〉をセックス・ポジティブと感じるかは、女性によって異なり、また女性の一生の中でも時期によって変化しますが、一般的には、こうです。

・ストレスが少ない
・大きな愛情に包まれている
・わかりやすくエロティック

この章のはじめに紹介した、興奮するものについて女性たちに訊いた研究を思い出してください。あれもこれも、いろいろありました。「一つの指輪」が、仲介役としてさまざまな感情に同時に働きかけ、1つに束ねるのです。

オリヴィアとパトリックは、面白くてチャーミングで、ふたりの愛が他の人にも伝染してしまうくらい素敵なカップルです。ふたりが一緒にいるのを見ると、ちょっと恋をしてしまいそうになるくらい。ふたりはケンカをしているときですら、愛情たっぷりのハグをしたり笑い合ったりしています。まだ20代ですが、ふたりは103歳になってもティーンのようにいちゃいちゃしているんだろうなと想像できます。

そんなふたりが衝突する原因は、主にセックスでした。パトリックは、約80~90%の人と同じように、ストレスがブレーキとなってセックスへの関心がなくなってしまう「フラットライナー」（詳細は第4章にて）です。しかし、ストレスが燃料になるような敏感なアクセルを持つオリヴィアは「レッドライナー」です。ふたりとも大学院生なので、学期中の同じ時期（期末試験の頃）にストレスを感じます。つまり、オリヴィアが一番セックスをしたいときに、パトリックは一番気持ちが萎えているのです。

〈文脈〉は同じでも、ふたりは真逆の経験をしているということになります。

これを恋愛関係の〈文脈〉で考えてみると、事態は悪化します。というのも、ふたりのスタイルが互いにエスカレートしていくからです――オリヴィアがセックスを望んでいるのに自分はしたくないことにパトリックがストレスを感じると、彼のストレスが高まり、ブレーキがさらに強くかかる。そして、自分はセックスを望んでいるのに、パトリックがそうでないことにオリヴィアがストレスを感じると、彼女のストレスが高まり、アクセルがさらに強く踏み込まれるというわけです。私はこれを「追いかけっこのダイナミクス」と呼んでいますが（詳しくは第7章で説明します）、オリヴィアはこれをこう言い表していました。

「めちゃくちゃよ」と。

それを聞いてパトリックは、「しかも、学期中のこの時期、ふたりともすでに手一杯で、自分の気持ちを話すどころか、食事をするのもやっとの状態なんだよ。どうしたら解決できる？」と付け加えました。

私は肩をすくめて、「簡単よ。ふたりとも落ち着いているときに計画を立てておいて、ストレスを感じているときにそれを実行すればいいの」と答えました。

オリヴィアはそれを聞いて「へえ……」と言いました。

それはまたしても、大きな感情的な……何かに対して強い警告を発するような失望がありました。前回、私はそれを見逃してしまいましたが、今回は違いました。

「違う答えを期待していた？」と私は尋ねました。

「みんなで協力すれば、私は治るんじゃないかと思ってた」

「治る？　あなたはどこかおかしいってこと？」

「そんなことはないと思うけど……あんまり良い気分ではないよね。自分を抑制できないんだから。自分のためにも、パトリックを怒らせないためにも、その部分を抑えられたらいいなと思ってた」

　彼女は正常です。だって、ストレス＋セックスという〈文脈〉では、快楽が増すことはありませんから。逆に、ストレスや不安を抱えていたり、気持ちが滅《め》入《い》っていたりするとき、オリヴィアは「オーガズムへの欲求は感じるけれど、それは自分の体やパトリックから自分を切り離したいという欲求なのよ。それが嫌でたまらない。まるで自分の体を訪れるお客さんになった気分。コントロールができなくなるの」と語っています。これはまさに、「好き」ではないのに、「欲求」することを示すいい例だと思います。

「ああ、つまり、これはふたりの関係における課題で、またあなた個人にとっても違和感があることなのね」と私は言いました。「変えるのはそれほど大変じゃないのよ。いつもすんなりいくとは限らないけどね」

　するとふたりは声を揃えて「どうやってやるの？」と訊いてきました。

「好き」も「欲求」も無意識で起きる

私は、「学び」「好き」「欲求」にカギカッコを使っていますが、これは、「夕食に何を食べたい?」「あの映画は好きだった?」といった通常の欲求、好き、学びという意味ではないことを明確にするためにそうしています。これらの脳内システムは、意図的に作動するのではなく、多くの場合、意識すらしないうちに起こります。(18)

それどころか、コカイン依存者を対象とした研究では、研究参加者たちの中脳辺縁系は、スクリーン上に33ミリ秒間、点滅するように映し出されたコカインに関連する画像に反応しました。彼らに何を見たかを尋ねても、答えられないはずです。というのも、画像はあまりにも早く消えていくので、意識して見ることができないから。でも、薬物依存者の「欲求」システムに火をつけるには十分な秒数でした。(19)被験者たちは画像を見たという意識はないのに、感情に関わる脳の領域が反応したということです。

庭の比喩で言えば、庭師が庭にすることと、庭がそれ自身ですることの違いです。庭師は草むしりをしたり、水やりをしたり、肥料を与えたりできますが、直接的に植物を成長させることはできません。一方、あなたの「学び」「好き」「欲求」のシステムは、植物を成長させることそのもので、あなたがどれだけ手入れをしているか、天候(外的状況)、植物があなたの土壌(あなたの体とブレーキとアクセル)にどれだけ適しているかなど、さまざまなことが影響します。庭師にできるのは、庭の成長に最良の環境を作ることだけで、あとは庭に任せるしかありません。

「私はどこかおかしいんでしょうか？」――答えは「ノー」です

性的な興奮、欲求、オーガズムは常に変化しています。喜びで変化することもあれば、困惑や心配で変化することもあるのです。そうした変化は、私たちの性器や二重支配モデルの質の変化に応じて起きることもあります。しかし、たいていの場合は、〈文脈〉――周りの環境と自分の精神状態――の変化に応じて変わります。つまり、私たちの気分や人間関係、人生の変化によって変わるのです。

ここで、セクシュアルな刺激を脳が処理するのに〈文脈〉が影響を与える、ということを理解するうえで、最も重要であろうことをお伝えします。セックスが気持ちよく感じられないからといって、あなたに問題があるわけではありませんし、無理に自分を変えることもありません。もしかしたら、周りの環境やその他の動機付けシステム（ストレスなど）に起きた変化が、性的反応に影響しているだけなのかもしれないのだから。そうだとすれば、自分を変えることなく、ポジティブな変化を引き起こすことができます。

他にも、〈文脈〉を理解すれば、なぜ女性が人によってそれぞれ違うのかを理解するのに役立ちます。多くの女性にとって最もセックス・ポジティブな〈文脈〉とは、文化的に承認されたものでもなければ、たやすく手に入れられるもの――大学生のときのセックスフレンドや、結婚10周年の1287回目のマンネリ・セックスのように――でもないのかもしれません。そうした〈文脈〉でもうまくいく女性もいる一方で、知らない人の家で開かれたパーティーの真っただ中に、クローゼットの中で誰だかよくわからない人と一夜限りのセックスをすることが、魅力的でセックス・ポジティブな〈文脈〉だという女性もいるかもしれません。

〈文脈〉を無視してしまうと、セックスが楽しくないとか、性欲が減ったと感じたときに、自分はおかしいか、セックスが嫌いなのだと結論づけてしまいがちです……ほんとうは、もっと良い〈文脈〉が必要なだけなのに。

正しい〈文脈〉で行われた性行為は、人間が経験できる最も楽しいことであると言っても過言ではありません。パートナーとの絆を深め、幸せな化学物質を溢れさせ、体の深いところから来る生物学的な衝動を満たし、精神的な高みへと導いてくれます。ですが、〈文脈〉を間違えると、死ぬほど嫌なものとして感じることもある。素敵なものから最悪なもの、楽しいものから辛《つら》いものまでが、ほぼ無限に変化し、さらに二重支配モデルの働きによって、2つの相反することが同時に起こることもあります。

カミラは、〈文脈〉とあまり敏感ではないアクセルの関係を知って、自分の鈍いアクセルをシャワーに置き換えて考えることにしました（庭の比喩はイマイチでしたが、シャワーの比喩はしっくりきたようです）。彼女は、ロマンティックで愛情豊かな〈文脈〉、刺激的で斬新な〈文脈〉、ストレスの少ない〈文脈〉が、性的なシグナルに対する脳の感受性を高めることに気づきました。

彼女に言わせれば、シャワーの「温度を上げて圧力を強める」というわけです。

そしてカミラは、自分にとって最高の〈文脈〉は、求められていると感じるときだと考えました。ヘンリーと知り合ってから長期にわたって交際していられたのも、特に彼女のセックスへの欲求を最大化するような〈文脈〉があったからこそだったのかもしれません。

それについて話し合ったカミラとヘンリーは、ある実験をしてみました。一晩かけてヘンリーがカミラを甘い言葉で口説いて、最終的に彼女を手に入れるという設定を作ったのです。そして、その実験からふたりは驚くようなことを学びました——カミラを興奮させるのは、求められることではなく、待つことだったのです。

最初に試したとき、カミラは先が読めてしまって少し気まずくなりましたが、それでも自分が乗り気であることを示そうと、計画どおりに物事が進むよう懸命になりました。映画を観終えて家に帰るときに、ヘンリーに手を握られると、彼女はキスをしようとしました。でもヘンリーは彼女を止めて、もっと時間をかけようと言いました。彼がキスをしてくると、カミラはキスを深めようとしましたが、焦らないでとまた制止されました。「今回は、僕が君を求めているんだよ、覚えてる？」とヘンリーは言いました。「君から僕に近づいてきたら、僕が追いかけられないだろう？」

ここで、パッとひらめきました。

カミラは自分がほんとうに必要としているのは、「好き」がどんどん膨らんでいき「欲求」が作動するまでの時間だったのです。ふたりは、カミラは求められていると感じると欲求を覚えるという仮説をもとに取り組んでいましたが、ほんとうに重要だったのは、ゆっくり進んで、じらされることで生まれる、アクセルの踏み込み具合でした。彼女にとって「好き」から「欲求」に至る過程は、点滅するガスコンロの種火に少し似ているのかもしれません。ガスが足りない、まだ足りない、まだ……と思っていたら、パッとついたりしますよね。そんなふうに彼女も「好き」から「欲求」へと移っていくのです。

あるいは、シャワーの例に戻りますが、彼女のアクセルは、タンク全体を温めるのにかなりの時間を要する湯沸かし器のようなものでした。問題なく作動しますが、辛抱強く待たなければいけません。でも待つだけの価値はありました。

カミラとヘンリーは慎重で思いやりがあり、几帳面《きちょうめん》でスローペースなため、このやり方が合っていましたが、誰でもうまくいくわけではありません。でも、素晴らしいセックスとは、誰もがうまくいく方法ですることではなく、あなたとあなたのパートナーがうまくいく方法ですることなのです。

ここまで、体、脳、そして〈文脈〉が、あなたのセクシュアル・ウェルネスにどんな影響を与えるかを見てきました。そして、それらは人それぞれでも、「学び」「好き」「欲求」という3つの要素は誰もが持つ基本的なメカニズムであると学びました。言い換えれば、私たちはそれぞれ独自の「庭」を持っていて、そこでセクシュアル・ウェルネスを育んでいるのです。

次の章からは、具体的にどのようなことがあなたの〈文脈〉に影響を与えるかについて説明していきましょう。

人間関係の特徴

・信頼関係
・力関係
・感情的なつながり
・求められている感覚
・セックスの頻度

セッティング

・プライベートの場／公共の場
（例：自宅、職場、旅行先）
・遠隔でのセックス
（例：電話、チャット）
・パートナーの好ましい行動を見たか
（例：家族との交流、仕事）

その他の生活環境

・仕事上のストレス
・家族に関するストレス
・休日、記念日、「特別な日」

遊び心／プレイ

・ひとりで空想に耽った
・パートナー誘導で空想に耽った
（卑猥な話をした、など）
・触られた体のパーツ、触られなかった体の部位
・オーラルセックスをしたか、されたか
・性交、その他の行為

その他

セクシーな〈文脈〉

過去にあったポジティブな性体験を思い出して、できるだけ詳細に書き出してみましょう。

次に、その体験のどんなところが良かったのかを考えてみましょう。

カテゴリー	詳しく記述
心と体のウェルネス ・体の健康 ・ボディ・イメージ ・ムード ・不安 ・注意散漫 ・性機能に関する心配 ・その他	
パートナーの特徴 ・外見 ・健康状態 ・匂い ・精神状態 ・その他	

人間関係の特徴

・信頼関係
・力関係
・感情的なつながり
・求められている感覚
・セックスの頻度

セッティング

・プライベートの場／公共の場
（例：自宅、職場、旅行先）
・遠隔でのセックス
（例：電話、チャット）
・パートナーの好ましい行動を見たか
（例：家族との交流、仕事）

その他の生活環境

・仕事上のストレス
・家族に関するストレス
・休日、記念日、「特別な日」

遊び心／プレイ

・ひとりで空想に耽った
・パートナー誘導で空想に耽った
（卑猥な話をした、など）
・触られた体のパーツ、触られなかった体の部位
・オーラルセックスをしたか、されたか
・性交、その他の行為

その他

あまりセクシーではない〈文脈〉

過去にあった、あまり良いと思えなかった性体験（ひどい性体験ではなく）を思い出して、できるだけ詳細に書き出してみましょう。

次に、その体験のどんなところがあまり良くなかったのかを考えてみましょう。

カテゴリー	詳しく記述
心と体のウェルネス ・体の健康 ・ボディ・イメージ ・ムード ・不安 ・注意散漫 ・性機能に関する心配 ・その他	
パートナーの特徴 ・外見 ・健康状態 ・匂い ・精神状態 ・その他	

次に、影響の度合い、容易さ、タイミングから、適切と思える組み合わせを2つか3つ選び、変化を起こすための必要事項をすべて挙げてみましょう。重要なのは、できるだけ簡潔かつ具体的に書くこと。抽象的な考えや態度ではなく、行動を書いてください。「この変化を起こすには、To Doリストに何を書く?」と考えるといいでしょう。

変化1

変化2

変化3

最後に、変化のために実際にやってみることを1つ選びます。開始日は、良いと思われるタイミングをパートナーと一緒に選ぶこと(来月にははじめられるといいですね)。
計画を立て、さあ、はじめましょう!

セクシュアルなきっかけの評価

「セクシーな〈文脈〉」と「あまりセクシーではない〈文脈〉」のワークシートをすべて読み返してみましょう。素晴らしいセックスができそうな〈文脈〉と、素晴らしいセックスができなそうな〈文脈〉とは何かに気づきましたか？

素晴らしいセックスができそうな〈文脈〉	素晴らしいセックスができなそうな〈文脈〉

あなたの性的な機能を向上させる〈文脈〉に、より簡単に、より頻繁にアクセスするために、あなたとパートナーでできることを5つ挙げてみましょう。

	できること	影響の度合いは？	どれくらい容易にできる？	いちばん早いタイミングは？
1				
2				
3				
4				
5				

第3章のまとめ

1

脳が認知する感覚は、あなたの周りの状況やあなたの脳の状態、つまり〈文脈〉に左右される。ある刺激をセクシュアルと捉えるか、脅威と捉えるかは、あなたが現在どのような〈文脈〉にいるかで変わってくる。

2

ストレスが溜まっていると、脳はあらゆるものを潜在的な脅威と解釈しやすい。逆に、居心地が良く安心できていると、好奇心や欲求が活性化されやすい。セックスに肯定的な〈文脈〉を認識し、その影響力を知ろう!

3

「学び」「好き」「欲求」は、脳の中の別々の機能。この3つが「一つの指輪」のように互いに影響を与え合い、感情や動機付けのシステムを動かす。どのような感情や行動につながるかは、あなたが今いる〈文脈〉による。何かを「好き」でなくても「欲求」することはあり、その逆もある。別の機能であることを知るのが重要。

4

大半の人にとって、セックスに最適な〈文脈〉とは、ストレスが少なく、愛情が感じられて、わかりやすくエロティックであること。この前にある3枚のワークシートで、自分にとって最高の「セクシーな〈文脈〉」とは何かを考えてみよう。

第2部

セックスを左右する私たちの〈文脈〉

第4章

感情と〈文脈〉

「ストレス」と「愛着」とセックスの関係

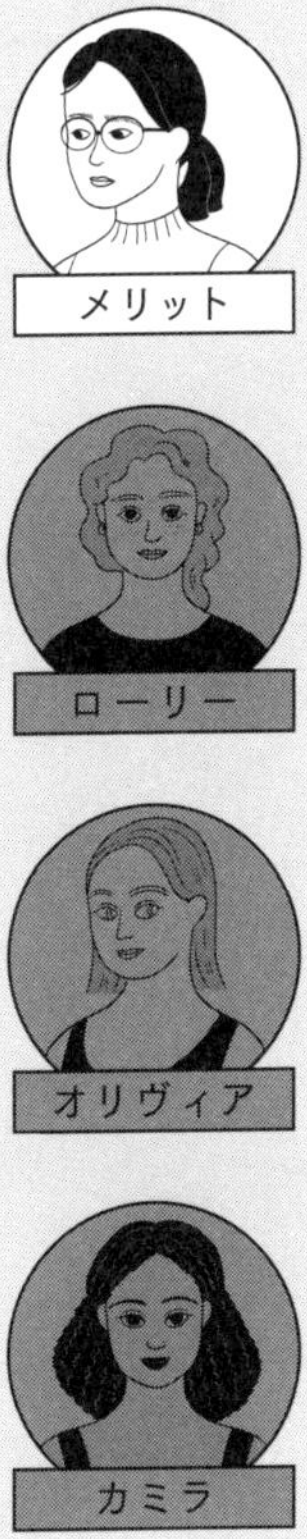

女性たちはまず私に質問してから、自分たちの話を聞かせてくれます。思わず笑ってしまうようなセックスの冒険の失敗談、まだ心の傷が癒えない悲しい恋の話、圧倒されるようなサバイバルや通常の経験の範囲を超えた話など、私の心の図書館には彼女たちのさまざまな物語が並んでいます。どれもこれも、発見の物語です。

これから紹介するメリットの話は、サバイバルについてです。

「なぜ自分の体を信用しなればならないの？」と彼女は言いました。「大人になってからずっと、私の体は信用ならなかったしボロボロだった。ストレスを感じると、すべてがシャットダウンしてしまって、具合が悪くなったり、怪我《けが》をしたり、あらゆることが機能しなくなったりする。それにはセックスも含まれるんだけどね」

彼女が敏感なブレーキを持っていることを考えれば、ある程度は納得できますが、私にはそれ以外にも何か原因があるように思えました。

「あなたの体は、逃げたり戦ったりするのではなくて、ただシャットダウンする『フリーズ(凍りつき)』というストレス反応を選んでいるみたいね」と私は言いました。「長期にわたって強いストレスを感じているときや、トラウマから回復する過程で起こる反応なの。そのどちらかに当てはまる？」

「どちらも当てはまる」と、キャロルとメリットは同時に言いました。

「私が自分の体を信じられなくなったのは、ストレスが原因だと思う？」とメリットは私に尋ねました。

間違いなくそうだと、私は思いました。

この章では、ストレスと愛、そしてそれらが快楽に与える影響について説明します。

自分の体を信頼しましょう。その時々の状況ではなく、あなたが進化してきた過程から聞こえてくる、深く、原始的なメッセージに耳を傾けてください。

私は危険にさらされている／私は安全だ
私はどこかおかしい／私は正常だ
私は道に迷った／私は家にいる

もし、あなたがすでに体からのメッセージに耳を傾けるのが得意なのであれば、この章は読み飛ばしてもいいでしょう。でも、女性の多くがそうであるように、自分の体が送ってくるシグナルを読み解く手がかりを見つけたいのなら、この章は参考になるはずです。あなたが性的に興奮するかどうかに影響するのは、〈文脈〉のセクシュアルな側面だけではありません。それまでの心の状態も含めて、他のあらゆる感情的側面が影響するのです。

そして、「一つの指輪」が管理するすべての感情システムの中で、性的な快楽に最も直接的な影響を与えると思われるのが、「ストレス」と「愛」です。ストレスは、あなたが脅威に対処するのを助ける生理学的・神経学的プロセスで、愛は、あなたを仲間に近づかせる生理学的・神経学的プロセスです。

ストレスは、心配、不安、懸念、恐怖といった、あらゆる「逃げて！」のメッセージの根底にあるものです。しかしまた、怒り――苛立《いらだ》ち、煩わしさ、フラストレーション、逆上――も引き起こします。そして、鬱の特徴である「シャットダウン」も、ストレスが大きく影響している。本章の最初のセクションでは、これまでとは異なるストレスの見方を紹介します。

次のセクションでは、愛について説明します。ここで言う愛とは、愛着のことです。つまり、人間同士を結びつける生まれ持った生物学的メカニズムのことであり、情熱や恋愛、心を通わせる相手を見つける喜びの根底にあるものです。しかし同時に、悲しみや嫉妬、失恋の根底にあるのも愛着です。

そして最後のセクションでは、ストレスと愛着とセックスが重なり合うところ、つまり、激しい愛の情熱的で高揚した喜びと、最悪な人間関係のぶつかり合いによる苦しみの両方を経験する場所についてお話しします。

この章のゴールは、ストレス反応サイクルと愛着メカニズムが性的反応にどのように組み込まれているのかを認識し、快楽を高めるにはその2つに対してどんな戦略をとるべきかを知り、さらには、それらが快楽の妨げになっている場合はどうするかを学ぶことです。

女性のセクシュアル・ウェルネスを理解するには、〈文脈〉を考える必要がありますが、そのほとんどは、セックスそのものと関係ありません。つまり、私たちは性生活を直接的に変えることなく、セクシュアル・ウェルネスを向上させ、より大きな快楽を味わうことができるのです。この第2部の2つの章では、女性のセクシュアル・ウェルネスにおける変化と一貫して関連していると研究によって証明されている、〈文脈〉をさらに掘り下げていきます。

まず、「ストレス要因」と実際に感じる「ストレス」を分けて考えましょう。

「ストレス要因」とは、ストレス反応を活性化させるもので、請求書や家族、仕事、性生活に関する悩みなど、あらゆるものが該当します。

一方、実際に感じる「ストレス」とは、そのようなストレス要因に反応して、脳や体に変化を起こさせるシステムのことです。人間が進化するうえで適応してきたメカニズムであり、これによって脅威を感じたときに対応できるようになります。爪や歯があり、時速50キロで走る生き物がストレス要因だった時代には、メカニズムは進化に順応できていたと言ってもいいでしょう。最近では、ライオンに追いかけられることはほとんどありませんが、例えば、無能な上司に対する体の反応は、ライオンに対するものとほぼ同じで、生理機能における区別はさほどありません。これから検証していくこの事実は、あなたのセックスライフに大きな影響を与えることでしょう。

ストレスは通常、戦うか逃げるかの反応として教えられますが、「快楽中枢」が快楽についてだけのものでないように、戦うか逃げるかの反応も、実は戦うか逃げるかだけではありません。ここでは、「闘争」「逃走」「フリーズ」と呼ぶことにします。仕組みを見ていきましょう。

脳が周りの環境にある脅威を感知すると、アドレナリンとコルチゾールが大動脈に押し寄せ、心拍数や呼吸数や血圧の上昇、免疫機能と消化機能の抑制といった数々の生理現象、大きな生化学上の変化が起こります。具体的には、瞳孔が開き、注意力が高まり、「今」に集中できるようになります。これらの変化は、競争する前に体のエンジンをかけたり、水中に潜る前に深く息を吸い込んだりするようなもので、これからとる行動のための準備です。

どのような行動をとるかは、感知した脅威の性質によって異なります――〈文脈〉に左右されるのです。

例えば、脅威はライオンだとしましょう――私たちの祖先が体内でこのメカニズムを進化させながら対処していた脅威です。ストレス反応サイクルはライオンに気づくと、「危険にさらされているよ！　どうしよう？」と叫びます。すると脳が、ライオンは、逃げることで生き延びられる可能性が高い種類の脅威であることを、1秒もかからずに教えてくれるのです。

では、ライオンが追いかけてくるのを見たらどうしますか？

恐ろしくなって逃げますよね。

すると、どうなるでしょうか？

考えられる結果は2つだけです。ライオンに殺されるか――その場合、このあとのことはいっさい関係ありません――あるいは、逃げきって生き延びるかのどちらかです。では、なんとか村に逃げ帰って助けを求め、みんながライオンを殺すのを手伝ってくれて、夕食にライオンの肉を食べ、朝には犠牲となったライオンに敬意を表しながら、使わずに残った死骸を埋葬するところを想像してください。

どんな気分ですか？

ほっとしたり、生きていることに感謝したり、友人や家族への愛を感じたりしますよね！

つまり、始まり（私は危険にさらされている）から、中間（行動）、そして終わり（私は安全だ）へと、ストレス反応サイクルが完了したということになります。

あるいは、手に小さなナイフを持ってあなたの親友の背後に忍び寄る、怒った人が脅威だとします。あなたの脳は、この脅威を生き延びるために「克服する」のが一番だと判断するかもしれません。怒りを感じて（私は危険にさらされている）、戦います。

そしてまた、戦って死ぬこともあれば、生き延びることもある。いずれにせよ、ストレス要因とストレスを解消する行動をとることで、ストレス反応サイクルが完了するのです。「闘争」と「逃走」という2つの反応は、いずれもストレスのアクセルとなります――つまり交感神経系のことで、ストレス反応に「GO！」サインを出します。「闘争」は、ストレス要因と戦うべきだと「一つの指輪」が判断すると生じ、「逃走」は、ストレス要因から逃れるべきだと「一つの指輪」が判断すると生じます。

しかし、そのストレス要因から逃げても生き残ることができない、戦って征服しても生き残れないと脳が判断するとします。つまり、ライオンの歯が後ろから噛《か》みついてくるのを感知したとしましょう。このとき、ストレス反応のブレーキがかかります――つまり副交感神経系のことで、極端な苦痛を感じたときに発動する「ストップ！」サインです。すると、あなたの体はシャットダウンします。また、「無動」といって、動けなくなったり、動きが鈍くなったりすることもあります。野生動物が体を凍りつかせて、地面に倒れ込むのは、捕食者にもう死んでいると思わせるための最後の手段であり、スティーブン・ポージェスは、「フリーズ反応（シャットダウン）」

は痛みを伴わない死を促すと考察しています。[1]

命の危険を感じるくらい強烈な脅威を生き延びると、動物は驚くべき行動に出ます。体を震わせ、前脚を空中で振動させるのです。そして、大きな息を吐きます。それから立ち上がると、体を揺すって、歩き出します。

こうしたことが起きるのは、「フリーズ」によって、「闘争」や「逃走」といった「ＧＯ！」のストレス反応が中断され、アドレナリンが介在するすべてのストレスが動物の体内で衰退したからです。動物は震え、体を揺すって、大きな息を吐くことで、体のブレーキを解除し、「闘争」「逃走」によって誘発された活性化プロセスを完了させ、残余を振り払います。こうしてサイクルを完了させることを、「自己ペースでの収束」といいます。[2]

ある友人は、救急治療室で5時間待たされたあと、簡単な指の手術を受けた息子が麻酔から目覚めたときのことを次のように話してくれました。

> 息子は、ひどく動揺して麻酔から目を覚ましたって、看護師たちは言ってたわ。それはつまり、「ヤバかった」っていうことで、言い換えれば、ヒステリックに叫びまくって、手足を激しくばたつかせ、私のことも他のみんなのことも大嫌いだと叫んで、自転車を漕《こ》ぐように脚を動かして、「いいから走りたい！　走りたい！」って叫んでたのよ。

脚を動かす、「いいから走りたい！」と言うのは「逃走」です。みんなを憎むのは「闘争」。麻酔は医学的に誘発された「フリーズ」です。研究者に麻酔をかけられた野生動物が経験するのも、同じこと。私はこれを「体感覚」と呼んでいます——明らかな環境的な原因がなく、ただ体で起きる「感じ方」だからです。手術を受けた男の子は実際に危険な状態にあったわけではありませんが、解決しなければならない「体感覚」をたくさん抱えていた。そして、彼の母親はまさに正しいことをしました。

私は冷静に息子を抱きしめて、愛しているよとか、私が守るからねと伝え続けたの。するとやがて息子は落ち着いて、服を着かえて（服は引き裂かれてた）、私と一緒に帰れるまでになったの。駐車場に到着する頃には冷静に私のことをすごく愛していると言っていたし、家に着くと倒れ込むように眠ってしまったわ。

彼は感情のサイクルを経て、最後に、愛情を感じながら眠るという安らぎにようやく辿り着いたのです。

私たちの日常生活において、「フリーズ」からの解放がこれほど劇的な形で成されることはまれです。しかし、スケールは小さくとも、ストレス反応サイクルは生まれつき神経系に備わっていて、始まり、中間、終わりがあり、適切な〈文脈〉であれば完全に機能するのです。

ストレスとセックス

私が「より良いセックスをするためには、ストレスを減らすことが大切です」と言っても、今さら驚きませんよね。「運動は体に良い」とか「睡眠は大切」と同じように、そんなことは言われなくても、すでにわかっているはずです。

実際、女性の半数以上が、ストレスや気分の落ち込み、そして不安が、セックスへの関心を低下させると報告しています——また性的興奮を低下させ、オーガズムを妨げるとも[3]。さらに、慢性的なストレスは、月経周期を乱したり月経自体を止めたり、生殖能力を低下させたり、母乳が出にくくなったり、流産の確率を高めたりもする。また、性器の反応を鈍化させ、セックスの最中に気が散ったり痛みが増えたりもします[4]。

ストレスのホルモンや神経化学物質は、性的反応のホルモンや神経化学物質とどう相互に作用し、性欲を抑制したりかき立てたりするのでしょうか？　正確なことは誰にもわかりませんが、わかっていることもあります。

例えば、ストレスを感じている人は、明るい光やイギー・ポップの音楽を爆音で浴びたラットのように、あらゆる刺激を脅威として解釈しやすくなります。

また、脳は一度に処理できる情報量が限られていることもわかっています。ごくシンプルに言えば、ストレスとは情報過多と捉えることもできるため、あまりに多くのことが起こると、脳は選別し、優先順位をつけ、簡略化し、さらにはいくつかのことを無視することすらあるのです。

それから、脳は生存の必要性に基づいて優先順位をつけることがわかっています。例えば、呼吸、捕食者からの逃走、適切な体温の維持、水分・栄養の補給、社会集団との関わりなどがそうです。もちろん、このような優先順位は、〈文脈〉に基づいて調整されます。もしあなたが空腹なら、社会集団の一員であることより、隣人からパンを盗むことを優先するでしょう。もし息ができなければ、食事をしてからどれだけ時間が経っていても、空腹を感じることはないでしょう。そして、もしあなたが21世紀の生活に打ちのめされそうになっているのなら――脳がそれらすべてを突進してくるライオンだと考える限り――実際、他のすべてがセックスより優先されるでしょう。もしライオンに追いかけられているのなら、セックスをするのに良いタイミングと言えるでしょうか？

まとめると、

心配、不安、懸念、恐怖はストレスです――「ライオンがいる！　逃げろ！」

イライラ、立腹、不満、怒り、憤怒はストレスです――「ライオンがいる！　殺せ！」

感情の麻痺《まひ》、シャットダウン、落ち込み、絶望はストレスです――「ライオンがいる！　死んだふりをしろ！」

そして、そのどれもが、今がセックスするのに良いタイミングでないことを示しています。ストレスは生存に関わるものです。セックスには多くの目的がありますが、個人の生存はそのひとつではありません（ただし、それが目的になる場合もあります。詳しくは、「愛着」の項で）。大半の人は、ストレスがブレーキとなり、性的関心が底落ちしてしまうのです。ただし、オリヴィアのようにストレスがアクセルになる、1~2割程度の人は別です（でも同じパーツでできていて、構造が違うだけ）。しかし、そのような人たちでも、ストレスは「欲求」（性的な興味）を増大させても、「好き」（性的な快楽）にはつながりません。ストレスを感じて行うセックスは、楽しいセックスとは感じ方が異なります——それは、そう。おわかりですね。〈文脈〉が違うからです。

より楽しくて気持ちいいセックスをするためには、ストレスを管理し、性的な快楽や関心に与える影響を減らしましょう。

とはいえ、そんなことを言われても、言うは易《やす》く行うは難《かた》しです。

オリヴィアはストレスを感じると、セックスへの関心が高まり、それがパトリックとの関係でも葛藤の種となりました。パトリックはストレスを感じると、セックスへの関心が下が

るからです。さらに悪いことに、オリヴィアはストレスによる性欲で、自分をコントロールできなくなることもあったのです。

どうすればコントロールできるのでしょう?

ストレス反応サイクルを完了させる練習をすればいいんです。

オリヴィアがコントロール不能に陥ったことを専門的に説明すると、「ネガティブな感情の不適切な管理」です。つまり、望まない結果につながる危険性が高い行為によって、不快な感情(ストレス、気分のふさぎ、不安、孤独、怒り)に対処しようとするわけです。強迫的な性行動はその一例です。その他の例としては、以下のようなものがあります。

・アルコールやドラッグの濫用
・機能不全の人間関係——例えば、他人の感情を利用して自分の感情に対処しようとする
・やらなければならないことがあるのに、気晴らしに逃避する——映画をだらだらと観続けるなど
・摂食障害——食事制限、暴飲暴食、下剤の使用

もちろん、こうしたものの多くは健全に行うこともできます。しかし、自分の「体感覚」に対処する代わりに——つまりサイクルを完了させる代わりに——こうした行為をすると、望ましくない結果をもたらす可能性があります。その結果には、影響の少ないものもあれば、

今夜死んでしまうかもしれない危険なものもある。そして、それらはすべて、もととなる感情を管理するために行われます。私たちは、サイクルを完了させる方法がわからないときや、あまりにも気持ちが辛いときに、こうしたことを行う恐れがあります。

10代の頃のオリヴィアにとって、乱れた食生活が不適切な対処法でした。暴飲暴食しては運動することを繰り返していました。摂食障害から回復するにつれ、問題は体形ではなかったと彼女は気づきました。「不安を感じる自分を責めるものが必要で、周りの考え方に洗脳されていた私は、自分の体が良いターゲットに思えたの」と彼女は言います。彼女の強迫的な行動は、強すぎて対処しきれない感情に対処しようとするためだったのです。

数年前から症状が出なくなりましたが、それでも、「自分の体が大きすぎて通れないと思って、ドアを横向きに通ることがある」そうです。「そうと気づいたら、まっすぐ歩くように気をつけているけどね。だって、大きすぎるんじゃないかと心配なのは、私の体ではなく、私が抱えている不安だと学んだから」

今は、ストレス管理のため、また、自分の感情の激しさとエネルギーの生産的なはけ口として、ランニングをしています——でもマラソン大会に参加するのは、年に1回だけと決めているそうです。「ついついやりすぎてしまうから、制限を設けると楽なんだ」

私は「ただ制限を設けるだけでなく、もっと意味のあることをしていると思うわよ」と言いました。「ブレーキをかけるのではなく、運動によってサイクルを完了させているんだと思う。セックスでも同じことができるけどね」

「できるの?」

「もちろん」

オリヴィアは唇を噛みしめながらうなずきましたが、「よくわからないな」と言いました。

彼女は第5章でそれを理解することになります。

なぜ現代人はストレスを抱えるか

ストレスと上手に付き合うには、フリーズした状態を解き、捕食者から逃げ、敵を倒し、喜ぶというサイクルを完了させる努力が大切です。

しかし、現代人のストレスは、ライオンの標的となる動物と比べると複雑です。その理由はたくさんあります。

まず、現代人の生活では、先ほど述べたように、ライオンに追いかけられることはほとんどありません。私たちのストレス要因は、それほど激しくはないですが、持続時間がより長く、「慢性的ストレス要因」と呼ばれ、捕食のようなわかりやすい「急性的ストレス要因」とは対照的です。急性的ストレス要因には明確な始まり、中間、終わりがあり、逃げて、生き延び、祝うというサイクルの完了が、もともと組み込まれています。しかし、慢性的ストレス要因はそうではありません。ストレスが慢性化すると、サイクルを完了させるために意識してステップを踏んでいかなければ、活性化したストレスはすべて、体内に蓄積され、病気や疲労を引き起こし、セックスで（あるいは他の多くのことでも）喜びを感じることができなくなります。

第二に、できるだけ感情を排除しようとする私たちの文化は、「体感覚」を厄介なものだと考えています。そして、ストレス要因が目の前にあるせいでストレスが生じるのなら、そうした要因は切り捨ててしまえばいいと考えます。その結果、多くの人が考える「ストレス管理」は、ストレス要因をすべて排除するか、「とにかくリラックス」することになり、あたかもストレスは電気のスイッチのように消すことができるもののように扱われます。あまりにも「体感覚」を厄介視するため、交通事故に遭ったばかりの人に鎮静剤を投与し、体が自然な治癒プロセスを経験するのを妨げることすらあります。こうした善意の医療介入は、外傷生存者をフリーズさせるという好ましくない結果をもたらし、生存者の脳にＰＴＳＤの足場を築いてしまうのです[5]。

第三に、薬物療法や感情を排除する文化がなくても、超社会的な人間の脳は自己抑制が得意で、「今は『体感覚』を表に出すのに適していない」と、ストレス反応を途中で止めてしまうことです。私たちは、協力し合える社会を促進するために――つまり誰も驚かせないために――自己抑制するのです。その結果、残念なことに「体感覚」の表出に最適な機会はすべて排除され、自分を自身の恐怖、怒り、絶望の中に閉じ込める文化が作られます。ストレス反応サイクルを完了するための機会、空間、方法を築かなければなりません。

でも、どうやって？

歯を食いしばりながらでは庭を育てられないのと同じで、ストレス反応サイクルを強制的に完了させることはできません。サイクルを完了させるには、ストレスにブレーキをかける代わりに、アクセルとブレーキの両方からそっと足を離して、惰行運転で止まる必要があります[6]。そのためには、正しい〈文脈〉を作り、体がすることを信じるのです。

では、正しい〈文脈〉とはどのようなものでしょうか？

ライオンから身を守る行動として、体が何を認識しているのか考えてみましょう。ライオンに追いかけられたら、まずどうしますか？

逃げますよね。

では、仕事（あるいは性生活）でストレスが溜まったら、どうするでしょうか？

走ったり、歩いたり、フィットネス・バイクを漕いだり、踊りに出かけたり、あるいは寝室で踊ったりするでしょう。体を動かすのは、ストレス反応サイクルを完了させ、中枢神経系を穏やかな状態に整え直すために最も効率的な方法です。「運動はストレスに効く」と言われるのは、ほんとうです[7]。

ここで、科学的に「気分が良くなる」というだけでなく、ストレス反応サイクルを実際に完了させるのに役立つと言われている方法をいくつか紹介しましょう。睡眠、愛着、マインドフルネス、ヨガ、太極拳、ボディスキャン瞑想《めいそう》を含むあらゆる瞑想、そしてプライマルスクリーム療法と呼ばれる、心のたけを叫ぶ方法（ただし、これには注意が必要です）などがあります。泣くことでストレスが洗い流されるのではなく、泣くことで逆にストレスに埋もれてしまう人もいます。でも、部屋に閉じこもって10分間泣き続けたあと、最後に大きなため息をついて、とてつもなく落ち着いた気分になったことがある人なら、そうすることによって「私は危険にさらされている」から「私は安全だ」に変われるとわかりますよね。

アートも同じように助けになります。メンタルヘルスの専門家が日記など「表現」を使ったセルフケアを勧めるときは、文章の構成や絵を描く作業が本質的に治療になると言いたいのではなく、むしろクリエイティブな工程を通じて、ストレスを発散するポジティブな〈文脈〉を見つけてもらいたいと考えているのです。

私はこのリストに、身だしなみをはじめとするボディ・セルフケアも加えたいと思います。具体的な研究結果には行き当たっていませんが、シャワーを浴びたり、ネイルをしたり、髪を整えたり、化粧をしたりといった半分社会的、半分瞑想的な儀式——外出するため（または家にいるため）の「身支度」をすることでストレスから解放され、穏やかで社会的な精神状態に移行できるという女性がたくさんいて、実際に彼女たちから話を聞きました。こうしたエピソードはデータ化されてはいないものの、私はそれをあえて「証拠」と呼び、こう言いたいです。「自分に愛情をかけ、大切にすることに時間を費やして」と。

私は、これらの儀式や行動が、第5章でお話しする「自分への優しさ」に関連しているという持論を持っていますが、私の知る限り、それを具体的に測定した人はいないようです(8)。

効果を発揮する方法は誰もが持っていますが、その内容は人それぞれです。どんな方法を使うにしても、サイクルを完了させるために慎重にステップを踏むことが重要です。ブレーキを踏まずに、最後まで惰性で進んでください。感情はトンネルです。暗闇の中を歩き続けていかないと、その奥にある光には辿り着けません。これは私がよく口にする比喩なので、生徒たちは「またトンネルか」と呆《あき》れるくらいですが、そう、トンネルなんですよ。だってほんとうにそうなのですから。

どのような方法が有効かを考える一方で、自分の自己抑制のパターンに注意を払い、「体感覚」を持てる空間を作ってくれる場所や人を特定しましょう。有効な方法の中には、あなたにとってとても重要であるにもかかわらず、実行が容易ではないものもあります。例えば、泣く必要があるなら、職場ではどうするか、慎重に考えましょう。中には自滅的なものもありますが、それでも誰もが、批判されたり、人を驚かせたりする心配をすることなく、ただ「すべての体感覚」を持てる場所を、人生で少なくとも1つは必要としています。

最後の注意点です。ストレス要因に対処することを、ストレス自体に対処することと勘違いしている場合があまりに多いです。数年前、学内の性教育を行うサークルのリーダーたちが私のオフィスにやってきて、「セクストラバガンザ」〔形式にとらわれない派手なショーや文芸作品、エクストラバガンザのもじり〕というイベントがうまくいったと報告してくれました。何カ月もそれに向けて取り組んできた努力が報われて、見事な成功を収めたのです。しかし彼らは疲れきって呆然とした様子で、「セクストラバガンザが終わってしまった！　それなのになぜ私たちは、はじめた日と同じくらいストレスを感じているのだろう？」と言ったのです。

「それは、ストレス要因には対処できたけれど、ストレス自体には対処できていないからよ」と私は言いました。「あなたたちの体はまだ、ライオンに追われていると考えているの」

解決策はこうです――「私は逃げて、生き延びたんだ！」と体に伝えられるようなことをしましょう。

・体を動かす
・愛情を分かち合う
・心おきなく泣く
・漸進的筋弛緩法《きんしかん》（ＰＭＲ）やその他の感覚運動的な瞑想をする
・身だしなみ、マッサージ、ネイルなどのボディ・セルフケアをする

ダンス専攻の学生たちは体を動かす活動を選択し、女性学・ジェンダー専攻の人たちは大人数で心のままに泣くイベントを企画しました。

暗闇を恐れないで

この数年、特に若い女性たちが、私にメールをくれたり、ワークショップの休憩時間に「ふたりきりで話がしたい」と声をかけてきたりします。そして私の目を見ないまま、子どもの頃から不安を抱えていたと打ち明けます。

高校生のときからセラピーを受けている、という人もいました。そして、自分の心を支配するグロテスクで不穏な、時には暴力的ともいえるセクシュアルな想像について、どんなセラピストにも話すことができなかったと言うのです。

ある若い女性は、そうした秘めた考えは、何がなんでも隠し通さなければならないと思ったと言っていました。

脳裏にそうした考えが侵入してくる人々は、それでもあなたは決して悪い人間ではないよ、と私に説明してもらいたがっています。もちろん、説明できますよ！

「侵入思考」は、一般に強迫性障害の一種とみなされ、不安が反復的な「行動」としてではなく、反復的な「思考」として表れたものです。暴力的な思考が侵入してくる人もいれば、性的な思考、嫌な思考、宗教的な思考、不道徳な思考が侵入してくる人もいます。彼女たちは、頭の中で考えていることをやりたがりません。それどころか、そのようなことは絶対にしたくないと思っていることそのものが、苦悩の種になっています。そして、もしかすると自分は、ほんとうはそれを望んでいるのではないか、自分の中の隠れた最悪な部分が実はそうしたいと思っているのではないかと心配します。

コメディアンのマリア・バンフォードは、自身がプロデュースするインターネット番組で《暗闇を恐れないで》という、暗いことや望まないことが頭に浮かぶのがいかに正常であるかを称賛する、明るい曲を作りました。その曲のおかげで、私は「侵入思考」について知りました。実際、研究の結果、ほぼすべての人が何らかの形で、侵入的な思考や望まない思考を時折経験し、特に強迫性障害のある人の約4分の1が、性的な思考の侵入を経験していることがわかっています。つまり、恐ろしいセックスだと教えられてきたものが、まさに不安の症状として現れているわけです[9]。

効果的な介入方法が存在します。インターネットで検索すると、そのような思考からくる不安を徐々に軽減し、その結果、思考が表れる頻度、強度、その重要度の認識も低下させる、さまざまなアプローチが紹介されています。望ましくない、侵入的あるいは強迫的な性的思考を持っていたとしても、資格を持ったセラピストにそれを伝え、科学的根拠に基づく治療を受けることができると知っておいてください。

セックスがライオンになると

ストレス要因だらけの生活の先にあるのは、私たちの人生が私たち自身に与え、時には癒やす機会すら与えない深い傷です。あらゆる種類のトラウマ、特に性的トラウマを持つ患者数を考えると、控えめに見積もっても、女性の5人に1人が生涯に性加害を受けるとされていますが、3人に1人ということも十分ありえます。[10] トラウマについて話さずに、女性のセクシュアル・ウェルネスについて語るのは不可能です。子どもへの性的虐待から性的暴行、あらゆる形態の個人間の暴力に至るまで、標的にされるのは圧倒的に女性のほうが多く、そのため自分の性機能を、トラウマを負ったサバイバー(性暴力の被害者)特有の感情的、身体的、認知的特性と結びつけてしまい、バランスを崩すことがあります。つまり、女性のほうが男性よりもセックスにまつわる「問題」を抱えているとすれば、それにはちゃんとした理由があるのです。

(あなたが性被害のサバイバーで、まだ自分の体験に対処している最中であれば、このセクションは読まずに飛ばしたほうがいいかもしれません)。

トラウマは、他人に自分の体のコントロールを奪われたことで、「フリーズ」の状態に陥り、そしてそれが解けなくなったときに生じます。原因が交通事故であれ、性暴力であれ、生存メカニズムが働きます。「フリーズ」とは、しびれや、時には強直性不動(麻痺)や体外離脱の感覚を引き起こす体のシャットダウンのこと。これを「ショック状態」と表現する人もいます。生命を脅かすストレス反応であり、ストレス要因から逃れることも、それに対抗することもできないと脳が判断したとき、つまり最も危険で暴力的な〈文脈〉に置かれたときに作動します。

　被害者支援者で元警察官のトム・トレンブレイは、レイプを「人が生き残ることができる最も暴力的な犯罪」と表現しています。(11) 性的暴行を受けたことのない人は、セックスを武器にした殺人未遂から生き延びたと考えれば、サバイバーの経験をより明確に理解できるかもしれません。

　性暴力は、私たちが通常想像するような「暴力」とは似ていないことが多く、銃やナイフが登場するのはまれで、いわゆる「攻撃」ですらないことも多いです。レイプは強制であり、次に何が起きるかについての選択肢を、標的となった人から奪います。性被害のサバイバーの体が「闘争」の代わりに「フリーズ」を選ぶことが多いのは、それが生き続ける、あるいは痛みなく死ぬ可能性を最大化するストレス反応だからです。

　トラウマは、ある特定の出来事によって引き起こされるとは限りません。例えば、持続的な苦痛や継続した虐待に反応して現れることもあります——標的となった人が、負傷したくないばかりに「いいよ」と答えてしまったり、罠《わな》にはめられていたり、強制されたりした結果、表向きは「合意」に見えていても、実際はセックスが望まれていない状況下で生まれます。このような〈文脈〉で、サバイバーの体は次第に、逃げることも戦うこともできないと学習します。生存を保証する最善の方法としてシャットダウンするパターンを学習し、「フリーズ」がデフォルトのストレス反応となるのです。

　サバイバル経験は人それぞれですが、多くの場合、現実からの離脱を体験している人が多いようです。その後、非現実的な幻想は徐々に劣化し、物理的に存在する現実と、背負った記憶の重みによって消えていきます。そして、「これは実際に起こったことなのだ」と暫定的に認識することによって、それまで「生き残る」という強い司令の下に埋没していたパニックや怒りが、少しずつ表面化し、解き放たれていくのです。

しかし、サバイバルは回復ではありません。サバイバルは自動的に、時にはサバイバーの意思に反して起こることすらあります。回復には、比較的安全な環境と、「フリーズ」の生理を恐怖の体験から切り離すスキルが必要とされます――それによってパニックと怒りが放出され、ようやくサイクルが完了するのです。

カミラにもヘンリーにも、トラウマを負った過去はありませんでしたが、ヘンリーは――いい人で紳士ですが――彼と交際していた女性が別の人から性加害を受けたことがありまし

た。

一般的に、サバイバーが抱えるトラウマについては十分に語られていないし、サバイバーを感情面で支える、「サバイバーと共に生きること」については、もっと語られていません。暴行事件の圧倒的多数を起こしているのは男性とはいえ、それは男性全体からすれば比較的少数——研究によれば、たった5％[12]——です。一方で、暴行事件を生き延びたパートナーがいる男性はたくさんいます。それなのに、男性がパートナーとしてサバイバーをサポートする方法や、サバイバーと共に生きる者として自分たちをケアする方法を、男性たちはほとんど何も教わっていません。

ヘンリーはカミラと一緒に、「彼女を追いかける」という計画を立てるまで、前のパートナーのトラウマが自分のセックスへのアプローチにどんな影響を及ぼしていたのか、ほとんど気づいていませんでした。また、彼はカミラが以前持っていた性欲を素晴らしいと思っていて、今の状況をどうしたらいいかわからずにいました。でも、カチカチいうコンロの種火の例を思い出してください。カミラはその気になるまで、かなりのウォーミングアップが必要でした。ですが、彼女がウォーミングアップを求めているだなんて、ヘンリーにわかるわけありません。簡潔に「セックスがしたい」のではなく、「セックスがしたいと思うようになりたい」のは、ほんとうに欲求や同意と言えるのでしょうか？

カミラは理解の助けになるように、ブレーキとアクセルの話をしました。

「私には敏感なブレーキではなく、頑固なアクセルがあるの。いわば、坂の下で停止している状態から加速する、フル装備の引っ越しトラックなのよ。でも、ゆっくり前に進むことは、止まりたいと思うこととは違うでしょ？　私に必要なのは、丘の頂上で私を待っている、ほんとうに素晴らしいものだけ。それに、私が〝気持ちいい〟と感じたら伝えるってことは、わかっているでしょう？　何かが私のブレーキを踏んだら、あなたに伝えるって、信じてくれているはずだよ」

「もちろん」と彼は言いました。

「それなら……」

それから、沈黙がありました——脳の中でパズルのピースが突然外れたかのように、ある考えをひっくり返して、それが全体のどこにはまるのかを見極めるような、そんな沈黙が。

「ゆっくり進むことは、止まりたいのと同じではない」と、ヘンリーは繰り返しました。「君は、ゆっくり水を温める湯沸かし器や、カチカチいう種火……」

「そう」

「そして、やめたくなったら僕に言う」

「そのとおり！」

紳士的なオタクであるヘンリーは、ゆっくりとうなずきました。「たぶん、わかったと思う」

（第6章で彼は少し間違えてしまいますが、ふたりにはハッピーエンドが訪れるのでご安心を）

セックスとサバイバー

性被害のトラウマを生き延びることは、アクセルとブレーキの両方の情報処理に影響を与えます。以前はセックスに関連するものとして解釈されていた感覚や〈文脈〉や考えを、脳が脅威として解釈するようになったため、セクシュアルな〈文脈〉がブレーキを踏むようになります。また、回復期のサバイバーの脳では、慢性的に高いストレスのせいで、性的な刺激が遮断され、優先順位の低いものとして分類されることがあります。

また、サバイバーが性行動のパターンにとらわれてしまうこともある。サバイバーの脳は、どうにかしてトラウマを元に戻したり、別の方法でやり直したり、単に理解したりしようと必死になります。口内炎を噛んだり、ニキビをつぶしたりするように、脳はトラウマを放っておくことができません――放っておいたほうが早く回復するとわかっていても。その結果、サバイバーは複数のパートナーを持つという決断を自分で完全にコントロールできていると実感しないまま、複数人と関係を持つというパターンを習慣的に行うことが多くあります。

もしあなたがトラウマのサバイバーなら、トラウマを克服するために多くの感情面での取り組みを行ったか、あるいはまだ取り組みの最中である可能性があります。トラウマが最近のものであったり、未解決だと感じられたりする場合（例えば、1つ前の項を読んで胸がザワザワした場合）、おそらくこの本よりも、それに特化したサポートが役立つでしょう。セラピーを受けるのもいいかもしれません。トラウマと癒やしについて書かれた優れた本はたくさんありますが、最も優れていると私が思うのは、ベッセル・ヴァン・デア・コーク著『身体はトラウマを記録する　脳・心・体のつながりと回復のための手法』〔紀伊國屋書店・2016年刊〕です。サバイバーと、彼らを気にかける人たちは、この本から重要なことを学ぶでしょう。また、サバイバーのためのセックスに特化した本には、ステイシー・ヘインズ著『*Healing Sex: A Mind-Body Approach to Healing Sexual Trauma*（ヒーリング・セックス：性被害のトラウマから回復するための心と体のアプローチ）』〔未邦訳〕やウェンディー・マルツ著『*The Sexual Healing Journey: A Guide for Survivors of Sexual Abuse*（セクシュアル・ヒーリングの旅：性暴力サバイバーのためのガイド）』〔未邦訳〕があります。

トラウマが最近のものでなく、多かれ少なかれ解決している場合、大部分は回復したものの性機能には影響が残っていると感じるのは正常な反応です。性被害のトラウマは、感情面での経験の多くに巻きつく傾向があるため、思いがけず表出し、引っこ抜いても生えてくる雑草のように、しつこくとどまり続けるかもしれません。

このようなトラウマの残滓《ざんし》に対処するためのアプローチは、大きく分けて3つあります。「トップダウン」と呼ばれる認知的、思考的アプローチと、「ボトムアップ」と呼ばれる身体的アプローチ、そして「サイドウェイズ」と呼ばれるマインドフルネスを基盤としたアプローチです。[13]「トップダウン」は、トラウマを処理します。認知に基づく療法には、認知行動療法、認知処理療法、弁証法的行動療法など、いくつかあります。これらはすべて、トラウマについてあなたが作り上げた意味を認識して、その意味の中にある思考パターンの正当性を判断したり、トラウマを負って以来、自分で身につけてきた行動習慣を認識して、その行動パターンの正当性を判断したりするプロセスが、ある程度含まれます。
そのためにはまず、思考や行動のパターンに気づき、そのパターンを新しいものに置き換えるスキルを身につける必要があります。古い感情を持ち続けることを許しながら、今度は、習慣的な自己防衛のパターンに陥るのではなく、新しいパターンを実践しはじめるのです。パターンを変えていく過程で、残存するトラウマが現れます。すべての「体感覚」が表出しても、安全であると覚えておいてくださいね。あのとき、自分を守れることはすべてやったということも。そのトラウマの責任は加害者だけにあることを認識し、まだ自分を責めているところがあるとしたら、自分を許してあげてください。今の自分――安全で、どこも問題がない状態で、静かに座っている自分――を想像してください。あるいは、当時の自分を抱きしめて、当時必要だった心の安らぎと安心感を与え、「あなたは生き延び、あなたの人生はずっと良くなった」と言い聞かせている自分を想像してください。これがあなたの新しいパターンです――あなたの中を感情が通り過ぎていくのを見守りましょう。

「ボトムアップ」は、自分の体を処理します。自分の思考や行動のパターンを分析するのは気が進まなければ、体に基づくセラピー、例えば、センサリーモーター・サイコセラピー（感覚運動心理療法）やソマティック・エクスペリエンス〔アメリカで開発された、体と神経系のつながりと回復をベースにしたトラウマ療法〕のほうがいいかもしれません[14]。これらのアプローチは、トラウマを経験したあとの体や性との関係を回復させる強力な方法として、単独でも有効ですが、他のアプローチを補完することもできます。

ソマティック・エクスペリエンス施術者のクリステン・チェンバリンと話したとき、彼女は、体を基盤としたセラピーが主流になるのに時間がかかっているのは、生理的ストレスを体が自然に処理しようとすること（私が「サイクルの完了」と呼ぶものですね）に対する、文化的枠組みがないからだと指摘していました。自分の体を信頼しない文化のせいで、私たちは体の訴えを無視し、オリヴィアのように、不適切な対処法に陥りやすくなるのです。

チェンバリンの診療所では、「体の有機的な知性にどのように働きかけ、癒やしていくか」が問われるといいます。「体に現れるものを管理するのではなく、体と協働します――特別な治療という枠組みの中で、その目的や方向性を信じるのです。その結果、生理的ストレスは変化して発散されます」。これは朗報ですよね。人間の性的関係に生じる多くの障害は、未処理の生理的ストレスの症状なんですから。古い未完了のストレス反応を放出させれば、行き詰まりを感じていた場所に、新しいステップを踏み出すための余裕が生まれます。

そして、行き詰まりを感じた場所を見つけたら、ただ親切に、忍耐強く、優しく注意を向けましょう。温かい目を向ければ、行き詰まりは変化し、太陽の光を浴びた雪のように解けていくでしょう。自然に任せるのです。感情はサイクルを完了させたがっている生理的な化学反応ですから、あなたがOKを出せば、サイクルを完了させるでしょう。感情は定住したいのではなく、前進したいと思っているのです。そうさせてあげましょう。あなたは震えたり、体を丸めて泣いたりするかもしれません。自分の意思とは関係なく、体がそうしているのに気づくかもしれません。あなたの体は何をすべきかわかっています。あなたが病気の子どもや泣いている子どものそばで静かに座っているのと同じように、冷静な気持ちで体と一緒に座っていれば、体はすべきことを行うようになります。

「サイドウェイズ」は、マインドフルネスです。一番優しいアプローチは、最も間接的なのかもしれません。トラウマに直接対処することなく、マインドフルネスの実践をはじめるだけで、古傷に入り込んだ金属片のようなトラウマが、少しずつ解消されていきます。マインドフルネスの実践について書かれた本は驚くほどたくさんありますが、私のお気に入りの一冊は、マーク・ウィリアムズ、ジョン・ティーズデール、ジンデル・シーガル、ジョン・カバットジンによる共著『うつのためのマインドフルネス実践　慢性的な不幸感からの解放』〔星和書店・2012年刊〕です。タイトルにある「うつ」という言葉に怖《お》じ気《け》づいてはいけません。この本は、どんな不快な感情体験にも対処する実践的なガイドブックです。マインドフルネスの実践方法とはどんなものなのでしょうか。簡単に説明しましょう。

1. まずは2分間やってみます。1日2分間、呼吸に意識を向けましょう。空気が体に入って胸やおなかが膨らんだり、息が体から出ていって胸やおなかがへこんだりするのを感じましょう。

2. すぐに、心がうろうろしはじめて、頭が別のことを考え出しますが、正常で健全です。実はそこがポイントなのです。心がさまよっていることに気づき、余計な考えを捨て去りましょう（2分経ったらまたそのことについて考えればいいんですから）。そして、意識を呼吸に戻してください。

マインドフルネスでほんとうに大切なのは、自分の心の迷いに気づき、呼吸に注意を戻すことです。呼吸に注意を向けるというより、むしろ評価やジャッジをせずに自分が何に注意を向けているのかに気づくこと。そして、それに注意を向けるかどうかの選択をすることが重要なのです。あなたが「意識する《マインドフル》」のは、呼吸と、呼吸に向けるあなたの注意の両方。自分が何に注意しているかに気づくというスキルを実践することで、脳は自分でコントロールできるものだと自分に教え、脳が自分をコントロールするのを止めるのです。

この2分間の練習を続けると、次第に1日の中で、自分が何に注目しているのかに気づき、それが今ほんとうに注目したいことなのか、それとも別のことに注目したいのかを判断できる瞬間が、定期的に訪れるようになるでしょう。何に注意を向けるかは、どのように注意を向けるかほど重要ではありません。

これは、あなたの庭からトラウマを取り除くための遠回《サイドウェイズ》しな方法です。ただ雑草に気づいて、水をやるかやらないか、抜くか放っておくか、肥料をやるかやらないか、無視するかしないかを決めるだけ。トラウマという雑草は、たいていの時間、あなたがそれを育てないことを選んでいれば、徐々に消えていきます。そして、トラウマから身を守ろうとしなければしないほど、トラウマはより早くしぼんで枯れていくでしょう。

マインドフルネスは、誰にとっても、何にとっても良いものです。運動や緑黄色野菜が体にとって良いように、マインドフルネスはあなたの心に良いものです。この本を読み終えたあと、人生の中で何か1つだけ変えるとしたら、毎日この2分間のマインドフルネスを実践してください。そうすれば、「感情に対する深い敬意を培う」機会が生まれ、感情を抱いた原因と結果を区別して、それをどう管理したいか選べるようになります。[15]

愛の原点――「愛着」

アリストファネスはプラトンの『饗宴《きょうえん》』の中で――そう聞いただけで眠ってしまいそうになる人は、ジョン・キャメロン・ミッチェルの『ヘドウィグ・アンド・アングリーインチ』の《オリジン・オブ・ラブ》という歌に置き換えてください――人間がなぜ愛するのかについて、こんな喩え話をしています。

昔、人間は丸くて、顔が2つ、腕が4本、脚が4本、生殖器が2つありました。ある者は2人の男、ある者は2人の女、ある者は1人の男と1人の女でした。でも、神々は人間をもっと管理したいと思うようになった。そこでゼウスは稲妻で私たちを真二つにし、その瞬間から人間は、ヘドウィグが、「まっすぐな線が／心臓を真二つに貫いている」と歌うように、苦しむようになったのです。[16]

この喩え話によると、愛とは、完全な自分を追求することです。私たちは、失われた半分を求めて地上をさまよいます。そして、2つの半身がお互いを見つけると、アリストファネスが言うように、「愛と友情と親密さの驚嘆の中に迷い込み、片方がもう片方の視界から消えることはなくなるのです――一瞬たりとも。このふたりは、一生を共にするふたりでありながら、お互いに何を望んでいるのかを説明できないのです」。

これが私たちが恋に落ちる理由ではありませんが、そこまでかけ離れてもいません。私たちが恋に落ちる理由は、「愛着」があるからです。愛着とは、完全な状態を体が求めることをいいます。愛着とは、乳幼児と大人の養育者を結びつける、人間が進化していくうえで順応してきた感情メカニズムです。人間の出産はまさに、自分の一部を引き剥がされるような痛みという表現がしっくりくると思いますし、親になると、クリストファー・ヒッチェンズが言うように、「あなたの心臓は他人の体の中を走り回る」ようになるのです[17]。

赤ちゃんにも愛着があり、いつでも自分のことを世話してくれる大人の近くにいようとします。生まれてからずっと、愛着は完全な自分――安全でいること、他人の体で生きている自分の一部を安全でいさせること――を追求することです。つまり、愛着は愛なのです。

思春期になると、私たちの愛着メカニズムは、親への愛着から仲間への愛着、そして恋愛関係に取り入れられていきます。幼児と養育者の間でも、恋をしている大人同士の間でも、愛着メカニズムを生得的に活性化させる愛着行動――例えばアイコンタクト、微笑《ほほえ》む、顔を撫でる、抱きしめる、など――があります。ですが思春期に入ると、愛着行動のレパートリーに性行動が加わります。

脳の画像検査によると、親への愛着という、ストレスにならない経験をしている間の中脳辺縁系（第3章でお話しした「学び」「好き」「欲求」の領域）の活動は、恋愛の愛着を経験しているときの活動と極めて似ており、特に、「欲求」の活性化ではなく、「好き」の活性化に重点を置いていることがわかりました[18]。同時に、私たちが「傷心」するのは、愛着があるからです。乳幼児期の生活は、文字どおり、必要なときに大人の養育者が来てくれるかどうかにかかっています。しかし大人になってからは、違います。でも体はそれをわかっておらず、愛着の対象が帰ってこなければ、死んでしまうと確信しているのです。

だから、そう、愛はいい気持ちになるんです。

死ぬほど辛いときは別ですけれどね。

自分が壊れてボロボロになったように思うのは、愛着があるからです。

恋に落ちるとは？

実際、人間は複数の人と重要な社会的つながりを築き、自分の内側と、友人や家族、パートナーとのつながりの両方から、完全だと感じることができます。しかし、ある特定の人と「恋に落ちる」あるいは「絆を深める」という体験を、私たちの文化は「愛」と考えるようになりました。子どもを産んだり、恋に落ちたりしたことがある人なら、愛着の物語、つまり愛着のプロセスを特徴づける一連の行動がなんだかわかることでしょう。

近くにいたいという欲求

相手とのつながりを感じるため、そばにいると気分が良くなり（「好き」）、できるだけ近くにいたいと思います（「欲求」）。ほとんどの親は、おしっこをする間の30秒間だけひとりきりの時間を味わおうとしているときに、トイレに子どもが入ってきてしまった経験があると思います。それが近接性を求める行為の一例です。恋愛関係でいう近接性は、ソーシャルメディア、携帯電話のメッセージ、通話、Eメールなど、また、毎日6回も相手のロッカーの前を通りかかってそこにいるかを確認したり、早く家に帰るために仕事を早く切り上げたりすることがそうです。

安全な避難場所

人生でうまくいかないことがあると、愛着を抱く相手にはすべてを話したくなり、サポートを求めるものです。大人の関係では、仕事で辛くて長い1日を過ごしたあと、パートナーに電話をかけることがそれにあたります。ストレス反応が活性化すると、愛着メカニズムは、「愛着を抱く相手とつながることで、ストレスを和らげようよ」と言い出します。これは「思いやりと絆」のダイナミズムといい、あとで詳しくお話しします。

別れの不安

その人がいなくなると、あなたは寂しくなって、辛く感じます。大人の場合、パートナーが学会のために不在にしている間に感じる、胸が締めつけられるような寂しさにあたります。しばらくの間はいいのですが、そのうち辛くなり、あまりにも長く、遠く感じられるようになります。

安心できる場所

その人がどこにいても、そこがあなたの心の拠りどころとなります。出張から帰ってきて、パートナーが座っているソファに倒れ込み、手をつないで目を合わせながら、留守中に起きたことを話した経験のある大人なら、誰でも覚えがあるはずです。

実際の例を挙げてみましょう。私の妹アメリアの夫は高校の音楽教師で、隔年で合唱団に同行して1〜2週間ほどヨーロッパに滞在していました。そしてその期間中、家に残っているのは彼女のほうなのに、妹は「ホームシック」だと言って待っていました。なぜなら、夫は彼女の心の拠りどころであり、安心できる拠点だからです。つまり、妹は離れている辛さを経験していたことになります。

アメリアの愛読書は『ジェイン・エア』です。主な登場人物のひとりであるロチェスター氏は、ジェインに愛着と離れる辛さについて、こう話しています。

あなたに関しては時折、不思議な感情を抱くのです——特に今のようにあなたが私の近くにいると。まるで左の肋骨《ろっこつ》の下に糸があって、それがあなたの小さな体の相応する部分にある同じような糸と、切っても切れないくらい固く結ばれているように思える。もしあの荒々しい海峡（アイルランド海）と200マイルほどの陸地が、私たちの間に広がったら、親交の糸は切れてしまうでしょう。そうなれば、私の心は血を流すのではないかと不安なのです。

愛着とセックス——負の側面

ロチェスター氏の言葉は、愛着とストレスが重なり合う場所、つまり「悩める人間関係」を示唆しています。

前章では、ジョン・ゴットマンが、パートナーから虐待を受けた女性たちから聞いた、暴力行為があった直後のセックスは最高だったという話や、ベルグナーの『女性は何を求めているのか？』で、コミットメント恐怖症の元彼とのセックスを切望しているのに、現在の素晴らしいボーイフレンドには性欲が湧かないというイザベルの例を紹介しました。こうした簡単には理解できない問題はどちらも、「愛着が脅かされたときの愛着主導型セックス」について理解すれば、納得がいきます。

愛着とは生存のためのものであり、人間関係もまた生存のためのものです。愛着が脅かされると、私たちは愛着にしがみつくために必要なことはなんでもします。なぜなら、愛着を感じる対象とのつながりほど、重要なものはないからです。

この考えを、私がこれまで読んだ中で最も暗く、最も不穏な科学で説明しようと思います。不穏なのは、私たちのような哺乳類の感情に愛着がどれほど強力に影響するかを示しているからです。20世紀半ばに行われたハリー・ハーロウの一連の「モンスター・マザー」研究で、彼の研究チームは機械仕掛けの「母親」たちを作り、幼いアカゲザルはそれに愛着を覚えました。

「母親」にひどい扱いを受け、振り払われ、拒絶された子ザルは、どうしたのでしょうか？

彼らは「母親」のもとへ逃げ帰ったのです。

ラジオ番組『ディス・アメリカン・ライフ』に出演した際、ハーロウの伝記『愛を科学で測った男　異端の心理学者ハリー・ハーロウとサル実験の真実』〔白揚社・2014年刊〕の著者デボラ・ブラムはこう言っていました。

> (アカゲザルの)赤ちゃんたちは戻ってきて、(機械の)母親たちに再び愛してもらうために、できる限りのことをしました。鳴き声をあげ、体を撫で、毛づくろいをし、こびを売る――まさに人間の赤ちゃんがお母さんにするのと同じです。そして、彼らは友達を見捨てるのです。彼らは母との関係を修復しなければならなかった。彼らにとってはとても大切なことだったのです。(19)

それは、そうでしょう。苦痛を感じると、愛着を覚える相手は安全な避難所になります。たとえその相手が苦悩の原因であったとしても。

そして、アカゲザルの赤ちゃんがモンスター・マザーとの関係を修復するために愛着行動をとったように、不安定な恋愛関係にある女性は、愛着を構築したり修復したりするために、愛着行動のひとつとしてセックスをすることがあります。イザベルのケースで考えると、『女性は何を求めているのか？』というベルグナーの本のタイトルに答えるなら、「彼女は別れの不安に直面する中で、愛着を感じる相手との距離を縮めたがっていた」のです。ドーパミンとオキシトシンというホルモンが、彼女の欲求システムにいたずらし、愛着の対象へと向かわせたのです。コミットメント恐怖症の元彼は、彼女との関係に責任を持とうとしないため、慢性的に彼女の愛着システムが活性化し、安全な避難所を求めていました[20]。

これは、ストレスと愛着がペアリングした場合の、負の側面です。「私は道に迷った」という感覚は、愛着を感じる対象とのつながりを安定させる動機となります――そうすると「私は家にいる」と思えるようになるのです。セラピストで作家のスー・ジョンソンは、これを「慰めのセックス」――自分が愛されていることを証明したいという欲求からはじめるセックス――と呼んでいます[21]。

優しくて気配りができて、きちんと責任を持って付き合っている男性との関係では、イザベルの「私は道に迷った」という炎は燃えていません――それは良いことです！　でもそれゆえ、欲望に火をつけることができない。それは気持ちのいいことではありません。
解決策はあるのかって？　イザベルは物語の筋書き《プロット》を進めればいいのです。

愛着とセックス――筋書きを進める

ジェイン・エアとロチェスター氏のセックスを見ることはできませんが、現代のロマンス小説に出てくるようなセックス、つまり「一体感の追求」の比喩となるペニスとヴァギナを使った性交に近いものではないでしょうか？　あたかもエドワード・ロチェスターのペニスが、ジェインのヴァギナを閉じている錠前の鍵となり、彼女の心の扉を開くかのように描かれていることでしょう。現代のロマンス小説には、そんなことばかり書かれています。

私もロマンス小説を読みます。性暴力に関わる仕事を多くしているので、人生に「それから幸せに暮らしましたとさ」が必要になって読むのです。ロマンス小説は、主に女性が、主に女性のために、主に女性の性的満足と恋愛関係の満足について書いたジャンルです。そのため、21世紀のロマンス小説の多くは、『ジェイン・エア』や『高慢と偏見』とは異なります――セックスが描かれているのです。しかもたくさん。中には、あまりにセックスシーンが多くて、女性向けポルノのようになっている本もあるくらいです。でも最高のロマンス小説は、単にエンターテインメントのために、なんの脈絡もないセックスを描いているわけではありません。セックスによって物語が進み、主人公の男女が、セックスという愛着の行動指標を通じて、多くの障害に直面しながらも、あらゆる困難を乗り越えていくのです。

その一例として、ローラ・キンセイルの歴史ロマンス『嵐に舞う花びら』〔扶桑社・2010年刊〕のヒロインは、主人公の男性のもとを離れて父親のところへ戻ろうとしますが、馬で走り去る間に「1マイルごとに不安になって」（離れる不安）、「父親に背を向けて主人公のもとに戻り」（近接性の追求）、「荒々しく」（咳払《せきばら》いしたくなりますね）主人公とまた結ばれるのです。[22]

ロマンス小説は、「私は道に迷った」から「私は家にいる」までの、ストレスを感じる愛着の物語を描いており、セックスは愛着行動として主役級の役割を担っています。

この「筋書きを進める」という考え方を女友達に話すと、毎回、彼女たちは目を見開いて、このように言います。「結婚したら、物語は終わりでしょ。ハッピーエンドで、その先の筋はないじゃない」

ロマンス小説はそうなんですけどね……。でも、これで解決方法が明らかになりました。筋書きを足せばいいんです！

というわけで、「新しくはじまった恋愛か、病んでる関係性のセックスじゃないと盛り上がるわけがない」と今まで思っていた方、朗報ですよ！　それに、悪いニュースもあります……でもさらに良いニュースもあります。

多くの人が望んでいるセックスとは、ほんとうに気持ちのいいセックス――つまり、好きなセックス――ではなく、「慰めのセックス」、つまり「癒やされるが、エロティックではないセックス」

です[23]（「好き」と「欲求」は同じではなかったですよね？）。「慰めのセックス」は恐怖を和らげ、安心感を与えてくれます。ですが、安心と快楽を取り違えてはいけません。

例えば、ものすごくおしっこがしたいのに、ずっと我慢していて、やっとできたとしたら、強烈な安心感から快感に似たようなものを覚えますよね。不安定な関係の中で行われるセックスも同じです。おしっこを我慢したときと同様、関係の中で恐怖や不安定を経験すると、嫌な気分になるものです。どうにかできたときに、ようやくほっとできます。

でも、恋愛関係や性生活は、単に安心できる以上のものであってほしいとは思いませんか？だから、最初の朗報。あなたが恋愛関係の中で、「慰めのセックス」を激しく求めていなかったとしても、それはまったく損失ではないということ。

そして悪い知らせは、とても多くの人が、恋愛関係が不安定なときに――現実であれ想像であれ、新しい関係だったり、脅威が感じられたりする場合――その価値を再確認するために「慰めのセックス」をしたがっているという事実です。

そこで2つ目の朗報は、これまで何十年にもわたって素晴らしいセックスをしている人たちに関する、膨大な研究があるということ。重要なのは「十分に安心できる」と感じられることであり、その研究については第7章でお話しします。ここではまず、恋愛関係における愛着の管理方法には、個人差があることを理解しておきましょう。

ローリーが情熱を取り戻すための旅行での大失敗と、大泣きして得たサプライズについて話してくれたとき、私は「情熱的でみだらなセックスをしたあとはどうなったの?」と尋ねました。

すると彼女は、「3時間寝ちゃった……それがセックスと同じくらい気持ちよくて。ほんとうは泣かずにできたらよかったんだけどね」と答えました。

「泣くことで、これまでブレーキを踏んでいた蓄積されたストレスが排出されて、アクセルが解放されたように聞こえるけれどね」

「なるほど。じゃあ、もっとセックスするためには、もっと泣けばいいのかな?」

「必要なのはストレスを発散する機会だと思う」と私は言いました。「特に、あなたはストレス要因を解消するための余裕があまりないしね。それに、ジョニーはあなたの愛着の対象でしょう？　ストレスが溜まったときに頼る場所だし、体は完全に彼と愛を分かち合いたいと思っているのよね？」

「そう」

「なら、提案してもいい？」

「うん、お願い。なんでも言って」

「セックスをしないこと。ルールを作ってほしいの。例えば……1カ月セックスをしないって。あなたは明らかに、愛着対象に愛情を注いだり、逆に愛情を注いでもらったりしたいけれど、生活のストレスでブレーキがかかっていて、さらに、セックスをしなくちゃっていう心配が加わることで悪化している。だから、もっと効果的なストレスの管理法が見つかるまでは、性器には触れないっていうルールを作るの」

「え？　わけがわからない。性生活を終わらせることが、性生活の助けになるっていうの？」

「終わらせるとは言っていないの。〈文脈〉を変えていくだけ」

「それでも理解できない。私たちは一緒に出かけたけれど、ただお互いに怒りをぶつけるだけだったのよ。それで泣きながらジョニーに全部ぶちまけたら、コトがはじまったのに？」

「ねえ、どんな〈文脈〉があなたに効果をもたらすかを判断するのは、私の役目ではないし、あなたの役目でもないの。でもすべてのことが、あらゆる種類のストレスに関連している。特に、ストレスがブレーキを踏んでいる、という事実によってストレスがかかっているのが問題。だから、それをやめて、受け入れてみて。手を広げて歓迎するの。１００％正常なことなんだから。あなたはただひどい〈文脈〉にいるだけだから、それを変えて、どうなるか見てみましょうよ」

彼女はため息をついてから、家に帰ってジョニーと話をしました。そしてふたりは試したのです。その後どうなったかについては、第5章でお話しします。今は、〈文脈〉を変える強力な方法のひとつは、セックスへの義務感から来る不安とストレスを取り除くことである、とだけ記しておきます。

愛着のスタイル

大人になってから誰にどのように愛着を持つか、つまり「愛着スタイル」は、親にどんなふうに育てられたかによって形成されます。

愛着スタイルは、大きく分けると、安心できるものとできないものに分類されます。乳児の命は大人の養育者にかかっているため、見捨てられる可能性を排除することは、乳児にとって深刻な問題だったことを思い出してください。大人の養育者（通常は両親）が、必要とするときに確実にそばにいてくれることが多いと、子どもは安心して愛着を抱きます。子どもが泣けば、彼らは振り向いてやってきてくれます。何があろうが、いつであろうが来てくれる大人の養育者はいませんが、十分に信頼できるくらい頻繁に来てくれれば、子どもは安心して愛着を覚えます。このような条件下で、私たちの脳は、大人の養育者は去っても戻ってくる、見捨てないということを学習するのです。

大人の養育者に安定した愛着を抱いている子どもは、大人になっても恋愛相手に安定した愛着を抱く可能性が高く、大人の養育者に不安定な愛着を抱いている子どもは、大人になっても恋愛相手に不安定な愛着を抱く可能性が高いものです。

親が極度のストレスを抱えていたり、他に世話をしなければならない子どもがたくさんいたり、薬物やアルコールの依存症、気分障害やパーソナリティー障害の患者だったりすると、子どもが必要とするときに、物理的にも気持ちのうえでも、必ずしもそばにいてくれるとは限りません。大人の養育者のことを信頼できないと、子どもは不安定な愛着を抱くようになります。アメリカでは、約半数の人が安定的な愛着スタイルを形成し、半数が不安定な愛着スタイルを形成しています[24]。

不安定な愛着は、不安型と回避型という2つの異なる手段をとると考えることができます。

不安型愛着スタイルでは、愛着対象に見捨てられるかもしれないというリスクに対処するために、愛着対象に必死にしがみつきます。不安定な愛着を抱く子どもは、嫉妬し、離れたときに強い苦痛を味わいます。それは不安定な愛着を抱く大人も同じです。

回避型愛着スタイルでは、特定の人に真剣に愛着を抱かないことで、愛着対象が自分を見捨てるかもしれないというリスクに対処しています。回避型の子どもは、他の大人よりも親を好むことがありません。調査によると、回避型の大人は、匿名でのセックスを承認したり、実際に行ったりする傾向があるそうです。

これらのスタイルをより具体的に知るために、研究者が大人の愛着スタイルを調べるときに使用する文章を紹介しましょう[25]。

安定的な愛着

・自分のプライベートな考えや感情を、パートナーと安心して共有できる。
・パートナーが自分から離れるのではないかと心配することがほとんどない。
・恋人の近くにいるのがとても心地いい。
・必要なときは恋人に頼ることができる。

不安定な愛着

・恋人の愛情を失ってしまうのではないかと心配になる。
・恋人が自分と一緒にいたいと思わなくなるのではないかとよく心配になる。
・恋人が自分をほんとうに愛していないのではないかとよく心配になる。
・自分が恋人を気にするほど、恋人が自分のことを気にかけていないのではないかと心配になる。

回避型の愛着
・自分の心の奥底にある気持ちを恋人に見せないほうがいいと思っている。
・恋人に依存する自分が許せない。
・恋人に心を開くことに抵抗がある。
・恋人とあまり親しくならないほうがいいと思っている。

では、安定的な愛着スタイルの人々と、不安定な愛着スタイルの人々、どちらがより満足できる性生活を送れるかを推測するとしたら、どちらだと思いますか?

そうですよね。圧倒的に、安定的な愛着スタイルの人たちです。

2012年に行われたセックスと愛着の関係に関する研究の概説によると、安定的な愛着は、想像しうるあらゆるセクシュアル・ウェルネスと関連しているそうです。安定的な愛着を抱く人は、セックス中によりポジティブな感情が湧き上がり、セックスの頻度が高く、より高いレベルで性的興奮を覚えたり、オーガズムに達したりし、セックスに関するコミュニケーションがより上手です[26]。同意したり、承諾を得たりするのが上手で、避妊を徹底するなど、安全な性行為をする可能性が高い。また、セックスを楽しみ、パートナーが何を求めているかに気を配り、セックスと愛のつながりを感じ、ふたりの関係にそれぞれが責任を持った状態でセックスをする可能性が高く、性的な自信もより強く感じています。安定的な愛着を抱く人は、最も健康的で満足できる性生活を送ることができるということです。

不安型愛着スタイルの人は、不安に駆られた「慰めのセックス」、つまり愛着行動としてセックスをする傾向が強く、満足できるセックスではなく、激しいセックスをすることがあります。また、セックスについて不安を抱く傾向にあり、セックスの質を恋愛関係の質と同一視してもいる。特に、親密度が低い関係では、セックスに苦痛を感じることが多いです。さらに、コンドームの使用率が低く、性行為の前にアルコールや薬物を使用する傾向があります。そのため、当然のことながら、性感染症や望まない妊娠の確率が上がるなど、安全な性行為の実践が困難になります。また、より痛みや不安、健康上のリスクを経験します。

また、不安型や回避型といった、不安定な愛着スタイルを持つ人は、強制的な性的関係をする側、される側のどちらかになる可能性が高くなります。回避型愛着スタイルの人は、セックスを初めて経験するのは人生の後半になり、頻度も少なく、セックス以外の性行動も少ない。信頼するパートナー以外とのセックスに肯定的な態度をとりがちで、一夜限りの関係を持つことが多く、ほんとうにしたいからではなく、周囲の期待に合わせるためだけにセックスをする傾向が強くなります。自分の人生や人間関係とはかけ離れた性生活を送るということです。

このように、愛着について理解することなしに、セクシュアル・ウェルネスは理解できないし、人間関係における愛着のコントロール方法を学ばずに、自分自身のセクシュアル・ウェルネスを最大化することはできません。

愛着スタイルは、性的反応や人間関係の満足度向上に欠かせない要因です。そして、人によってだけでなく、関係によっても変わるものです。[27] それに、変えられるものでもあります。[28] しかし、こうした深いところにある感情のパターンは必ずしも扱いやすいとは言えず、時にはセラピーが必要な場合があります。

とはいえ多くの人は、自分の感情的な反応を抵抗なく受け入れたり、愛着に関する本を読んだりすることで、大きな進歩を遂げることができます。例えば、「感情に焦点を当てたカップル・セラピー（ＥＦＴ）」を開発したスー・ジョンソンの『*Love Sense: The Revolutionary New Science of Romantic Relationships*（愛の感覚：あっと驚く恋愛関係の新しい科学）』〔未邦訳〕は、セックスに関連する愛着に真っ向から迫った良書です。

セックスをするうえでの難しさについて、具体的に話し合うことが苦手なカップルもいますよね。みんな、この話題になるととても優しくなり、相手の気持ちを傷つけることや、相手の期待に応えられないことを恐れるので、お互いに穏やかで親切に接するための特別なスキルが必要となるのです。

私は、セックスや愛についてのコミュニケーションに関しては、感情をコントロールする「眠るハリネズミ」のモデルを使って、考えることにしています。例えば、セックスは難しいと思っている感情を、家の中の不便な場所で発見した眠るハリネズミのようなものだと考えてください。

もし、あなたが座ろうとしていた椅子の上でハリネズミが眠っていたら、こうするといいでしょう。

1. そのハリネズミ——感情——の名前を調べましょう。今、私は「嫉妬／怒り／辛さ……」を感じている、というように。シンプルですが、たいていは同時に複数の感情が絡んでいます。それが正常です。

2. そのハリネズミと一緒に静かに座りましょう。逃げたり、ジャッジしたり、恥じたり、怒ったりしないでください。お客さんを歓迎するかのように、一緒に座っていましょう。

3. 何を必要としているのかに耳を傾けましょう。問うべきは、どうすればいいか、ということ。もし恐怖や怒りを感じるのであれば、感じ取った脅威はどうコントロールすればいいのでしょう？　もし悲しみや辛さを感じているのなら、どうすればその喪失感を癒やすことができるでしょうか？　そうした感情を解放して、サイクルを完了させる以外に、あなたが積極的にできることはありません。そして、それはパートナーの責任や義務ではないことも忘れないでください。パートナーの協力は完全に自発的なものです。彼らのサポートに感謝の気持ちを表す絶好のチャンスだと思ってください。

4．気持ちと必要としていることを伝える。パートナーに気持ちを伝えましょう。「私はXという感情を抱じています」と言い、「それを助けるのはYだと思う」と言うのです。例えば、「私はあなたが同僚と一緒に時間を過ごす時間を怖いと感じるんだけど、こうすれば大丈夫、と思えるようなことをやってみるのがいいかもしれない」とか、「あなたが××したことについて、私はまだ傷ついている。私に必要なのは、その感情のトンネルを抜けて、その先にある光に辿り着くための時間なの」というように。

ハリネズミを怒ったり、怖がったりしても、あなたのためにも、ハリネズミのためにもなりません。また、パートナーに「ハリネズミが寝ているよ！」と叫んでハリネズミを押しつけて、トゲトゲをどうにかしてもらいたいと期待するなんてこともできません。なぜなら、それはあなたのハリネズミだからです。対処するときにあなたが冷静であればあるほど、自分を傷つけることも、誰かを傷つける可能性も低くなります。

ハリネズミの比喩は、今ある問題を相手のためにもう片方が「解決」するのではなく、あなたとパートナーが共有し、協力し合って取り組む重要性を示しています。そのためには、ふたりが優しさと思いやりを持って、共有する困難に立ち向かうことが必要です。

回復を信じてみよう

私の友人は悪い関係を捨てて、（Facebookで）「私はもう傷つかないことにした」と宣言しました。「（元パートナーは）もう私を苦しめられない」と。2つ目の文章は100％そのとおりで、お祝いすべきことです。しかし最初の文章は、愛着やサイクルを完了させるという観点からは筋が通りません。悪い関係から離れるとき、あなたの中には、溜め込んだ傷や怒り、悲しみ、さらには恐怖までもが閉じ込められていて、それらを安全に放出しなければならないのです。

より理にかなうように言うならば、「私は傷を癒やすことにした」です。癒やしには必ず痛みが伴います——指の骨を折ると痛いですが、治るまで徐々に痛みは軽減していきますよね。心の傷を癒やすのも同じです。折れた骨を痛まないようにはできないのと同じく、壊れた心を痛まないようにすることはできません。しかし、痛みを癒やしの一部と認識して、骨が治ると信じるのと同じく、心は治ると信じ、回復するにつれて徐々に痛みが少なくなっていくと知ることはできます。

ここで、ストレスと愛着の結婚とも言える「思いやりと絆」というさらなるストレス反応について説明します[29]。極端に社会的な種である人間の生存は、「闘争」「逃走」「フリーズ」の能力だけでなく、仲間を守り、仲間に守ってもらうために、仲間と協力する能力にかかっています。女性は男性よりも、人と愛情を介してつながることで潜在的な脅威に対処する「所属型」のストレス反応にアクセスしやすいと考えられています。いつものように、この男女差がどの程度先天的なもので、どの程度学習されたものかは不明ですが、その違いは早い時期からはじまり、1歳6カ月の女の子は男の子よりも、何か怖いことをしている親を避けず、むしろ近づいていく傾向があるそうです[30]。

ストレスと愛着が重なるところでは、感情の「一つの指輪」は「私は道に迷った」というメッセージを送り、ライオンから逃れて愛着対象に駆け寄っていくと、「私は家にいる」に変わります。もし、ストレスを感じているときに、執拗にメールをチェックしたり、ソーシャルメディアを延々とスクロールしたり、「今、何してる?」と言うためだけにパートナーにメッセージを送ったり、友達全員に次々と電話をかけたり、映画『キューティ・ブロンド』のエルのように慌ててネイルサロンに向かったりしたことがあるなら、「思いやりと絆」のストレス反応を体験したことがあるかもしれません。世話を焼かれることも、他人の世話を焼くことも、ストレス反応では「サイクルの完了」として登録されます。

しかし現代の文化では、ストレスに対する社会的救済に矛盾があります。他の人と一緒にいることが、ストレス反応サイクルを完了させるための核心であることが多い一方で、私たちはストレス反応にブレーキをかけて自己抑制し、社会的に正しくあるように、他人を不快にさせないように振る舞ってしまいます。仲間と一緒にいるという安心感を得たいがために、ストレス反応サイクルを完了させずにいるのです。

そしてもちろん、この矛盾は、文化的に「人間関係の管理者」である女性にとっては、より顕著なものとなります。異性間の関係で困難な状況に陥ったとき、女性が自らストレス反応を抑制することで、男性が「体感覚」を得られるようにしてしまうことがよくあります。つまり、ストレスフルな人間関係は、文化的なルールによって、男性よりも女性に影響し、女性の性的関心や反応に影響を及ぼす可能性が高いのです。そして、パートナーがストレスから解放されて先に進んでいくのに、女性はストレスを抱え込んで抜け出せなくなります。

責めるべきは作家のチャールズ・ディケンズです。例えば『クリスマス・キャロル』のクラチット夫人は息子のタイニー・ティムが亡くなったとき、他の子どもたちに、泣いているのは縫い物の色で目がちかちかするからだと言い、夫には弱い姿を見せたがりません。私は小さい頃、ディケンズの思惑どおり、クラチット夫人はとても勇敢だと思いました。でも、ストレス反応のサイクルについて知った今では、「クラチットさん、お子さんが亡くなったんですよ！　泣くのは〝弱さ〟なんかじゃありません！　他のお子さんたちも、嘆き悲しむのは正常なことだと知るべきですよ！」と叫びたくなります。

ただ身内と一緒にいるだけでは、サイクルを完了させるために組み込まれた「体感覚」の代わりにはなりません。私たちの体が次に進むためには、ストレスを排出し、サイクルを完了させる必要があります。「家」とは、批判されたり、恥をかかされたり、「リラックスしなさい」とか「忘れなさい」と言われることなく、ストレスを排出できる物理的・感情的な場所のことです。「家」は、パートナーが「愛に満ちた存在」でいてくれる場所。愛に満ちた存在と一緒に話を聞ける人は、穏やかで気配りができ、他の人と波長を合わせていけます。あらゆる形のストレス（怒り、恐れ、シャットダウン）を経験することができ、その嵐の中でじっと静かに座りながら、パートナーを愛に満ちた存在と感じられる――それが最高の人間関係です。

どの文化にも、どのような状況でどんな感情を出すのが適切かというルールがあります。しかし私たちの文化は、強い感情を経験しながら、他者とつながることがほとんどできない社会を構築しています。多くの人は、ストレスから抜け出せずにいるパートナーとではなく、宗教的な実践を行ったりペットと一緒にいたりするほうが、愛に満ちた存在を感じやすいと思うことが多々あります。神様も愛犬も、あなたが「体感覚」を持っていることを批判したり責めたりしませんが、どちらもあなたとセックスすることはできません。

セックスは、大人の愛着行動です。愛着が脅かされていたり、パートナーとストレス要因を共有したりしている場合、セックスは「私は道に迷った」というシグナルに対して、自分の家に帰り着ける、強力で快楽的な方法に思えてしまいます――しかもふたりで一緒に。しかし、このような状況で行うセックスは、お互いが「体感覚」を表に出せる時間と空間にならない限り、真の快楽にはつながりません。

命の水

私は危険にさらされている／私は安全だ
私はどこかおかしい／私は正常だ
私は道に迷った／私は家にいる

以上のような生物学的なプロセスを経て、あなたの精神状態が変化すると、その結果、セックスに関連する〈文脈〉や快楽をもたらす感覚に脳が反応するかどうか、するならどのように反応するかが変わってきます。

ストレスは多くの人にとってブレーキをかけるものですが、人によってはアクセルを踏むものであり、人それぞれです。しかし誰にとっても、ストレスは性的反応をするときの〈文脈〉を変え、性感覚の認識を変えます。

快楽の妨げにならないようにストレスを管理する鍵は、「フリーズ」を解除し、捕食者から逃れ、敵を征服するというサイクルを完了する術《すべ》を学ぶことです。それができたら、お祝いしましょう。スノードームみたいにキラキラしたラメが舞い降りてきますよ。

女性たちから聞いた話を、私は心の図書館にしまい続けています。1つの棚は、性暴力の物語で溢れかえっています。他の物語と同様に、私に畏敬の念を抱かせ、いろいろな発見を与えてくれますが、最も暗い物語であり、世の中が女性の性の自主性をいかに軽んじているかを明らかにしています。

メリットの物語もそのひとつです。簡潔に説明すると、彼女は同性愛者と異性愛者を結びつける学内活動グループのリーダーで、堂々とカミングアウトしていました。するとある男性が（メリットは後に知ることになるのですが）、「彼女を変えてみせる」と言って友人と賭けをしたのです。

吐き気がしますよね。このような経験を誰もしなくなればいいのにと思いますが、実際によくあることです。

暴行を受けている間、彼女の体はサバイバルモードに入り、フリーズしました。そして、メリットは、ストレス反応によるブレーキについて学ぶまで、なぜ自分が戦わなかったのか、逃げなかったのか、相手の急所を蹴り飛ばしてやらなかったのか、理解できませんでした。それ以来、彼女は自分の体を信頼できず、信用されていない彼女の体は、健康的に機能できずにいました。

人がトラウマを経験するのは、まるで庭に誰かが忍び込んで、丹精込めて育てていた植物を根こそぎ抜かれるようなものです。怒りが生まれます。元の庭を思う悲しみもある。そして、もう二度と芽が出てこないのではないかという恐怖も。

でも、植物はまた生えてくる。それが庭というものです。

メリットは庭の比喩に夢中になりました。ある日、彼女は携帯電話を片手に通りで私を呼び止め、「庭のことを考えていたら、パートナーが見つけたものをあなたに読んであげたくなったの！」と言いました。

そして朗読してくれたのです。

命の水がここにある。
私はそれを飲んでいる。でもそれを知るために、
私はこんなに遠回りをしなければならなかった[31]！

「命の水」と彼女は言いました。「すべてを失った男が探求の旅に出るんだけど、『オズの魔

法使い』のドロシーみたいに、力は最初からあったっていう、イスラムの詩人ルーミーの詩だよ。ねえ、命の水ってなんだかわかる?」
「なんなの、教えて?」(今まで路上で呼び止められた中でも、段違いに奇妙な経験でした)
するとき彼女は「愛こそ命の水なのだ!」と引用しました。[32]

そのとおりだと思います。女性のセクシュアリティーを庭に喩えるなら、愛は雨、ストレスは太陽で、庭の植物を上へ上へと導き、栄養を与え、でも同時に能力が試されるようなものでもあります。どちらか一方が多すぎてもダメで、ちょうどいいバランス(私たちが「安心できる」くらい)で、庭は育つのです。

水をたくさん欲しがる植物もあれば、あまり欲しがらないものもある。日陰にある庭もあれば、一日中明るい太陽の光が降り注いでいる庭もある。オリヴィアのアクセルは敏感なため、日当たりの良い庭に、太陽を好む植物がたくさん生えています。彼女は砂漠のようなもので、ジョシュアツリーやデイジーが、暑い、雲一つない空の下で生い茂っています。しかしそんな彼女でも、良いものを取り入れすぎると、植物がしおれ、衰えてしまうことがあるのです。一方でアクセルが比較的鈍感なカミラは、木生シダやコケが生い茂る山林のようなもので、光はそこまで必要とせず、より長い時間をかけて植物を成長させます。

その間、メリットの敏感なブレーキは、ちょっとした干ばつで庭の草木を枯らしてしまうし、ローリーの庭は、地球温暖化の影響を受けて、彼女や植物が適応できないくらい急に本来の気候が変化し、庭全体が死んでしまうのではないかと彼女は恐れている。そして、庭を失えば、パートナーも失うかもしれないと不安になっています。

体が送ろうとしている基本的なメッセージ——「私は危険にさらされている」「私はどこかおかしい」「私は道に迷った」——に耳を傾けて尊重することは、性的な快楽を高めるための正しい〈文脈〉を作り出すのに不可欠です。体がサイクルの最初から最後まで動き、ストレスを排出し、パートナーと完全につながるための時間と空間を確保しましょう。

私たちを取り巻く文化は、これを容易にはさせてくれません——「自分」と「本質的な自分」、「危険」と「安全」、「おかしい」と「正常」、「道に迷った」と「家にいる」の間に、恥と疑念の壁を築き上げるのです。

庭に喩えると、女性のセクシュアリティーに関する文化的メッセージは、しばしば雑草のように侵してきて、誰も望んでいないものなのに、誰もが管理しなければならなくなります。

それについては、次の第5章で説明しましょう。

第 4 章のまとめ

1

ほとんどの人は、ストレスによって性欲が低下する。一方、10〜20%の人は、ストレスによって性欲が高まるが、それは安心したいがための「慰めのセックス」を求めているのであり、快楽を得られる素晴らしいセックスにはつながらない。

2

性被害のサバイバーを含め、性的トラウマを抱えた女性の脳は、セクシュアルな刺激を脅威だと学習し、性のアクセルとブレーキに狂いが生じる。トラウマからの回復のどの段階にいるかによって正しい対処法は異なるが、回復傾向にあるならば、マインドフルネスは良い方法。

3

相手とつながり、一緒にいたいと思う感情メカニズムを「愛着」といい、セックスは大人の愛着行動である。愛着にはスタイルがあり、安定的な愛着スタイルを持つ人は、満足できる性生活を送れる可能性が高い。相手との信頼関係によって、体がストレスを排出し、サイクルを完了させ、次の段階に進むことができるからだ。

4

セクシュアル・ウェルネスを向上させるには、「ストレス反応サイクルを完了」させ、セックスに関連する〈文脈〉を変化させる方法を学ぼう。「私は安全だ」と感じられるようになれば、セックスの快楽はおのずと広がる。

第5章

文化と〈文脈〉

偽りの神話を捨て、セックス・ポジティブに生きる

ジョニーとローリーが私のアドバイスのとおりセックスをするのをやめている間、ローリーの中で思いがけないものが表れました。

ふたりは毎晩、就寝する前の数分間、「今夜はセックスするの？　しないの？」という不安からぎこちなくなることもなく、抱き合っていました。

ある晩、そうして静かにしているとき、ローリーはジョニーに、なぜ自分とのセックスが好きなのか尋ねました。

彼の答えはとても素敵でした。「君は美しい人だから」と言ったのです。「君は美人だから」でも「君は僕の妻だから」でも「セックスが好きだから」でも「君を愛しているから」でもなく、「君は美しい人だから」と。それ以上の言葉はないほど素晴らしい答えでしたが、彼はほんとうに、心からそう思っていたのです。

ローリーは、泣き出してしまいました。その瞬間まで、彼女は自分が毎日どれほどの自己批判を抱いているのか、出産後の体の変化についてどれほどの羞恥心を抱いているのか気づいていませんでした。まるでそうした変化が自分の道徳的な弱点を反映しているかのように――ほんとうに「できた人」なら、出産なんていう些細《ささい》なことで体が変化するのを許さないかのように感じていたのです。

彼女は自分が不快に思っているものをリストに挙げていきました――垂れ下がったおっぱい、ふにゃふにゃのおなか、カッテージチーズみたいな太もも、口元に刻まれた深いしわ……永久にしかめ面をしているような口元。するとジョニーは、そうした「不完全な」体のパーツの一つひとつに触れながら、「でも僕はそこが好きだけどね」とか「でもきれいだよ」と言いはじめたのです。

そして最後に彼は、ローリーの目を見てこう言いました。「君はほんとうにわかってないよ。本気でそういうことが自分の美しさを損ねていると思い込んでいるみたいだけど、ハニー、君の体は日ごとにセクシーになってる。僕が人生を共にしている女性の体っていうだけでね。君のおなかは、僕たちのおなか。僕だっておなかが出てるじゃないか。そのせいで僕への愛が減るってこと?」

「そんなわけないでしょう」

「だろう?　そんなことあるわけないんだよ」

そしてもちろん、このあと、彼らは頭がおかしくなるくらい最高のセックスをしました。「こんなことしちゃいけないのに」という囁き声も相まって、より一層素晴らしいセックスになったのです。つまり、「~をするべき」というプレッシャーは、ローリーにとって、どちらの方向にも作用することがわかりました。

ローリーはこの話を私にすると、まず、男性は女性が思っているほど体の変化が気にならないというのはほんとうかと尋ねてきました。

「そうね。男性から何度も繰り返しそう聞くわ」と私は答えました。「特に離婚後も子どもを養育している男性からよく聞く。彼らは私たちが気づく変化に気づかなかったり、気づいても感じ方が変わらなかったり、積極的にそれを好きになったりする。私たちは男性を見くびっているのね」

そして、彼女は私に「君は美しい人だから」と言われた話をしてくれたのですが、そう言われたときには、彼がセックスをはじめるだろうとは思わなかったと強調しました。ただ、彼女が必要としているときに、彼が愛を与えてくれているように感じたのだと。

こんな話を聞かされたら、性教育者とは最高の仕事だと思ってしまいますよ。
この章では、気づかないうちにローリーの前に立ちはだかっていた障害と、彼女がそれをジョニーと一緒にどう打ち破ったかについてお話しします。

もう一度、庭の比喩に戻りましょう。あなたは、自分特有の、豊かで肥沃な土壌の小さな区画を持って生まれてきました。あなたの脳と体は庭の土であり、アクセルとブレーキの個人差は、あなたの生来の庭の重要な特徴です。生来の庭は、他の人たちと同じパーツでできていますが、それぞれの方法で構成されています。

あなたの家族とあなたの周りの文化は、種を植え、庭の手入れをし、その手入れをあなたに教えてくれます。愛や安全、体やセックスに関する言葉や態度、知識や習慣の種を植えてくれるのです。そして徐々に、思春期に入ると、あなたは自分の庭の手入れをする責任を負うようになります。

自分で庭の手入れをするようになると、家族や文化が美しく栄養のあるものを植えてくれてきたことに気づくかもしれません。また家族や文化が、あなたの庭にかなり有害なゴミを混ぜていたことにも気づくかもしれない。そして、誰もが――たとえ家族が良いものを植えてくれていたとしても――ボディ・シェイミング〔他人の容姿を批判したり意見したりすること〕やセックス・スティグマ〔性的マイノリティーや病気の人をはじめ、性的に多数派ではない人への偏見・差別〕に満ちた「セックス・ネガティブ」という、侵入してくる雑草に対処しなければならなくなるのです。雑草は、家族が植えた種ではなくても、毒ツタのように地下に根を張り、フェンスの下や壁を越えて、庭から庭へと移動していきます。誰もそこに雑草があることを望んだわけではありませんが、それでもそこにあるものです。

だから、健康的な庭を作りたいなら、自分で選んだ庭が欲しいのなら、一列一列を見て、何を残して育てたいのか、何を掘り出してより健康的なものに取り替えたいのかを考えなければなりません。

そんな余計なことをしなければならないなんて、厄介ですよね。結局のところ、あなたの家族や文化が植えつけたものは、あなたが選んだものではないのですから。有毒なゴミを混ぜはじめるとき、誰もあなたの許可を求めませんでした。彼らは、あなたが同意できるようになるまで待たずに「体を自己批判したり、性的な羞恥心を覚えたりする種を植えてもいいでしょうか？」と尋ねたのです。もしかすると彼らは自分の庭に植えられたものと同じものを植えただけで、何か違うものを植えようとは思いもしなかったのかもしれません。

10月のある夜、カナダのセックス研究家ロビン・ミルハウゼンとプーティン〔フライドポテトにチーズをのせて、グレービーソースをかけたカナダ東部の料理〕をつまみにビールを飲みながらこれについて話していると、彼女は素晴らしいことを言いました。「私たち女性は、病気や恥や恐怖といった〝ダメ〟というメッセージばかり聞かされながら、性的にうまく機能しないように育てられるのよね。そして、18歳になったとたんに、セクシュアルなロックのディーバに変貌して、何度もオーガズムに達して、性に奔放になると思われている。そんなの、わけがわからなくない？　この社会では、女性にそのための準備をさせるものは何一つないんだから」

そのとおりです。

第4章では、今この瞬間の〈文脈〉――つまり、あなたの人生における「私は安全だ」という感覚や、パートナーとの関係における「私は正常だ」という感覚――が、性的な快楽にどう影響するかについて述べました。この章では、もっとスケールが大きくて長期的な〈文脈〉――何年にもわたって聞かされてきた「ダメ」のメッセージ――と、それらが作り出す思考と感情の根深いパターン、つまり人生において何十年にもわたって強化され、繰り返されているパターンについて説明していきます。これらは、生まれつきのものではなく、早い時期に学習したものです。レッスンを受けるかどうかを批判的に考えられるようになるずっと前に、すでにレッスンを開始していたのです。ですが、あなたが望むなら、学習内容を捨て去ることもでき、自信や喜び、満足、さらにはエクスタシーを促す新しい、より健全なパターンに置き換えられるのです。

まずは、女性のセクシュアリティーに関する3つの核となる文化的メッセージを紹介します。セックスについての既成概念が科学によって覆されるたびに、私が教える学生たちが検証に取り組んでいるものです。

次に、体の自己批判についてお話しします。この問題は、あまりにも定着しているため、大半の女性は、それがどれほど偏っていて有害かにほとんど気づきません。実際、多くの女性は体を自己批判することは、重要で有益だと信じているくらいです。

その次に、ストレスや愛着と同じように、もう1つの中核的な感情である「嫌悪感」についてお話しします。体の自己批判と同様に、嫌悪感は性の文化に根づいているため、それがなければセクシュアル・ウェルネスについて知るのは難しいでしょう。

そして最後のセクションでは、自己批判と嫌悪感の両方にポジティブな変化をもたらすための、研究に基づく方法――セルフ・コンパッション（自分への思いやり）と、認知的不協和、そして基本的なメディアとの付き合い方について説明します。

この章の目的は、意図的であろうとなかろうと、自分が教えられてきたことを認識し、それを信じ続けるか、信じるのをやめるかを選択できるようにすることです。もしかすると、学んできたことの多くを残す選択をするかもしれません――大切なのは、自分の体や性についての信念を、生まれ育った文化や家族という偶然に選ばせるのではなく、自分で選択すること。選んだわけではない自分の信念に気づき、その信念にイエスかノーを言う時間を作れば、自分に合ったセクシュアル・ウェルネスをオーダーメイドで手に入れることができるようになるのです。

罪深き3つのメッセージ

私が教える学生の多くは、自分はセックスについてよく知っているとなんとなく思い込んでいますが、最初の講義の半分くらいで、そうでないことに気づきます。

彼女たちがよく知っているのは――ほんとうによく知っているんですよね――セックスそのも

のではなく、文化の中でセックスについて信じられていること。彼女たちや私たち、すべての人は、そうした信念や、真実とほど遠いだけでなく、明らかに自己矛盾するメッセージに取り囲まれています。

私は、学生たちが教室で誤った考えを話すたびに困惑していましたが、古いセックスマニュアルを読みはじめるようになって納得しました。それらは100年以上前に書かれた白黒の本で、学生たちが信じ込んでいたのと同じ、間違った考えが書かれていました。学生たちは、そうした本を読んだことがなくても、家族や文化から同様の考えを吸収してきたのです。

ある日の授業で、私は「セックス」の定義をいくつか読み上げました。最初に読んだのは、1926年に出版されたT・H・ヴァン・デ・ヴェルデ著『完全なる結婚』〔河出書房新社・1982年刊〕からの引用です。彼は「正常な性交」について以下のように述べています。

> 性的に成熟した2人の異性間で行われる性交で、残酷な行為や官能的な感覚を生み出すための人工的な手段の使用を排除し、直接的または間接的に性的な満足を得ることを目的とし、一定の刺激を覚えたあと、両者の感覚がほぼ同時に頂点に達する、あるいはオーガズムに達したときに、射精またはヴァギナへの精液の放出で終了するものである。(1)

それから私は、1976年に出版されたシェアー・ハイト著『ハイト・リポート　新しい女性の愛と性の証言』〔パシフィカ・1977年刊〕の「セックスを再定義する」という章から一部を読み上げました。

セックスとは、快楽のための親密な身体的接触であり、他の人間と（あるいはひとりで）快楽を味わうことである。オーガズムに達するためのセックス、オーガズムに達しないセックス、性器を使ったセックス、あるいは単なるスキンシップなど、あなたにとって正しいと思えるものであればなんでもいいのです。「ゴール」は性交でなければならないと考えたり、自分が感じたことをその文脈に当てはめたりする理由はありません。性行為には、自分を測るための「基準」がありません。「ホルモン」や「生物学」に支配されることもありません。「世の中」にある性的パフォーマンスの基準もありません。自由に自分のセクシュアリティーを探求し、発見し、好きなことを学んだり、知識を捨て去ったりでき、また、男女を問わず、他の人たちと好きなように肉体関係を持つことができます。(2)

読み終わると、私は学生に尋ねました。「このうちのどちらが、幼少期に学んだことに近い？」と。

比較にもなりませんでした。『完全なる結婚』と答える学生しかいなかったのです。

私たちの多くは、家にあった100年前のセックスマニュアルに載っているような、セックスについての考え方を吸収してきました。その本が刊行されてから、研究や政治の変化によって、そうした古い考え方があらゆる方向からせっせと解体されてきたにもかかわらず。この数十年間に生まれた、より包括的で証拠に基づいた考え方は、なぜか文化に浸透していません。

時代遅れの考え方には、現代のアメリカで女性が遭遇する性の社会化にまつわる3つの文化的メッセージが織り交ぜられています。私はこれを「道徳的メッセージ」「医学的メッセージ」「メディアからのメッセージ」と呼び、別人格なのに絡み合っている3人のメッセンジャーが送っているものと考えています。それぞれは、程度の差こそあれ、いくつかの真実と知恵を提供し、自己本位な目的で送られています。私たちはみな、これらのメッセージを多少なりとも吸収してきました。そして、自分自身や他人のセクシュアリティーについて語るストーリーを形成するのです。

道徳的メッセージ──「あなたは悪者です」

もしあなたがセックスを望み、好きだと言うなら、あなたはふしだらな女です。処女はあなたの最も貴重な資産です。セックスしたことのある相手の数が多すぎるなら（「多すぎる」＝パートナーの男性よりも相手の数が多い）、恥じるべきです。セックスについての正しい振る舞い方、正しい感じ方はたった1つ。あなたが体を委ねた男性に合わせようとすること以外、何も感じないこと。セックスは、女性を「愛すべき存在」にするためではなく、「愛されない存在」にするためのものでしかありません。セックスは女性を「性的に魅力ある存在」にするかもしれませんし、多くの女性はそうした存在になろうとしますが、それは「愛すべき存在」より劣る、代替品でしかない。もし性的に魅力があるのなら、あなたも定義上、「愛されない存在」です。そして、ふしだらな女です。

これは最も古いメッセージですが、この300年の間に表面的にしか変わっていません。例を挙げるにはあまりにもたくさんありますが、ここでは、ジェーン・オースティンの小説『高慢と偏見』の中でコリンズ氏が女性たちに読み聞かせた、ジェームズ・フォーダイスの『*Sermons to Young Woman*（若き女性のための説教集）』（1766年）〔未邦訳〕から、答えを必要としない問いかけをしている文章を見てみましょう。この説教集が概して伝えたいのは、「女性はおとなしく、無知で純粋であるのが魅力的である」ということです。このセクションでフォーダイスは、「誓い、呪い、二重の意味、あらゆる卑猥《ひわい》なもの（劇場に行くこと）」を含む「公共の場での気晴らし」について論じています。

処女純潔の状態と売春の間には、中間的な段階はないのだろうか？　魂が堕落し、空想が汚染され、情熱が混乱の中に投げ込まれることはないのだろうか？（中略）そうしたことは、娯楽に熱中しても害はないと考える人たちの意見だと思われるでしょう……。

この文章を解釈すると、つまり、もし楽しませてもらうことを楽しいと思うのなら、あなたは精神の処女を失い、売春婦と同じになる。そうなれば言うまでもなく、愛されない女になる。そして、ふしだらな女になる、ということです。

ジェーン・オースティンは、それがでっち上げだとわかっていました。あなたもそうですよね。でも、あなたが育った文化の中にそうした考えは存在し、毒ツタのようにフェンスの下に潜り込んで、侵入してくるのです。

医学的メッセージ――「あなたは病気です」

セックスは病気や妊娠を引き起こすので、危険です。しかし、もしそのリスクを負う覚悟があるのなら、性機能は特定の方法で作動するでしょう――欲望から性的興奮、そしてオーガズムへ。望ましくは性交中に、しかもパートナーと同時に。そうでない場合は、医学的な問題に、医学的に対処する必要があります。つまり、薬物療法を用いるということです。場合によっては手術も必要となる。性的反応が男性のそれと異なる限り、その女性は病気です――ただし妊娠している場合は除きます。セックスは妊娠するためにあります。

ある女性は、（男性）医師から、性欲の低下は妊娠しないように体が性欲を遮断しているからだと言われた、と話してくれました。そして私に、それはほんとうかと尋ねたのです。私の答えは、短く言えば「ノー」。長い答えは、「そんなことあるわけないでしょう」です。その医師が本書の第7章を読んでくれたらいいのにと思います。

これは、19世紀半ば以降のより新しいメッセージです。例えば、マリー・ストープスの

1918年の名著『結婚愛』〔美学館・1981年刊・世界性医学全集第2巻・新版〕には、性交について次のように書かれています。

（男女が）完全に調和している場合、女性は同時に、彼と同じような神経反応と筋肉の痙攣の危機に達する。この相互のオーガズムは極めて重要で……利己的ではなく相互の快楽であり、この聖なる営みに参加する両者が言いようのない優しさと理解を引き出すために、何にもまして緻密に設定されたものだ。

同時にオーガズムに達するのは素晴らしい経験になるかもしれません。でも、それが「完全に調和」された性体験の指標にならないことは、私同様に、あなたもよくおわかりですよね。しかし、100年近く経った今でも、性交時に同時にオーガズムに達するという考え方は、「素晴らしい性行為」を示すインチキな文化的指標として存続しています。

メディアからのメッセージ――「あなたは不十分です」

お尻を叩いたり、食べ物を使用したフードプレイや3人婚のプレイなど、あなただってやったことがありますよね？　少なくともクリトリスの刺激によるオーガズム、ヴァギナのオーガズム、子宮のオーガズム、エナジー・オーガズム、エクステンド・オーガズム、マルチ・オーガズムは経験したことがあるでしょう？　それに、性交のために少なくとも35種類の体位をマスターしていますよね？　これらを全部試さないなら、あなたは不感症です。経験した人数が少なすぎたり、ポルノを観なかったり、バイブレーターのコレクションをベッドのサイドテーブルに入れていないなら、あなたは潔癖です。また、あなたは太りすぎで、痩せすぎです。胸は大きすぎるし、小さすぎます。あなたの体はどこかおかしいです。もし変えようとしないのなら、あなたは怠け者です。もし今のままの自分に満足しているなら、あなたは落ち着きすぎです。そして、もし自分を積極的に好きになる勇気があると言うなら、あなたはうぬぼれ屋の嫌な女。要するに、間違っているということです。違う方法でやってください。いや、それもダメです。他のことをやってみてください。ずっと、永遠に。

これは、20世紀半ばにテレビと避妊用ピルに続いて登場した最新のメッセージです。例えば、レジカウンター脇の雑誌の棚では、眩《まぶ》しいくらいに目立つフォントで書かれた文字が、ベッドでできる（そして言うまでもないですが、「すべき」）エキサイティングなことを伝えていますよね。あなたは、それはただ面白がっている記事だとわかっています。テレビ番組の出演者たちが設定した基準に沿って生きようとしているわけでもありません。でも、あなたが歓迎しようがしまいが、それはあなたの庭に影響を及ぼしているのです。

カミラは、「私たちが見る、あるいは見ないイメージは重要よね。何が可能なのかを教えてくれるから」と言いました。

そしてそれは、私たちが語る物語にも、その物語に登場する人物のイメージにも当てはまります。

カミラは１９７０年代から８０年代にかけて、古いロマンス小説を読んで思春期を過ごしました。それらは心に強く残り、エフェメラル・アート〔永続的ではない素材で作るアート〕におけるジェンダーと人種政治について学士論文を書くことになりました。

しかし今、〈文脈〉と二重支配モデルを理解した彼女は、ロマンス小説のコレクションにまた立ち戻って、そうした物語が女性のセクシュアリティーのために作り出した〈文脈〉を検証したのです。

それは奇妙なものでした。

彼女はヘンリーと私にこう言いました。「よくある物語はこうなの。ヒロインは良い子で、王子様に出会うまで、アクセルはなく、ブレーキが敏感で、性的な感覚を少しも持ったことがないわけ。その男が王子様だってわかるのは、良い子ちゃんのアクセルが突然バーンと踏み込まれるから。でも、セックスは本質的に悪で、危険なものだから、良い子ちゃんはブレーキをかけ続けなければならない。まあ、だけど結局、彼女は王子様とセックスしちゃうわけよ」

これにはヘンリーも眉をひそめて首を横に振り、私は顔を手のひらで覆いました。

「でも、次第に彼女のキラキラしたヴァギナの純粋さと優秀さが、王子様を〝手なずける〟ようになり、ふたりは恋に落ちて結婚するの」

こんな話は滑稽であると同時に悲劇でしょう。なぜなら、女性のセクシュアリティーはこんなふうに機能しないからです。

しかし、さらに上をいく洞察がありました。

カミラは「そこで考えていたんだけど、もし、メディアで表象されている女性の性欲や感情、人間関係が、女性の体の表象と同じように歪んでいるとしたらどうなんだろうね？　もし、セックスの仕組みに関するすべてが、エッシャー・ガールズと同じようにひどい描かれ方をしていたとしたら？　文化の中で語られるセックスについては基本的にすべて間違っていて、その気になるまで時間がかかる私のアクセルは実はまったく正常だとしたら？」と言ったのです。

もちろん、彼女のアクセルは正常です。カミラもまた、みんなと同じパーツでできていて、構造が違うだけなのですから。

自分の体を批判するということ

生まれた日、あなたは太ももの裏の脂肪がついた部分についてどう思っていたのでしょうか？周りの大人はどう思っていましたか？

赤ちゃんは誰でも、養育者が愛情を持って嬉しそうに抱っこしてくれることを必要としていて、ほとんどの場合、養育者はその必要性に応えようと一生懸命になります。生まれたその日に、私たちの多くは祝福され、美しいと言ってもらいます。

しかし、女の子の体の1センチ、1グラム、脂肪がついていても丸くても、そのすべてが完璧で愛すべきものとして祝福される喜びの日と、思春期を迎える日の間に、何かが起こります。

その間に彼女は自分の体のどこが愛されるのか、あるいは愛されないのかというメッセージを吸収するのです。体の自己批判の種が植えられ、育てられ、体への自信とセルフ・コンパッション（自分への思いやり）は無視され、罰せられ、淘汰されます。

「ディナーに行ったときに、あなたが友達に、『今日はとても自分が美しいって思える！』と言ったらどうなる?」と尋ねると、学生たちは私が冗談でも言ったかのように笑います。「冗談じゃなくて、ほんとうに、どうなるのかな?」と私は疑問を投げかけます。

すると、「そんなことする人はいないよ」と言われます。

「でも……じゃあ、どれくらいの頻度で、ディナーのときに友人に、『今日はとても自分がデブに思える!』って言うのかな?」

「いつも」という返事が戻ってきます。しかも、いつも。[3]

女性は自分を批判することが文化的に許されていますが、もし、私たちが自分自身を褒め、あえて今のままの自分が好きだと言ったら、罰せられるのです。[4]

そしてそれは、私たちのオーガズム、快楽、欲求、そして性的満足感を台無しにしています。セクシュアル・ウェルネスと、自分の体に対する自己批判的な思考は、直接的にトレードオフの関係にあるからです。2012年に行われた20年にわたる57件の研究報告によると、ボディ・イメージは、性的興奮、欲求、オーガズム、セックスの頻度、経験した人数、性的な自己主張、性的な自尊心、セックス中のアルコールまたは薬物の使用、無防備なセックスなど、想像できるあらゆる性行為と重要な関係があることがわかりました。[5] この結果は、年齢層やセクシュアル・アイデンティティー、人種によって多少は異なりますが、この結果は総じて普遍的です。自分の体を最低だと思っている女性は、満足度が低くてリスクの高いセックスをし、快楽が少なく、望まない結果を得ることが多く、より多くの痛みを感じます。[6]

自分の体を良く思うことが、性生活を向上させると聞いて、驚く人はいないはずです。考えてみれば当たり前ですよね？　不安を抱え、自分には魅力がないと感じている人がセックスするところを想像してみてください。自分の体のことを考えると不快になるのに、大切な人に触られたり、見つめられたりしたら、どう感じるでしょうか？　自分や相手の体の感覚に目を向けられるでしょうか？　隠さなければならないと思う点にばかり注意がとられてしまうのではないですか？

そんな状態で作動するのは、アクセル？　それともブレーキ？

そう、ブレーキですよね。(7)

では、自信に溢れ、自分を美しいと感じているときにセックスするところを想像してみてください。自分の隅々まで愛《いと》おしく思え、パートナーに自分のゴージャスさがわかってもらえていると感じるとき、その人の手や視線が肌に触れたら、どんな気持ちになりますか？

どちらの場合も、「欲求」のメカニズムはきちんと搭載されています――しかし、最初のケースでは、性的な体験に向かうか、自分の体から遠ざかるかの間でそのメカニズムが葛藤していきます。一方、後者の場合は、自分の体で生きるのを楽しんでいるために、メカニズムが葛藤することなく、セックスと自分自身に向かっていく。

だから、体の自己批判はセクシュアル・ウェルネスを妨げるのです。愛着やストレスについて考えなければ女性の性的な快楽を理解できないように、体への満足度について考えなければ女性の性的満足度を理解することはできません。そして女性は、自分の体に完全に、至福の満足を得るまでは、自分の性生活に完全に、至福の満足を得ることはできないでしょう。

ですから、より多く、より良いセックスをするために、自分の体を愛してください。

「そうね！　でも……どうやって？」という声が聞こえてきそうです。

自分の体を「愛さない」という選択をしたことはないのだから、難しいですよね。生まれてから思春期を迎えるまでの間に起こったことは自分の選択ではないことも多く、体を自己批判する姿勢はその時期に根づきます。庭に植えられた自己批判にイエスかノーかを言う機会さえありませんでした。

結局のところ、多くの女性が、「自分の体」を信頼するよりも、「自分の体について文化的に教えられてきたこと」を信頼しているということです。

でも、文化的に教えられてきたことは、間違っています。心を傷つけるものでもあります。私は、あなたが教えられてきた2つのことで、確実に間違っていると言えることをここで提示して、ほんとうに正しいことをお伝えします。1つ目の間違いは、「自己批判はあなたのためになる」ということ。2つ目の間違いは、「脂肪はあなたにとって良くないもの」ということです。その理由を説明しましょう。

自己批判とストレスと快感の関係

女性は、水準に達しないときは自分を責めるように訓練されてきました。私たちは、物事が思いどおりにならないと、反射的に「私はバカだ／デブだ／頭がおかしい」とか「私は最低だ」とか「私は負け犬だ」と自分を批判します。そして私たちの脳は、自己批判を行動抑制、つまりブレーキに関連する脳内の領域で処理します。[8] ですから、自己批判が鬱病に直接関連しているのは驚くことではありません。[9]驚くことではありません。鬱病は、セクシュアル・ウェルネスを向上させるでしょうか？　させません。

その仕組みを説明しましょう。

突き詰めて考えると、自己批判はストレスの別の形と言えます。[10] 第4章では、ストレスは人間が進化するうえで順応してきたメカニズムであり、「私は危険にさらされている」という脅威から逃れるためのものであると説明しました。「私は不十分だ！」と考えることは、「ライオンが来た！」と同じです。この思考によって、ストレスホルモンが増大します。[11] あなたの体はまるで攻撃を受けたかのように、否定的な自己評価に反応するのです。

解決策は、自己批判を「自分への優しさ」に置き換える練習をすることです。

女性はこの練習法に対して、二重の反応を示す傾向があります。まず、自分をもっと受け入れ、人生が完璧でないときに自分を責めないという考えは直感的に気に入ります。研究結果は、彼女たちがすでにそれを直感的に知っていることを示しています——自己批判は、心身ともに健康状態を悪化させ、より孤独になることと関連していると。[12] そう、つまり、自己批判は「私は危険にさらされている」だけでなく、「私は道に迷った」という孤独を予測するものでもあるのです。

でも、女性たちがいざ具体的に考えはじめると、「モチベーションを維持するためには、自己批判が必要だ」という意見が出てきます。少しくらい自分を苦しめるのは、自分にとって良いことだと考えているのです。例えば「もし完璧でない自分を責めるのをやめたら、それは世界と自分自身に対して、私は決して完璧にはなれない、永久に不十分であると認めるようなもの！ 希望を持ち続けて、より良い人間になるためのモチベーションを高めるために、自己批判は必要なの」というように。

「自分を批判するのをやめられない。やめたら永遠にダメなままになる！」と自分に言い聞かせるのは、「走ったり、戦ったり、死んだふりをしたりするのをやめられない。やめたらライオンに食べられる！」と言うのと同じです。まさに文化が教えてきたことですから、私たちの多くがそう信じてしまうのは無理もありません。文化にしっかりと根づいているため、それが「まとも」に聞こえてしまうのです。理性的だとすら思えるかもしれません。

しかし、実際はそうではありません。

考えてみてください。もしあなたが自分から逃げたり、自分を責めたりするのをやめたら、実際にどうなるでしょうか？ 何十年も自分自身を叩いてきた鞭を床に置いたら、どうなるでしょう？

自分を責めるのをやめて――自分を再び傷つけるのをやめて――その次にどうなるかというと……心の傷が癒やされはじめるのです。

自己批判は庭に侵入する雑草です。しかし私たちの多くは、それを大切な花のように扱うように教えられている。ほんとうはそれが私たちのセクシュアリティーの原種を殺しているというのに。自己批判は、向上心を抱かせるどころか、私たちをより病的な存在にしてしまうのです。

郵便はがき

料金受取人払郵便

葛西局承認

3015

差出有効期間
令和7年3月31日
まで（切手不要）

1348732

（受取人）
日本郵便　葛西郵便局私書箱第30号
日経ナショナル ジオグラフィック
読者サービスセンター 行

お名前　フリガナ	年齢

ご住所　フリガナ
□□□-□□□□
電話番号　（　　　）
メールアドレス　　@

●ご記入いただいた住所やE-Mailアドレスなどに、DMやアンケートの送付、事務連絡を行う場合があります。このほか、「個人情報取得に関するご説明」(https://natgeo.nikkeibp.co.jp/nng/p8/)をお読みいただき、ご同意のうえ、ご返送ください。

アンケート（裏面）へのご協力、誠にありがとうございます。

お客様ご意見カード

このたびは、ご購入ありがとうございます。皆さまのご意見・ご感想を今後の商品企画の参考にさせていただきますので、お手数ですが、以下のアンケートにご回答くださいますようお願い申し上げます。(□は該当欄に✓を記入してください)

ご購入商品名　お手数ですが、お買い求めいただいた商品タイトルをご記入ください

■ **本商品を何で知りましたか**（複数選択可）

□ 店頭で（書店名：　　　　　　　　　　　　　　　　　　　　　　　　）
□ ネット書店（該当に○：amazon・楽天・その他：　　　　　　　　　　　）
□ 雑誌「ナショナル ジオグラフィック日本版」の広告、チラシ
□ ナショナル ジオグラフィック日本版のwebサイト
□ SNS（該当に○：Facebook・Twitter・Instagram・その他：　　　　　）
□ プレゼントされた　□ その他（　　　　　　　　　　　　　　　　　　）

■ **ご購入の動機は何ですか**（複数選択可）

□ テーマ　□ タイトル　□ 著者・監修者　□ 表紙　□ 内容
□ 新聞等の書評　□ ネットでの評判　□ ナショジオ商品だから
□ 人に勧められた（どなたに勧められましたか?:　　　　　　　　　　　）
□ その他（　　　　　　　　　　　　　　　）

■ **内容はいかがでしたか**（いずれか一つ）

□ たいへん満足　□ 満足　□ ふつう　□ 不満　□ たいへん不満

■ **本商品のご感想やご意見、今後発行してほしいテーマなどをご記入ください**

■ 雑誌「ナショナル ジオグラフィック日本版」をご存じですか（いずれか一つ）

□ 定期購読中　□ 読んだことがある　□ 知っているが読んだことはない　□ 知らない

■ ご感想を商品の広告等、PRに使わせていただいてもよろしいですか？
（いずれか一つに✓を記入してください。お名前などの個人情報が特定されない形で掲載します。）

□ 可　□ 不可

この章の後半では、自己批判のパターンを変えるための、根拠に基づく3つの方法を紹介します。でも今はただ、自己批判する自分を責めることでは、自己批判はやめられないということだけ指摘しておきます。

もし、「うわっ、私って最悪」と思ったときに、さらに「ああ嫌だ。エミリーがやめろって言ってたのにまたそんなふうに思っちゃった。私って最悪」と思わせてしまったら、どうしようもないですよね？　だから、物事が思いどおりにならないときに「うわっ、私って最悪」と思っていることに気づいたら、ただ気づくだけで止めてください――それはただの雑草なのだと思えばいい。あなたがそこに置いたわけではなく、フェンスの下から潜り込んできただけなんですから。そして、その機会を利用して、ポジティブな種を蒔《ま》きましょう。例えば、「うわっ、私って最悪」と思ったら、「私は大丈夫」という種を植えつけるのです――「私は安全だ」「私は正常だ」「私は家にいる」という種を。あなたは大丈夫なんです。

そうすれば、変化は起きます――変化は常に起きるものなんです！

ここで、私の友人のルースについてお話ししましょう。ある日の午後、私は彼女とセックスの話をしていました（私と長く話をしていると避けられない話題ですからね）。彼女はこう言いました。

「私ね、いろんなことがあったけど、最近自分のセクシュアリティーがほんとうにオープンになって、すごく良くなったのよ」

「最高じゃない！」と私は言いました。「何が変わったの？」

「ただ、自分自身や自分の体に自信が持てるようになったの！　自分が一緒にいて素晴らしい存在だということがわかって、それに喜びを感じることができるようになったんだよね」

「素晴らしい！　そのために何かやったの？」

するとと彼女は、「ある日突然、全部でたらめだと思えるようになったの。今のままの私でどうしてダメだなんて言われなくちゃいけないのって」

そのとおり。まさにそれなんです。

「太っている」のは悪いこと？

体重は、人々（特に女性）が自己批判するいくつかの事柄のひとつに過ぎませんし、最も普遍的な事柄なのかもしれませんが、3歳くらいの幼い女の子の半数が、自分は「太っている」かもしれないと心配しているというのが、[13] 最も危険で不必要な事柄であるのは間違いありません。

人が痩せたいと思うのは、健康と美容、この2つの理由からです。美しさが秤《はかり》で計測できるかはわかりませんが、[14] 健康は体重計では測れないということは確かです。

私は、この神話を今すぐ追い払いたいと思っています。つまり、体重がわかれば健康状態もわかる、という神話のことです。

それは間違っています。事実、体重だけでは健康についてほとんど何もわかりません。研究は痛いくらい明確にそれを示していますが、多くの人はなかなかそれを受け入れられずにいます。

またそうした研究については、主要メディアや学者の間で論争が起きています。というのも、これまで私たちが聞かされてきたことからあまりにもかけ離れており、自分の体を憎まない許可を人々に与えるのは危険だと人々は思っているからです（前のセクションで引用した研究では、人は自己批判しないほうが健康であることが証明されているんですけれどね）。しかし、せめて2秒でも論理的に考えれば、体重が重力の尺度以外の何物でもないということが、いかに明白な真実であるかがわかるでしょう。医学的に定義された「理想的な体重」を達成しても、健康状態はまったく改善されず、むしろ健康を害する可能性さえあります！

　これだけでは説得力に欠け、医学的な見解が必要だという人のために、こんな話をしましょう。ある晩、「どんなサイズの人も健康に《ヘルス・アット・エブリ・サイズ》（HAES）」について学んだ会議のあと、私は心臓病の専門医とデートすることになりました。私は彼に会議のことを話し、ある講演者が言及した特定の統計値について尋ねました。

　私は、「ドクターD、医学的に定義された〝理想体重〟を3キロ下回るよりも、30キロ上回るほうが健康になれるというのはほんとうですか？」と訊きました。

　するとドクターは、「正確な数字はわからないけど、その考え方は正しいですね。違う理由ですが、体重が少し足りないというのは、肥満よりもリスクが高いのです」と答えました。

　デートは成功せず、2年後に私は2匹の飼い猫付きの漫画家と結婚しましたが、ドクターDとは楽しく食事をしましたし、体重が重要なのではなく日頃の「健康的な行い」こそが重要だという検証ができました。

私の友人のケリー・コフィーは、スミス大学を卒業するとき、体重が１３０キロ以上ありました。彼女はすごく惨めな気持ちになっていて、それは体重が原因だと思っていました。そこで肥満症治療の手術を受けて、体重の半分を減量したのです。

今になって彼女はこう言います。「術後数週間は幸せだったけど、その後、鬱や、自己嫌悪といった、ありとあらゆるものが押し戻ってきたの」

では、いつから彼女は変わったのでしょうか？

「体重のせいではないと気づいたとき」と彼女は言います。「自分自身と自分の体を尊重し、愛を持って接することを学ぶのが大事なんだよ」

体重やサイズ、脂肪が原因ではないのです——体重は重力の尺度であり、それ以上のものではありません。今のありのままの自分の体で、楽しく生きることが重要なのです。

そこで、改めてＨＡＥＳを紹介します。ＨＡＥＳは、体重よりも健康状態を重視しながら自分の体で生きるためのアプローチです。リンドー・ベーコンは、栄養、運動、健康に関する数十年にわたる研究をもとにした『*Health at Every Size: The Surprising Truth about Your Weight*（痩せれば健康なのか：体重についての驚くべき真実）』〔未邦訳〕を書いています。「ＨＡＥＳマニフェスト」によれば、４つの主要な考え方があるそうです。(1)自分のサイズを受け入れる、(2)自分を信じる、(3)楽しい運動や、栄養価の高い食品を摂取するなど健康的な生活習慣を取り入れる、(4)サイズの多様性を受け入れる。[15]

シンプルすぎるくらいですよね。自分の体をありのままに受け入れ、自分の内なる欲求に耳を傾け、食事や運動に関して健康的な選択をするというのは。体重が減るかはわかりませんが（たぶん減らないでしょう）、間違いなくより健康で幸せになれるはずです。

でもそれって、ほんとうでしょうか？　体重を減らさずに、健康で幸せになれる？　なれるでしょう。

では、そうであってほしいと、心から思いますか？

それはまた別の話です。

結局は、「自分はすでに美しい」という可能性を信じるかどうか、そして、体がどんなふうに「見えるべき」かを決める文化的な基準に合わせるのではなく、ほんとうの意味で健康を優先する準備ができているかどうかなのです。

自己批判がもたらす悪影響や、健康と体重の関連性のなさについて理解を深めたからといって、多くの女性が吸収してきた何十年もの羞恥心が即座になかったことになるわけではないのは承知しています。私の経験では、女性は自己批判的な考えや、文化が押しつける「痩せているほうがいい」という理想を手放すのを渋るものです――たとえその理想がばかげているとわかっていても（ほんとうにばかげているのですが）。そして、自分たちがすでに美しいということを認めることも渋るのです（ほんとうに美しいというのに）。

思いやりのある健康的な生き方へとシフトする3つの方法について説明する前に、まずは自己批判という雑草を育てるのをやめて、今日から「自信」という花を育てると決め、その決断を毎日続けていくのが重要だと知ってください。

「嫌悪感」の正体

私は自分のオフィスに、いつもローションの使いきりパックをいくつかカゴに入れて置いておきます。色とりどりで、まるでキャンディーやリップグロスを入れたカゴのようでした。初めてオフィスを訪れた学生は、その色に惹かれてバスケットに指を突っ込むと、「これなんですか?」と訊くのです。

「いろいろな種類のローションよ。好きなものを好きなだけどうぞ」と私は答えていました。

約半数の生徒が「いいですね!」と言って気に入るものがないか探します。でも、残りの半分の生徒は、まるで私が「鼻くそが入ったパックよ」とでも言ったかのように手を引っ込めます。

これが、性的嫌悪感です。つまり「汚い」と感じるものに対して、身を遠ざけるよう学習された反応の一種。誰にでも性的に嫌悪感を抱くものがあり、何に「おえっ」と感じるかは人それぞれです。そして、誰もこれまでパックに入ったローションを使う必要がなかった(私は勧めますけどね。その理由は第6章で)。数百年の間、私たちはローションなしで生きてきましたから。ですから、ローションに「おえっ」となる人にはどうでもいいものなのかもしれませんね。

でも同じ性的嫌悪感が、自分の体によって活性化されるとどうなるのでしょう?

「パートナーが○○をしたがっていて……」このような話を持ちかけられるのはよくあることですが、だんだん話す声が小さくなって、恥ずかしそうに沈黙してしまいます。

ある特定のケースでは、話をしていた学生はこう続けました。「……彼は私にオーラルセックスをしたいって言うんです」。そのとたん、彼女の顔は真っ赤になりました。

「なるほど」と私は言い、待ちました。

すると彼女は、「その、つまり……」と、また言葉を濁し、私から目をそらしました。

「あなたは彼にオーラルセックスをしてもらいたいの？」と私は促すような質問をしました。

すると彼女は「私は……」と言って、顔をしかめたのです。

「ええと……」と、彼女は続けました。

「それって……汚くないですか？　あそこのことですよね？　毛は？　粘液は……？」

この質問に対して、「もちろん汚くなんてないよ。あそこは美しいんだから！　それを認めてくれるパートナーがいて、よかったじゃない！」と答えるのが効果的であればいいのですが……。

その答えが効果的な場合もあります。でも多くの場合、その人がそこに到達する前に解《ほど》かなければならない、「信念」という大きな抵抗の結び目があるのです。

幸いなことに、研究によって、その特殊な結び目を切り裂くための科学のナイフが提供されました——道徳基盤理論です。ジョナサン・ハイトと研究チームは、人間の脳には6つの「道徳基盤」があり、それぞれが、人間が直面してきた特定の進化上の問題に対する解決策であることを発見しました[16]。その6つの中で、私が最もセックスに関連していると思うのは「神聖／堕落」の道徳基盤です。

「神聖」の基盤とは汚染物質を回避することで、嫌悪感によって発動します。人間は、物理的な汚染物質の回避（生来、腐った死体に嫌悪感を抱く）から、概念的な汚染物質の回避（腐った死体という言葉を見聞きしただけで嫌悪感を抱く）へと帰納してきました。神聖の度合いを座標のY軸として考えるといいでしょう——汚名を着せられたりタブー視されたりする行動を「低俗」で「汚い」ものとし、社会的に承認された行動を「高尚」で「純粋」としてください。

私たちは、「低いもの」に関わることを「間違っている」と判断します。

ユダヤ教およびキリスト教の倫理では、肉体は低俗で、精神は高尚なもの、動物の本能は低俗で、人間の理性は高尚、そして非常に多くの場合、女性は低俗で、男性は高尚だとされています。セックスは、下のほうにある卑しいもの、動物的なもの、軽蔑すべきものに注意が向くため、嫌悪反応を引き起こすのです。

これはすべての文化や信念体系に当てはまるわけではなく、むしろその逆です。[17] また、悪名高い「セックス・ネガティブ」な宗教的伝統であっても、特定の「承認」された条件下では、セックスを神聖視することがあります。原理主義的な信仰を持つ大学院時代の友人が、結婚後、夫と快楽を分かち合うために、快楽と探求について熱心に学んでいたのには驚きました。彼女は、新しい〈文脈〉の中で、自分の体について異なる考え方を持つよう学ぶ必要がありましたが、いったん考え方を変えると、経験が劇的に変化したのです。

正しい〈文脈〉では、セックスや体は「低俗」でも「下劣」でもなく、聖なるものであり、栄光に満ちたものになりえるのです。

しかし、私たちの多くは、自分たちの性的な体は嫌悪感をもたらし、品位を落とすものであり、そうした体から出る体液や音、匂いも同じで、自分たちの体やパートナーの体を使って行うさまざまなことも同様であると主張する文化の中で育ちました。「セックスを避けよう！　セックスは気持ち悪いし、危険だ！」と。

性行為や体の一部が「低俗」だとみなされたとき、アクセルが作動すると思いますか？　しませんよね。嫌悪感がブレーキをかけるのです。

嫌悪感は生理学的にストレス反応とは異なりますが、交感神経による「闘争」や「逃走」よりも、副交感神経による「フリーズ」に近いものがあります。嫌悪感は、感情の「一つの指輪」にブレーキをかけます。ブレーキが作動した理由が、スカンクの悪臭や偽善の悪臭、血を見たり残酷な光景を見たりしたから、とさまざまでも、生理的な作用は基本的に同じです(18)。

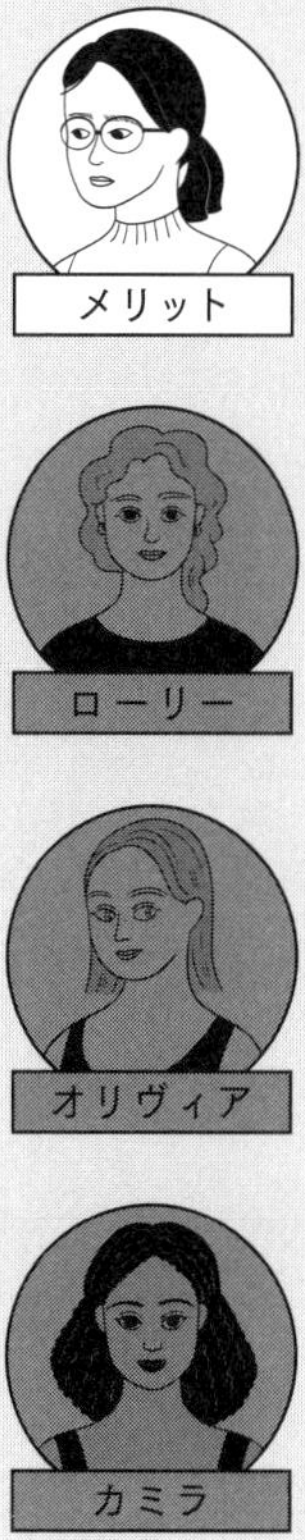

メリットは、自分のブレーキや体への信頼のなさについてさらに考えるうちに、こんな結

論に到達しました――「自分の体を信頼できるようになりたい」。

それは、彼女がキャロルと一緒に、10代の娘にセックスについて何をどう教えるかについて話し合った際に明らかになりました。ふたりは娘に信じてほしいこと、経験してほしいことをリストアップしていきました。

・自分の体と精神の美しさを認識する。

・いつ、誰が、どのように、自分の体に触れるか、完全にコントロールできていると思えるようにする。

・性感染症や妊娠などから身を守る方法を知っている。

キャロル（80年代のフェミニズム意識覚醒《CR》グループのメンバー）が、「快楽についてはどう？私は彼女に、快楽の喜びを覚えて、自分の体を楽しむ方法を知ってほしいけど」と尋ねると、メリットは言葉に詰まってしまいました。それを望んでいないわけではないですが、ただ……ちょっと……。

アメリカ人の親で、子どもに性の快楽について気軽に話せるという人はまれですが、1人もいないわけではありません。ある男性から聞いたセックス・ポジティブな親の話は私のお気に入りです。彼は初めて（骨盤をマットレスにこすりつけながら）射精したとき、おかしくなってしまったのではないかと怖くなって、母親のもとへ駆け込んだそうです。「ママ、ママ！

こすりつけてたら、何か白いものが出てきちゃった！」このときのお母さんの対応は素晴らしいものでした。何が起きたのか説明し、それが正常で、今後どうしていけばいいのかを冷静に話して聞かせたのです。

その話をメリットとキャロルにすると、キャロルは笑って「そのお母さん、いいね！」と言いましたが、メリットは青ざめてこう言いました。「もし私がその子だったら、母親に話す前にシーツを燃やしていたかもしれない」

メリットが、セックス・ポジティブな環境で育ったのではないことを忘れてはいけません。アメリカでは、新しい世代になるにつれ、社会統制とセックスに関する古い考えが急速に覆されてきています。しかし、彼女は家族の中で初めて大学に進学しました。農業以外の仕事で生計を立てているのは、彼女で2代目です。また、彼女は家族に社会的、経済的な革命を起こしたのと同時に、初めてカミングアウトしたレズビアンであり、子どもに性の喜びをどう教えるかについて配偶者と議論した初めての家族でもあります。

「両親は私に、責任や忠誠心について、そして人に親切で愛情深い人間であることについて、かけがえのないことをたくさん教えてくれた」と彼女は言います。「でも同時に、もし私が結婚した相手以外の人とセックスをしたら、地獄に落ちるとも言っていたわ。私がキャロルをクリスマスに両親の家に連れていってから約20年経った今でも、両親はまだ彼女の目を見て話すことができないの」

「ご両親はあえて恥を教えるつもりはなかったようだけど、結局あなたはそれを学んだってことかしらね」と私は言いました。

「カミングアウトしたときは、相当非難されていたしね」とキャロルは言いました。

「それなら、自分の体を完全に信頼できないと思っても、不思議ではないわね」と私は言いました。

メリットは目を閉じて、首を振りました。「娘には、彼女の体にどこか問題があるようには感じてほしくない。私はお手本になれていないと思う」

そしてもちろん、彼女はその後、自分の体との関係を一変させて、自分を信頼し、リラックスした状態で快楽に浸《つ》かり、命の水の中を泳ぐことになります。その方法については、第8章で説明します。

誰かがあなたの「いいね」を「おえっ」と言ったら

嫌悪感は社会的な感情として機能することがあります――つまり、私たちは周囲の人々の反応を見ながら、（自分たちの体を含む）世界のどんな側面が嫌われるのかを学びます。例えば乳幼児は、大人の保育者が嫌な表情で見ているおもちゃは避けるようになるというように。[19]

予想どおり、嫌悪感を伴う体験は〈文脈〉に敏感で、性的興奮状態にあるときは、セックスに関連するものに対してあまり嫌悪感を抱きません。[20] また、女性は男性よりも、自らが学習した嫌悪感、特に性的な事柄において敏感になる傾向がありますが、[21] その理由はまだ明らかになっていません。[22]

嫌悪感を学習するプロセスが、人生の中でどのように展開されるかは、生まれたときに引き離された、一卵性双生児の女の子たちを想像してみるとわかりやすいでしょう。ここでは仮に、ジェシカとテレサと呼びます。

ジェシカとテレサが5~6歳の頃、昼寝の時間に部屋でマスターベーションをする習慣があったと想像してください（幼い女の子がマスターベーションをしているという発想に嫌悪感を抱いたり、引いてしまったりしたら、これから私を説明することをまさに経験したことになります！）。

ある日、ジェシカが昼寝の時間に部屋でマスターベーションをしていると、大人の養護者である親が入ってきて、彼女がパンツの中に手を入れているのを目撃します。思わず嫌悪反応が出た親は、「やめなさい！」と言ってしまいます。

同じ日、別の家では、テレサもマスターベーションをしていて、大人の養護者である親が入ってきて、彼女がパンツの中に手を入れているのを目撃します。しかしその親は冷静に「あと数分でおばさんの家に行くから、靴を履きなさいよ」と言うのです。

ジェシカの脳は、親から伝えられた恥や苦悩（ブレーキ）と、親に叱られた瞬間に感じていた性的興奮（アクセル）を関連づけることを学習します。

一方、テレサの脳は、そのような関連付けを学習しません。

この一度きりの出来事は、永続的な影響を及ぼさないかもしれません。このときのことを補強するような出来事が他になければ、ジェシカの脳内の関連付けは、解かれていくでしょう。

しかし20年が経過し、ジェシカとテレサの人生経験が、日常的にこのパターンを強化してきたとします。ジェシカの脳は、性的興奮をストレスや羞恥心、嫌悪感、罪悪感と関連づけることを学習してきました。一方、テレサの脳は、性的興奮を快楽、自信、喜び、満足と関連づけることを学習してきました。

さて、どちらがより良いセックスライフを送れると思いますか?

ジェシカは、自分の性感覚に葛藤を覚えるでしょう――快楽をもたらすものでありながら、同時にそうではないのですから。そして、性的興奮を覚えたときに、なぜ罪悪感や恥ずかしさ、落ち込み、肉体的な痛みを感じるのか、明確にはわからないでいることでしょう。

特にブレーキが敏感な女の子であれば、たった一度の出来事で、興奮のプロセスに結び目ができてしまうかもしれません。しかし多くの女性にとって、ネガティブなメッセージが性的反応に埋め込まれるには、一貫して強化する過程が必要であり、それにはセックスを否定する文化が必要です。

つまり、常にメッセージが発せられているという状況です。

多くの場合、嫌悪感は微妙な方法で強化されますが、その瞬間を思い出せるくらいメッセージが明確になることもあります。ある高齢の女性に話を聞いたのですが、彼女は南部の凄腕《すごうで》の性教育者で、10代の頃、こんなことがあったそうです。ボーイフレンドと玄関のポーチでいちゃいちゃしてから家に入ると、母親が顔にむんむんと嫌悪感を漂わせながら近づいてきて、「あんたがさっきまで外でやっていたことはなんだと思う？　セックスよ！」と言いました。

60代の彼女は私にこう言いました。「夫とのセックスになぜあれほど不安になったのか――吐き気を催すほど不安になったのか――それを理解するのにものすごく長い時間がかかった。でもようやくその原因がわかると、10秒くらいは怒りを覚えたけれど、すぐに母親が哀れに思えてきたのよね」

それから、「今、教会で健康について教えるときは、ただ大声で『私はセックスが好き！』って言うだけ。そんなことを言っても大丈夫、ってみんなに知ってもらいたいからね」と言いました。

彼女、最高でしょう？

性教育者にとっては、「誰かの『いいね』を、『おえっ』としない」が鉄則です。そして、私たちは他の人たちの「いいね」がなんなのか知ることができないので、何にも「おえっ」とは言えないのです。嫌悪感は社会的な感情であり、私たちが教える学生たちはすでに、セックスにまつわる嫌悪感を伝える大勢の人々に囲まれています。

だからこそ、性教育者やセックスセラピストは、私たち自身の判断、恥、嫌悪反応を最小限に抑えるよう意図的に設計された教育プロセスを経ているのです。

それは、学生やクライアントがどんな相談をしに来ても、オープンで中立な対応ができるようにするためです。このトレーニングは、「セクシュアル・アティチュード・リアセスメント（SAR）。性教育や支援に関わる人が、性に関する自己の価値・態度と向き合い、再構築するための研修プログラム)」を通じて行われることが多く、価値観を明確にするエクササイズや、パネルディスカッションや講演、さらに(私の経験では)ほとんどの人がその多様性、激しさ、創造性に驚くことになる、さまざまなポルノを鑑賞するといったトレーニングを数日かけて行います。そして修了後には、そのすべてに対する反応を振り返り、分析していくのです。

性教育者にならない限り、このようなプロセスを踏む必要はありません。あなたがすべきことは、学習した嫌悪反応が、自分の性の快楽を妨げているのを認識し、それを手放したいかどうか判断するだけです。あなたの性器やパートナーの性器、あなたの性液やパートナーの性液、あなたの皮膚や汗や体の匂い、これらはすべて健康で美しく、言うまでもなく、人間の性体験の正常な要素です。それらを気持ち悪いと感じるかどうかは、自分で選べるのです。

研究によると、セックスに対する嫌悪感は学習された反応であり、女性の性機能を損ない、特に性交痛と関連しています[23]。

次のセクションからは、嫌悪感を持つか持たないかを自分で選択するための3つの方法について説明していきます。それは、自己批判するかしないかを自分で選択するための方法と共通です。でも、最初のステップは、セックスに関連するものから無意識に引いてしまう自分に気づき、自分の性器の見た目、匂い、音、粘着性は、キラキラと美しい人間のパーツなのかもしれないという可能性に懸けてみることです。

なぜなら、そのすべてが実は美しく、輝かしいものだとしたらどうでしょう? あなたの体が祝福に値するものだとしたら?

（追記：まったくそのとおりなんですけれどね）

セックス・ネガティブな文化は、自分の体やセクシュアリティーについて自己批判やジャッジするよう私たちを訓練し、セクシュアル・ウェルネスを妨げています。ここで、現実的な話をしましょう。性の可能性を探求し、祝福し、最大化できるようなセックス・ポジティブの空間は、どうすれば自分で作れるのでしょう？　私たちは「おえっ」と言われるような存在だと思わせようとする世の中で、どうすれば「いいね」を最大限に引き出せるのでしょう？　純粋にポジティブな変化を生み出す、根拠に基づいた3つの方法を紹介します。

科学で「いいね」を最大化する！　その1　セルフ・コンパッション

私たちはときどき、自己批判にしがみつくことがあります。心の中でこう思うのです。「自分を責めるのをやめたら、満足して怠けてしまい、いつまで経っても変われない！」と。

そして、さらに強く自己判断にしがみつきます――結局、これは道徳的な問題であり、自分が善良でまともで価値ある人間なのか、それとも最低で無価値で悪い人間なのかという判断に関わってきます。「ありのままの自分を受け入れることは、自分は欠陥があって、悪くて、どこかおかしい人間であると受け入れることであり、いつかは愛される良い人間になれるという希望を捨て去ることだ」と考えがちです。

自分を責めるのは、自分を内なるライオンとして扱い、自分自身を逃げるべき脅威（逃げられません）や、征服すべき脅威（これはまさに自己破壊的行為です）、あるいはフリーズすることで避けるべき脅威（これは控えめに言っても逆効果です）として経験する、感情の「一つの指輪」であることを思い出してください。

だからこそ、私たちはセルフ・コンパッション（自分への思いやり）を必要としているのです。

セルフ・コンパッションは、自己批判や自己判断の対極です。著書『セルフ・コンパッション』〔金剛出版・2021年刊・新訳版〕の中で、研究者で教育者のクリスティン・ネフは、その3つの重要な要素について説明しています。

・「自分への優しさ」とは、自分自身を大切に扱う能力のこと。セルフ・コンパッション尺度（SCS）という評価ツールでは、「自分への優しさ」はこのように表現されています――「とても辛いときに自分に必要な思いやりと優しさを与える」。一方、その反対である「自己批判」は、「自分の性格の気に入らない部分に対して不寛容で辛抱がない」という項目で評価されています。

・「共通の人間性」とは、自分の苦しみを、自分自身を分離するものではなく、他者と結びつけるものであると考えることです。SCSでは、「何か物足りなさを感じたとき、物足りなさは多くの人に共通するものだと思い出すようにしている」といった項目で評価されます。その反対である「孤独感」は、「自分にとって大切なことに失敗したとき、孤独に感じる傾向がある」という項目で評価されます。

・「マインドフルネス」とは、今この瞬間に起きていることをジャッジせずにいることです。マインドフルネスは重要です。SCSでは、「何か辛いことが起こったとき、その状況をバランス良く捉えようとする」といった項目で評価されています。その反対は「過剰同一化」で、自分の失敗や苦しみに過剰に寄り添い、その苦痛に固執して手放せなくなることをいいます。これは、「気分が落ち込んでいるときは、悪いことすべてに執着し、固執する傾向がある」といった項目で評価されます。

「自己批判」「孤独感」「過剰同一化」は、あなたをライオンに変え、自分自身の脅威にします――「私は危険にさらされている」の状態です。そして、それは正常で、私たちはみなそうしたことを経験しています。セルフ・コンパッションとは、そうした気持ちに絶対にならないという意味ではなく、そう感じたときに自分に優しくすることを言います。

体を自己批判するライオンを、ひどい扱いを受けて愛情を注いでもらいたがっている、かわいい子猫のようにイメージするのが私は好きです。そうすることで、でたらめを教えている自分の文化を許せるようになるから。知り合いの女性は、自己批判を敵として想像するのが好きで、自分が自己批判を打ちのめす姿を思い浮かべるそうです。彼女は敵を打ち負かすという感覚を通して、自分の文化（そして、自分の文化を信じてきた自分自身）を許す方法を探っています。効果があれば、なんでもいいんです！

彼女も私も、第4章で紹介したように、体を動かす、愛情を注ぐ、泣く、セルフケアなど、ストレスそのものに対処する方法で、ストレス反応サイクルを完了させています。そうやって、ライオンからうまく逃れたことを体に知らせているのです――「私は安全で、正常であり、家にいる」と。

セルフ・コンパッションは、自尊心ではありません。自尊心とは、自己評価、つまり人間として自分が社会に受け入れられている価値のことで、他者との比較によって評価される成功を実感することに多々左右されます。それに対してセルフ・コンパッションは、無条件であり、ジャッジされるものではありません。私たちは、うまくいっているときも、苦戦しているときも、セルフ・コンパッションを持てる――なぜなら、苦しいのが人生のせいだろうが、自分がミスを犯したせいだろうが、関係ないからです(24)。

また、セルフ・コンパッションは、自己耽溺《たんでき》でもありません。自己耽溺とは、感情的な苦痛を麻痺させることであり、感情のサイクルを完了させることとは違います。オリヴィアの強迫的な性欲は極端な例ですが、私たちの多くにとっての自己耽溺とは、ネットフリックスを夢中で観続けたり、大きなサイズのアイスクリームを一気に全部食べたりする……というような形で表れます。それは、「体感覚」を抱いて放出しているのではなく、「体感覚」そのものです。自己耽溺は

「フリーズ」の一形態であり、ライオンから逃げたり戦ったりするのではなく、落ち着かせようとします。

感情的な苦しさはうんざりするくらい体力を消耗するもので、時には休んで、しばらくの間、麻痺させることも必要です。ただし、鎮静したライオンの麻酔が醒めたときのことを思い出してください。サイクルは完了させなければならないし、サイクルも完成させられることを求めています。セルフ・コンパッションとは、休息が必要なときに忍耐強くなることです。

ではここで、セルフ・コンパッションを強化するためのエクササイズを紹介しましょう。[25]

1. 自分を責めるような状況を書き出してください。性機能、恋愛関係（あるいはその欠如）、仕事、体など、どんなことでもかまいません。その際、自分を責めている自己批判的な考えも必ず書いてください。

2. 次に、ページの一番上に仲の良い友達の名前を書き、その人がこの問題を説明しているところを想像してください。その人に助けを求められているとして、あなたならどう伝えるかを書きましょう。自分が一番良い状態、共感できる状態、穏やかな状態、サポートできる心の状態にあることを想像し、友達が聞きたいことをすべて話してあげるところを想像してください。

3．ここでいったん、これまで書いたものを読み返してみましょう。これはあなたのためです。

以上のエクササイズの意味を簡単にまとめると、こうなります——親友や娘に言いたくないようなことは、自分自身にも決して言わないこと。

オリヴィアは、ストレスが溜まったときにアクセルを踏むのをやめる方法を見つけたという話をしてくれました。

期末テストがある週のある晩、オリヴィアは寝る前にセックスをはじめようとしました。パトリックは予想どおり、疲れているからと言いました。

優しく彼に拒絶されたことで、水位が急上昇する川のように自責の念がオリヴィアの中に溢れてきました。もし自分の性欲の強さが、クールでもセクシーでも楽しくもパワフルでもなかったらどうしよう？　ただ必死に、哀れなくらい、自分にできる唯一の方法で注目を集めようとしているだけだとしたら？　実は、自分のセクシュアリティーで他人をコントロールしようとしているだけだとしたら？　もし……もし……彼女の心臓はバクバクして、息ができなくなりそうでした。

　暗闇の中で、オリヴィアはパートナーに手を伸ばしました。「パトリック？」

「うん」

「私、メルトダウンしてる」

「期末テストの週だから、そうなるんだ。深呼吸して」

「ううん、私はセックスについてメルトダウンしてるの」

「ベイビー、僕はすごく疲れているんだよ……」

「うん、わかってる。そうじゃないのよ！」彼女は息を切らしながら説明しました。テストステロンや性器、セクシュアリティーに関する自分の理屈が間違いだったのではないかと急に思えて、自責の念に駆られてパニックに陥ったのだと。「自分のセクシュアリティーについて自分自身に言い聞かせてきたことが、実は事実を覆い隠すための作り話で、単に私はセクシュアリティーを使ってあなたを操ろうとしている、ただのいじめっ子なのかも？　もし、私がコントロール不能で、自分にも他人にも危険な存在だとしたら？」

　パトリックは電気をつけて、彼女を見つめました。「君がここまで文化に洗脳されているとは思わなかったよ。君の脳の不安を生んでいる部分は、セックスが好きな女性は邪悪だと本気で信じていて、ストレスが溜まると、その思い込みがストレスと一緒に出てきてしまうようだね。脳が落ち着いているときは、自分が素敵だってことを完全にわかっているのに。呼吸を続けて、ベイビー。息が止まっているよ」

そして、そのとおりだったのです。

幸せを感じてリラックスしているとき、彼女は自信があって、セルフ・コンパッションが持てていると思っていました。一方、ストレスが溜まっているときは、まったく別の考えを持っていました——自分は自己批判的で自虐的だと。

そして、ストレスを感じているときに抱いた否定的な考えは、ストレスを増大し、状況を悪い方向にエスカレートさせ、さらに自己批判を強め、最終的には最も適応性の低い対処方法を発動させました。それはまるで、火にガソリンをかけて消そうとするようなものだったのです。

では、解決策は？

火に油を注ぐのはやめましょう。自分がそうしていることに気づいて、別のやり方を試すこと——火が自ら燃え尽きるようにするのです。

すでにオリヴィアは適度な運動が、ブレーキやアクセルを踏むことなく、生物学的なストレスのサイクルを最後まで惰性で進ませ、完了させるのに役立つと理解していました。次章で彼女は、セックスで同じことを行う方法を学びます。

第1章では、自分の性器をよく観察して、好きなところに気づくことをおすすめしました。今度は、服を全部脱いで――あるいは脱ぐ気になれるものだけ脱いで――鏡で自分の全身を見てみましょう。そして目についたところ、好きなところを全部リストにして書き出すのです。[26]

もちろん、はじめは、脳がこれまでずっと抱えてきた自己批判や嫌悪感でいっぱいになることでしょう。でも、生まれたときから、あなたの体は祝福され、無条件で愛されるものだったことを思い出してください。そしてそれは今も変わりません。自己批判的な考えを手放し、ジャッジするのをやめて、好きなところだけに目を向けるのです。

これを何度も何度も、できれば毎日繰り返しましょう。最初は難しいだろうし、認知的不協和――複雑で相反する感情もたくさん出てくると思います。頭の中が騒がしくなるはずです。今だって、そうすることを考えるだけでもう、頭の中で「でもね、エミリー！」という雑音がたくさん生まれているかもしれません。でも、大丈夫。寒いところから家に帰ってきたときに手が痛くなるのと同じで、徐々に温かくなり、心地よくなりますから。心理学者で作家のクリストファー・ガーマーは、これを「バックドラフト」と呼び、酸素不足の火に新鮮な空気が触れたときに起こる爆発になぞらえています。[27]辛い気持ちに、この先のプロセスを進んでいってもいいんだよと伝えて、その感情のサイクルを完了させましょう。

自己批判的になったり、ジャッジしたりするような思考は無視して、自己評価する思考に集中する練習をしましょう。すると徐々に、よりすんなりと、祝福されるべき自分の体を称賛し、ふさわしい敬意と愛情を持って扱い、自信と喜びを持ってセックスに臨むことができるようになるはずです。そこがポイントですよ！

科学で「いいね」を最大化する！　その3　メディアとうまく付き合う

体の自己批判を助長するメディアに触れることで、体への不満やネガティブな気持ち、低い自尊心が生まれ、さらには摂食障害が生じます。[28] 数年にわたって行われた、欧米のメディア、特にテレビがフィジーの若い女性に与えた影響に関する研究が、おそらくこれを最も明確に示していると言えるでしょう。[29]「たくましい体形のほうが明らかに望ましい」とされてきた文化[30]で育った人たちに、1990年代後半のアメリカのテレビドラマ（『メルローズ・プレイス』や『ビバリーヒルズ高校白書』など）を3年間視聴してもらった結果、摂食傷害を患う10代の女の子の割合は13%から29%に上昇し、74%が「自分は体が大きすぎる、または太りすぎていると感じる」と答え、テレビを視聴する以前の文化とは著しい対照を示しました。そして、これは単なる一時的なものではなく、10年後も摂食障害の割合は約25～30%のままでした。[31]

食べるといつも体調を崩すような食べ物があれば、食べるのをやめますよね。ならば、自己批判を助長するようなメディアであれば、観るのをやめましょう。

映画やテレビ、ポルノ、雑誌、ソーシャルメディアを見ているとき、「これを見たら、今の自分の体をより良く思えるだろうか、それとも悪く思えるだろうか？」と自分に問いかけてみてください。もし答えが「より良く思える！」のなら、もっとたくさん見てください。自分の体を褒めるのに役立つメディアに接する機会は、どんどん増やしていきましょう！

でも、もし答えが「悪く思える」なら、見るのをやめましょう。編集者などに怒りの手紙を書いたりする必要はありません（書きたい人はご自由にどうぞ！）。雑誌、テレビ番組、ミュージックビデオを見たあと、自分がどんな気分になるかに注意を払い、気分が悪くなるようなものは見るのをやめればいいのです。メディア・リテラシーや、デジタル画像加工についてなど学ぶ必要はありません。

そして、もしそれらがあなたの気分を悪くするのなら、セクシュアル・ウェルネスを妨げていると示唆する証拠があります。たとえ、体について悪く思うことが、自分の体を「改善しよう」という「動機付け」になると教えられてきたとしても、です。そのような心理的な罠には、もう二度と引っかからないでください。雑草に水をやるのはやめましょうね。

自分のことを悪く思わせるようなメディアに触れるのを制限すれば、性生活が向上するだけでなく、自分の目、耳、お金を使って選択するようになります。自分がより良い気分になれるものだけに注意を払う聴衆の仲間入りをしましょう。パフォーマーやアーティストやメディアが、今の自分の体を素晴らしいと思える女性を多く生み出す競争をするような世界は、素晴らしいと思いませんか？　私はここで世界中の女性を代表して、そんな世界を実現するためにあなたが行っていることに感謝を伝えたいです！

あなたはあなたのままで

この章では、私たちの誰もが人生の中で何らかの形で触れてきた3つの文化的メッセージ、「道徳的メッセージ」「医学的メッセージ」「メディアからのメッセージ」を取り上げました。これはすべて、私たち一人ひとりの心に溶け込んでいて、どれか1つだけと共に生きている人はいないし、そもそもこの3つを心底信じて生きている人はいません。3つのメッセージは、私たちの文化の中で互いに重なり合い、それぞれが部分的に他のメッセージを吸収しています。そして、そこに内在する矛盾が、セックスのあり方に関して女性たちの混乱を生む原因となっています。[32] 信仰するコミュニティーはAと言い、メディアはBと言っているのに、医師にはまったく別の考えがあるように思えるのです。

では、いったい誰を信じればいいのでしょう？　どのメッセージを信じれば、自分のセクシュアル・ウェルネスの向上を促すことができるのでしょう？

その答えは、「自分自身」です。

自分の内なる声に耳を傾けてください。内なる声は、すべてのメッセージを聞いたうえで、でたらめに気づくと、心の奥のほうでアラームを鳴らします。私たちはみな違うので、何が真実で何がナンセンスだと感じるかは、人によって異なります。考えられる答えはただ1つ――自分にとって正しいと思えるものを選び、正しくないと思えるものは無視することです。

科学と道徳はほぼすべての点で異質ですが、1つの考えが別の考えにぶら下がり、金属の輪がつながって鎖帷子《くさりかたびら》になるように意味が形成されていく点では同質です。科学や道徳の枠組みでは、ある考えは、それが意図された文脈に置かれなければ意味を持ちません。

しかし、ほとんどの人は、自分の人生を精一杯生きようとしているだけですよね。ですから、自身のセクシュアリティーを深掘りして理解しようとするなら、どうか情報を選別してください。道徳的な見解は誠実で、メディアは刺激的で、医師は専門家らしいことを言うでしょうが、自分のセクシュアリティーに首尾一貫した物語を作ろうとするあまり、すべてを嫌々受け入れる必要はありません。セックスをしないで待つことが自分にとって良い選択かどうかを判断するときに、結婚前にセックスをしたら地獄に落ちるという信念は必要ありません。突然セックスができるように薬を飲み、そうしなければできない自分は病気だ、おかしいと信じ込む必要はないのです。そして、新しいおもちゃやテクニック、パートナーを試して最高のセックスをしたいときでも、味のついたローションや巨大なバイブレーター、ペニスを喉の奥までくわえる能力が必要だと信じる必要はありません。

私は全ページ、全段落に意味を見いだしてもらいたいと思っていますが、本書からも選《え》りすぐりの情報を選んでください。私たちはみな違うので、あなたに関連することと、私や私が教えてきた何百人もの女性に関連することは、確実に違います。関連性のあるものを取り入れ、そうでないものは無視しましょう――それは、それを必要とする他の誰かのためにある項目ですから。セックスと体に関する文化的なメッセージは、サラダバーのように扱うといいですね。自分にとって魅力的なものだけを取り、残りは無視です。私たちはみな、お皿の上に違うものを並べることになりますが、それが本来あるべき姿なのです。

自分のセクシュアリティーのために良いと思って選んだものを、他人のセクシュアリティーに適用しようとすると、うまくいきません。

「彼女、ビーツなんか食べなければいいのに。だって、ビーツはまずいから」

そうあなたは思うかもしれませんが、もしかしたら彼女はビーツが好きかもしれませんよね。そういう人もいるんです。それに、いつかあなたも食べてみたら、好きだと思うかもしれないでしょう？　もちろん、好きにならなくても、それはそれでいい。あなたはあなたでいいのです。

「彼女、揚げ物みたいにパン粉がついたものをたくさん食べないほうがいいのに――心臓発作を起こすよ！」

そうは言っても、実際にそうなるかどうかはわかりません。いずれにせよ、あなたが心配している心臓は彼女のもので、彼女が選択すればいいことです。あなたはあなたでいればいい。自分にとって正しいと思えるものは吸収し、悪いと思うものは振り払います。他人のことはその人の判断に任せましょう。

ローリーとジョニーの「君は美しい人だから」の話は、ボディ・イメージや嫌悪感についての話のように聞こえますが、ほんとうは愛についての話です。ローリーのボディ・シェイミングは、自分の体の変化についてだけではありませんでした。その変化が自分という人間について何を意味するのかという、文化的な信念をも取り込んでいたのです。そして、その体が自分が劣った人間であることの証拠だと考えた彼女は、自分の恥ずかしい部分を誰にも見られないように、心の壁に隠れていました。しかしその壁は、彼女と、彼女が渇望していた愛との間に立ちはだかるものでもありました。

私たちが壁を作るのには、さまざまな理由があります。自分の中の傷つきやすい部分を守るため。他人に見られたくないものを隠すため。人を寄せつけないため。自分を閉じ込めておくため。

しかし、壁はどこまでも壁であり、何もかもを寄せつけないバリアなのです。拒絶される苦痛から自分を守るために壁に隠れるなら、喜びも遮断することになる。もし隠したい部分を決して他人に見せなければ、知ってほしい部分を他人が見ることもないでしょう。

ローリーは、壁を取り払うと、愛が溢れ出てきたと言います。

自分の体を嫌ったり、自分のセクシュアリティーを恥ずかしいと思ったりしながら生まれてくる女の子はいません。あなたはそうしたことを学ばされたのです。どんなセックスが好きかを人に知られたら批判されるのではないかと心配しながら生まれてくる女の子はいません。あなたはそれも学ばされたのです。だったら、愛されても大丈夫であること、ほんとうの自分でいても大丈夫であること、他人と性的な関係を持っても大丈夫であること、自分ひとりでいたって大丈夫であることも、学ばなければなりません。

中には、こうしたことを生まれ育った家庭で学ぶ女性もいます。でも、たとえ有害なことを学んできたとしても、今は違うことを学べますよね。あなたの庭に何が植えられていようと、あなたがどのように手入れをしてこようと、庭師はあなたです。小さな土地――アクセルとブレーキと体――はあなたが選んだものではなく、家族も文化も選べませんでしたが、それ以外のことはすべて自分で選べます。どの植物を残し、どれを排除するのか、どの植物に注目して愛情を注ぎ、どれを無視して剪定《せんてい》するのか、あるいは掘り出してコンポストの山に投げ込んで腐らせるのかを決めることができる。それを選ぶのは、あなたです。

これで、第2部は終わりです。第3部では、セックスの仕組みに関する古くて有害な神話を論破することに焦点を当てます。これらの神話は、女性のセクシュアル・ウェルネスを機能させる〈文脈〉の一部となっています。それを否定し、あなたが〈文脈〉をコントロールして、今のままの完璧で完全な自分のセクシュアリティーを受け入れられるようになることが目標です。たとえあなたがまだ、そんなことができるとは信じられないとしても。

第5章のまとめ

1

私たちはみな、セックスに関する誤ったメッセージを聞いて育ったため、多くの人がセックスに対して相反する感情を抱いている。だが、それは正常なこと。矛盾に気づけば気づくほど、何を信じるかの選択肢が広がる。

2

自己批判を手放すのに抵抗がある人もいる。自らを律するのをやめたら、自身の成長を妨げてしまうと思っているからだが、それは誤り。自分を責めるのをやめると、心が癒やされ、これまでにない成長を遂げることができる。

3

健康は体重で測れない。これはほんとうのことで、体の大きさに関係なく、健康で美しくいられる。自分の体で生きることを楽しみ、自分への優しさと思いやりをもっていれば、セックスライフは必ずより良いものになる。

4

性的なことに対する嫌悪感はブレーキになる。嫌悪感は生まれつき備わっているものではなく、周囲からのメッセージにより学習したものであり、手放すことが可能。自分が「おえっ」という反応したら、その反応があなたのセックスライフを良くしているのか悪くしているのか自問しよう。

第 3 部

私たちのセックスは こうなっている

第6章

性的興奮

「不一致」の真実——濡れているのは興奮を意味しない

性教育の仕事をしていると、こんな電話がかかってくることがあります。

「ハロー、カミラです。セックスの質問をしてもいい?」

「もちろん」

「気持ち悪いと思わない?」

「思うわけないでしょう」

「よかった。ヘンリーといちゃいちゃしているとき、私が『もう入れていいよ』と言ったら、彼は『ダメだよ。濡れてないじゃない。僕に合わせてるだけだろ』って言われたの。だから『いや、ほんとうにもう入れていいよ！』と言ったんだけど、彼は私が濡れていないからと言って信じてくれなかった。これって医者に診てもらったほうがいいの？　ホルモンのせい？　何がいけないんだろう？」

「〝痛み〟がある場合は医者に診てもらったほうがいいけど、そうでない場合は大丈夫。性器が興奮するとき、心と体の反応が一致しないこともあるの。体液じゃなくて、あなたの言葉に注目してほしいってヘンリーに伝えてみて。あと、ローションを買うといいかもしれない」

「それだけ？　性器の反応が認識と一致するとは限らないから、ローションを買うのがいいって？」

「そう。それが不一致って呼ばれるものよ」

「それって……新しい科学的発見か何かなの？」

「そうかもね。私が読んだ中で、性的興奮の不一致を明確に測定した最も古い心理生理学的研究は、70年代後半から80年代前半のものだけど、それは……」

「80年代？　ならどうして今まで誰も教えてくれなかったの？」

この章では、その疑問と、それ以外の多くのことについて答えていきます。

性器の反応は必ずしもその人の興奮度合いと一致しないという考え方は、セックスにまつわる「一般論」に反しています。多くのポルノやロマンス小説、そして性教育のテキストを読む限り、性器の反応と性的興奮は同じだと書いてあるからです。

長い間、私はその一般論が正しいと思っていました――当然です。そうやって教わったのですから。私たちはみなそうですよね。だから、大学時代の90年代、友人が性的な関係を持っている相手と「パワープレイ」を初めて体験したと話してくれたとき、私はどう考えたらいいのかわからなくなったのです。

私は彼の言うなりになって、立ったまま頭の上で手首を縛られて、棒にほうきみたいにまたがってヴァルヴァ(外陰部)を押しつけたの。そうしたら、彼はいなくなっちゃったのよ！ただいなくなっちゃったから、すっごく退屈だった。彼が戻ってきたときは「こんなの嫌だ」って思った。でも彼は棒を見てから、私を見て、「じゃあ、なんで濡れてるの?」と言ったのよ。わけがわからなくなっちゃった。そのプレイを好きじゃないと思ったのは確かなのに、体は間違いなく反応していたんだよね。

官能小説を読んだことのある人なら誰でもそうだと思いますが、濡れているのなら興奮しているのだと、私は思い込んでいました。入れてほしくてたまらないし、挿入の「準備」ができているのだと。

では、性器は反応しているのに、まったく興奮も欲望も感じなかった友人には何が起きていたのでしょう?

まさに、それが「不一致」なのです。

この章では、不一致に関する研究を紹介しながら、「誰が不一致を経験するのか」という質問や(実は誰もが経験するんですけれどね)、パートナーが興奮しているかを知るには相手の性器をあてにしていいのか(もっと別のことに注意を払うべきです!)、どうすればパートナーにあなたの不一致を理解してもらえるのか、といった質問に答えていきます。また、不一致に関する3つの間違った(でも人を引きつける)神話も取り上げます。単に間違っているだけでなく、危険なほど間違っている神話です。

この章を読んだ人には、「不一致は正常」で「誰もが経験する」もので、「相手の性器ではなく、言葉に耳を傾けなければならない」ということを、全世界に発信してもらいたいと思います。

不一致の測り方とその定義

ここでもう一度、セックス研究者になったつもりで、次のような実験をするところを想像してみてください[1]。

ある男性が研究室にやってきました。あなたは彼を静かな部屋に案内し、座り心地の良い椅子に座らせ、テレビの前にひとり残します。彼はペニスに「ひずみゲージ」というセンサーを着けて、膝の上にトレイを置き、自分の興奮度（「少し興奮した」「かなり興奮した」など）を登録するために上下に調整できるダイヤルを手に取ります。そして、さまざまなポルノを観はじめます。ロマンティックなもの、暴力的なもの、自分の性的指向に合うもの、合わないものがあります。中には人間ではなく、ボノボが交尾しているものも。彼はそれを観ながら、自分の興奮度を文字盤で評価し、ペニスに着けた装置で勃起を測定していきます。そしてそのデータを見ながら、彼が感じた「主観的興奮」と、勃起したという「性器反応」が、どれだけ一致するかを調べるのです。

結果――彼の性器の反応と主観的興奮には、約50％の重なりがあることがわかりました。完全な一対一の相関関係にはほど遠いですが、行動科学の分野では、これほど強い関係を見つけるのはエキサイティングなことですし、統計学的に見ても、非常に有意です。

ほとんどの場合、被験者もその人のペニスも、彼の性的指向に合ったポルノに最も反応します。例えばゲイの男性の場合、男性2人が登場するポルノに最も強く反応し、最も高い興奮を覚えますが、異性愛者の男性の場合は、男性と女性、あるいは2人の女性が登場するポルノに最も反応し、最も高いレベルの興奮を報告しています。

では、同じ実験を女性で行ってみましょう。彼女を静かな部屋に連れていき、座り心地の良い椅子に座らせ、フォトプレスチモグラフ（タンポンくらいの大きさの小さな懐中電灯みたいな器具で、性器の血流を測るもの）を挿入してもらい、トレイとダイヤルを渡して、さまざまなポルノを観てもらいます。

結果――彼女の性器の反応と、彼女が興奮と認識してダイヤルを回した数値には、約10％の重複があるだけでした。

10％です。

その結果、彼女の興奮度合いと、性器の反応度合いは、統計的に予測できないことが判明しました。どんなポルノを観ても彼女の性器の反応はほぼ同じで、性器の反応は彼女の性的嗜好と一致することもあれば、そうでないこともあるのです。[2]

これが、「性的興奮の不一致」と呼ばれるものです。[3]

この研究は、多くのメディアで取り上げられ、例えば、メレディス・チバーズの不一致研究は、『ニューヨーク・タイムズ』紙や多くの人気書籍で紹介されました。[4]

チバーズの研究はエレン・ラーンの研究に基づいており、彼女の不一致研究も10年前に『ニューヨーク・タイムズ』紙で取り上げられています。[5] チバーズは、男性に比べて女性の性的興奮の不一致が大きいというラーンの発見に応えるように、被験者にさまざまなポルノや性的ではない動画だけでなく、人間以外の霊長類、具体的にはボノボが交尾する動画も見せるという革新的な研究を行いました。その結果、ポルノほどではないにせよ、女性の性器はボノボのセックスにも反応することが判明したのです。

マスコミが明確にしなかったのは、女性の性器の反応は、他の自動的に起きる生理反応と比較

男性の性的興奮の一致

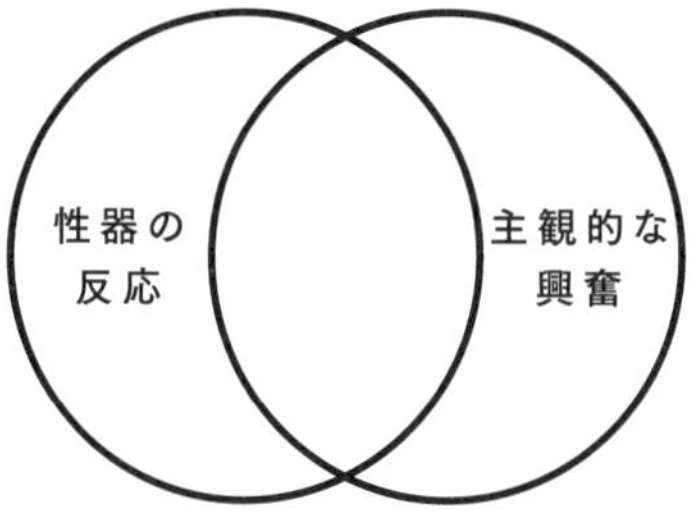

女性の性的興奮の一致

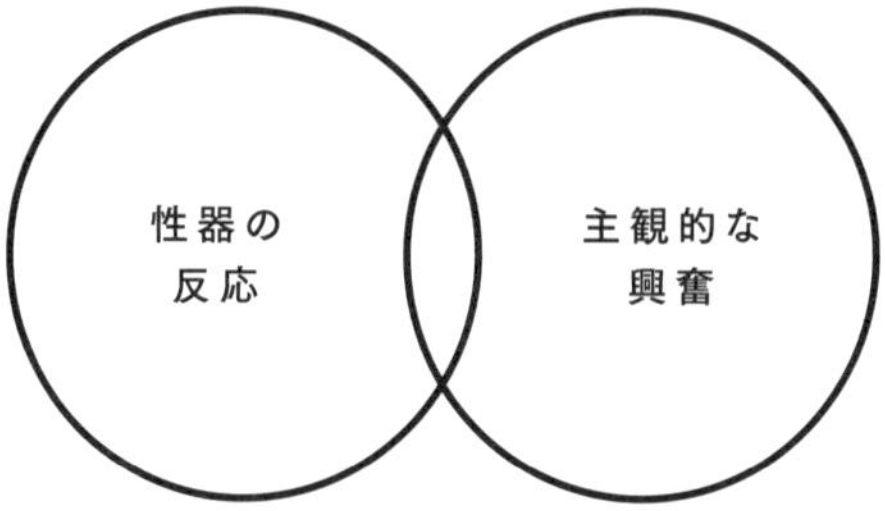

男性器の「セックスに関連していること」への反応と、男性の脳の「性的に魅力的であること」への反応は、約50％重なり合うところがある。一方、女性はその重なりが約10％と低い。男性器はある特定のものに反応する傾向があり、男性の脳も同じである。一方、女性器は一般的なものに反応する傾向があるが、女性の脳は〈文脈〉に影響を受けやすい。性的魅力を感じていなくても、「セックスに関連していること」が刺激になりえる点も覚えておきたい。

すると、非常に識別性が高いということでした。例えば、ホラー映画『クジョー』の身の毛もよだつようなシーンを観たあとと、ポルノを観たあとでは、どちらも、アキレス腱《けん》反射、心拍数、皮膚コンダクタンス（発汗）がすべて上昇します。でも、性器は『クジョー』には反応しません。(6) 実際、女性の性器は、例えば、浜辺に打ち寄せる波、映画『グッドナイト・ムーン』で《エイント・ノー・マウンテン・ハイ・イナフ》が流れるシーン、『プリティ・リーグ』で電報が配達されるシーン、ジェットコースターに乗りながら撮った映像にもいっさい反応しません。(7) 生殖器はセクシュアルな刺激に反応しますが、その刺激が個人にとって性的に「魅力的」かどうかには関係ありません。

あなたに「それはセックスに関係することだよ」と教えてくれるのは「性器」です。あなたに「これで私は興奮する」「私はこれが好き」「お願い、もっと」と伝えるのは「あなた自身」です。

女性の場合、「セックスに関連していること」と「性的に魅力的であること」が重なるのは10％程度ということです。男性の場合は、50％ほど重なります。

この章の冒頭に登場した大学時代の友人の例のように、セックスに関係する刺激を、魅力的だと思えないときもある。性的な刺激ではあるけれど、すごく嫌なものもあるのです。第2章に登場した、『フィフティ・シェイズ・オブ・グレイ』を読んで「ブレーキとアクセルを同時に踏む」経験をしたと私にメールをしてきた人を覚えていますか？ 彼女の性器は反応していましたが、「興奮した」とは感じませんでした。この本には露骨なセックスが描かれているため彼女はアクセルを踏みましたが、一方で登場人物やストーリーが嫌いだったため、ブレーキも踏んだということです。

不一致から見えてくるのは、第3章で見た「学び」と「好き」の違いです。生殖器の反応とは、性に関わるものに対する、訓練された自動的な反応のことです。パブロフの犬はベルが鳴ると唾液を出しましたが、それはベルを食べたいからではなく、学習システムがベルを食べ物と結びつけたからです。同様に、あなたの感情の「一つの指輪」は、何がセックスに関連するかを「学んで」おり（ジャケットを着たラットを覚えていますよね？）、あなたの「学び」のシステムは、セックスに関連すると学習したものに対して生理的な反応を作動させているのです。

このことは、個人差はあるとはいえ、女性全般で一致する度合いはかなり高いようです[8]。女性の性器の反応は、ブレーキとアクセルの感度によって異なります。比較すると、低感度のブレーキと高感度のアクセルがある人は血流が良くなりますが、高感度のブレーキと高感度のアクセルが重なると血流が悪くなります[9]。そして、女性に惹かれる女性は、異性愛者の女性よりも反応と興奮が一致する傾向がある。そして、たいていの場合はそうですが、それはそうシンプルなことではありません[10]。

でも私たちはみな、同じパーツからできていて、構造が違うだけです。

男性が勃起不全《ED》治療薬を服用するとどうなるのでしょうか？

性的な刺激を受けている間、性器に流れる血液量が増大します。

では、女性がED治療薬を服用するとどうなるのでしょう？

同じです。

では、女性の性器へと流れる血液量が増えるとどうなるのでしょう？

特に何も起きません。なぜなら、「不一致」があるからです。

オリヴィアとパトリックは試してみました。「追いかけっこのダイナミクス」をひっくり返す実験として、ED治療薬を一緒に飲んだのです。やってみたっていいんですよ。（注：「やってみたっていいんですよ」と言うのには、医学的効果やリスクが不明であることが含まれます。医師の監督なしに処方薬を服用することは常に危険が伴います。でも、ここでは現実を見ることにしましょう。そんなことをしている人はたくさんいますから。でも、飲まなくていいです。後述し

オリヴィア

カミラ

メリット

ローリー

ますが、飲んだからといって、あなたが望むような結果にはなりません)。

オリヴィアの唇は、真っ赤になって、口紅を塗っているみたいになりましたが、それ以外には、特に効果は感じられませんでした。このときばかりはオリヴィアも、多くの女性と同じ、一般的な経験をしたのです。

一方、パトリックは、まるで媚薬《びやく》を飲んだような気分になりました。オリヴィアがたまらなく美しく見え、肌の神経終末の感度が上がったように思え、あらゆる感覚が増幅されて、拡大しました。

薬を飲んでから効き目が出はじめるまでの間、何かをしていようとふたりはアイスクリームを食べに行きましたが、パトリックはオリヴィアを裸にするのを待ちきれず、すぐに寝室に引き返さなければならなかったくらいでした。

しかしこれらは、ED治療薬の効果ではありません。薬はただ、性器へ流れる血液を増やすだけです。ですから、これはまさにプラセボ効果〔薬理学的な有効成分のない薬でも症状を改善させる効果があること〕と言えるでしょう。パトリックが友人の結婚式でお酒を飲み、オリヴィアが運転することになったときも、同じようなことがありました。

ですが、性的関心が低い側になるという稀有な体験は、オリヴィアに啓示を与えてくれました。セックスへの関心が原動力となり常にパートナーの腕を引っ張っていた女性にとって、いわば立ったまま腕を引っ張られる側になるのは、感動を呼ぶ体験でした。彼女は、パトリックのエロティックな視線を浴び続けました。そして自分の性的興奮が、自然にゆっくりと高まるのを待ったのです。彼女は、無理やり引っ張られていると感じることなく、自然に身を任せました。

脳と性器がレストラン探しをしたら

不一致とは、生殖器という末梢《まっしょう》系と、脳という中枢系、つまり、別々でありながら相互に関連している2つのシステムの関係のことを言います。そして、この関係は、人によって、また〈文脈〉によって異なります。

例えば、脳と性器が一緒に休暇を楽しむ友人同士で、どこで夕食をとるか決めようと通りをぶらぶら歩いているとします。

性器は、タイ料理でもパブでも、ファーストフードでもグルメでも、通りかかったレストランに目をつけると（美術館やショップはすべて無視します）、「ここはレストランだね。ここでなら食事ができるよ」と言います。彼女は強い意見を持っているわけではなく、ただレストランを見つけるのがうまいのです。

一方、脳は〈文脈〉的な要素をすべて評価して、その場所で食べてみたいかどうかを判断します。「ここはおいしそうな匂いがしない」「ここは清潔感がない」「ピザを食べる気分じゃない」

というように。

美術館の前を通りかかると、脳が「この美術館の中に素敵なカフェがあるらしい」と言いますが、性器が「いや、でもここはレストランじゃないから」と答えます。しかし、脳は性器よりもはるかに多くの情報を持っています。そこで、ふたりは美術館に入り、性器がギフトショップの隣にある小さなカフェを見たとします。そうして性器が、「なるほど、ここはレストランなんだ。ここでは食事ができるんだね」と言うと、脳は「うん、おいしそうだよ」と言うのです。魅力的でちょうどいい場所が見つかりました！

しかし、いつもそうなるとは限りません。あるレズビアンの女性の例でみてみましょう。(11) 性器は特定のレストラン、例えばダイナーだけに注目し、ダイナー以外のレストランには注目しません。ダイナーを見つけると脳は「ダイナーだ！　ダイナー大好き」と言い、性器は「これはレストランだから、ここで食事ができるね」と同意します。ただし、店の外で酔っ払いたちがケンカをしているなど、やむを得ない理由がある場合、話は変わってきます。もしそのようなダイナーを見つけたとして、脳が「ここを離れよう、警察を呼ぼう！」と叫んで性器を引っ張ったとしても、性器は「ここはレストランだ」と言い続けるかもしれません。

あなたはもう、今ではきっと、寝ながらでも唱えられるようになったはずですよね。私たちはみな、同じパーツでできていて、構造が違うだけです。脳と生殖器の関係も、同じ原理です。

つまり生殖器は、特定の刺激と、欲望や快楽とは無関係な生理的反応とを関連づけることを学習するのかもしれません。私の大学時代の友人（縛られて股間に棒を挟まされた友人）のヴァルヴァは、圧力をかけられたことによって、快楽や欲求ではなく、性器の自動反応を引き起こしました。つまり、「ここはレストランだ」と性器は言いましたが、脳は興味を示さなかったのです。

性的興奮以外の感覚における不一致

不一致は、単にセックスに限ったことではありません。あらゆる種類の感覚体験に表れ、あらゆる種類の感覚の研究者の謎になっています[12]。

例えば、感動的な音楽を聴いたときに感じる「ゾクゾク」の研究では、被験者に《マイ・ハート・ウィル・ゴー・オン》を聞かせました。その結果、半数が「ゾクゾクする」と答え（主観的経験）、14％が立毛（毛を逆立てる）という生理的な反応を示しました。また、ザ・ヴァーブの《ビター・スウィート・シンフォニー》を聴いた被験者は、60％が「ゾクゾクする」と答え、立毛を報告した人はいませんでした[13]。

科学的な見地からすると、感覚を「3つのレベル」に分けるのは非常に単純化しすぎていますが、普通の人には便利な方法です。

まず、心拍数や血圧、瞳孔の拡張、消化、発汗、免疫機能など、「不随意的な生理反応」があります。性器の反応もこのカテゴリーに入ります。縛られて放置された私の大学時代の友人が経験したのは、この反応以外の何物でもありません。

次に、感じたことに対する「無意識の表現反応」があります。ボディランゲージ、あるいはより正確には「パラ言語」と呼ばれるもので、声の抑揚、姿勢、顔の表情など、相手の内面を推し量るための手がかりとなるものばかりです。素敵なディナーデートでは、相手の腕に手をかけたり、目を見つめたり、微笑んだりと、生理的変化や無意識の態度、身振り、表情がたくさん出てきますよね。これらは、文化に影響されがちですが、普遍性が高く、ある程度は意図的にコントロールすることができます。とはいえ、思うほどはできません。今この瞬間の表情は、あなたが選んだものですか？

最後に、「主観的経験」があります。誰かに「どう感じる？」と訊かれて、その答えを自分自身に確認して気づく感覚は、主観的経験です。これには主観的興奮も含まれ、「あなたが欲しくてたまらない」というのがそれにあたります。このとき、性器の反応やアイコンタクトが伴うこともあれば、そうでないこともあります。

また、性的興奮以外の感覚については、生理反応と主観的経験の不一致の起き方に、一定のジェンダー差があるのも事実かもしれません。文化的、生物学的、あるいはその両方（おそらく両方）の理由から、女性は表情と主観的経験の重なりが大きく、男性は皮膚コンダクタンス（発汗）と主観的経験の重なりが大きいことがわかっています。(14) この研究が示唆するのは、女性の感覚体験は表情や声の抑揚と一致しやすく、男性の感覚体験は心拍数や血流と一致しやすいということです。

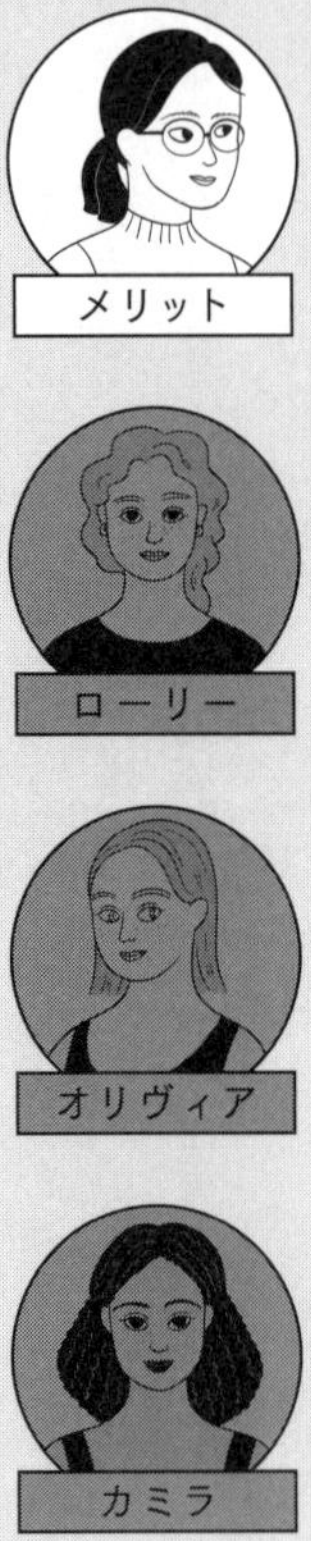

信頼するためには、リラックスする必要があります。しかし、メリットのように信頼するのに時間がかかる女性は、信頼できるまではリラックスできない。それは問題です。

解決策は、彼女が別の問題を解決しようとしているときに表れました。

更年期を迎えようとしている40代のメリットは、十分に濡れないことを人生の出来事のひとつとしか考えていませんでした。彼女にとっては、パートナーに対する悩みのほうが大きかったのです。キャロルはふたりが育てる10代の娘を産んだ母親で、出産以来、断続的な性器の痛みに悩まされていました。私は、手で行うセックスをより快適にするために、ローションを勧めました。

メリットはその気になっていました。私が「ローションにはいろいろな種類があるから、試してみたら」と言うと、彼女はすぐにインターネットでバラエティーパックを探していました。

箱は郵便で届きました。ふたりは娘がキャンプに出かけている金曜日の夜、ワインを1本飲んでから、はじめました。

〈文脈〉が重要であることを真摯に受け止めた彼女たちは、まずは恋愛映画を鑑賞し、そのあと交互に「ふたりの物語」を語り合うことにしました。[15] これは、ジョン・ゴットマンの恋愛研究から取り入れたもので、ふたりが出会い、恋に落ちた経緯を語り合うことで、生活を共にすることの意味、愛情、相手のどこが好きなのかをお互いに（そして自分に）思い出させるものです。この方法は、ふたりそれぞれに違う効果をもたらしました。愛情深い気持ちになったキャロルはアクセルを踏み、パートナーへの信頼感を高めたメリットはブレーキを解除したのです。

しかしメリットの問題は、相手を信じることではなく、自分自身を信じることでした。この夜、彼女が学んだのは、自分の体がパートナーに喜びをもたらすことがわかると、自分を楽に信頼できるようになるということでした。

また、さまざまな種類のローションを試したために、セックスは問題ではなく遊びに変わり、彼女が言うところの、あらゆるものを脅威と感じる「雑音でやかましい脳」から、あらゆるものを好奇心と喜びとして感じる「静かな脳」へと変化したのです（イギー・ポップの曲が嫌いだったラットがいましたよね?）。

メリットは、それぞれのタイプのローションでキャロルがどんな経験をするか、細心の注意を払って観察しました。

喜ぶパートナーを観察していると、彼女もまた喜びを感じてリラックスできました。メリットは、喜びを与える経験をすると、自分自身の喜びもまた、ブレーキを踏んだり心配したり悩んだりすることなく、彼女の中で増大することを発見したのです。

彼女は命の水の中を泳いでいました。

それは、自分の心配事から、パートナーの喜びを増やすことに意識を移したときに起こりました。

次のステップは、自分が快楽を楽しめるようになること。しかし、そのためには、心の壁を壊さなければなりません。第7章では、それを実践していきます。

濡れることの誤解　その1　「性器の反応＝欲望」

私は、文化が女性のセクシュアリティーについて語るときに起きる、不一致に関する3つの間違いに気づきました。これらをすっかり切り捨てていきましょう。

まず、危険なほど間違っていることの1つ目は、そもそも不一致が存在すると文化が認識していないことです。

不一致は新しい発見ではありませんし、そうであってはいけません。セックス研究者は、10年か20年前から、不一致が存在することを明確に認識してきました。ニュースにもなっているし、主流のセックス本にも書かれていることなのに……私が教える学生やブログの読者はこれを聞くと驚くし、ポルノも主流となっている文化も、「性器の反応＝欲望や快楽」という神話を永続させることに一役買っています。不一致について知ると、あちこちで人々が不一致を誤って捉えていることに気づくでしょう。

いったい何が起きているのでしょう？　1年ごとに不一致について書かれた本が出版されているのに、なぜ真新しい情報だと思えるのでしょうか？

授業でこの質問をすると、ある学生が手を挙げて、笑いをねらってひねくれたようにこう言いました。「家父長制のせい」だと。

まさにそのとおり。

何世紀にもわたって、男性のセクシュアリティーが「デフォルト」であったため、女性が男性と異なる場合、女性は「どこかおかしい」というレッテルを貼られます。標準的と言われる男性とは異なる男性もまた、同じレッテルを貼られます。男性は性器の反応と主観的興奮が平均して50％重なるので、家父長制の神話の中では、誰もが50％重なるはずだとされます。

しかし、女性は「どこかおかしい」わけではなく、女性だというだけです。

もし男性がデフォルトの世界でなければ、「これほど不一致が起きるとは、女性はどうしたんだろう」と考える人がいる一方で、「これほど一致するとは、男性はいったいどうしたんだろう」と考える人もいるはず。しかし、誰も男性のことは疑問に思いません。学生も、ブログの読者も、性教育仲間も、誰一人として、私に「なぜ男性はそんなに一致するのですか？　それってちょっと……？」と尋ねてきたことはありません。そんな質問をするのは、セックス研究者だけです。男性がデフォルトであるという神話を克服すれば、私たちは「多様であること」と「どこかおかしい」を取り違えなくなるでしょう。第1章で説明しましたが、身長と同じように、特定のグループ内の人々の差は、グループとグループの間の差よりも大きい場合があるんでしたよね。

しかし、それまでの間、私は家父長制には家父長制で闘うつもりです。不一致が男性にどのような影響を与えるかを理解してもらうことで、不一致を一般的に認めさせようと思います。

男性なら誰でも、人生のある時点で、セックスがしたい、勃起したい、でも勃起しないという経験をします。そのとき、勃起（または勃起しないこと）は彼の興味を測るものではありません。彼は翌朝、勃起して目覚めるかもしれません——不都合としか言いようのない時間に。

男性は勃起して目覚めることがありますが、それはスイッチが入ったからではなく、レム睡眠から目覚めたからです。レム睡眠中に起こることのひとつが、「夜間陰茎勃起」です。セックスの夢を見ていようがいまいが、それは睡眠サイクルを通じてやってきては去るもの。なんの意味もなく、ただ勃起しているだけ、つまり不一致が起きているのです。

思春期の頃、ほとんどの男の子が望まない性器の反応を経験します。10代の男の子は、バスの後ろの席に座っていたとき、先生の体や、サイズが合っていない自分のズボンに気づいたとき、あるいは性的ではない行動（車の運転、ドーナツを食べるなど、ほんとうになんでも）で通常の興奮状態になったときに、関連経路が活性化されて生理反応を引き起こすことがあります。

しかし性器の反応は欲望ではなく、反応は快楽ですらありません。単に反応というだけです。性器に関係なく、誰にとってもそうなのです。ペニスが特定の考えや光景、物語に反応したからといって、そのペニスを持つ人が必ずしもそれを好んだり欲しがったりするわけではありません。ただ、関連経路が活性化されただけ――学びの結果であり、「ここはレストランだ」と同じです（忘れないでくださいね。男性の性器反応と興奮が50％重なるのは、統計的に見ても非常に有意です。それでも、まだ50％であって、人によって異なります）。

ときどき男性は、脳が「それはダメだ」と言っているのに、体が反応していると気づくことがあります。そして、一方では明らかにセクシュアルなのに、「ダメだ」と言われるのですから、葛藤を覚えます。

例を挙げましょう（性的暴行に関連する内容がトリガーになる方は、次の2つの段落を読み飛ばしてください）。

私が大学生のとき、ある男友達（ここではポールと呼びます）が、彼の友達の話をはじめました。ホームパーティーの終盤、家じゅうで疲れ果てた人が寝たり横になったりしているとき、ポールはその友達が、酔って倒れて反応もせず、明らかに何が起こっているかわかっていない女の子とセックスをしているのを見たそうです。ここで言う「セックスをしている」は、正確に言えば「レイプ」です。で、その友達が、「おい、おまえもやってみるか？」と言ったというのです。それに対して、ポールは「いや、もう帰ろうぜ」と答えました。

ポールが「何やってるんだ、このクソ野郎！　彼女から離れろよ！」と言わなかったのは、体が直感した「これはほんとうに良くない」という感覚と、性交している光景を見たことによる反射的な体の反応との間で、張り裂けそうになっていたからだそうです。そう、彼は勃起していました。そしてそんな自分にぞっとして、自分の中のどこかが、この「ほんとうに良くない状況」をエロティックに解釈しているかもしれないという考えにとらわれたのです。

この話を聞いた当時、私は何が起きているのかまったくわかりませんでした。性器の反応とは、欲望と快楽のことだと思っていましたから。退屈なのに濡れたという友人の話と似ていますが、この場合、ポールが覚えていたのは退屈ではなく、恐怖でした！

いったい、何が起きていたのでしょう？

「欲求」だとか、「好き」とかを抜きにして、「学び」が起きていました。彼の体は目の前の光景をセックスに関係するものと認識し、アルコールで抑制が利かなくなっていたのか、それとも単にブレーキが利かないタイプだったのかはわかりませんが、刺激に反応する体にブレーキをかけられなかった。つまり、外で乱闘騒ぎが起きているのに、「ここはレストランだ」とペニスは彼に告げたのです。

不一致について誰もが知っている世界であれば、別のストーリーになります。

ポールは、自分の性器の反応は、何がセックスに関係するかを示すのであり、何に魅力があるかを示すものではないと知っているので、自分を恥じることもなく、もしかして自分もレイプ犯になってしまうのではないかと考えることもありません。恥の感覚がないために、脳の中に、もっと積極的に介入できるスペースができるのです！　彼は友人に、おまえがしているのは暴力行為であり、犯罪なのだからやめろと言うことができます。あるいは警察を呼んで友人を逮捕させ、少女を救急病院に連れていって証拠を集めてもらい、HIV予防薬を投与し、緊急避妊を勧めてもらうこともできる。あるいは少なくとも、彼女を助けてくれる友人を見つけることができます。彼は正しいことができるのです。

性器の反応は、セックスに関連するという「学び」の結果で、本質的には条件反射であり、「好き」ではありません。欲望や快楽、あるいは他の何かを示すものではないのです。そして、不一致を理解して、スペースを確保することは、誰にとってもより良い世界を作ることにつながります。

結局、濡れることの誤解　その1「性器の反応＝欲望」は、第1章の中世の解剖学者のような古めかしい比喩表現（ラテン語で「恥ずべきもの」という意味の「プデンダム」と女性器の外陰部を呼んでいたんでしたよね！）に過ぎないということです――道徳的メッセージすらないのかもしれません。

クリトリスやペニスの大きさは、その人が自分の性器をどれほど恥じているか（あるいは恥じるべきか）については何も語らないことはご存じでしょう。その大きさによって、せいぜい卵巣や睾丸の有無が予測される程度です（いつもとは限りません）。同様に、性器への血流も、その人が何を望んでいるか、好きなのか（あるいは望むべきか、好きであるべきなのか）については何も語りません。脳がセックスに関連すると解釈したものに触れたかどうかの情報であって、それを望んだかどうかの情報ではないことが多いのです（いつもとは限りません）。

不一致について危険なほど間違っていることの2つ目は、科学に注意を払ったうえで間違った話をすることです。つまり、女性の性器は、彼女たちがほんとうに興奮するものは何かを示す「正直な指標」であり、女性たちは自分の欲望について嘘をつき、否定している、あるいは欲望に気づかず抑圧していると決めつけることです。

この思わず信じたくなるような――でも間違った――不一致の説明は、第5章の「道徳的、医学的、メディアからのメッセージ」や、「男性＝デフォルトという神話」のように、女性のセクシュアリティーに関するさまざまな文化的な誤解と見事に一致します。例えば、女性は特定のもの（暴力的なセックスやレズビアンのポルノなど）に興奮することはないと社会的にプログラムされているので、それらに興奮したと報告した場合、嘘をついているか、隠れた欲望を否定しているか、あるいはその両方である可能性がある、と捉えられる。でも、彼女たちの性器の様子を見れば、そこにほんとうの真実があるというような誤解です。

前にも触れたダニエル・ベルグナーの『女性は何を求めているのか？』は、不一致研究の説明ではじまりますが、そのすぐあとに嘘発見器研究について書かれているため、読者は、女性は自分の性的興奮について嘘をついている、あるいは単に否定しているという結論を出さざるを得なくなります。ここで、アマンダ・ヘスがオンライン雑誌「Slate.com」に書いた書評でどのようにこの本を要約したか、紹介しましょう。「異性愛者の女性は異性愛者のセックスに実際よりも強い反応を示すと主張し、レズビアンの女性は異性愛者のセックスに実際よりも弱い反応を示すと主張した。そして誰もボノボのセックスへの反応を認めなかった」[16]

「実際」と「主張」と「認めなかった」に注目してください。

もうみなさんは、女性の性器は「ここはレストランだ」と同じで、「実際」に好きなものや欲しいものとはごくわずかしか関係がないことはおわかりですよね。でも、『女性は何を求めているのか？』の読者は、その教訓を得ずに、「濡れることの誤解・その2」を学んだのです。

セックス・ポジティブなフェミニストたちが掲げるのは、女性は男性ほどセクシュアルではないという時代遅れの道徳に基づく物語と、実際の女性の体が矛盾するという可能性です。「ほら、私たちの性器はこんなに反応するのよ！　私たちがどれほどセクシュアルかわかるでしょう！」というように。

どうですか？　魅力的に聞こえますよね。もし私たちが何世紀にもわたって文化に否定されてきたことを自分に許可さえすれば、体は何にでも夢中になれる、ワイルドな姿を見せはじめるということなのですから！

この本は全体を通して、自分の内的体験に注意を払い、自分の体を信頼することについて書いています。「性器はあなたが気づいていなくても、あなたが何が好きかを教えてくれる」と考えるよりも、「自分の体を信頼する」ほうがよっぽど理にかなっているのではないでしょうか？

これだけは言っておきます。絶対に、自分の体を信じてください。そして、体が発するシグナルを正確に読み取ってください。

女性の性器の反応にまつわる間違った神話を、私たちはあらゆるところで見聞きします。例えば、本書のリサーチの一環として、E・L・ジェイムズの『フィフティ・シェイズ・オブ・グレイ』を読んだのですが、そこにもありました。最初に登場する性行為中にお尻を叩かれるシーンで、性的興奮の不一致が描かれていたのです。このジャンルの読者なら、ロマンス小説の最初のそうしたシーンで何が起こるのかはわかっています。はじめ、ヒロインは不安ながらも興奮を覚え、最後には、「嫌なはずなのに、すごく好き！」という気持ちになるのが定石です。

でもこの小説ではそれは起きません。ヒロインのアナスタシアは、お尻を叩かれることに同意しましたが、特にそれを望んでいるわけでも、好きなわけでもない。叩かれている間、逃れようとしたり、痛みに悲鳴をあげたりするし、「思いきりしかめて顔が痛くなった」りするのです[17]。

その後、彼女を叩いている男性主人公のクリスチャン・グレイは、彼女のヴァギナに指を入れます。さて、不一致についての知識を得たうえで、グレイがアナスタシアに言うことに耳を傾けてください。「感じて、アナスタシア。君の体がどれほどこれを好きなのか、知るんだ。君は僕だけのために濡れているんだよ[18]」（強調は著者による）

そしてさらにひどいことに、アナスタシアは、「卑下され、堕落し、虐待された」と感じている自分の心や感情を信じる代わりに、彼を信じるのです[19]。

その場面を多くの読者はリアルだと感じるでしょう。なぜなら、私たちの多くは、自分の体に関する他人の意見を、自分の内的体験よりも信じるように育てられてきたからです。確かに、合意のうえで堕落させられ興奮する女性もいますが、アナスタシアはそのような女性ではないということが、この小説のプロットの軸になっています。

　だから、E・L・ジェイムズさん、もしこれを読んでいるのなら、気づいてください。彼女が濡れているのは、セックスに関連したことを行ったからで、それが「性的に魅力的」だと思っているかはいっさい関係ありません。だから、私はつつましやかに、次の版ではクリスチャンがアナスタシアにこう言うよう求めます。「感じて、アナスタシア。ほら、君の体は、僕が君のお尻や性器に物理的に触れると、セックスに関連していると考えるだろう？　でもそれだけでは、君がこれを好きかどうかの情報は得られない。気に入った？　気に入らない？　なんてこった。エミリー・ナゴスキーの女性のセクシュアル・ウェルネスの科学についての本を読んで、僕に埋め合わせをさせてくれ。次回の手がかりを得るためにね」

　よろしくお願いしますよ。


「濡れることの誤解　その2」という神話は、信じられないほど深く根づいています。アラン・ド・ボトンは『*How to Think More about Sex*（セックスについてもっと考える方法）』〔未邦訳〕の中で、濡れたヴァギナや膨張したペニスを「誠意を明白に示すもの」と表現しているほどです——意図的ではなく自動的な反応であるため、「ごまかし」が利かないからだと。

　もしそれがほんとうなら、医師に膝の膝蓋腱《しつがいけん》を叩かれて足が蹴り返したら、それはあなたが医師を蹴りたかったからということになりますよね。

　あるいは、花粉にアレルギー反応を起こすのは、花が嫌いだからでしょうか。

カビが生えて黒くなった桃を食べて口の中が唾液で満たされたら、おいしいと感じているということなのでしょうか？

誤解しないでください――もちろん、あなたは医師を蹴り飛ばしてやりたいと思うかもしれませんし、花が嫌いで、カビだらけの桃が好きかもしれません。でも、それを知るために見るべきは反射的な生理学的プロセスではありません。それは単に「反射」であり、「誠意」などではないのです。

この誤解はさらにひどくなり、冗談にもならないほど、より危険なものになります。

この誤解に固執すると、性的暴行を受けている際に性器が反応したら、それは「ほんとうに」彼女がそうされることを望んでいる、あるいはそうされるのを「好き」だと思っていることになってしまいます。

これは単におかしいというだけでなく、危険です。

「君はノーと言ったけど、君の体はイエスと言った」という考え方は、ポップソングの歌詞にもよく見られるし、レイプ犯や自分の家族、あるいは警察官に言われた言葉を書いたボードを持った性的暴行のサバイバーが並ぶオンラインギャラリー「プロジェクト・アンブレイカブル」の画像にも現れています[20]。みなさんは、もう知っていますよね。性器が反応するのに、欲求、快楽、同意は必要ありません。性器はただ、「ここはレストランです」と言うだけで、ディナーをするのにいい場所かもしれないとは言っていないのです。

生理学によって性的嗜好を証明できるという考え方は、古くからある誤謬《ごびゅう》です。1700年代までは、妊娠は女性にとってセックスの快楽の延長だと信じられていました。そのため、女性が妊娠したら、快楽を経験したはずで、もし快楽を経験したのなら、セックスを望んでいなかったとは言えないと解釈されたのです。[21]「彼女はノーと言っているが、卵巣はイエスと言っている」というわけです。

2012年のミズーリ州の上院議員選挙で、共和党のトッド・エイキン候補が「もしほんとうのレイプであれば、女性の体はすべてを拒む手段がある」と発言し、モルモン教徒で共和党大統領候補だったミット・ロムニーですら「侮辱的で、許容しがたい発言。率直に言って、間違っている」と述べたように、この神話にはそれなりの影響力があります。[22]

セックス研究家のメレディス・チバーズはよく「性器の反応は同意ではない」と言っています。それに「妊娠もまた然《しか》り」と付け加えましょう。

性器の反応は、卵子の受精と同じように、快楽や欲求、同意を表すものではありません。このことはもう、十分なくらい明確になったと思います。

私たちは自分の体を比喩にして、生理的なことを心の状態に置き換えます。「私はとても濡れている」や「私はとても硬い」は、「私はこれに夢中だ」という意味になります。この考えがあまりにも世間に定着しているため、人々はそういうものだと信じてしまうのです。実際、性器が反応しているのに「スイッチが入っていない」と言う女性は嘘つき、または自分の欲望を認識する能力がないのだと、私たちに思わせたがっている人がいます。
女性は嘘つきではないし、現実から目をそらしていたり、おかしくなったりしているわけではありません。女性は自分たちの内的経験を理解することができないと信じ込ませようとする世界で生きているだけなのです。

濡れることの誤解　その3　「不一致は問題」

不一致についての3つ目の危険な間違いは、不一致を何かの症状だと決めつけることです。例えばあなたが、不一致の存在を認め、体の反応が必ずしも「好き」や「欲求」を示すわけではないことを知ったうえで、不一致と性機能障害との相関関係についての研究結果を読んだとします。[23]すると、機能障害と関連するのだから、不一致は問題であるに違いない、と判断するのではないでしょうか。

研究方法論《リサーチメソッド》の授業を受けた学部生が必ず暗記する文章を紹介します。「相関関係は因果関係を意味しない」――これは、「前後即因果の誤謬」とも言い、2つのことが前後して起こったからといって、一方が他方を引き起こしたというわけではない、という意味です。

21世紀における典型的な例は、海賊と地球温暖化の関係でしょう。[24]これは、『反★進化論講座　空飛ぶスパゲッティ・モンスターの福音書』〔築地書館・2006年刊〕でボビー・ヘンダーソンが書いたジョークです。ヘンダーソンは、因果関係と相関関係の違いを、地球の気温の上昇と海賊の数の急激な減少を示したグラフを用いて指摘しました。

海賊が減ったことが、地球規模の気候変動を引き起こしたのでしょうか？

もちろん、そんなことはありません。そんなのおかしいでしょう？

そこで、海賊の減少と地球環境の変化の両方に影響を与えた第三の変数があるという仮説が立てられます——すなわち産業革命です。

海賊と地球温暖化を結びつけてしまったように、不一致が性機能障害の原因、あるいは機能障害が不一致の原因だと考えることは簡単です。しかし、海賊と地球温暖化を結びつけたのは「産業革命」であったように、不一致と性機能障害の間にも、第三の変数である〈文脈〉があります。

では、〈文脈〉は、どのように性機能と不一致を結びつけるのでしょうか？

性機能に問題がない女性は、〈文脈〉によく反応するブレーキを持っていて、適切な〈文脈〉——覚えていますよね、つまり外的状況と内的な心理状態のことです——にあるときはブレーキをOFFにします。性機能がうまく働かない女性は、ブレーキを切ってもいいと思うような〈文脈〉でも、ブレーキをかけたままです。

これについては、2010年に発表された非常に優れた研究結果を用いて説明していきましょう。オランダの研究者たちは、フォトプレスチモグラフ、ノートパソコン、携帯型コントロールユニットをセットにした「外来ラボ」を作成しました。[25] 被験者は研究室で、他の不一致研究と同様のテスト（官能的な映像などを観て、さまざまな反射反応や意識反応を測定するもの）を受けたあと、外来ラボを自宅に持ち帰り、家でも自分でテストを行いました。こうすることで、研究室にいるときと自宅にいるときとでは、結果にどのような影響があるかを測定することができます——つまり研究者たちは、〈文脈〉の影響を測定したのです。健康な性機能を持つ女性8名（コントロールグループ）と、「性的欲求低下障害」の診断基準を満たした女性8名（低欲望グループ）の2つのグループを調査しました。

結果、コントロールグループの性器の反応と主観的興奮のレベルは、研究室でのテストに比べ、自宅では2倍以上になりました。さらに、自宅では「抑圧をさほど感じない」「安心できる」と報告しています。低欲望グループの性器反応も、自宅のほうが2倍になりましたが……主観的興奮は2倍にはならず、「抑制を感じない」とか「安心できる」という報告もありませんでした。一致しないのは、ブレーキがOFFにならないから。家にいるだけでは、低欲望グループの女性のブレーキはOFFにならなかったのです。

性的に満足している女性は、性欲が低い女性よりも、研究室から自宅へという状況の変化に敏感でした。より具体的に言えば、最近の研究では、性的に健康な女性は、ブレーキの感度が低いほうが、より性器反応と主観的興奮が一致することがわかっています[26]。

ブレーキをかけるのが、外的な状況であれ、内的な経験であれ、そうした〈文脈〉は多くの女性のセクシュアル・ウェルネスにとって非常に重要です。〈文脈〉が肝であり、鍵であり、また原因でもあるのです。

ローリー

オリヴィア

カミラ

メリット

ここで、ときどき私が経験していることを紹介しましょう。女性が夫を引き連れて私のところにやってきて、「あなたが私に言ったことを彼に話して」と言うんです。

ローリーはランチブッフェにジョニーを連れてきて、私にこう言いました。「あなたが私に言ったことを彼に話してあげて。性的興奮のことよ。彼に話して、お願い」

「信じてもらえなかったの？」

「彼は私が『誤解している』って思ってる」

だから、私は彼に言いました。「いい、ジョニー。これから話すのは、あなたがこれまでセックスについて学んできたことと正反対だけど、ほんとうなの。ローリーのヴァギナの状態は、必ずしも彼女の心の状態について教えてはくれないのよ」

彼女は手の甲で彼の腕をトントンと叩いて、「ほらね」と言わんばかりに眉を上げていました。

ジョニーは私を見てから、ローリーを見て、再び私に視線を戻し、質問しようと口を開こうとして、また閉じました。

そして、ローリーに言ったのです。「どっかに行っていてくれないかな、ハニー」

彼女は従いましたが、去る前に心得たような目で私を見ていました。

秘密を話すような小声で、ジョニーは私に言いました。「もし彼女の性器で判断できないなら、彼女がほんとうに僕を求めているかどうか、どうやって判断すればいい？　彼女が入れていいよって言っても、ただそう言っているだけで、ほんとうはさっさと終わらせたいだけかもしれないだろう？」

ジョニーは男らしくて、間違ったことは直したがる男です。私は彼がとても好きで、しばしば、女性のセクシュアル・ウェルネスに関する科学を、彼にもわかりやすい男性向けの言葉にしています。そこでまず、「こう考えてみて。興奮は性器の反応ではなく、脳の反応なんだって」と言いました。

そして、性的反応のメカニズムは「スイッチON」と「スイッチOFF」のスイッチがセットになっていて、それぞれがスイッチをONまたはOFFにする特定のインプット――性器への刺激、相手との関係の満足度、ストレス、愛着など――に関連していると説明しました。男性と女性の性的反応のメカニズムには同じダイヤルとスイッチがありますが、感度のレベルが異なるため、男性はちょっとした性器への刺激でスイッチが入り、女性はちょっとしたストレスでスイッチが切れるという傾向があるのだと。私が、ローリーの人生はすべてのスイッチを全部OFFにしていると説明すると、ジョニーはこう言いました。「つまり、僕は自分の体から強いインプットを得ているけれど、彼女の最も強いインプットは彼女の……人生から来ているって言いたいの？」

「そう！」

「つまり、システムをハックするには、ブレーキをかけているものに注意を払う必要がある。ブレーキが外れれば、アクセルが発動するから。そういうこと？」

「そう、わかっていただけたようね」と私は言いました。「彼女はブレーキを踏むものをリストにしたはずよ」

「そうだった」と彼は言いました。「そのリストを見たことがあるんだけど、どうすればいいかわからなくて……。でも今は……」

彼はしばらく私を見つめたあと、首を振って言いました。「これでほんとうにすべてが変わるね。僕ができる一番セクシーなことは、おかしなくらいエロいことではなく、できる限り多くのブレーキを外すこと。そうすればいいんだ。でもなんで……今まで誰も教えてくれなかったんだろう？」

パートナーに「不一致」を伝えよう

もし、あなたの体と心が必ずしも一致せず、従来の（でも間違っている）常識に抵抗する力を持ち合わせているなら、パートナーの理解を正すのがいいかもしれません。このとき、3つのことを覚えておくと、問題解決の助けになります。

まず、あなたは健康で、機能していて、問題ないことを思い出してください。あなたの体はどこかおかしいわけでもありませんし、あなたは異常でもありません。あなたの体は、行うべきことを行っています。素晴らしい！ ですから、自分は正常であると知り、パートナーにもあなたが正常であることを伝えてください。落ち着いた状態で、楽しく、自信を持って伝えてください。守りに入ったり、攻撃的になったりする必要はありません――不一致について知らなくても、パートナーのせいではないのですから。実際のところ、これは私や他の性教育者や研究者たちの責任であると言えるでしょう。私たちは、こうした考え方をはっきりと世の中に伝えられていません。それについては申し訳ないと思っています。だから、世界中の性教育者や研究者を代表して、私の代わりにパートナーに事実を伝えてください。

性器の反応は快楽や欲求を示す信頼できる指標ではない――それをあなたがまだ知らなかったことを、エミリー・ナゴスキーは残念に思ってるよ。でも、ほんとうなの。私の性器の状態は、いつも私の気持ちと連動しているわけじゃない。30年にわたる研究がそれを裏づけている。だから、私のヴァギナではなくて、私の言葉を信じてほしい。

私の代わりに謝らなくたっていいです。「不一致を知らなかったことについて、パートナーにメールで謝ってもらえませんか？」と言ってくれれば、謝りますよ。私は本気です。

第二に、あなたが興奮しているかどうかを知る他の方法をパートナーに教えることです。あなたの性器が「好き」ではなく「学んだ」ことだけを伝えている場合、パートナーが代わりに注意を向けるといい事柄をいくつか紹介しましょう。

- あなたの呼吸。呼吸数と脈拍は、興奮とともに上がります。また、興奮度が高くなると息を止めるようになり、横隔膜と骨盤隔膜が収縮します。
- 腹部、臀部《でんぶ》、太もも、および手首、ふくらはぎ、脚などの筋肉の緊張。緊張が波打つように駆けめぐると、体が弓なりにしなることもあります。適切な〈文脈〉にある女性には明白な形で起こりますが、そうでない〈文脈〉では、わかりにくく表れることもあります。
- 最も重要なのは、あなたの言葉。自分が何を望んでいるのか、どう感じているのかを相手に伝えられるのは、あなただけです。欲求や興奮について話すのが得意な人ばかりではありませんが、手っ取り早いのは「気持ちいい」や「もっと」と言うことです。

そして、このことも忘れないでください。特定の生理的反応や行動、その他の手がかりに注意を向けることが重要なのではありません。寛容な姿勢で、広範囲に注意を払うことが大切です。虫めがねで見るのではなく望遠鏡の反対側で見るように、あるいはチェスの名人となってゲームのパターンや動きを大局的に見るように、パートナーに提案してください。マスターシェフとして、料理の味見をすると考えるのもいいでしょう——個々の味が組み合わさって、ユニークで新しい、おいしいものを作り出すのです。

第三に重要なのは、十分に濡れていなければ、お好みの液体で補充するということ。自分の唾液やパートナーの唾液（感染症の心配がない場合に限ります）、パートナーの性液（感染症の心配がない場合に限ります）、市販のローションなど、好きな液体で補いながら、必要なときに水分が足りなくならないようにしましょう。

ローションはなんのためにあるのでしょうか？　摩擦を減らせば、快感が高まるし、裂けたり痛みが生じたりするリスクも減少します。コンドームやデンタルダム〔歯の治療用に開発されたゴムのシートをオーラルセックス用に改良した薄いシート。感染症の予防策として利用される〕などの保護バリアを使用する場合は、必ずローションを使用してください。効果が高まり、より快楽を得られます。ローションはあなたの味方になって、セックスライフをより良いものにしてくれますよ。[27]

時に、性的なつながりにローションという外部のものを取り入れることに抵抗を感じることがあります。こうした躊躇《ちゅうちょ》は、人生経験や、ローションの使用回数が少ない、あるいはローションを使うことは自分が不十分であることを意味するのではないか、という思い込みから生じるものかもしれません。「神聖／堕落」の道徳基盤を思い出してください。セックスに関連するものは「汚い」と分類されるのです――たとえローションが、多くのヘアケア製品と同じ原料でできていても。

あなたは今、性器の血流は勝手気ままで、あなたの性的快楽や欲求と関係があるかもしれないし、ないかもしれないことを知っています。ローションが重要なのは、摩擦を減らすため、健康と快楽の両方を向上させるためだとも知っている。そして、どの信念を育て、どの信念を排除するかを自分で選択できるということも知っています。

ローションを使うことにしたら、パートナーにどう切り出すかのヒントをいくつか教えましょう。

- 遊び心や好奇心、そしてユーモアに満ちた話し方ならば、ストレスや不安を感じることは不可能です。少しばかげたこと、楽しいことにしましょう。これは快楽の話だということを、お忘れなく！
- パートナーにスーパーヒーローの気分を味わってもらいましょう。セックスにまつわるコミュニケーションは、時にリスクが高いと思われがちです。パートナーの気持ちは何よりも傷つけたくないものです。そんなときは、相手がしてくれてよかったこと、すでにものすごく気持ちがいいけれど、それをさらに高められる方法があること、そして新しい要素をセックスに取り入れるとどんな喜びが得られるのかについて、話をするのが近道です。
- ローションは賢く選びましょう。どれもが同じように作られているわけではありません。パートナーと一緒にローションを選ぶのはたいていの場合、良いアイデアです。ふたりで一緒に買い物をして、ふたりが納得できるものを選び、ふたりで同じように時間や努力を費やすといいでしょう。

カミラはヘンリーに不一致について説明しました。彼女にとって不一致とは、文化が語るストーリーがいかに自分に真実を伝えてこなかったかを示す完璧な例でした。繰り返しになりますが、カミラは自分が正常であることを発見できて、とても嬉しかったようです。

ヘンリーの場合はもう少し複雑でした。というのも、欲望や欲求をまだ理解できていなかったからです。彼は、カミラがブレーキを踏んだとき——「やめて」——と、アクセルを離したとき——「好きだけどもういい」——の違いに順応しようとしていました。

彼は、「性器の反応は、何がカミラを興奮させるかを教えてくれないっていうのは理解してる。彼女は何に興奮するかを話してくれるし、僕はそれを信じる。でも、理解できないのは、彼女が興奮させるものをそもそも求めていないなら、どうやって興奮できるのかってことだよ」

これこそ、セクシュアル・ウェルネスの最も複雑で、論争の的となる点かもしれません。

ヘンリーの質問に対する答えは、「快楽は、性欲より先にやってくる」です。

次の第7章では「性欲」をテーマとして扱います。

第6章のまとめ

1 性器への血流増加は、特定の刺激を受けたときに起きる生理的反応で、その刺激が性的なものだという「学び」によって起きる。「好き」や「欲求」、ましてや「同意」とは別物である。

2 男性と女性とでは、性器の反応と主観的興奮の一致の度合いに違いがあるという研究結果が出ている。この違いは、女性のほうが「おかしい」という意味ではなく、女性が「女性である」ことを示しているに過ぎない。

3 性的反応と性的興奮の間に不一致が見られるのは性機能に問題があるからではなく、誰にでも起きうる正常なこと。興奮していても濡れない場合、ローションが助けになるなら使ってみよう！

4 パートナーが興奮しているかどうかを知る最良の方法は、性器の状態を見ることではない。呼吸や体の緊張など、性器以外の様子に注目し、何よりもパートナーの言葉に耳を傾けよう。

第7章

性欲

「自発的」でも「反応的」でも、どちらも素晴らしい

オリヴィアはパトリックよりも頻繁にセックスをしたくなるため、ほとんどの場合、彼女から誘うというのが、ふたりの関係ではお決まりでした。しかし、ED治療薬の力によって炸裂《さくれつ》したパトリックの欲望の標的となったとき、オリヴィアはためになる洞察を得たのです――性欲に突き動かされずに、セックスにオープンでいられるのはいい気分だと。性欲に背

中を押されるのではなく、性欲によって徐々に穏やかにセックスに向かっていくのが気持ちよかったのです。

そこで、実験の次のステップとして、ふたりは普段の行動を逆にすることにしました。デートをする日は決めましたが、その日のために特に準備はしませんでした。ふたりとも、普段どおりにその夜を迎えました――オリヴィアは準備万端で、パトリックは興味がないわけではないけれど、すごく興味があるわけでもないという、いつもの状態です。

そして、パトリックが何をすれば自分が積極的になれるかを模索する間、オリヴィアは彼のペースに従うようにしました。そうしてふたりは、キスや会話、マッサージをするなど、「オーブンを予熱」するのに多くの時間を費やしました。そして驚くことに、寝室からキッチンに場所を移すという、ちょっとした冒険をしたのです。主導権を握ったパトリックは、思いついたことはなんでもやっていいという許可をもらっていたため、ふたりは新しいことに挑戦し、一緒に楽しむことができました。パトリックにとって〈文脈〉がどう働くか、ふたりは多くのことを学びました。というのも、パトリックは自分で〈文脈〉を作り出し、しっくりくると思えることを求めたからです。

オリヴィアについても、意外なことがわかりました。自分の速いペースではなくパトリックのペースに合わせているうちに、興奮が徐々に高まり、でもそれを抑えなければという思いが、彼女にとって効果的な〈文脈〉以上のものを生み出したのです。それは、信じられないほど素晴らしいものでした。

オリヴィアは私にこう言いました。「私たちが決めたルールには、私がオーガズムを感じる前に彼に許可を求めるというのもあったの。でも私がお願いしても、彼はイエスと言わないこともあって……ええと、でも、つまり、またやろうと思ってる」

「何が良かったの?」と私は尋ねました。

オリヴィアは真剣な顔になりましたが、輝いていました。そして「そうね。お互いにシンクロさせて、ふたりとも同じゆっくりしたペースでオーガズムに向かって昇っていったとき、まるで……彼の快楽を自分の体で感じられたような気がしたの。それに、彼の体の中に自分の喜びを感じることさえできた。変かな?」

「ちっとも」と私は言いました。

性欲の低い相手に対して、素晴らしいセックス・ポジティブな〈文脈〉を作ったことで、結果として、より性欲が高いパートナーが、苦痛を伴うくらい心底エロティックな〈文脈〉に置かれることになったのです。

この章では、それがなぜ、どのように機能するのかについて説明します。

誰もが庭に砂漠の植物を植えていて——アロエやドラゴンツリー、フィドルネックやユッカなど——その手入れ方法を知っている世界を想像してください。たくさんの太陽の光が必要で、水はほとんどいりません。

そして、あなたの庭にはなぜかトマトの苗が植わっているとします。砂漠の世界では、植物はほとんど水を必要としないことを誰もが「知っている」。だから、あなたはトマトの苗にも控えめに水をやりました……すると、苗はゆっくりと枯れていきました。水やりの頻度が多すぎるのでは？　日当たりが悪いのでは？　そして、水をやり続け、観察し続けながら、「なぜ枯れてしまうの？　私はやるべきことをやっているのに！」と思うのです。

知っていることにちょっとした変化を加え、庭の手入れの仕方を変えるだけで――トマトは砂漠よりも温暖な気候に適しているため、もっと水を必要としたのです――トマトの苗を生き返らせることができます。

もし砂漠の事実を伝える人が現れたら、「植物に大量の水なんて必要ない。それが健康な植物であることの印だ！」と言う人が出てくるでしょう。また、「トマトの苗が水を必要とするなんて、クレイジーだ！　おかしい！」と言う人もいるでしょう。ある人は、トマトをアロエのような植物にするための治療法を探し、少量の水でも豊かな実をつけるはずだと考えるトマト園芸家は、砂漠で育つトマトの苗を手に入れるためになんでもするでしょう。

しかし、あなたは試してみます――トマトの苗にもっと水を与えてみるのです。すると、「なぜ枯れてしまうの？」という疑問から離れ、たくさんのトマトの実と、青々とした良い香りの葉っぱを手に入れて、「すごい！」と思えるようになる。これは全部、「知識にほんのわずかな変化を与えた」からです。

この章では、そのことについて説明していきます。セクシュアル・ウェルネスとあなたの関係を、「なぜ枯れてしまうの？」から「すごい！」へ変える変化です。

性欲は一般的には、「ただ表れる」と言われています。ランチの最中や道を歩いているときに、セクシーな人を見かけたり、セクシーなことを考えていたりすると、ぽっと、「セックスがしたい！」となるのです。それがオリヴィアのいつものスタイル──「自発的な性欲」です。

しかし、人によっては、セクシーなことがはじまってようやく、セックスをしたくなるようです。「セックスをしたくてたまらない！」ではなく、「土曜日の夜7時のデート」という現実的な動機によるかもしれません。ベッドに入って、相手の肌に触れると……ようやく体が目覚めて、「ああ、そうか！　私はこの人が好きなんだ！　私はこうしているのが好きなんだ！」と言いはじめる。それが「反応的な性欲」です。自発的な性欲が快楽を予期して表れるのに対し、反応的な性欲は快楽に反応して表れます。

そして、それは正常です。反応的な性欲がある人は、性欲が「低い」わけでも、病気でもなく、ただセックスを自分からはじめたくないし、はじめてはいけないとも感じているだけ。彼らの体がセックスを求めるには、「セックスは楽しいから」「あそこに魅力的な人がいるから」という理由だけでなく、もっと説得力のある理由が必要です。満足な性生活を送っていて、健全な関係を築いていても、突然セックスを渇望することはありません。それがカミラです。自発的な性欲の欠如は、機能不全でも、問題があるわけでもありません！　繰り返しになりますが、反応的な性欲は正常で健康です。

でも、実際はどうでしょう？　すべての人の性欲は、反応性であることがわかってきました。

より自発的に感じる人もいれば、より反応的に感じる人もいるだけのことなのです。なぜなら、私たちはみな同じパーツでできていますが、構造が異なり、経験も異なるからです。

研究[1]によると、女性の約半数は、自発的か反応的か、どちらかの性欲を持つと分類できるようです。残りの半分の人の性欲は、(ここでドラムロールをお願いします！)、おそらく〈文脈〉に左右されます。メリットとローリーがそうです。彼女たちもまた正常です。付き合いはじめの情熱的な段階では、いきなりセックスをしたがるかもしれませんが、10年経って子どもも生まれると、セックスに興味を持つには、もう少し繊細な努力が必要になります。

それでは、性欲について詳しく見ていきましょう。

性欲は、〈文脈〉に応じた快楽から来る[2]

〈文脈〉とブレーキとアクセルの感度によって私たちの性欲はさまざまですが、ここでは同じ刺激と、同じブレーキとアクセルがあると仮定して、〈文脈〉だけが異なる3つのシナリオで考えてみましょう。

シナリオ1

あなたはとても穏やかで幸せで、パートナーに信頼を寄せていて、特に自分から何をするでもありません。そこにパートナーがやってきて、あなたの腕に愛情を持って触れます。その感触は腕から背骨を伝わって脳に届きます。このような精神状態だと、中枢神経系は非常に静かで、他との通信はほとんどありません。パートナーが触れた感覚は、「やあ、今起きていることについて、どう思う？」と訊いてきます。すると脳は「愛情が感じられて気持ちいい」と答えます。さらにパートナーがあなたの腕に触れて刺激を与え続けると、またその感覚が脳に伝わり、「今起きていることは継続してるけど、どう思う？」と訊いてきます。すると脳は、「愛情が感じられてすごくいい気持ち」と言い、もっとその感覚に注意を向けます。パートナーが首にキスしはじめると、その感覚はあなたの脳に「今、こんなことも起きているけど、どう思う？」と訊いてきます。すると脳は「最高！　もっともっと！」と言うのです。こうした〈文脈〉で覚える性欲は、反応的な性欲です。

シナリオ2

あなたはストレスを感じて、疲れ果て、打ちのめされています。脳内はとても騒がしく、交通渋滞が起きていて、叫び声やクラクションが鳴り響き、ストレスになるようなことがたくさん起きています。パートナーが愛情深くあなたの腕に触れると、その感覚は背骨を伝って脳に届き、「やあ、今起きていることについて、どう思う？」と訊いてきます。すると脳は「え、何？雑音がうるさくて聞こえない！」と言います。そして、そのときにはもう感覚は消えています（感覚はメッセージがすぐ消えるスナップチャットのようなものなんです）。パートナーがあなたに触れ続けると、感覚はあなたの脳に「まだ続いているけど、どう思う？」と訊いてきます。そして、ようやくあなたの脳の注意を引けたと思ったら、脳はこう答えるかもしれません。「冗談でしょ？　他にも取り組まなきゃならないことがたくさんあるのに！」と。そして、もしその感覚が脳の感情の「一つの指輪」から飛び出すほど顕著になると、「今はやめて、お願い」ということになるのです。

シナリオ3

あなたのすごくセクシーなパートナーは2週間不在にしていましたが、頻繁にテキストメッセージで連絡を取り合っていました。最初はいちゃついているような内容でしたが、お互いをからかい、苦しめるのに夢中になるにつれ、徐々に露骨さと激しさが増していきました。2週間が過ぎる頃には、メッセージの通知音を聞いただけで、あなたは息を呑み、震えるようになります。脳内では雑音が発生していますが、それは全部「すごくセクシーなパートナー！」と唱えています。パートナーが帰宅して、愛情を込めて腕に触れる頃には、あなたはロケットのごとく発射する寸前。このような〈文脈〉で覚える性欲は、自発的な性欲です。(3)

この3つのシナリオでは、パートナーが触ったにしろ、あるいはパートナーに触られるのを想像したにしろ、刺激が最初にやってきます。そして、〈文脈〉が正しければ、その刺激が心地よく感じられ、性欲につながるのです。この3つはすべて正常で、健全なシナリオです。

たまに、気持ちいい刺激でなくとも、性欲につながることがあります。その場合は快楽は伴いません。それもまた正常で健康なセクシュアリティーですが、この章の最後に述べるように、快楽を伴わない性欲は、素晴らしくて良いセックスをする人のセクシュアリティーではないのです。

こうしたことはすべて、自発的な性欲へのアクセスを広げたいのであれば、それを促進するような〈文脈〉を探せばよいということを示しています。第3章のワークシートに戻って、どのようなパートナーの特徴、ふたりの関係の特徴、状況、遊び心、その他の生活環境が、切なる性欲につながる快楽を生み出すのか、考えてみましょう。そして、自分の生活をどう変えれば、自発的な性欲を生み出せるかを確認してください。現在の生活が自発的な性欲を促すような状況ではなくても、あなたは正常です。自発的な性欲を覚えるようになる生活に辿り着くまで、反応的な性欲を楽しみましょう。

性欲は快楽に反応して表れます。

ただし、うまくいけば。

そう、うまくいかないときもあるのです。

いったいどうして性欲が誤動作するのか、そしてそうなったときにはどうすればいいのでしょうか？　性欲が減退する理由について女性たちが語ることは、きっとあなたにとって身近に感じられるはずです。疲労、心身の健康問題、ボディ・イメージの変化、多くの役割や義務に圧倒される感覚、セックスそのものへの不安や心配、などが挙げられます。不安や心配は、望まない妊娠から、興奮するまで時間がかかりすぎるのではないか、パートナーの期待に応えられないのではないかなど、さまざまです。[4]

次のセクションでは、性欲減退の原因として考えにくいものと、最も考えやすいものについてお話しします。そして、長年にわたって最高のセックスライフを送っている人々に関する、画期的な研究を紹介しましょう。

カミラとヘンリーは、彼女の性欲がゆっくりと温まっていくのを受け入れ、彼女のアクセルが踏み込まれる〈文脈〉を見つけるために力を合わせました。しかしヘンリーには不安が残っていました——カミラがまだ「その気」になっていないとき、なんとかして彼女を興奮させなければならないと、強制されているような気持ちになったのです。そのことに、どこか不自然さを感じていました。

まるで1滴のインクが水に落ちたように、ある事実が人の脳に広がっていくことがあります。カミラとヘンリーに、実は彼女の欲望のスタイルは正常そのものだと説明したときに、私はそれを目の当たりにしました。

「性欲よりも快楽が先に来るのよ。それはカミラだけじゃなくて、みんなそうなの」と私は言いました。

「快楽が先？」とヘンリーが言いました。

「そう。性欲は、快楽が人それぞれの基準値を超えると表れる。カミラ、あなたはたまたま基準値が高いけど、そのプロセス自体は誰にも共通する基本的なものなの」

「嘘でしょ」とカミラは言いました。「真面目な話、ポップカルチャーで言われているセックスなんて、間違いだらけってことね？」

ヘンリーは私に答えるチャンスを与えませんでした。カミラが「したい」と思わないときにその気にさせるという難問を解決するのは、彼にとって重要なことでした。「つまり、僕らは基準値が違うだけってこと？」

「そう」

ヘンリーにとっては、シャワーを浴びたあとカミラがうろうろするのを見るだけで、欲望が活性化されることもありました。「濡れた体で歩いているのを見るのが好きなんだ。見る前は興奮してなかったんだから、これからもぜひやめないでほしい。つまり……もし君も同じなら……」そこで彼はカミラに向き直って言いました。「君のためにそんなような〈文脈〉

を作ることに気まずさを覚える必要はないってことだよね？」

「逆にそうしてもらいたいのよ！」とカミラは言いました。「私のなかなかつかない種火をくすぐって！　水圧を高めて！」

というわけで、ふたりはそうすることにしました。シャワーのあとに歩き回るカミラが、ヘンリーにとって控えめな前戯であったように、やることすべてを、プレッシャーのない、期待ゼロの前戯に変えたのです。

ふたりは抱き合ったり、触れ合ったり、ゆっくりとキスしたりしました。花束を送ったり、愛情を込めて見つめたり。恋に落ちたばかりの頃のように、「なんてこの人は素晴らしいんだろう！」と常にしっかり思い出せるようにしたのです。

ヘンリーはカミラの熱烈な性欲が好きですが、そこまで達するのに必要だったのは、少しずつ積み重ねられていった十分な快楽でした。

こんな話は、ポップカルチャーではあまり見聞きしませんよね。だって、緊張感や感情の揺れがないことになっているんですから。しかし実際のところ、長期にわたってセクシュアルに強くつながっているカップルの多くは、このやり方で効果を上げていることが明らかになっています。

朗報！　ホルモンのせいではないかもしれません

セックスをするときに痛みを感じているなら、医療機関に相談しましょう。さまざまな神経学的、生理学的な要因に加え、ホルモンの問題が関与している可能性があります。ですが、性欲低下の場合、ホルモンが原因である可能性は最も低くなります。[5] ロリ・ブロットは同僚とともに6つのホルモン因子をテストして、そのうちのどれが性欲の低い女性の機能障害を予測できるかを検証しましたが、どの因子も顕著な予測には至りませんでした。[6]

では、ホルモンが原因でないとしたら、性欲低下は何で予測できるのでしょう？　ブロットによれば、「これまでの発育、精神疾患、性心理」だそうです。つまり、第4章と第5章で述べた、ストレス、落ち込み、不安、トラウマ、愛着心などが全部該当します。

人は、性欲は化学作用に関係するもので、人生とは関係ないという考え方に居心地の良さを覚えることがあります。最近では簡単に化学作用を変えられますしね！　しかしホルモンは、女性のセクシュアル・ウェルネスを形成する〈文脈〉のごく一部です。ですから、ホルモンの状態を変えてもごく小さな影響しかありません。ストレスやセルフ・コンパッション、過去のトラウマ、人間関係の満足度、そしてその他の感情的な要素が女性の性欲に与える影響は、どんなホルモンよりもはるかに大きいのです。

もしときどき性欲が減退するのなら、医学的な問題がない限り、「直す」必要はありません。あなたはおかしくありませんから。ただ、〈文脈〉を変えれば改善します。

セックスは「衝動」ではない

私たちの中には、性欲を空腹のような「衝動」として考える人が多くいます。衝動とは、問題を解決するためにあなたを駆り立てる、不愉快な内的体験のことをいいます。では、もし問題を解決できなければ、どうなるのでしょう？　間違いなく、あなたは死にます。空腹は衝動です。喉の渇きも、体温調節も、睡眠もそう——実際、人は睡眠不足で死ぬこともあるのです。

何世紀もの間、科学者たちはセックスを衝動だと考えていました。おそらくあなたもそう思っているのではないですか？　私も長い間、そうでした。

でも、違ったのです。

セックスが衝動ではないことを証明するのは簡単です。動物行動学者フランク・ビーチが1956年に述べたように、「セックスレスが原因で組織障害を被った人はいない」のです[7]。もっと直接的な言い方をすれば、セックスができなくて死んだ人はいません。死にたくなったかもしれませんが、それは欲求不満であり、人は欲求不満で死ぬことはないのです[8]。

では、衝動でなければ、なんなのでしょう？　答えは、「インセンティブ・モチベーション・

システム」[9]です。

「インセンティブ」という言葉から、賞品や努力する価値のあるものというイメージを連想する人も多いでしょう。生物学的な意味も似ています。衝動が体内の不快な感覚に後押しされるものであるのに対し、インセンティブ・モチベーション・システムは、魅力的な外側からの刺激に引っ張られるもの。好奇心はインセンティブ・モチベーション・システムの典型的な例で、空腹と同じくらい自然に生じますが、実際に死に追いやられるような脅威はありません。[10]

「衝動」と聞いたら、「生存《サバイブ》」を連想しましょう。「インセンティブ・モチベーション」と聞いたら、「前進《スライブ》」を連想してください。

それが重要なのには、少なくとも2つの理由があります。

まず、もしセックスが空腹のような衝動だとしたら、自発的な性欲をほとんど、あるいはまったく経験しない人はどうなるでしょう？　そう、何日も、何週間も、何カ月も食べていないのに、自発的な空腹を経験しない人と同じで、間違いなく病気です。そして、自分が病気だと思い込むと、ストレス反応が働きます。ストレスが性的な快楽や欲求にとってどれほど大きく影響するかは、もうご存じですよね？

セックスは衝動であるという神話は、人々の性生活にとって有害です。

セックスが空腹ではなく好奇心のようなものであることには、より重要な理由があります。もし誰かがあまりの空腹からパンを盗んだとしても、その行動を同情と慈悲の心を持って見ることができるかもしれません。盗みは悪いことですが、人は生きるために必要なことをするとわかっているからです。でも、単に他人のパンの味に興味があるからという理由でパンを盗んだら、私たちは同じように同情し、慈悲の心を持つことができるでしょうか？

できませんよね。セックスは衝動でも、生物学上「必要」なものでもないのですから、どんな状況においても、それを誰かから奪ってもいいということは絶対にありません。

さらなる朗報！　一夫一婦制のせいでもありません

最近、一夫一婦制の「不自然さ」についてや、パートナーだけとしか性的な関係を許さない関係を長く続けると、セクシュアルなつながりがなくなると、よく言われています。もう予想がつくかもしれませんが、私はこのテーマについてもこう考えています——重要なのは〈文脈〉であり、まったく同じ人間などいない、と。一夫一婦制のカップルには、性欲を維持し、欲望を活気づけるような〈文脈〉を作り出す人たちもいれば、そうでない人たちもいる。オープン・リレーションシップ〔恋愛または結婚しているふたりが互いを独占せず、第三者との恋愛や性交渉を認める関係〕の人たちにも同じことが言えます。一夫一婦制とポリアモリー〔お互いの同意を得たうえで、複数のパートナーと恋愛関係を築くこと〕では、どちらが性欲にとって本質的に良い悪いということはなく、どちらも性欲を殺してしまうケースはあるのです。男女1対1の関係をあなたが好むなら、このセクションは役に立つでしょう。

男女1対1の関係において長期的に性欲を持続させるための方法として、現在は2つの一般的な考え方があります。ここでは、わかりやすく「エステル・ペレル派」と「ジョン・ゴットマン派」に分けて説明しますが、実際はもっと奥深く複雑です。

エステル・ペレルは『セックスレスは罪ですか？』〔武田ランダムハウスジャパン・2008年刊〕の中で、現代の人間関係の核心にある矛盾を、馴染みのあるものと斬新なもの、安定したものと謎めいたものの引っ張り合いだと、指摘しています。私たちは、安心、安全、安定を与えてくれる愛を求めますが、冒険やリスク、新しさを与える情熱も求めています。愛とは持つこと、欲望とは欲しがることであり、理屈では、すでに持っていないものだけを欲しがることができる、となります。

もし、長期的な愛が長期的な情熱と相反するのが問題だとすれば、それを解決するには、「欲求」を出現させるために必要な距離を保つ方法として、自律性——自分の中のエロティシズムの空間——を保つことだとペレルは言います。「性欲には、渡るための橋が必要」なのだと[11]。つまり、意図的に距離を置くことで、ぴりぴりした不安や不確かさ、楽しめるくらいの些細な不満が生まれるということです。

これに対して、ジョン・ゴットマンは『信頼の科学』で、問題は距離でも、謎がないからでもなく、親密さを深められないことだと述べています。この観点から見ると、打ち解けた会話、愛情、友情が、長期的な人間関係の性生活の中心にあることになる。ゴットマンは、45歳以上のカップル100組を対象に、その半分にあたる性生活が良好なカップルと、もう半分のそうでないカップルを調査した結果を報告しています。充実した性生活を送っていると答えた人たちは、「一貫して、⑴親密で、つながりを感じ、信頼できる友情を維持している、⑵生活の中でセックスを優先している」そうです。[12]言い換えれば、性欲を持続させるには、渡るための橋が必要なのではなく、一緒に橋を架けることが重要だということになります。

ゴットマンは、「お互いの性欲に目を向けましょう」と言います。

「快適な距離を保ちましょう」とペレルは言います。

どちらが正しいの？　と思ってしまいますよね？

あなたが「性欲」をどのように概念化するかにもよりますが、どちらも正しいんです。第3章で、「欲求」と「好き」の違いについて説明したのを覚えていますか？　ペレルにとっての「性欲」とは「欲求」です。求めること、渇望すること。あえてロマンティックな言葉を使えば、矛盾を減らして目標を追い求めることです。[13]そして、ゴットマンと彼が引用した研究に登場するカップルにとって、「性欲」はより「好き」に関係しています。感情を抱き、味わい、許可すること。その瞬間を一緒に探求し、それがどのようなものであるかに気づき、「好き」になることです。

『セックスレスは罪ですか？』のようなスタイルの性欲は、よりアドレナリンを放出し、本質的に刺激的です。私たちは、このような永久に続く「かゆい−掻く−解放−かゆい」のサイクルを楽しんでいます。私たちは、「欲しい」という経験と「好き」という経験を切り離せなくなるほど、「欲しがる」のが「好き」なのです。それは、自発的な性欲こそが正しいとする一般論によく合っています。『信頼の科学』流の性欲は、アドレナリンの数値はより低く、〈文脈〉の中で感覚を楽しみ、パートナーとの一体感を味わうものです。

ペレルのスタイルは、食べ物をおいしくする秘密のソースを渇望する、空腹感についてです。ゴットマンのスタイルは、仕事から帰ってきてパートナーと一緒に夕食を作り、料理をしながらワインを飲み、デザート用に取っておくべきイチゴをつまんで、一緒に座って食事を一口一口味わうというもの。ペレル式では、あなたは火がついた状態でパートナーと向き合いますが、ゴットマン式では、お互いに火をつけ合うのです。

個人的には私の気持ちはゴットマン式に傾いていますが、双子の妹は「なぜ親密になることが、もっと近づきたいと思うことにつながるの？　距離をとるのが一番だよ！」と言っていました。どちらか一方に固執する人もいます。また、疲れきっていて、どちらも試せない人もいるでしょう。私の意見ではもう一方を試したほうがよさそうなケースなのに、違うほうが真の欲望への道だと確信している人もいます。要は、自分にしっくりくるかどうかが、重要なのです。そして結局のところ、どちらも同じ目標を達成するための方法なのだと思います――アクセルをもっと思いきり踏み込んで、ブレーキをかける足を緩めるという目標を。

この2つのアプローチは、実際は想像よりも似ています。そしてその似ている部分にこそ、最も深い真実があるのです。両者とも、男女1対1の長期的な関係では、情熱は自然に生じないと明言しています。しかし、カップルが〈文脈〉を意図的にコントロールすれば、情熱は生じるということも明確にしている。効果的な〈文脈〉とは、あるカップルにとっては親密さを生み出すことであり、また、あるカップルにとっては距離を作ることなのです。

ジョニーがダイヤルやスイッチ、ローリーが何に敏感なのかを発見したあと、ふたりは定期宅配サービスを試してみることにしました。数カ月に一度、「今月の果物」のように、1つの箱が郵送されてきて、果物の代わりに、みだらな空想を商品化したようなキットが入っているのです。陳腐なものが入っていたらどうしようという不安はありましたが、試す価値はあると思ったのです。ふたりは性欲に火をつける〈文脈〉に注目していました。ジョニーの〈文脈〉は「歯を磨くから2分だけ待って」でしたが、ローリーの〈文脈〉は「ママモードから抜け出させて。そうじゃないと、セクシーモードになれない」でした。

箱が届くと、ふたりは一緒に開けました。

最初の印象は……「がっかり」でした。

「図画工作で作ったみたいなものにしては、ずいぶん高かった」と、ローリーは言いました。

「バイブレーターはすでに持ってるしな」というのがジョニーの言い分でした。

しかし、彼らはこう思ったのです。「いったいそれがなんだっていうんだ。工作みたいなものでも、せっかくお金を出して買ったんだし、お母さんにベビーシッターも頼んだ。ホテルも予約した。とにかく行ってみよう、何が起きても（起きなくても）、なるようになれ」

箱の中には、夜の過ごし方やいくつかのルールが書かれた説明書が入っていましたが、ふたりはそれを守りませんでした。ホテルに向かう車の中では、そのことについて終始笑いながら話していました。

ルームサービスのピザを食べながらもその話をし、仕事のこと、子どものこと、家族のことなど、他のことも話し続けました。そして、お互いの好きなところを思い出していったのです。それからローリーは、官能的な物語を集めた本を読みながら泡風呂に入りました。

このあとのことは早送りでお伝えしようと思いますが、ライオン・キングの《愛を感じて》（キャン・ユー・フィール・ザ・ラブ・トゥナイト♪）を口ずさみながら読んでください。

ローリーが、彼女が言うところの「性欲」を感じるようになったのは、この晩のどの時点からだと思いますか？　ジョニーにマッサージをしてもらっている途中でバスタブから出て、香りの良いボディローションを塗った体にレースがついたブラジャーだけを身に着けて、ベッドに向かったときでした。

では、ジョニーが性欲を感じるようになったのは、どの時点からでしょうか？　ホテルに向かう車の中でした。

でも、うまくいきました。

出費はかさみましたし、事前にいろいろと計画しなければなりませんでしたが、親であり上司であり生徒であるローリーの心は、忙しさに追われた慌ただしい日々から、ジョニーとのセクシータイムへと移り、しばらくの間、ストレス要因が彼女の目に触れないところに隠れ、「セクシーな私」という部分がスポットライトを浴びたのです。

そして、彼らが変えたのは〈文脈〉だけでした。

「なぜ薬を飲んじゃダメなの？」

人は、自分に何か問題があると思い込むと、ストレス反応が起こります。そして、ストレス反応が起きると、(大半の人の) セックスに対する興味は消え失《う》せます。自発的な性欲だけが「正常」だと主張することは、反応的な性欲を持つ健康な人のことを病気だと言うのと同じです。何度もそんなことを言っていれば、やがて人は信じるようになる。すると突然、それが真実になるのです。そうした神話は人々を病気にします。

これはまさに、性欲低下を治療する薬「フリバンセリン」をアメリカ食品医薬品局（ＦＤＡ）が承認する際に私が垣間《かいま》見《み》たことでした。毎日服用する薬です。なんのために？　ＦＤＡのデータ分析によると、この薬を服用した女性は、プラセボを服用した女性に比べて、「満足のいく性体験」が月に1回増えたか、増えなかったかでした。全体として、被験者の約12%がプラセボよりも「少なくとも最低限には改善された」ということはつまり、約88%の被験者はプラセボと比べて「最低限の改善さえ見受けられなかった」ということになります[14]（当然のことながら、この薬は大儲《おおもう》けにはつながりませんでした）。

２０１９年に承認された2番目の薬は、セックスの1時間ほど前に自分で打つ腹部注射でした。臨床試験では、性行為の回数は増やせず、被験者が報告した性的満足度も上がりませんでした。ですが、製薬業界が開発した性機能に関する一般的な調査のスコアは上がりました[15]（当然、この薬も大当たりにはなりませんでした）。

しかし、これらの薬の背景にある真実は、単に「効かない」――ごく一部の女性を除いては、自発的な性欲や性行為の回数を増加させなかった――というだけではありません。実は薬が「効く」女性でさえも、もともとおかしいところなどなかったのです。

試験段階でフリバンセリンを服用して素晴らしい体験をした女性は、薬を飲みはじめる前の性生活がどのようなものであったかを『コスモポリタン』誌で語っています[16]。「（性行為が）はじまってしまえば、なんてことはないんです。私も徐々に準備ができていきましたから」

どこかで聞いたようなことじゃないですか？ そう、反応的な性欲です。健康で正常ですよね。

また、別の被験者も似たようなことを言っていました。「ほんとうにセックスがしたくてたまらないという気持ちが懐かしい。そのために〝自分を奮い立たせなければならない〟のが嫌ですね。そのせいで心が折れそうになります。肉体的にも精神的にも、すごく努力しないといけませんから[17]」

相次ぐ主要メディアの報道で被験者が述べていたのは、なんの問題もない反応的な性欲でした。[18]パートナーと安定した関係にあり、健康状態も良好であることが、女性が治験に参加するための条件であるにもかかわらず、彼女たちは反応的な性欲は病気だと信じていた。さらに、自分たちはどこかおかしいとも感じていたのです。

そう感じたのも当然です。彼女たちが教わった性欲とは、私たちが教わったもの、医師でさえ教わったものと同じ——性欲は自発的であるべきで、自発的にセックスを求めない人は病気だということ——だったのだから。

病んでいるとか、どこかおかしいと感じていて、アクセルが作動するでしょうか？ 女性に「あなたはどこかおかしい」と言うことは、女性を壊す最も有効な手段だということが、わかってきましたよね？

その最も顕著な例が、FDAが行ったフリバンセリンについての公聴会でのことです。FDAの委員で泌尿器科医のフィル・ハノ博士は、治験に参加した女性が治験開始前に、1カ月に平均2〜3回の「満足できる性体験」をしていたのはなぜか、と質問したのです。[19]欲求がないのに、なぜセックスをしていたのかと。

ええと、ハノ博士……それのどこが問題なんでしょう？ フィルって呼んでもいいですか？ いいですか、フィル、女性は退屈なときにセックスをすることもあるんです。パートナーがセックスしたいからすることもあるし、パートナーを愛しているからすることもある——「いいよ、ハニー、しようか」というように。ケンカを終わらせるためにすることもあります。愛情を感じていて、その愛情を表現するにはセックスがいい方法かもしれないと思ってすることもあるんですよ。(20)

しかし、その質問に対する製薬会社のプレゼンターの答えはこうでした。

「彼女たちは、性行為をはじめてしまえば、気持ちよくなるんです」

これを聞いて私は愕然《がくぜん》としました。製薬会社が——FDAを前にして!——言っていたのは、健康な女性を「治療」しようとしているということでした。合意のうえでの性体験で快楽を覚えるなら、正常で健康ではないですか。それ以上何も言うことはありません。

薬が効かないのも無理ないですよね。おかしくなっていないものを治そうとしているのですから。おかしいのは、女性に病気だと言う文化です。

断言させてください。製薬会社は、反応的な性欲が病気であると人々に信じてほしいと強く願っています。しかし、それは正しくありません。「性行為をはじめてしまえば、気持ちよくなる。はじめようとするのに時間がかかるだけ」と言う人——正常で健康な人——に投薬しようとしているのです。

残念ながら、FDAの24人の委員のうち、セックス研究者、セラピスト、教育者は3人しかいなかったため、公聴会の出席者たちは、私たちの多くが信じて育った、欲望は自発的でなければならないという古い神話を信じてしまいました。

彼らは間違っています。

私は、セラピスト、教育者、医療従事者など、あらゆる人が「性欲は自発的であるべき」と考えるのをやめさせるために活動しています。もしあなたの周りの医療従事者やセラピストがそう考えていたら、遠慮せずにこの本を読むよう勧めてください。実際にこの本を、患者やクライアントに紹介している臨床医はたくさんいます。医学部の中には本書をテキストとして課すところもあり、そうした環境で学んだ医師とあなたが出会えることを願っています。

しかし、正常で健全な性欲の理解に「反応的な性欲」を組み込んでいない専門家に遭遇する可能性は高いです[21]（製薬会社は、セックス研究者、セラピスト、教育者よりもはるかに大きな広報予算を持っていますから）。

周りの人たちにも伝えてください。もしあなたの性欲が反応性なら、あなたはもう正常です、と。健康になるために、不意にセックスを「渇望」するようにならなくていいのです。もし、もっと自発的な性欲を味わいたいのであれば、楽しめるようにすればいいだけで、自分を変える必要はありません。〈文脈〉を変えればいいのです。

追いかけっこのダイナミクス

トマトとアロエを思い出してください。人はみなこうあるべきだという私たちの期待は、人を「正しい」と「間違い」に分けるだけです——ほんとうは間違っているところなどなく、〈文脈〉

さえ変えればいいだけなのに。

そこで、カップルがセックスセラピーを受けるきっかけとなる最も多い問題、「性欲低下」について考えてみましょう。性欲低下は定義上、人間関係の問題となっています。性欲が「低い」人とは、セックスを望む頻度が低すぎてパートナーが満足できない人のことを指します。ある人の性欲がそもそも低すぎるとか、高すぎるということではありません。少なくともこの状況では、両者はただ違うというだけです。

問題を引き起こすのはその差そのものではなく、カップルがそれにどう対処するかです。お互いに性欲の度合いが異なり、一方の欲求レベルが他方の欲求レベルよりも「優れている」とふたりが信じている場合、問題のある力学《ダイナミクス》が表れます。例えば、Aさんは自発的な性欲が強く、パートナーのBさんは反応的であるとします。このシナリオでは、Aさんはほとんどいつも自分から誘うため、拒絶されると求められていないと感じるかもしれませんし、Bさんは、プレッシャーを感じたり、ジャッジされていると思うようになったりして、より抵抗するようになるかもしれません。「ノー」と言い続けるBさんに対して、Aさんは頼み続けますが、拒絶されていると感じて、傷つき、憤りを覚えるでしょう。Bさんは乗り気になれないでいると実感しながらも、お願いだからセックスしようと頼まれただけなのに、自分に何か問題があるのではないかと感じて、罪悪感を覚えて傷つくのです。一方、Aさんは「自分はおかしいのだろうか？　セックスを求めすぎなのだろうか？　セックスに執着しすぎなのだろうか？」と悩みはじめるのですから、大変です。

私はこれを「追いかけっこのダイナミクス」と呼んでいます。

どうすればこれを「直せる」のでしょうか？

答えはもうおわかりですよね。

問題は、性欲そのものではありません。〈文脈〉なのです。アクセルを作動させるには、より多くのセックスに関連する刺激が必要で、ブレーキを踏むものを減らす必要があります。追いかけっこのダイナミクスはブレーキをかけますので、それを妨害するには、追いかけるのをやめればいいのです。

セックスからいったん離れてください。そう、セックスをするのをやめるんです。あなたとパートナーの関係において「セックス」がなんであっても、とりあえずは、相手がいるところで性器に触れたり、オーガズムを感じたりしないことにしましょう。

その目的は、ふたりの間から、「体の接触からセックスに発展」という期待や要求の痕跡をすべて取り除くことです。他にも、立入禁止区域を設けるのもいいかもしれません――性欲の低いBさんがプレッシャーを感じて抵抗することはしないと決める、など。「このものすごく心地いいキスで、望まないセックスを期待されてしまったらどうしよう」という恐怖さえなければ、ふたりともリラックスして、体を通じた親密さを楽しむことができます。

どれくらいの期間そうすればいいのでしょう？　1カ月。あるいは2週間か3カ月。支障を感じるくらい、十分な期間をとりましょう。

追いかけっこのダイナミクスを壊すために、セックスからいったん離れる場合、双方のパートナーは、自分たちが一緒に新しいダイナミクスを作ろうとしていることに、ふたりとも完全に同意しなければなりません。問題はどちらかのパートナーではなく、ふたりがはまり込んでいるダイナミクスなのです。

セックスをしないでいたあとは、スキンシップで親密さを徐々に高めていけますが、最終的な解決策は、行動ではなく、態度になります。自分（またはパートナー）はどこかおかしいと感じたり、パートナーが自分に何か問題があると思っているのではないかと感じたりすることは、いつにおいても、性欲を抹殺する〈文脈〉です。

そこで、プレッシャーを感じているBさんにメッセージを伝えようと思います。これから私が言うことは、科学的根拠が味方をしてくれていますから、きっと信じてもらえることでしょう。それに、あなたは心の片隅で、それが真実であることを常に知っていたのだから。

あなたはおかしくありません。あなたは何も問題ありません。そして、希望があります。

行き詰まりを感じているかもしれません。疲れ果てているかもしれません。落ち込んだり、不安になったり、みんなの世話をするのに疲れてしまったり、緊急にリフレッシュを必要としているかもしれません。自分を守らなければならないと感じるのに疲れ、自分の体が違うことをしてくれたらと願うのにも疲れているかもしれません。少しの間だけ、誰かがあなたを守ってくれたら、警戒バリアを下げて、ありのままでいられるのにと思うかもしれません――ほんのしばらくの間だけでも。

それは〈文脈〉であって、あなたのことではありません。あなたは大丈夫です。あなたは問題ありません。あなたの中には、好機が訪れるまで身を潜めてあなたを守ってくれるセクシュアリティーが存在します。

あなたの体はまだ警戒しているのに、パートナーの体は「今がチャンス」と感じていることがどれほどもどかしいか、私は完全に理解しています。しかも、パートナーの体が準備万端と思えば思うほど、あなたの体はより警戒心を強めるのですから、お互いにとって、最悪です。

でも、そこにあなたのセクシュアリティーはあるのです。肌や鼓動や語彙と同じように、あなたの一部でそこにあって、待っています。最近、「熱い気持ち」や「熱烈」という言葉を使う機会がなかったからと言って、もう使えないというわけではありません。機会があれば、準備して待っているのです。性欲はまるで親友のように、あなたの人生がそれを表に出して戯れるのを許すまで待っているのです。十分に安全だと思えるときが来るまで、そのまま放っておいてください。

そして、Aさん（セックスを求め、お願いし続ける人）への簡単なメッセージです。Bさんが自制しているように思えることがあるのはわかりますし、それが「ほんとうにひどい」と思えるのもよくわかります。ふたりの関係の間にできた固い結び目を解きほぐすあなたの役割は、とても難しいものです。自分の傷はさておき、その傷を作った原因と思われる相手に対して愛情を注がなければならないのだから。冗談じゃなく、大変ですよね。

また、「自分はセックスを頻繁に求めすぎているのではないか」「無理な要求をしているのではないか」「これほどまでにセックスを求めるのは病気なのではないか」と心配になることもあるでしょう。でも違います。あなたはパートナーよりも性への関心度が高いだけ――ふたりの構造が違うだけです。そしてそれは正常です。どちらもおかしいわけではなく、ふたりにとってうまくいく〈文脈〉を見つけるために協力する必要があるだけです。

Bさんに、セックスから離れる空間と時間を与えましょう。少しの間、ふたりの関係からセックスを遠ざけ、感情的にも身体的にも目の前のことに目を向けるよう心がけてください。愛情はセックスの前段階ではないということを理解したうえで、パートナーに愛情を注いでください。愛を持って温かく、寛大に接してください。愛が尽きることはありませんから。

簡単に言うと、性欲の差に対処する最善の方法はこうです――お互いに親切にしましょう。眠るハリネズミを思い出してください。人間関係における性的なダイナミクスの固い結び目を解くには、時間と忍耐と実践が必要なのです。

性の問題の中でも性欲の問題は最も一般的であるため、本書の実践的ワークブックである『*The Come As You Are Workbook*』〔未邦訳〕には関連するワークシートがたくさん掲載されています。自分ひとりでも、パートナーと一緒にでも、またはセラピストと一緒にでも取り組めますよ。

そして、セックスのお休み期間中は、お互いに、そして自分自身に、「どんなセックスなら求めるだけの価値がある？」と問いかけることに時間を使いましょう。

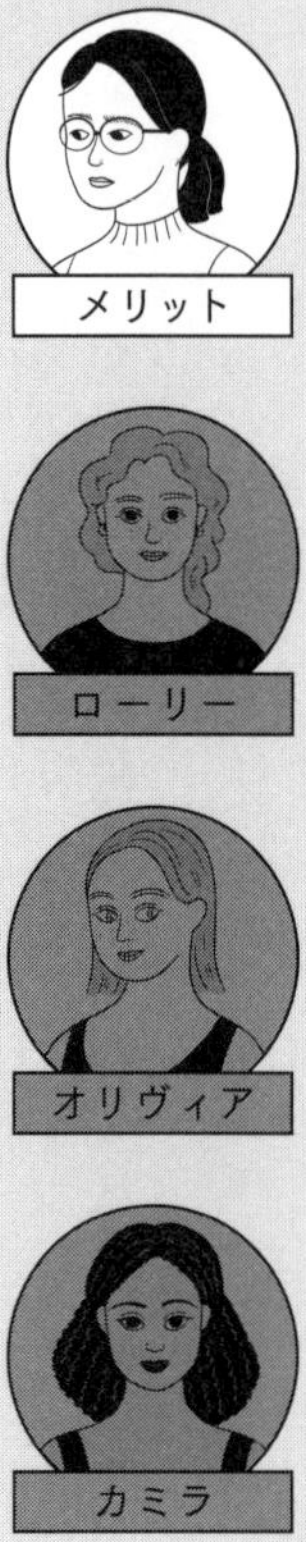

ブレーキはメリットにとって大きな課題です。そこで彼女は、政治団体で活動していた時代に学んだコツを試してみました。行動と自分のアイデンティティーを結びつけるのです。

「ただ走るだけでなく、ランナーであれ」と彼女は言いました。「もし、走ることが自分自身の一部だからではなく、走らなければならないから、あるいは走るべきだからと思うから走るのなら、遠くまで走ったり、頻繁に走ったりはできないし、走れたとしてもあまり楽しめないかもしれない。もし私が、しなければならないからセックスするのなら、それも同じこと。だったら、〝セックスが好きな女性〟というアイデンティティーを試してみるのはどうかな？」

「試す価値あり！」と私は答えました。

そこで彼女は試しました。まず何が起きたかというと、彼女は心底怒ったのです。

「どうしてセックスを好きにならなきゃいけないの？」とキャロルに暴言を吐きました。「どうして私はセックスを望まない女のままでいられないわけ？　自分が思っているよりもセックスを求めて、自分ではない人間になれっていうプレッシャーには、もううんざり！」

そして、驚くべきことをしました。メリットは「私はセックスを望まない女性です」というのを自分のアイデンティティーにしたのです。しばらくの間、彼女は怒りながら、「ノー」と言うことを、自分のアイデンティティーにしていました。

怒りは「闘争」の形をとったストレス反応であり、ストレス反応はサイクルを完了させたがっていると第４章で学びましたよね。

メリットの人生には、このサイクルをはじめる機会はたくさんありましたが、それを完了させる機会はほとんどありませんでした。彼女はただ怒っては自分をシャットダウンすることを繰り返し、サイクルの途中でブレーキを踏んでいたのです。そのため、ストレス反応サイクルが未完了のまま、大量に蓄積されていきました。

女性解放運動の活動家のグロリア・スタイネムは、「真実はあなたを自由にするが、まずあなたを怒らせるだろう」と言いましたが、怒った状態から解放されるにはどうしたらいいかは言いませんでした。その方法は、サイクルを完了させ、トンネルを通り抜けることです。

メリットは、怒りに身を委ねました。というのも初めて、怒りそのものよりも、怒りをいつまでも自分の中に閉じ込めておくことに恐怖を感じたからです。そして、怒りをすべて吐き出しました。

漠然とした怒りをぶつける先として、彼女は素晴らしい場所を選びました。怒りの矛先を文章に向け、自分の本の主人公に、敵を残酷に殺させたのです。メリットはそれを書きながら歯を食いしばって震え、涙を流しました。怒りの矛先を朝の散歩と結びつけ、急な坂を攻撃的に上ったり、矛先を家族に向け、漠然とした怒りを彼らのせいにすることもできたでしょう。でも彼女は頭が良い人です。だから書くことをはけ口にしました。

怒りは、強い風のように自分の中を吹き抜けるのを許したときに、まさに本領を発揮しました——自分で自分を吹き飛ばしたのです。そこまでは時間がかかり、不快でした。彼女は何十年にもわたって蓄積されたものを終わらせなければならず、数週間ほど「ノー！」と言い続けたことも、ほんの始まりに過ぎませんでした。しかし、最も重要だったのは、彼女が怒りを感じることを自分に許し、怒りを抱え込むのではなく、自分の中を通過させるスキルを学んだことでした。彼女は怒りで何かをするわけでも、誰かに向けるわけでもなく、ただ世界に放出させました。自分の体は溜め込んだ怒りを解放するはずだと信じ、怒りがオゾン層の穴の中に沈んでいくところをイメージしたのです。

そしてある日、怒りは静寂のかなたへと勝手に吹き飛んでいきました。その静寂の中で、メリットはこう自分に問いました。「セックスを望まないのなら、私は何を望むのだろう？」と。

ローションを使った夜、快楽を与えるのがどれほど気持ちいいことだったかを思い出すと、答えが溢れ出てきました。メリットは喜びを与えたいし、つながりたい、また、喜びを与えられたいし、それを愛する人と分かち合いたかった。あらゆる種類の快楽——特に自分の体で感じる以外の快楽――を、安全でない世界で彼女を守ってきた防衛策を使わずに、体験したかったのです。

これまでの人生で快楽を覚えたことがなかったわけではありませんが、自己防衛という壁に守られていたため、自分の中の狭い領域の外にまで広がることはありませんでした。

パートナーの快楽に集中すると、彼女のブレーキは作動しませんでした。彼女はそれくらい理解していたのです。では、どうすれば彼女は自制心から解放されて、自分の快楽を味わえるのでしょう？

その鍵はオーガズムにあります。

でも、それについては第8章でお話しすることにしましょう。

「求める価値のあるセックス」とは？

私が反応的な性欲について話すと、急に安心して、楽観的な気持ちになる学生が多くいます。彼女たちは、セックスを「渇望」していない自分を責めるのをやめ、代わりに、脳が十分な快楽にアクセスし、それに反応して性欲が表れるような〈文脈〉を作ろうとしはじめます。

でも一度、友人カップルと出かけたとき、すごく気軽に、「それでね、エミリー……、カップルが長期にわたって強いつながりを持ち続けるにはどうすればいいの？」と訊かれたことがありました。彼らはフルタイムで働く共稼ぎの若い夫婦で、小さな子どもが2人いました。

私は、いつものように、反応的な性欲について説明してから、最後にこう言ったのです。「その日が来たら、ベッドに入って、自分の肌を相手の肌に触れさせて……」

でも私がそう言ったとたん、性欲が低いほうのパートナーは、嫌な顔をしてテーブルから身を反らしたのです。

「なるほど」と私は落ち着いて言いました。「つまり問題は、あなたがセックスを求めていないことではないのね。問題は、あなたがセックスを〝好きじゃない〟ってこと。セックスの何が嫌いなのか、教えて」

すると、彼女は何年も自分が無視されていると感じていたことを話してくれました。

無視！

しかも、何年も！

そりゃあ、セックスを好きになれませんよね！　でもセックスを好きでないからといって、彼女がそれを望んでいないのではありません。長年、私は性欲に関する研究を読み、カップル、セラピスト、科学者、医療関係者と話してきた中で、「好きでもないセックスを望まないのは正常だ」と理解するよりほかに、性欲に関する問題に対処する有力な手段はないと考えています。

ペギー・クラインプラッツと研究チームが書いているように、「おそらく現在、性的欲求低下障害と診断されている症状の多くは、悲惨でがっかりするようなセックスに対する健全な反応だと理解するのが最も適切」なのでしょう。[22]

性欲が低いカップルがやってくると、セックスセラピストで研究者のクラインプラッツは「どんなセックスが望むに値すると思う？」と問いかけます。

第4章の、筋書きを進める話を覚えていますか？　性的反応サイクルだけでなくそれ以外の力によって、より大きな目標にあなたを向かわせるセックスのことです。クラインプラッツのクライアントは、このようなセックスを「求めるに値する」と表現しています。人はただオーガズムだけでは物足りず、それ以上を求めているのです。

そして彼女は、そのようなカップルがより多くを得られる道を見つける手助けをしています。彼女は研究者チームを率いて、自称「素晴らしい性生活」を送っている人々を何年もかけて研究してきました。想像しうるあらゆる背景、性的指向、性自認を持っている人々です。変態的な行為が好きな人もいれば、平凡が好きな人も、男女1対1の関係が好きな人も、そうでない人もいます。

彼女たちは年齢も、健康状態も、体つきもさまざまですが、セクシュアリティーを通じてつながっているという感覚や、快楽にアクセスする力が共通していました。この研究結果は、ペギー・クラインプラッツとダナ・メナールの共著『*Magnificent Sex*（素晴らしいセックス）』〔未邦訳〕に記されており、「最上の性体験」をした人たちは、主に8つの要素でそれを表現していることが報告されています。

1. その瞬間に存在すること、集中、具体化
ペースを落として、雑念や自分を抑止するものを手放し、今目の前で起きていることに注意を払い、他のことを排除することをいいます。

2. つながり、連帯、融合、同期
パートナーと足並みを揃えているように感じることは、多くの参加者が、素晴らしいセックスに不可欠であると述べています。

3. セクシュアルでエロティックな親密さ
こう答えた人たちは、セックスの間だけでなく、ふたりの関係全般において、深くお互いを尊重し、心から受け入れ、思いやりと深い信頼を身にしみて感じています。

4. 素晴らしいコミュニケーション、強い共感
素晴らしい恋人というのは必然的に、並外れたコミュニケーション能力の持ち主でもあります。つまり驚くほどの共感力があり、パートナーの内面世界に理解を示せるのです。

5. 誠実、嘘がない、制約がない、透明性
素晴らしいセックスには、感情をむき出しにして、快楽や欲望を恥じらわずに表せることが必要で、それには通常、成長段階で私たちが見聞きしてきた性に関する筋書きや「〜するべき」という考えを拒否する過程をじっくりと辿る必要があります。

6. 超越、至福、安心、変容、回復
そう、素晴らしいセックスでは、宇宙に溶け込み、自分を変えて、癒やし、人生や人間関

係をより向上するような方法で神聖なものとつながるような感覚に陥ることもあります。日常生活で境界線を引くことが多い場合、自ら進んで信頼できるパートナーとの間の境界線を解消できるようになれば、セックスライフは一変します。

7. 探求、対人関係上の冒険、楽しみ
これは第3章のワークシートの項目にある「遊び心」――〈文脈〉で遊んでみる、好奇心から調べてみる、発見、実験、クリエイティビティー、笑い――によく似ています。

8. 無防備、降伏
素晴らしいセックスは深い信頼を前提とし、ほんとうの自分を、パートナーに敬遠されることなく、大切な贈り物として受け止めてもらうことでもあります。

この研究の被験者の体験は、素晴らしいセックスとは、パートナーと何をするかではなく、体のどの部分がどこに、どのくらいの頻度で、どれくらいの間あるのかでもなく、深い信頼とつながりの中で、パートナーとどれだけ一緒に感覚を味わえるかだと教えてくれます。まるですごいことのように聞こえますよね？　この研究が示すのは、届かないほど高いハードルを設定する必要はなく、「ほんとうに素晴らしいセックス」と「私たちの多くが期待する素晴らしいセックス」との違いを認識するのが重要だということです。

例えば、このリストに欠けているものはありませんか？

性欲は？

蓋を開けてみると、素晴らしいセックスに性欲はそこまで関係がないことがわかりました。被験者の大半は言及せず、必須のものとして強調した人はごく少数。「情欲」「性欲」「相性」「魅力」は、「最上のセックス」のせいぜいマイナーな要素でしかありません。素晴らしいセックスをしている人々の間ですら、反応的な性欲はよくあるものでした。

そして、そう感じるのは彼らだけではありません。「最上のセックス」は、幼少期の性被害のサバイバーたちが語る「良いセックス」と驚くほど似ています。研究者たちが「コミュニケーション」「透明性、無防備」「その瞬間に存在すること」「積極的な参加者でいること」と識別する特徴です。[23] 20人の女性に「良いセックス」について尋ねた別の研究では、「幸せで楽しいセックス」の特徴として、「その気になる」「したくなる」ことを挙げた参加者は3人だけでした。[24] 彼女たちが言う「良いセックス」や「幸せなセックス」に共通するのは、快適さや自然さ、基本的な快楽、そして何よりも感情的なつながりだったのです。

しかし、目もくらむようなセックスは、さらに奥深いもの。クラインプラッツとメナールが言うように、「素晴らしいセックスをするには、多くの人が若い頃に学んだ従来の台本を超えて成長する必要がある」のです。つまらないセックスライフは変えられます。目標は、単にセックスへの罪悪感や恥ずかしさ、抑制を捨てることではありません。むしろ、型どおりのセックスという憧れを捨て去ることなのです。[25] ただベッドの中に入れば素晴らしいセックスができるわけではありません。自分の魂の中のワイルドな部分へ思いきって飛躍するのに、十分に安全な〈文脈〉を慎重に育てている。それが素晴らしいセックスです。ひょんなことから表れる性欲はほとんどそれと関係ありません。素晴らしいセックスをする人たちは、一般的なメディアやポルノで見かけるセックスだけを望んでいるわけではありません。自分自身やパートナーをもっと深く知りたい、そして、もっと見られたい、深く知ってもらいたい、強く感じたい、強く抱きしめてもらいたいと思っています。これが、私の言う「素晴らしい性欲」です。

ゴットマンらが発見したように、長期にわたって性的に強い結びつきを維持するカップルは、セックスを優先しています。しかし、優先順位が下がることがあるのも正常です。赤ちゃんが生まれたとき、死にゆく親を介護しているとき、ふたりとも仕事に追われているときなどには、エロティックなことをはじめるために、お互いに向き合う時間やエネルギーがないことがあります。でもそれは人生の一局面であり、ふたりで乗り越えれば、また戻ってこられると信じて、受け入れてください。

そして、長い乾季を共に過ごしたあとに、それぞれが何を発見するかは、考えてみる価値があります。遊び心なのか、つながりなのか、探求心なのか、安心なのでしょうか。あるいは雑用や義務、徒労のようなものでしょうか？　もしパートナーと一緒にベッドに入るのが怖いのなら、性欲の欠如が問題なのではありません。快楽がないことが問題なのです。

セックスを求めるというのは、体や遊び心から得られる快楽を習慣的に求めることかもしれません。ですが時には、それ以上のものを求めることでもある。それ以上というのがなんなのかは人によって違い、生涯を通じて変わっていきますが、素晴らしいセックスをしている人たちは、セックスは快楽以上のものを与えてくれると言います。セックスは、奥深い生理的なところで相手と同調することなのです。自分の性欲を自分自身にさらけ出し、その欲望をあえてパートナーに見せること。自分の人間性、さらには神聖な部分にまでも深く入り込み、パートナーの内面にも入り込んでいくことなのです。

自分に問いかけてみてください。どのようなセックスなら求める価値があるのでしょう？　そして、そうしたセックスをするために、あなたはどこまでやれるでしょうか？

あなたの庭を共有する

女性は、健康か否かを知らせる自分自身の感覚よりも、体に関する文化的メッセージを信じるよう教わることが多いですが、同様に私たちは、自分自身の感覚よりも、自分のセクシュアリティーに関するパートナーの意見や考えを信頼することがよくあります。特に、パートナーのセクシュアリティーが、セックスのあり方に関する一般論とより合致している場合、自分はおかしいと信じてしまいがちです。

しかしあなたはもう、どんな性欲のスタイルでも最大限に活用できる方法を知っています。反応的な性欲を受け入れ、愛《め》でるのです。あなたが興奮するための良い理由を作るのを、パートナーに助けてもらえばいいのです。

何十年にもわたって性的な強いつながりを持続するカップルには、2つの共通点があります——ふたりはセックスを優先する友人同士ということ。明記しておきますが、ふたりの関係の中で、セックスが優先されない時期があるのは正常であり、また、セックスが優先されない関係もあります。

しかし、〈文脈〉が正しければ、あなたは自分の庭に誰かを迎え入れたくてたまらなくなる。そのときは、相手は自分の庭で仕事をすることに慣れていて、その庭はあなたの庭とは異なることを思い出してください。彼らの体、ブレーキとアクセル、彼らの家族や文化が植えた種、教わった庭の手入れ方法は、あなたのと似ているかもしれないし、まったく違うかもしれません。もし、あなたとパートナーが違っていたとしても、あるいは片方がより文化的な標準に一致していたとしても、どちらが良いとか悪いとかいうことではありません。ジャガイモの生産者が、バラを土の中で育てるべきだと言うのは、明らかに間違っていますよね。あるいは、アロエの栽培に適したことは、必ずしもトマトの栽培には適さないですよね。

あなたが自分の庭に招きたいと思えるほど好きで尊敬している人が、あなたのことを好きで尊敬していることを願っています。あなたが相手の庭の成長を助けたいと思うように、相手もあなたの庭の成長を助けたいと思うべきですが、どうすればいいのかわかっていないだけかもしれません。

だから、反応的な性欲について伝えなければならないのです。あなたはおかしいのではなくて、アロエであることを期待される世界に生きるトマトの苗なのだと。もし、あなたが水をたくさん飲むと成長するのであれば、それをパートナーに伝え、一緒にそれを褒め称《たた》えましょう。どんな〈文脈〉があなたのアクセルを作動させ、どんな〈文脈〉がブレーキを作動させるか、お互いに伝え合いましょう。今までふたりでして一番セクシーだったセックスについて話し、それを再現するためにどうすればいいかを話し合ってみてください。

ふたりの関係の中に、反応的な性欲のためのスペースを作ると、良いことが起こります。オリヴィアとパトリックは、〈文脈〉に敏感なパトリックを誘う側にすることで、ふたりの性欲スタイルをひっくり返しました。「アイドリング」の状態から、「関心がある」状態になるには、何が自分を興奮させるのかを彼は考えなければなりませんでした。オリヴィアは、パトリックが自分の欲望を追求するための空間と時間を辛抱強く与えました。そして自分の

自発的な性欲のスタイルではほとんど経験できなかった、強烈にエロティックな経験をしました——そうして努力が報われたのです。

このような高度な相互受容と自己受容は、まさにそれ自体が最も豊かな、セックス・ポジティブな〈文脈〉です。各々のセクシュアリティーがどのように機能しているかを単に認識するだけでなく、それをありのままに受け入れて、歓迎するのですから。重要なのは、自分のセクシュアリティーがどう機能するかではありません。自分が自分のセクシュアリティーについてどう感じるか、パートナーが自分のセクシュアリティーについてどう感じているか、そして、ふたりがお互いのセクシュアリティーをどう感じているか、なのです。

それこそが、究極のセックス・ポジティブな〈文脈〉。それについては第9章で説明します。

でもその前に、オーガズムについてお話ししましょう。

第7章のまとめ

1

「自発的な性欲」(性的なことを考えただけでセックスをしたくなる)がある人もいれば、「反応的な性欲」(性的な行為が実際に始まってからセックスをしたくなる)がある人もいる。女性の約半数はそのどちらかで、残りの半数はこの2つが組み合わさり、〈文脈〉に応じて変化する。

2

パートナー間で性欲の度合いが違う場合、性欲が高いほうが正しく、低いほうに問題があるとされがちだが、そうではない。その逆も然りで、人によって異なるというだけ。知っておくべきことは、重要なのは性欲ではなく、快楽であるということ。

3

もしあなたが「自発的な性欲」がなくなったと感じているなら、それは〈文脈〉が変わったからで、あなたが「どこかおかしい」からではない。「自発的な性欲」を取り戻したいときは、〈文脈〉を見つめ直そう。

4

素晴らしいセックスをしている人たちの中にも、「反応的な性欲」の人はいる。求める価値のあるセックスとは何かを知り、十分に安全で楽しいと脳が感じられる〈文脈〉を育てられれば、最上の性体験が生まれる。

第 4 部

エクスタシーは私たちのもの

第8章

オーガズム

快楽とは、あなたを構成する「鳥の群れ」

メリットは、セックス中に自分の体や性機能のことを気にする「観戦《スペクテータリング》」の名人でした。

彼女の頭の中は、体で起きている心地よい、ヒリヒリするようなことに注意を払うよりも、自分の胸がどう見えているかや、前回のセックスではオーガズムを感じなかったこと、快楽に集中できないのは人間としてどうなのか、という不安な思いでいっぱいでした。つまり、今しているセックスを好きになるのではなく、心配ばかりしていたのです。そして心配は快楽の真逆であり、ブレーキをかけます。

そして、ブレーキがかかっていると、オーガズムは生じません。

だからこそ、キャロルと過ごしてきた20年の中で達したオーガズムの回数を、メリットは簡単に数えることができたのです。

それもあって彼女は、オーガズムの追求こそ、人生に組み込みたい快楽――それから快楽が必要とする自分への信頼――を実践するのに格好の方法だと考えました。

「いいから方法を教えて」と彼女は言いました。「どうすればオーガズムを起こせるの?」

「ああ、オーガズムは起こすものではないのよ。許可するものなの」と私は言いました。

すると彼女はうなずきましたが、すぐに首を振ったのです。「どういう意味かわからない」

私は、ジュリア・ハイマンとジョセフ・ロピッコロの『*Becoming Orgasmic*（体で感じるオーガズム）』〔未邦訳〕を読むようメリットに勧めました。この本はオーガズムを感じたことのない女性向けに書かれたものですが、オーガズムに悩むすべての女性にとって、まさに真髄ともいえるガイドブックです。メリットはその本を読み、いくつかのエクササイズをしました……そして驚く行動に出ました。キャロルと一緒にオーガズムを求めるのはやめたのです。

「私にとって、オーガズムに達するまでセックスするのは、体重が減るまでランニングをするようなもの。そううまくはいかないし、それが重要ですらない。だから、もう挑戦するのはやめようと思って」

週に一度、彼女とキャロルはマッサージと、キスとオーラルセックスをし合うようになりました。彼女たちはただそうすることを楽しみ、自分たちがどう感じるかに注意を払うだけで、ゴールに向かうことはしませんでした。

そうしたら、どうなったと思いますか？

もう、おわかりですね？

この章では、女性が経験できるあらゆる種類のオーガズムと、女性と恍惚とするような快楽の間に立ちはだかる障壁について説明します。メリットの敏感なブレーキは、オーガズム――特に他者と一緒に達するオーガズム――の妨げになっていました。彼女は、この章で私が説明する科学を使って、そのブレーキを外し、想像をはるかに超える深いオーガズムを経験する方法を見つけました。

数年前、マスターベーションすらしたことがなく、ましてやオーガズムを感じたこともない友人が、初めて誰かと性的な関係を持つのをサポートしました。彼女がときどきしてきた質問には、「オーガズムに達したって、どうすればわかるの？」というものもありました。

そこで私は、オーガズムの感じ方は人それぞれで、刺激の仕方やパートナーの有無、月経周期の違いなど、数多くの要因によってオーガズムもさまざまであると伝えました。ヴァギナの周りの筋肉がリズミカルに脈打つのを感じることもあれば、感じないこともあります。

多くの女性が最もよく表現するのは、「終了した感じがする」でした――つまり、限界を超えて何かが完了したような感覚です。また、筋肉が引き締まり、心臓がドキドキするような緊張のピークがあることが多い。オーガズムは、見ればわかるアートのようなものなの、と私は彼女に伝えました。期待したものとは違うかもしれないけれど、他のものとは違うのだと。

彼女は熱心にうなずきながら、「たぶん、経験したことがあると思う！」と言っていました。

そしてある日、彼女はニヤニヤしながら私のところにやってくると、こう言ったのです。「予想と違ったけど、あなたの言うとおりだった。他のものと間違いようがなかったわ」

このように、オーガズムは多様性に富んでいるため、定義するのはほとんど不可能です（科学者たちは何万語もの言葉を使ってオーガズムを解明しようとしていますが）。しかし、普遍的な特徴を記すとすれば、次のようになります。オーガズムとは、性的な行為をしている間の緊張が突然、不随意に解き放たれることです。[1]

この定義には多くのもの――性器、筋肉の収縮、性行動、快楽、あるいは、それがどのように感じられるかやどのように起きたかを特定するもの――が欠けているのがわかるでしょう。オーガズムは人によって、また〈文脈〉によっても異なります。オーガズムは、セックスしている間に生じますが、生じないこともあります。マスターベーション中に生じることもあれば、生じないこともある。クリトリスへの刺激、ヴァギナへの刺激、太ももへの刺激、アナルへの刺激、乳房への刺激、耳たぶへの刺激、あるいは肉体的接触がまったくない精神的な刺激、あるいはこれらのいずれでもない状態で生じることがあります。寝ているとき、運動しているとき、あるいは他のまったく性的でないさまざまな状況にいるときにも生じることがある。オーガズムは魅力的だったり、月並みだったり、スピリチュアルだったり、迷惑だったり、恍惚とするようなものであったり、楽しかったり、不満を覚えるようなものであったりします。素晴らしいこともあれば、そうでないことも。あなたが求めるときもあれば、そうでないときもある。

この章で私は、あなたのオーガズムがどんなものであっても（あるいはなかったとしても）正常であることを証明したいと思っています。そして、あなたが可能な限り最も深遠で強烈なオーガズム――宇宙をひっくり返すようなオーガズム――に到達できるように力を与えたいのです。誰にでも可能だと私は信じていますが、それはオーガズムではないものすべてを手放したときに初めてできることです。

気づいたら「観戦」していた場合の対処法

他の種とは異なり、人間は、脳にコントロールされるのではなく、脳をコントロールすることができます。自分が何を考え、何を感じているのかに気づき、対処できるのです。これが、「観戦」

を含むあらゆる不安を管理するための鍵となります。自分が何に注意を向けているかに気づき、注意を向けたいことに注意を向けられるようにしましょう。

そんなこと言うのは簡単だよ！　そう思うかもしれませんが、練習すれば思うよりも簡単にできるようになります。その方法をお教えしましょう。

スーパーで並んでいるところや、バスの中で座っているところを想像してください。自分の呼吸を意識してください。息を吸って止めて、吐く。息を吸って止めて、吐く。２回呼吸するだけです。

意識できたら、微笑んでください。

１日に５回から10回、意識的に呼吸するようにしましょう。

そして何よりも、２回の呼吸の間に注意が散漫になったら――きっとそうなりますが、そうなるのは正常です――意識することです。気が散っている自分を意識したら、頭をよぎる考えに微笑みかけて、手放し、注意を自分の望む場所にそっと戻します。

そのスキルは何かって？　マインドフルネスです。

意識しようとするものから注意が逸れたことに気づき、意識することが、「観戦」をやめるのに役立つスキルです。なぜなら、あなたは「観戦」していることに気づき、注意を体の感覚に向けることを学ぶからです。

今度は、オーガズムの不一致！

まず、オーガズムは「生殖器の反応」ではありません。

第2章では、マスターズとジョンソンの、性的反応の生理学を測定する研究（4段階モデル）を紹介しました。この研究では、オーガズムが生じるタイミングとして、特にヴァギナの入り口にある骨盤底筋の収縮を指標としていました。

でも、そんなに単純ではありません。

第6章の「不一致」、つまり性器が行っていることと、あなたが経験していることが必ずしも一致しないという点を思い出してください。それはオーガズムにも当てはまるという証拠があります——少なくとも、実験室で性器の反応を測定されながらオーガズムに達せる女性の間では。

例えばある研究では、被験者に実験室でオーガズムに達するまでマスターベーションをしてもらい、そのオーガズムを1（弱い・ひどい）から5（最もパワフル・素晴らしい）の尺度で評定してもらいました。[2] 結果はどうなったでしょう？ 女性がつけたオーガズムの評価と、骨盤底筋の収縮回数など、従来オーガズムの指標として扱われてきた性器の反応との間には、なんの関係もなかったのです。

リズミカルに生じる意図しない収縮は、おそらくオーガズムの最も普遍的な生理学的指標ですが、それさえも常に信頼できるわけではありません。ある研究では、11人中2人の女性がオーガズムに達したときに膣周辺の筋肉の収縮を感じませんでした。[3] また別の研究では、オーガズムがなくても筋収縮を感じた女性がいました[4]。

言い換えれば、オーガズムを示す性器の生理的指標は、必ずしも女性の主観的なオーガズム体験を予測するものではないということです。これは、オーガズムが快楽と同様に、性器で生じることではなく、脳で生じることであると認識すれば、完全に納得がいきます[5]。

オーガズムは人によってさまざま

ここで、オーガズムは「快楽の頂点」ではない、という話になります。

オーガズムはくすぐられるのと同じようなものです。楽しいときもあれば、うっとうしいときもあり、ほとんど何も感じないときもあります。快楽とは感じることを知覚することであり、知覚は〈文脈〉に左右されます。それはオーガズムについても、くすぐりについても同じことが言えます。でも、「なぜ、パートナーにくすぐられると、多くの場合、楽しくて快楽を覚えるのに、そうでないときもあるの？」と私に尋ねてきた人はいません。私たちはみな、くすぐりの感覚は〈文脈〉に左右されることを直感的に知っています。くすぐりには、適切なタイミングと場所があるのです。

でも、この質問はしょっちゅう訊かれます。「どうしてオーガズムが素晴らしいときと、そうでないときがあるの？」まるで、オーガズムは他の感覚とは違うもので、どんな状況でも一定の感覚を得られるはずだと信じているような言い方ですよね。

すべてのオーガズムは、性的な緊張が突然解放されて生じます。ですが、その解放をどのように感じるかは、〈文脈〉によって異なります。だから素晴らしく感じるオーガズムもあれば、まったくそんなふうに感じられないオーガズムもある。実際にいくつか例を挙げてみましょう。

・ある女性が、エクササイズのクラスを受けている間にオーガズムを感じたと、顔を真っ赤にして言ってきたことがあります。恥ずかしくて快楽を味わえず、オーガズムと快楽の欠如の両方に困惑していました[6]。

・深刻な鬱病を抱えた友人は、オーガズムは感じられても、快楽は感じられないと言っていました。私は、それは正常で、快楽は〈文脈〉から生まれるものだが、彼女の〈文脈〉は灰色で平坦なのだと説明しました。鬱病の人にとっては正常なことです。

・私がゲスト講師として性的暴行について講義する間、どんどん顔色が悪くなっていった学生がいました。私はレイプの際に女性がオーガズムを感じることがあり、それは基本的に単なる反射であり、快楽や同意を意味するものではないと説明しました。彼女は講義のあと、私のところに来て、その一言で人生が変わったと言いました[7]。

・ある女性は、定期的に睡眠中にオーガズムを感じ、その途中で目が覚めることがあるそうです。オーガズムは夢で起きることもあれば、そうでないこともあり、必ずしも快楽を伴わないのに体がほてり、脈動を感じることにいつも困惑していたそうです[8]。

オーガズムがそれぞれ異なるのは、そのオーガズムが生じるための状況や状態が異なるからです。オーガズムの質は、オーガズムそのものではなく、オーガズムが生じる〈文脈〉によるのです。

すごく気持ちのいいオーガズムとは

また、オーガズムは序列的ではありません。すべてのオーガズムは異なり、「正しい」種類や「より良い」種類のオーガズムは存在しません。オーガズムにはさまざまな種類があると言うのも難しいくらいです。なぜなら、オーガズムはすべて同じ基本パーツ（性的緊張の急激な解放）からできていて、構造が違うだけだからです。

オーガズムの「種類」についてではなく、オーガズムに達するためのさまざまな「方法」についてなら、考えることができます。ここでは、これまで女性たちが私に語ってくれた、すごく気持ちいいオーガズムの例をほんの一部ご紹介します。

・クリトリスへの刺激によるオーガズム。
・ヴァギナへの刺激によるオーガズム。
・乳房への刺激のみによるオーガズム。
・足の指をしゃぶられることによるオーガズム。

・パートナーに髪を掴《つか》まれて、ベッドに固定されたまま、アナルを（ローションを使って）指で貫通されたときのオーガズム。一番エロティックだったのは、彼の温かい手のひらが自分のお尻の皮膚に優しく当たったときの感覚だったと彼女は言っていました。

・パートナーが指先を大陰唇に沿ってゆっくりと優しく、何度も、何度も、何度も、何度も撫でたことによるオーガズム。「最初は前菜だったのが、メインディッシュになった」と彼女は言っていました。

・パートナーにオーラルセックスをしているときに、性器への刺激を与えずに生じたオーガズム。彼女は彼の興奮に深く同調し、彼が達したときに彼女も達したそうです。

これらは、クリトリスへの刺激によるオーガズム、ヴァギナへの刺激によるオーガズム、胸への刺激によるオーガズム、足の指への刺激によるオーガズム、お尻への刺激によるオーガズム、陰唇への刺激によるオーガズム、そしてオーラルセックスによるオーガズムなのでしょうか？

いいえ、違います。女性誌や研究者でさえもが、Gスポットオーガズム、ブレンドオーガズム、子宮オーガズム、ヴァルヴァオーガズムなど、さまざまな種類にオーガズムを識別して、ラベル付けするのに苦労していますが[9]、オーガズムは1つしかありえません。ただ、性的な緊張が突然解放される方法がさまざまだというだけです。解剖学的、生理学的、さらには進化論的にも、体のどの部分が刺激されたかでオーガズムの種類を語るのはあまり理論的とは言えません[10]。

クリトリスへの刺激で生じるオーガズムと、ヴァギナへの刺激で生じるオーガズムがしばしば異なるように感じられるのは事実です。しかし、ヴァギナへの刺激によるオーガズムは、毎回異なって感じられますし、クリトリスへの刺激によるオーガズムもまた、毎回異なるように感じられるのも事実です。パートナーがそばにいるときに達するオーガズムは、いないときのオーガズムとは違うように感じられるかもしれないし、特定のパートナーがそばにいるときのオーガズムは、その他の相手がいるときのオーガズムとは違うかもしれません。また、同じパートナーでも、そのときによってそれぞれ違って感じられるかもしれない。オーガズムを感じ方で分類しようとすると、女性が経験するありとあらゆるオーガズムをまとめる、新しいカテゴリーが必要になります。

すべてのヴァルヴァがそのままで正常で健康であるように、すべてのオーガズムは、どのような刺激で生じたか、どのように感じるかにかかわらず、正常で健康です。オーガズムの価値は、どのように生じたかや、でたらめな基準を満たすかどうかではなく、あなたがそれを好み、望んだかに由来します。

つまり、「快楽がオーガズムの基準である」ということです。どんな刺激がオーガズムを生み出したかでも、そこに到達するまでの時間でも、持続した時間でも、骨盤底筋がどれだけ強く収縮するかでもありません。オーガズムを測る尺度は、あなたがどれだけそれを楽しめるかだけです。

ローリーにとって、オーガズムは問題ではありませんでした。ひとたび快楽を得られれば、間違いなくオーガズムに達したからです。ローリーの問題は、生活の中のストレスが、彼女と快楽との間に石壁を築いていることでした。彼女とジョニーは、〈文脈〉を変えることで壁を壊す方法を学ぼうとしていましたが、ライオン・キングの《愛を感じて》の成功を受けて、ジョニーはつけあがりました。いい気になってしつこく要求し、追いかけたのですが、そのせいでローリーはますますプレッシャーを感じるようになり、やがてジョニーが求めてくることに腹を立てるようになりました——特に、彼女がプレッシャーを感じると興味がなくなるとジョニーは知っていたわけですから。ローリーにしてみれば、ジョニーが努力を台無しにしようとしているように感じられたのです。

ローリーのこの状況では、つい「ほら、私の人生は調子が悪いの。だから私の性的関心も調子が悪いのよ。それならそれで仕方ないでしょう。私にセックスは無理」と言ってしまったとしても、正常です。たくさんの女性が毎日同じことを考えていて、まずは生活が改善されるのを待ってから性生活を取り戻そうとするのはもっともです。優先順位の問題なのですから。そして実際、ローリーがもっとセックスをしたくなるように努力し続けた最大の理由は、ほんとうにセックスがしたいと思えるようになりたかったからではなく、彼女にセックスをしたくなってもらいたいとジョニーが思っていたからなのです。

イライラしながら、ローリーは彼を家から追い出し、息子のトレヴァーと一緒に図書館に行ってもらいました。そうすれば、洗濯をしたり、仕事を片づけたり、運が良ければ昼寝をしたりと、家の中をひとり占めできたからです。

そして、ひとたび彼らがいなくなると……彼女は寂しくなりました。

多くの場合、1日のうちで一番楽しいのは、息子のお風呂の時間でした――うんざりするような家事や面倒とはかけ離れた時間で、息子と一緒に水しぶきを上げて楽しむのが大好きだったのです。そして今、彼女は彼らが帰ってくるのを心待ちにしていることに気づきました――それはお風呂の時間があるからです！

そして、「セクシーな喜び」と「ママの喜び」を比較して考えました。「子どもとの時間を楽しみたいのは自分勝手だからじゃなく、楽しめばより良い親になれるから！　どうしてその喜びは自分にOKできるのに、他の喜びはダメなんだろう？」

そこで、ピンときたのです。彼女の頭をよぎったのは、女性にとって、母親でいることは最高だけど、セックスはあまりよろしくないと教えられてきたこと、おいしいものを食べる喜びが、罪悪感のせいで妨げられてきたこと……。でも最終的にはしっくりきて、彼女はそうした考えを一気に手放しました。そして、「ジョニーのため」だけではなく、「自分のため」にもセックスができるのではないかと考えるようになったのです。

ローリーは、ジョニーが言っていたことを思い出しました。「今いる場所ややっていることよりも、今の気持ちが大事なのかもしれないよ」。彼女もそれを実践に移すことにしました——何が起きているかではなく、自分の気持ちに注意を向けたのです。

どちらでも、あなたのヴァギナは大丈夫

ペニスとヴァギナを使った性交時のオーガズムについてよく訊かれるので、少し時間をかけて説明しましょう。第1章で見たように、クリトリスはあなたのエロティックな感覚がいっせいに集まる駅です。マスターベーションをする女性の80~90%が、バイブレーターを使用する場合も含めて、ヴァギナへの挿入をほとんどしない、あるいはまったくしない状態でオーガズムを経験するという結果から、女性のオーガズムにおけるクリトリスの優勢は説明がつきます。[11]

でも、そう。こんな古い言い回しがあります。「船の大きさじゃない、波の動きこそが重要だ」この言葉は、ヴァギナに挿入されるペニスの大きさではなく、パートナー同士がお互いに刺激

を与え合うこと（あるいは、2人のうちの「船乗り」のほうのスキル）が、性交中の女性に快楽とオーガズムを生み出すことを言い表しています。

ですが実際は、船の大きさでもなく、波の動きでもありません。女性はただ、さまざまというだけ。映画やロマンス小説、ポルノで学んだものがなんであれ、実際には、ヴァギナへの挿入だけで確実にオーガズムに達する女性は3分の1以下で、残りの3分の2かそれ以上は、挿入だけでオーガズムを感じることはときどき、あるいはほとんどない、あるいはまったくないのです。[12]

しかし女性たちはいつも私に、「なぜ性交中にオーガズムを感じられないの？」と質問してきます。その理由は、ほとんどの女性がオーガズムを感じられない理由と同じでしょう――オーガズムにはクリトリスへの刺激が有効である場合が最も多いのに、性交はクリトリスの刺激にあまり効果的ではないからです。実際、挿入によって確実にオーガズムに達するかどうかが女性によって異なる理由には、クリトリスと尿道の距離が関係していることが研究でわかっています。[13]要は、解剖学的な問題なんです。

そうなると、問題は、なぜヴァギナへの挿入でオーガズムを感じない女性と感じる女性がいるのか、ということになります。いくつかの仮説がありますが、おそらく最有力なのは、次の2つの刺激方法に対する反応の差でしょう。(1)ヴァギナの前壁から尿道海綿体――男性の前立腺と相同で「Gスポット」という仮説のもと――への刺激、(2)クリトリスの頭からヴァギナの入り口まで伸びる前庭球への刺激。結局のところ、それは人によって違うのです。性器の配置や組織の感受性は、人によって異なります。[14]両方の仮説には良い点もあるのでしょうが、女性のオーガズムに関する研究を行うための資金を得るのが、どれほど難しいかは想像に難くない。ですから、確かなことを知るまでに、しばらく時間がかかるかもしれません。

では、挿入で生じるオーガズムが比較的珍しいのであれば、なぜ女性はそれについてよく尋ねるのでしょうか？　なぜ、挿入が「オーガズムに達する正しい方法」として捉えられることが多いのでしょうか？

その答えはもちろん、「家父長制」です。うわ、またかって感じですが、「男性＝デフォルト」だからです。何世紀もの間、男性医師や科学者たち――フロイトはしばしばこの問題の主犯として指摘されますが、それは正しいです――が、ヴァギナの刺激によるオーガズムは正しくて、健全で、正常であるのに対して、クリトリスによるオーガズムは「未熟」だと主張しています。

しかしそれは、性的興奮と性欲に関する「男性＝デフォルト」とは異なります。文化が自発的な性欲を「期待すべき」性欲とするのは、それが男性の性欲のあり方だからであり（もちろん、すべての人がそうだとは限りませんが）、一致した性的興奮を「期待すべき」性的興奮とするのは、それが男性の性的興奮のあり方だからです（これも、すべての人がそうだとは限りません）。でも、もし仮に女性に期待されるオーガズムが男性が経験するようなものだとすれば、解剖学的にクリトリスはペニスの相同体であるのですから、クリトリスの刺激によるオーガズムのはずです。女性がヴァギナからの挿入でオーガズムに達するべきだというのは、解剖学的に、男性が前立腺や会陰（陰嚢と肛門の間）の刺激でオーガズムに達するべきだと言っているのと同じ。確かにそうした刺激でオーガズムを感じる男性は多いですが、そうでなくても彼らが批判されることはないし、通常彼らも、自分はどこかおかしいかもしれないと疑問に思うことはないでしょう。

つまり、文化が作り上げた神話によれば、こうです。女性は男性と同じく、実際に性交をはじめるまでに性的興奮と自発的な性欲が一致し、その後は女性特有の方法で機能し、男性が確実にいくような行為でオーガズムに達することになっている。男性の快楽がデフォルトなのです。

性のアクセルが比較的鈍いカミラは、オーガズムに達するのがいつも遅く、もっと敏感になりたいともそれほど思っていませんでした。オーガズムに達するのは一苦労で、ようやく達したとしても、努力が報われるようには思えなかったのです。彼女はこれまでの人生でマスターベーションをしたことはほとんどなく、それも欲求に駆られてというより好奇心からでした。そして、ヘンリーとのセックスにおいても、オーガズムにはそこまで興味がありま

せんでした。

優しい紳士のヘンリーは、このことで困っていました。

「オーガズムを感じないなら、僕は君を満足させたと言えるのかな？」と彼は訊くのです。

「私が満足したと言っているんだから、いいでしょう！　もし私があなたより少なくピザを食べて満腹だと言ったら、それを疑うの？　ワインを2杯飲んで、いい感じにほろ酔い気分でいるのに、もっと飲める量を増やさなきゃならないわけ？　小説を読んでも続編を読む気にならないのには、何か問題があるってこと？」

「もちろん、そんなことはないよ」というのが、この3つの質問に対する答えでした。

「じゃあなぜ」とカミラは言いました。「私がすごく良い時間を過ごしたと感じるには、私の体に生理的な反射が起きなきゃならないと思ってるの？」

「だって、その反射によって、君が満足したかどうかを知れるから！」

それは、ある人の視点が、その人にとっては明白でも、相手にとっては未知のものすぎて説明できないといった類いの意見の相違でした。でも彼女たちが辿り着いた解決方法は、ふたりがこれから何十年も一緒にいられることを示していました。ふたりは立場を交換して——座っている席を替えて——相手の視点に立ったのです。カミラはヘンリーとして主張し、ヘンリーはカミラとして主張しました。

カミラは「もしあなたがオーガズムを感じないのなら、あなたがほんとうにふたりのセックスが好きで、それを望んでいたとは確信できない」と言いました。

ヘンリーは、「僕がオーガズムに達しなくても、例えばピザを好きなだけ食べて、最高だった、これでもう十分だってだけのことだよ」と言いました。

そして、「ああ、そうか」と納得しました。

するとカミラが続けて、「でも、ピザとセックスは違うじゃない。セックスには目指す地点、ゴール、〝最後に到達する究極の場所〟がある。もしあなたがそこに到達しないなら、私はあなたを失望させたってことね！」と言いました。

そして、彼女も「ああ、そうか」と納得しました。

ヘンリーは、「僕を失望させるのは、君がありのままの僕を受け入れてくれないときだけだよ」と言いました。

カミラは、「あなたがオーガズムを感じれば、あなたがありのままの私を受け入れてくれたということになる」と言いました。

そしてふたりは同時に「ああ、そうか」と納得したのです。

するとカミラはヘンリーの椅子から移動して、彼の隣に座り、彼の肩に頭をのせて尋ねました。「私のオーガズムは、あなたにとってそんなに意味があるの？」

これに対してヘンリーは「特別なピザを作ってあげたのに、一切れしか食べてくれなかったら、嫌いだったのかなと思ってしまうだろ？」と言いました。

「なるほど。論理的な解決策を考える必要があるわね」とカミラは言いました。

ふたりはそれを、第９章で実行します。

私が大学院に入学して間もないある秋の午後、授業前に2人のクラスメートと一緒に、他でもない「セックス」について話をしていました。そのうちの1人は結婚したばかりでしたが、夫とのセックスではまだオーガズムを感じたことがないと言います。

「自分でならオーガズムに達せるのに、なぜか彼が一緒だと到達できないの」と、彼女は困惑したように、悲しげに眉をひそめ、口を歪めていました。「彼が拒絶されたと捉えているのはわかるけど、私は彼を愛しているし、彼と一緒にオーガズムを感じたいとも思ってる。ただ、できないんだよ」

彼女は自分を責めていました。彼女の夫も自分を責めていました。ふたりとも恥ずかしくなり、心が折れそうになり、「普通の」セックスはできないのではないかと不安になっていました。

当時、私には何が起きているのかわかりませんでしたが、その後すぐに臨床実習がはじまると、こうした課題はよくあり、非常に解決しやすいものであると知りました。

オーガズムに関する悩みは、人が性にまつわる治療を受ける理由として（性欲低下に次いで）2番目に多く、女性の約5~15%に見られます。[15] 特定の〈文脈〉でオーガズムがなかなか感じられない、あるいはまったく感じられないというのは、非常によくあることです。例えば、新しいパートナーと初めて「お泊まり」したときに「オーガズムを感じた」と報告する女子大学生はわずか11%であるのに対し、6カ月以上の交際期間中にセックスした際に「オーガズムを感じた」

という女子大学生は67％です[16]。28歳までに「オーガズムを感じたことがない」、あるいは「感じたことがあるかどうかわからない」という女性は、約12％に上ります[17]。また、オーガズムを一度も経験したことのない女性もおそらく存在し、調査によると5～10％程度とされています[18]。私がボストンで会った女性は、70代になって初めてオーガズムに達したと言っていました。ですから、私は誰でもオーガズムを感じられると確信しています――人によっては、実現のために適切な〈文脈〉が必要な場合もありますが。

オーガズムは、ある意味、自転車に乗るようなもので、自然に身につく人とそうでない人がいます。わかるまで挑戦し続けるモチベーションがなければ、いつまで経っても身につきません。そして、ほんとうに自転車の乗り方を学ぶ必要がある人はまれなのです。

オーガズムに関する問題の多くは、ブレーキへの刺激が強すぎること、悩みが多すぎること、オーガズムにまつわるストレス、不安、羞恥心、落ち込みなどが原因です[19]。

もしあなたがオーガズムを感じたいと思うほど興味があるのなら、適切な刺激と、ブレーキをOFFにできる〈文脈〉があれば、チャンスはあります。

そして、もしあなたが今、理想的な〈文脈〉でオーガズムを感じられているのなら、今度はパートナーと一緒に、というように、これまでとは違うポジティブな〈文脈〉でオーガズムを感じられるかもしれません。

オーガズムを感じたことがない……彼女が知る限りは

学生たちは、私が「彼女が知る限りは」と付け加えるといつも笑いますが、幼少期のマスターベーションによるオーガズムについて何度か話をしたとき――鉄棒に脚を巻きつけたり、ぬいぐるみにヴァルヴァを押しつけて揺らしたり、手で性器を触ったり、マットレスに骨盤を押しつけたり――「ああ、私がやってたのはそれか！」と言われたことがあります。幼少期のオーガズムの記憶は、睡眠時や運動時のオーガズムのようなもので、特にエロティックでないことが多いです。アクセルを踏むために性的な妄想を頭に描くこともなければ、文化が押しつけてくる羞恥心にブレーキを踏み続けることもありません。

オーガズムに苦戦することを表現するのに女性が最もよく使った言葉は、「イライラする」でした[20]。

では、フラストレーションはどのように機能するのでしょうか？

小さなモニタリング装置が、あなたの脳の感情の「一つの指輪」の隣に、レフェリーのように置かれているのを想像してください。[21] この「リトル・モニター」には2つの仕事があります。

1. 世界があなたの期待（これまでの経験によって設定された期待）どおりに行動していることを確認するために監視しています。
2. 世界とあなたの期待に食い違いがあれば、調査を指示します。

世界があなたの期待に応えていると、モニターは満足します。モニターの役目はありません。しかし時には、世界とあなたの期待との間にギャップが生じることもあります。その場合、曖昧さを解消しなければならなかったり、何か新しいものを探求して、それがあなたの期待のどこに当てはまるかを確認しなければならなかったり、非常に魅力的な刺激に近づいて、それを得なければならなかったりします。[22] すると、モニターは司令塔モードに入り、ギャップを解消することを目的としはじめます。あなたの世界は、以下の3つで構成されています。

・ギャップを埋めるという目標。曖昧さを解消する、新しいことを探求する、刺激に近づく、あるいは単にタスクを完了するという意味かもしれません。
・目標達成のために、あなたが費やしている努力。あなたがそのために割いている注意力、資源、時間のことです。
・目標に向けての進歩。

リトル・モニターは、努力に対して、あなたがどれだけ進歩しているかを記録します。そしてあなたの努力と進歩の比率を集計するのですが、その比率がどれくらいであるべきかについて揺るぎない意見を持っています。その意見は「速度基準」と呼ばれるものです[23]。そして、ここからがほんとうに興味深くなっていきます。

モニターは、あなたが速度基準に達している、あるいは速度基準を超えていて、良い進歩を遂げていると感じれば、満足し、やる気を出し、熱心になります。しかし、十分に進歩していないと感じると、モニターはイライラし、目標に近づくために努力を重ねるようあなたを促します。それでもまだ、モニターを満足させるだけの進歩をあなたが見せないと、モニターは怒りはじめます……そして、激怒するのです！ そうして最終的に、あなたの進歩不足が続くと、ある時点でモニターはあきらめ、ゴールは達成不可能と確信するようになり、あなたを感情の崖から「絶望の淵《ふち》」へと突き落とします。するとあなたは、絶望的に惨めになってあきらめるのです。

オーガズムに達するのに「失敗」し続けると、モニターは不満を募らせて、怒り、ついには絶望してしまいます。

私がリトル・モニターについて教えると、学生たちは目を大きく見開いて、ものすごく驚きます。

リトル・モニターはセクシュアル・ウェルネスに欠かせない重要なもので、それ以外にも人生の多くの局面で現れます。競争やゲームに勝つスリルを味わったことがあるのなら、あなたは速度基準が満たされていて、進歩とそのための努力との比率は期待に合っているか、それを超えているとリトル・モニターは判断します！　もし怒りを感じたり、速度基準が満たされずモニターが「いつまでこの旅は続くの？」モードに入ったりしているなら、進歩に対し努力の比率が高すぎるということ！　もし失敗して絶望すれば、モニターは目標が達成不可能、コントロール不能と査定します。

モニターそれ自体と、モニターが発するどれだけ努力が必要かについての意見は、さまざまな苛立ちや満足感、そしてとりわけオーガズムの基本となります。

我慢強くない「リトル・モニター」

私たちの文化は間違いなく、私たちに辛抱強くないリトル・モニターを持つよう教え、できるだけ低い速度基準を設定するように教えます。つまり、私たちの多くは、オーガズムを含む自分の目標がなかなか達成できないと、簡単にイライラし、怒り、終《しま》いには絶望してしまうということ。すでにオーガズムに達していてもおかしくないのにそうならなかった場合、あなたはイライラしはじめます……そのイライラがブレーキをOFFにしやすくするでしょうか?

その正反対ですよね。

リトル・モニターは皮肉屋で厄介者なのです。

「一つの指輪」やブレーキ、アクセルとは違い、私たちは内的な変化をリトル・モニターの中に起こせます。実際、人間はイライラしたときに意図的に行動できる唯一の種なのです。もしそれを聞いて、あなたが一瞬批判的な視点を持ったとしても、できるようになりますから大丈夫。変えられるかもしれないことは3つありますよね?[24]

・これは私にとって正しい目標なの?

・正しい努力を、適切なだけしている?

・目標に対してどれほどの努力が必要か、現実的に予測できている?

例えば、ヴァギナへの挿入から10分後にオーガズムに達することが目標だとしましょう。もしオーガズムがそれほど早く生じなかったり、受けた刺激では生じなかったりした場合——たいていの女性にとっては生じません——あなたのモニターはイライラし出します。

そして、イライラはアクセルを踏み込むことにつながるのか、あるいはブレーキを踏むことにつながるのか?

そう、ブレーキですよね。

オーガズムに達する難しさに対する主なアプローチは、目標をオーガズムではなく「快楽」にすること。つまり目標を変えることです。イライラしはじめたら、あなたの中のリトル・モニターがイライラしているのだと思い出しましょう。そのときに快楽を感じているなら、もうすでに目標に達していると自分に言い聞かせてください。

オーガズムは目標ではありません。快楽が目標なのです。

オーガズムに達するのがときどき(あるいはいつも)難しい女性はどうしたらいいのか、ステップごとにお伝えしていきます。快楽に着目して、目標を手放すスキルを身につける方法です。他にも、そのスキルを活用してパートナーと一緒にオーガズムを感じる方法もお教えします(巻末の付録1を参照)。

バイブレーター

アメリカでは女性の少なくとも半数がバイブレーターを使ったことがあり、より良い性的興奮、性欲、オーガズムを得たと報告しています。[25] そのうちの80〜90%は、副作用は特になかったと報告し、しびれやイライラするといった副作用があったと報告した女性たちも、ほとんど全員がその副作用は1日以内に治まったと言っています。

セックスセラピーの一環としてバイブレーターを使っている女性についての小規模な研究では、バイブレーターに対する女性たちの反応は驚くほどさまざまで、経験したことについての感情も多種多様だったことが明らかになっています。[26] 最初の抵抗感（オーガズムは道具を使わないで感じるべきなのに！）や、バイブレーターの使用がパートナーとの性的な絆の妨げになるのではないかという不安（これって浮気になるのかな？）は、しばしば、解放感や爆発するような感覚に取って代わられます。たった17人の女性を対象にした実験の結果でも、結果は非常にさまざまでしたが、みなが新しい快楽を経験し、性の自主性という考え方について新しい気づきを得ました。

第5章で説明した「神聖／堕落」の道徳基盤からすると、「正常」ではないという不安を覚えることでしょう。オーガズムに達するのに、「純粋で、良くて、自然な方法」と「間違っていて、悪くて、不自然な方法」があるという考え方は、道徳、医学、メディアという3つからのメッセージによって形作られた文化が分類したものです。

バイブレーターについて最もよく相談されるのは「中毒になる」ということですが、そんなことはありません。実際、バイブレーターを使うと多くの女性は比較的早くオーガズムに達します。なぜなら、バイブレーターは非常に強い刺激を与えるからです。そして、バイブレーターを使ったときのオーガズムの早さに満足しすぎて、バイブレーターを使わなかったときにかかる時間の長さを忘れてしまう女性もいます。そして、あまりに時間がかかることにイライラしはじめると、その不満がさらに時間を長くしてしまうのです。しかし本章をここまで読んできたあなたは、この問題の答えを知っているのではないでしょうか。イライラ＝せっかちなリトル・モニター、ですよね。そこで、目標を変え、努力を変え、速度基準を変えましょう。オーガズムではなく、快楽が目標です。5分かかったとしても、それは5分かけて得た快楽。万々歳です！　30分かかるなら、30分かけて得た快楽。それもまた、万々歳です！

官能的なオーガズム――あなたは群れです！

オーガズムは、理想的でない、または有害な状況ですら生じることがあります。しかし、脳を溶かし、つま先を丸め、星々を虹のように輝かせるオーガズムは、めざましいほど良い〈文脈〉でしか生じません。

では、その〈文脈〉とはいったいどんなものなのでしょう？

その答えは、この質問に対する答えと同じです――「なぜ靴下をはくとオーガズムを感じやすくなるの？」

ランチを食べながら、ブリタニーとティファニーという学生と性科学についておしゃべりをしていると、彼女たちはそんなことを訊いてきました。

「え？」私は口の中をサラダでいっぱいにしながら言いました。

「ネットで読んだの。靴下をはくとオーガズムを感じやすくなるんだって」とブリタニーが言いました。

「へぇ〜、ネットで読んだのならほんとうなんだろうね」と私は冗談を言いました。

「いや、私も読んだよ！」とティファニーが言いました。「ほんとうのことなんだと思う。探してリンクを送るね」

そうしてリンクを送ってもらうと、そのとおりほんとうだったのです……ある意味では。脳画像解析機器を着けてマスターベーションをしている被験者が靴下をはくと、オーガズムに達しやすくなることがわかったのです。

なぜだろう、と思いますよね。脳画像解析のための被験者はみな、実は足フェチだったのでしょうか？　血流と何か関係がある？

そんな難解なことではありません。この実験を主導した研究者ゲルト・ホルステージは、被験者はみな「足が冷たくて不快だった」と語っています(27)。

靴下をはいて足が温まると、オーガズムに達しやすくなった。研究室という、まったくエロティックでない環境であっても、こうした小さな変化が違いを生むことがあります。

そして、このような変化は、「すごくいい」オーガズムから、「受賞に値する」オーガズムに移行するための鍵となります。ここでは、その方法を説明する科学をご紹介しましょう。

身体的な心地よさ、空腹感、喉の渇き、眠気、孤独感、欲求不満など、あなたの内的状態はすべて、脳の奥にある感情の「一つの指輪」で相互に働き、「統合」と呼ばれるプロセスで互いに影響し合っています。(28) 冷たい足という状態が、性的興奮という別の状態を妨害する場合、それは「減算的統合」と呼ばれます。

そして、ある状態が他の状態を積極的に強化するとき、それは「加算的統合」となります。ローリーとジョニーがセックスをするのをやめて、ジョニーがなぜ彼女とのセックスが好きなのかを彼女に伝えたときに経験したのがそれです。愛着メカニズムによる近づきたい欲求と性的な意欲が混ざり合い、両方が強化されたのです。

加算的統合は、性体験において間違いなく良いものになることもあれば、そのせいで不健康なダイナミクスに引きずり込まれることもあります。オリヴィアがストレスを感じるとオーガズムに向かって「駆り立てられる」と感じる傾向にあるのは、その一例です。ストレスが、不健康な方法で彼女の性欲を高めてしまうのです。そして、ジョン・ゴットマンの研究で、パートナーから身体的な虐待を受けたあとに激しいセックスを経験した女性たちは、加算的統合を経験したことになります。愛着が脅かされることで、パートナーとの絆を深めることが重要となっていたからです。セックスは人間の大人にとって重要な愛着行動であるため、分離不安と性的な刺激という2つの状態が互いに強化され、激しいけれど、安全ではなく不健康な性体験が生まれるのです。

脳を鳥の群れに見立てると、統合が与える影響をイメージしやすくなります。

群れの仕組みはご存じですか？　リーダーもいなければ、「みんな、こっちに飛ぼうよ！」と集団をコントロールする人もいません。その代わり、一羽一羽が「捕食者を避けて、磁場を知覚して飛び、横を飛んでいる鳥のそばにいる」というルールを守っている。すべての鳥がルールに従うことで、誰も主導権を握ることなく群れが生まれます。

脳を群れだと考えれば、一羽一羽の「鳥」は、異なる衝動、あるいはインセンティブ・モチベーション・システムです。ストレス、愛着や社会的帰属意識、食欲、好奇心や探求心、喉の渇き、睡眠、将来の計画、過去の感情的な重荷など、人生におけるあなたの相容《あいい》れない役割やアイデンティティーが全部、群れの中にあります。そして性的なアクセルとブレーキも、群れの中の鳥のように考えることができます。

結局のところ、「自分」として個人を意識している「あなた」は、他の個人とは異なる複合的な要素から成り立つ自己であり、複数の動機付けや認知プロセスが、環境と互いに関わり合いながら、騒々しく、乱雑で、多方向に綱引きをしているホログラムであると言えるでしょう。食べ物、睡眠、セックス、ぬくもり、ひとりにしてほしいなど、一度に複数のものを求められる人間であるあなたは、「意欲の集合体」、つまり、群れなのです。

群れの中で複雑なことが起こるのは、リーダーがいないからです。ある鳥は捕食者に気づいたら、「捕食者を避ける」というルールに従って飛び立ちます。すると、その周りの鳥たちは、まるで磁力に引っ張られるように、捕食者のためではなく、「隣の鳥のそばにいる」というルールに従ってついていくのです。

そして、あなたの脳が群れであるならば、オーガズムは群れが向かう先であり、快楽は「群れそのもの」なのです。性的な喜びは、群れの行動のように、さまざまな鳥の相互作用から生まれるのです。

オーガズムに向かって飛んでいる鳥の数が多ければ多いほど、より大きな快楽を味わえます。もし、ある鳥がオーガズムに向かって飛んでいても、他の鳥が別の目標を達成しようとしていたら――例えばマスターベーションをしているのに足が冷えていたら――あなたの脳という群れが同じ方向に同時に動くことはないでしょう。何羽かの鳥はオーガズムに到達するかもしれませんが、その経験は、すべての鳥がオーガズムに到達したときとは同じにならないでしょう。

「減算的統合」は、足の温かさに向かって飛ぶ鳥が、オーガズムに向かって飛ぶはずの鳥を積極的に引っ張ることで起こります。靴下をはけば足の冷たい鳥たちは解放され、オーガズムに向かえるようになります。「加算的統合」は、愛着対象（あなたのセックスパートナー）に向かって飛ぶ鳥が、より速く、より熱狂的に飛ぶように隣の鳥を引っ張ることで起こります。ワイルドな恋に落ちると、あなたの群れは、ほんの少し促されただけでオーガズムに達するかもしれません。

ここで述べていることを専門的に言うと、性的な快楽は複雑な力学的システムの創発特性である、ということになります。しかし、ここで覚えておけばいいのは、性的快楽がピークに達するのは、集団全体が連携したとき――すべての鳥が同じ方向に飛んでいるとき、すべてのモチベーション・システムが協調し、オーガズムに向かって集団的に動いて環境に順応したとき――だということだけです。すべての「スイッチON」をONにして、すべての「スイッチOFF」をOFFにしてください。捕食者をすべて排除し、さまざまな種類の刺激を積み重ねましょう――愛着、好奇心、拡大した快楽など、オーガズムが満たすことのできるすべての意欲です。システム全体が同じ方向に動けば動くほど、オーガズムはあなたの意識全体を支配し、全身の細胞が同じもの、つまり快楽に集中するようになります。最高の快楽を得るには、あなたのすべてが必要なのです。

最も気持ちがいいオーガズムは、あなたのあらゆる部分の意識がそこにあり、エクスタシーという共通のゴールを追求するために協力し合っているときに生じます。

まだ気づいていない人もいるかもしれませんが、オリヴィアはマラソンランナーであり、強烈で意欲的、かつ敏感なアクセルを持つ女性で、完璧主義者なのです。リトル・モニターのことを知ったときに、彼女はこう言いました。

「ああ、それで私の人生に納得がいく」

完璧主義者は不可能な目標を設定し、どうにか目標を達成できたとしても、その目標には価値がないと思い込み、さらに達成不可能な別の目標を設定します。その結果、永久に不満が続くのです。

「それに、私はこれまでずっと自分自身のライオンだったってことね」とオリヴィアは言いました。「そこに文化による洗脳が加わると、セックスをコントロールできなくなる――まったくなんてこと」と彼女は付け加えました。

パトリックのゆっくりしたスピードに合わせて自分のペースを落とし、快楽という目的に向かってリトル・モニターをコントロールすることで、逆にそれに支配されないようにする可能性が見えてきたのです。

ある土曜日の午後、オリヴィアはパトリックにエロティックなマッサージをしながら瞑想してみたそうです。彼女は心を静かにして、今に集中する練習をしました。迷いが頭に浮かんだら、それを認めて、手放し、手のひらで感じているパートナーの肌の感覚に意識を戻しました。彼女は自分が次第に興奮してきているのに気づき、心のリトル・モニターが目標に到達しようと焦るにつれ、自分の思考がますますオーガズムに向かっていることに気づきました。でも、それに気づくたびに、彼女はゆっくりと深呼吸をして、パトリックに注意を戻したのです。

彼女はブレーキを踏みませんでした――ただ、アクセルから足を離したのです。

パトリックがオーガズムに達したあと、ふたりは入れ替わり、オリヴィアは自分の体の感覚に注意を向け続けました。興奮が高まるにつれ、彼女は深くゆっくりと呼吸を続け、腹筋をあまり緊張させないようにしました。

その結果、彼女の体は震えて丸まり、数分間オーガズムが続き、その間パトリックは彼女を抱きしめ、キスし、指をヴァルヴァに押し当て続けました。そうしてオーガズムが終わると、喜びの涙を流し、楽しいおしゃべりをしたのです。いつものオーガズムを体験したあととは違いました。解放的でありのままの、優しい気持ちになったのです。

「いつもは海岸でサーフィンをしているのに、まるで海の真ん中に出たような感覚だった。より大きくて、ゆったりしていて……そしてある意味、もっと恐ろしくて……。私は自分を解放してた。すべてのコントロールを手放さなければならなかった。何度でもオーガズムを感じられたし、いつもセックスを求めていたので、自分はエロスの塊だと思っていた。でも、私の最高のエロティック・パワーは、オーガズムを求めるのをやめて、ただ自分の中に快楽をとどまらせたときに初めて現れたの」

すべての女性が、自分のセクシュアリティーについて、このような過激な無防備さを経験したいと望んでいるわけではありませんし、ここまで徹底的に自分を解放できるほど、パートナーを信頼しているわけではありません。そこに至るまでに必要な時間（一般的には1時間程度）が確保でき、リラックスできる生活を送っている女性ばかりではないでしょう。

しかし、適切な〈文脈〉があれば、女性は誰でもそこに到達できると私は信じていますし、すべての女性がそれを試すにふさわしいと思っています。たとえ、海のようなエクスタシーを数分間も体験できなかったとしても、そのために使った1時間は無駄にならないはずです！

群れを薬で治療する？

1968年のカルト映画『バーバレラ』では、セックスをする面倒を省いてオーガズムを得るために「高揚転移薬」を人々が服用する41世紀の世界が描かれています。錠剤を飲んで、パートナーと手のひらを合わせて座っていると、1分以内に体が脈打ち、髪がカールしはじめるんです。そうしてオーガズムに達したら、完了。

魅力的な部分もありますよね。薬が効くように、簡単にすぐ恍惚状態になれればいいのにと私も思います。私たちの多くは、常に緊張しながら、疑念や義務だらけの人生を努力しながら生きています。その中で、快楽は努力しなくても、ただ生じるものにならないのでしょうか？

21世紀の世界にあるものでそれに最も近いのは、バイブレーターです。適切なバイブレーターの使用は、機械にしか起こせないような強烈な刺激をアクセルに与えてくれます。ストレスや不安、悲しみ、欲求不満など、ブレーキがかかっている状態でも、バイブレーターを使えば、手動で刺激するよりもずっと早くオーガズムを得られることが多いです。

バイブレーターは、必ずしもすべての鳥が同じ方向に飛ぶように説得はできません。セックスに関連する刺激に反応する脳の部分に、高強度の刺激を与えます。猛烈に「スイッチON」をONにできても、「スイッチOFF」をOFFにはできないのです。

快楽は、欲望の集合体（別名：群れ）の相互作用から生まれる特性であると考えられるため、快楽や性的興奮、性欲、オーガズムに対する薬物療法は難しいのです。薬は、アクセルとブレーキだけでなく、ストレスや愛情、ボディ・イメージ、トラウマの過去、人間関係における信頼など、女性のセクシュアル・ウェルネスに影響を与えると知られている他の事柄も弄ぶことになります。1羽の鳥をオーガズムに引きずり込んでも、他の鳥が捕食者を避けることで精一杯なら、役に立ちません。

快楽とは、複数のシステムの相互作用による創発特性――状態ではなくプロセスであり、相互作用であり、脳や体の特定の部分のことではありません。快楽とは、群れ全体です。快楽とは、あなたのすべてなのです。

エクスタシーに向かって飛んでいく

科学はこんなことを教えてくれます。より頻繁に、より良いオーガズムを感じるためには、すべての「スイッチOFF」をOFFにして、それからゆっくり「スイッチON」をONにしていきましょう。脳全体がオーガズムの列車に乗るための時間を与えましょう。

しかし、科学はあなたに、「恍惚とした喜びを経験してもいいよ」などと許可することはできません。結局、それが最高のオーガズムへの鍵なのです。許可を与えられるのは、あなただけ。科学は、オーガズムをどう感じるべきかを教えてはくれず、あなたのオーガズムを変えるものは、あなたがオーガズムをどう感じるかだけだ、と告げるだけです。科学が教えてくれるのは、オーガズムに対して恥、批判、イライラ、恐怖を感じるとオーガズム体験は軽減されるが、自信と喜びを持って受け入れ、歓迎すれば、その体験は増大するということ。また、脳は欲望の集合体のようなもので、集合体が協力し合えばし合うほど、より強いエクスタシーに向かえるとも教えてくれます。

そして科学は、あなたの皮膚や頭や心の喜びの感じ方を、増やしたり減らしたりすることはありません。オーガズムはあなたのものであり、この世の科学は、あなたをもっと喜ばせたり、恐れさせたり、好奇心を抱かせたりはできないのです。

あなたには生まれながらにして、体で感じるすべての快楽を得る資格があります。また、体がどんなふうに快楽を受け取っても、どんな〈文脈〉を必要としていても、あなたがどれくらいの量を求めていても、快楽を得る資格があるのです。自分で選択したり、共有したり、保持したり、探索したり、しなかったり、味わったり、避けたりしていい。

では、もしあなたが望んだとして、どうやってエクスタシーへの道を見つけるのでしょうか？どうすれば、すべての鳥を同じ方向に飛ばせるのでしょうか？

必要なのは、忍耐、練習、そして、セックス・ポジティブな〈文脈〉。

あなたはすでに、セックスに肯定的な〈文脈〉を作る方法を知っています。そして忍耐力を養う方法も知っている――正しい目標、正しい種類と量の努力、正しい速度基準であるかを確認できるようにリトル・モニターを訓練するのです。

そこで問題になるのが、「練習」です。

とは言っても、何を練習するのでしょう？

「スイッチOFF」をOFFにする練習をするんです。その方法はこうです。

ストレス、心配事、「観戦」、子どもがドアをノックするのではないかという心配、あるいは冷え性やその他の身体的な不快感など、あなたの群れの一部をオーガズムから遠ざけている〈文脈〉は、真剣に受け止められ、ニーズを満たされる必要があります。そうした脳の状態は尊重され、第4章の眠っているハリネズミのように扱われなければなりません。

それぞれの「スイッチOFF」に対して親切に優しく接し、満足感を得るためには何が必要なのかを聞き、満足させてあげましょう。〈文脈〉のワークシートに戻ってください。あなたのブレーキを踏むものはなんですか？　周りの環境にあるもの、そしてあなた自身の考えや気持ちの中にあるものを考えてみてください。「スイッチOFF」をOFFするには、どんな〈文脈〉が必要でしょうか？

女性が経験する「スイッチOFF」のほとんどは、セックスとは無関係で、その多くには直接的で実用的な解決策があります。

慢性的なストレスがある？　そうであれば、第4章で説明したように、スッキリするまで泣いたり、早足で歩いたり、赤ん坊のように泣き叫んだりして体を解放することで、サイクルを完了させましょう。毎日20分〜1時間ほど、その日のストレスを解消する時間を設けましょう。そのためなら、どんな儀式や習慣を用いてもかまいません。お風呂、散歩、運動、料理、瞑想、ヨガ、ワインなど、効果があるならなんでもいいのです。

廊下の足音が常に気になる？　そうであれば、家に誰もいない時間帯に試すようにしてください。

疲れている？　昼寝をするか、20分ほど休んでください。

シーツについた埃《ほこり》が気になる？　シーツを交換しましょう！

足が冷たい？　靴下をはきましょう！

時には、こんな簡単なことだったりもします。

自己批判的な考えやその他のボディ・イメージの課題、人間関係における信頼の欠如、過去のトラウマ、性的嫌悪感など、先に述べたような、より複雑で長期的な解決策が必要な「スイッチOFF」もあります。現在のあなたの庭は、何十年もかけて植え、耕すことでできたものです。一朝一夕に変わるものではありません。少しずつ前進することを自分に許し、現時点と到達したい場所の間を進むためのステップを一つひとつ祝福してください。

「スイッチOFF」をOFFするのに最も重要な練習は、自分に優しくすることです。女性がセクシュアルな成長に行き詰まるのは、何かが自分のブレーキになるはずはないという考えを乗り越えられないから、という例があまりにも多い。部屋を明るくするだけで気持ちが萎えたり、自分の体にこだわりすぎたりすべきではない、と。「～すべきではない」と思うというのはつまり、あなたは「間違ったことをしている」と言っているのと同じです。

さあ、ここで抜き打ちテストです。セックスで何か間違ったことをしているという考えは、アクセルを踏むでしょうか？　それともブレーキを踏むでしょうか？

そうです。もう、わかりますよね。

では、何かがブレーキを踏んだら、どうしますか？

真剣に受け止めてください。耳を傾けてください。眠っているハリネズミのように、優しく接するのです。部屋を明るくすることがブレーキにならなければいいのに、と思っていても、実際にはブレーキは踏み込まれないかもしれないし、踏み込まれたらそれはそれでいいのです。そうならなければいいのに、と願ってもいい。けれども、「～すべきではない」と思うのは、さらにブレーキをかけるだけ。例えば、1週間か2週間、部屋のキャンドルに火をつけずにセックスをして、次にキャンドルを1本、2本、3本とつけていく……といった具合に、「～しなくてはならない」と思っていることから解放される方法を探しましょう。

セックスは〈文脈〉に左右されるものではなく、多かれ少なかれいつでも起こりうるものですよね。でも、快楽は〈文脈〉に左右されます。時間をかけて練習し、「スイッチOFF」をOFFにするための真の解決策を用いて、快楽を得られるような〈文脈〉を作りましょう。エクスタシーはあとからついてきます。

付録2では、エクスタシーを感じるための手順を紹介しています。ぜひ試してみてください！

メリットは、オーガズムは簡単に到達できるはずのもので、それに悩んでいる自分は変人だとずっと思い込んでいました。オーガズムを感じるにはある特定の方法があり、特定の効果があると信じていたのです。しかし彼女は、快楽への扉を大きく開け放つためにも、自分自身を信頼したいと思っていました。そこでメリットは、自分の経験と期待を比較するのをやめ、自分の経験をありのままに受け入れるようにしました。自分が「するべき」セックスかどうかを心配する代わりに、今しているセックスを楽しみました。心配したり、悪いことを避けたりしようとする心の部分が、代わりに良いことに向かっていけるような、受け入れる環境を作り出したのです。それには時間がかかりました。練習も必要でしたし、良い意味でジャッジしないでいることが大事でした。

うまくいったのでしょうか？　彼女には、うまくいきました。

メリットが作家であり、信仰心の強い両親に育てられたという事実は、「キャロルと一緒にオーガズムを求めない」と決めたあと、彼女が送ってきたメールの内容を解釈するのに役立つかもしれません。あるいは、そうでないかもしれない。多くの人は、エクスタシーに到達する道筋を見つけると、神やスピリチュアルな体験を語りはじめます。ありふれた人間の経験、解剖学、生理学、人間関係を言い表す言葉では、十分に表現できないと感じるからです。

とにかく、彼女からのメールにはこう書かれていました。

どんな嵐も私の心の安らぎを揺るがせはしない
私があの岩にしがみついている間は
愛は天と地の主なのだから、
どうして歌わずにいられるだろう?

これは、《歌わずにはいられない》という讃美歌《さんびか》の一節です。ピート・シーガーやエンヤなど、多くの人が歌っています。自分自身の中心や核にある安らぎ――宇宙の中心や核にある平安と同じもの――に触れると、自分の中を通って反響し、まるで自分が鐘になって音を鳴らしているようだ、という思いを表現しています。

それは、すべての「スイッチOFF」をOFFにして、すべての「スイッチON」を快楽という共通の目標に集中させたときに起きることでもあります。

第8章のまとめ

1 オーガズムは性器ではなく、脳の働きで生じる。

2 ヴァギナへの挿入だけで確実にオーガズムを感じられる女性は全体の3分の1以下。女性がオーガズムを最も感じやすい方法はクリトリスへの刺激だという研究結果があるが、どのような方法を好んでも、健康で正常。

3 オーガズムは、どんな刺激で生じるか、どのように感じるかで測れるものではない。良いオーガズムとは、あなたがそれを好み、望んだかに由来し、どれだけ楽しめるかで決まる。つまり、快楽がオーガズムの基準になる。

4 より強く、より良いオーガズムを感じたいならば、より多くの「スイッチOFF」をOFFにして、ゆっくり時間をかけて「スイッチON」をONにしていくこと。

ローリーとジョニーは、ありとあらゆる手段を試しました。でも結局、ローリーが自分のために快楽を選んだことが、効果をもたらしました。

「感じること」だけに集中すると固く決意したローリーは、「女性的な神聖さへの目覚め《アウェイクニング・ザ・フェミニン・ディバイン》」などと呼ばれるマインドフルネス・プログラムを行う週末旅行に参加しました。ヨガをして、一晩に9時間眠りました。体に良い食事をして、呼吸にも意識を向けました。そして初めて会う人たちと気持ちを語り合い、新しい友人を作り、苦戦しているのは自分だけではないと新たに思えるようになりました。そして、ここはローリーも望んでいるでしょうから、改めて強調しておこうと思います。彼女は一晩に9時間眠ったのです。そして寝ていない時間はずっと、生きていることや、この世で生きることについて自分がどう感じているかに、じっくりと意識を向けました。

そうして、新しい女性になって帰ってきたのです。

「自分自身の喜びの源にもなれないのに、愛する人たちの人生の喜びの源になんてなれない」と彼女は言い放ちました。「そして、私が何よりも望んでいるのは、愛する人々の生活の中で喜びの源となることなの」

「ちょっと待って、ジョニーも私も、そしてあなたを愛している他のみんなも、何カ月も前からそう言っていたのよ」と私は言いました。「リトリートで何があったの?」

「私は吉祥天ラクシュミーの神聖なまなざしの中に立って、自分自身のパワーと美しさを感じたの」と、彼女は真剣に話しはじめました。そして、「そんなの、中脳辺縁系の何かを活性化させることの比喩に過ぎないって言われるかもしれないけど、科学的なことはどうでもいいの。私には効果があったんだから」と、にっこり笑って言いました。

この章では、ローリーにとってはどうでもいいかもしれない科学について説明します。効果は期待できますから。

さて、ついに最終章に入りました。これまで、あなたの性的反応は、いくつかの重要な点で、性機能の「一般論」には従っていないかもしれないことを学んできました。

・あなたは多かれ少なかれ、敏感なブレーキやアクセルがあるのかもしれません。
・性器の反応は、あなたが主観的に「スイッチON」していることを表しているわけではないかもしれません。
・あなたの性欲は、快楽を予期してではなく、快楽に反応して表れるのかもしれません。

もしあなたが、性的反応が一般的な10〜20％の女性のひとりなら、こうしたことに驚いたかもしれません（人間、特に女性はそれぞれ大きく異なり、生涯を通じても大きく変化することを学びましたよね）。

そこでお話ししたいのは「自信と喜び」についてです。

「自信と喜び」は私が長年よく使ってきた言葉ですが、仕事の核を担うようになったのは、ある学期中、講義の途中で学生が手を挙げて「待って、エミリー。自信と喜びの定義はなんですか？」と訊いてきたときでした。

「ええと……」と私は口ごもり「答えに少し時間をちょうだい」と答えました。

そして家に帰り、1週間かけて考えました。科学の本をたくさん読みました。自分のブログの記事もたくさん読み返したし、愛犬が庭でのびのびと遊ぶのを眺めもしました。そして翌週の授業で、私は学生たちにこう言ったのです。

「自信」とは、自分の体、心、セクシュアリティー、そして人生についての「真実を知ること」。あなたの性器は、他のみんなと同じパーツでできていて、それぞれ構造が違うだけであると知ること。ブレーキとアクセルについて知ること。〈文脈〉について、また「学び」「好き」「欲求」の違いについて知ること。性的興奮の不一致と反応的な性欲について知ること。たとえそれが、あなたが「〜であるべき」と教えられたこととは違っても、ほんとうに正しいことを知ること。たとえそれが、あなたが「〜であってほしい」と願っていることでなくても、真実を知ること。

「喜び」とは、自分の体、心、セクシュアリティー、そして人生についての「真実を愛すること」。あなたの性器、ブレーキとアクセル、そして脳の〈文脈〉への反応を愛すること。〈文脈〉そのものを愛すること。性的興奮の不一致と反応的な性欲を愛すること。たとえそれが、真実で「あるべき」と教えられたこととは違っても、真実を愛すること。たとえそれが、真実で「あってほしい」と願っていることでなくても、真実を愛すること。

私が授業でこのようなことを言うと、最初に言葉の定義を訊いてきた学生が再び手を挙げました。

そして彼女はこう言ったのです。「難しいのは『喜び』ですね」と。

それ以来、学生やワークショップの参加者はみな同じことを言います——難しいのは喜びだと。幸いなことに、研究によってどうやって喜びを得ればいいのかは提示されています。この章では、その実践法について説明しましょう。

なぜ自信だけでは足りないのか

『ニューヨーク・タイムズ』紙の女性の性医学に関する記事の冒頭に登場するBさんという女性について考えてみましょう。記事はこんな文章ではじまります。

Bさんは40代半ばになってから、セックスは雷や稲妻というよりも、煙や鏡のようなものになったと話す。10年来のパートナーとセックスをはじめようと思えば思うほど、セックスへの関心は薄れ、行為中に絶頂に達することもない。

でもほんとうはそうでなければいいのに、と心の中で思っているという。(1)

ここまで本書を読んでいただくと、Bさんの欲求スタイルは自発的というより反応的であり、性交で確実にオーガズムに達することはなさそうだと、わかるでしょう。こうした2つの要素を持つBさんは、多数派です。

そして、彼女はそうでないことを望んでいる。

これは完全に理解できます。彼女は(私たちの多くがそうであるように)自発的な性欲や挿入によるオーガズムが正常であると学びましたが、自分の経験がその基準からずれているために、自分は異常でおかしいと思い込んでいるのです。もし私が自分のことをおかしいと思っているとしたら、私だってそうでないことを望むでしょう。

しかし、彼女はおかしいところなどなく、正常です――そして実のところ、典型的なタイプなのです。ほんとうは正常なセクシュアリティーなのに、そうでないことを願うのは、彼女のセクシュアル・ウェルネスにどんな影響を与えるのでしょう？ アクセルを踏んだり、ブレーキを踏んだりすることになるのでしょうか？

結果的に、彼女は自分のことを「性的に終わっている」と言い表すようになりました。

そして、それほど最悪なことはありません。

自分の正常なセクシュアリティーをここまで嫌悪している人にとって、知識（とそれに伴う自信）だけでは不十分なことが多い。

私は自信というものが、少なくとも3つの理由で十分でないのを見てきました。

まず、1つ目は、ほんとうはそうではないとわかっているのに、それが欠陥だと思い込んでしまうことがあるからです。反応的な性欲について学んだ私のブログの読者で、「『反応的な性欲』は『自発的な性欲』よりも劣った性欲であるという事実をあなたは軽視しているように思う」とコメントした人がいました。

つまり、ほとんどの女性が「劣った性欲」を持っているってことでしょうか？ うへー！

反応的な性欲が「より劣っている」という構図はもちろん真実ではなく、価値判断であり、「1つの意見」です。「性欲は自然に湧いてくるものなんだから、こんなに努力しなくてもいいはずだ」とあなたは思うでしょう。その根底にあるのは、「こんな自分ではいけない。自分は不十分な人間だ」という考えです。

そして、「自分は不十分だ」という気持ちは、アクセルやブレーキを踏むでしょうか？
もうわかりますよね。

自信だけでは足りない2つ目の理由は、時に性的な自信は、体を受け入れることと似ているためです。体について学びながら、積極的に受け入れ、実践してみようと思う。鏡で自分の体を見て、気に入ったところをすべて書き留めてみる……しかし、社会に出ると、女性嫌悪《ミソジニー》のバカ野郎どもがあなたを嘲笑《あざわら》い、汚い言葉を囁くのです。どれほど優しさと思いやりを持って自分の体に向き合う練習をしても、世界のどこかから、「あなたはどこかおかしい」と言われるでしょう。それを言うのは、あなたのパートナーや友人、家族、あるいは医療関係者かもしれません。周りの人たちに「あなたは間違っている」と言われながら、これまで得た知識にしがみつくのは至難の業です。

自信だけでは足りない3つ目の理由は、あなたはどこかおかしいと訴えているのは、外からの声だけではないということ。あなたは何十年もの間、道徳的にも医学的にも、メディアからも、自分がいかに欠損していて、不十分で、病気であるかというメッセージを受けて、それを内面化してきました。あなたの一部は、自分は誰にもほんとうのセクシュアルな自分を見せられない、最悪な失敗作だと思い込んでいるかもしれない。そんなことは真実ではないとわかっていても、心の片隅でうずくまっているその小さな部分は、どんなに科学の知識を得ても、納得しないのです。

真実だとわかっていることでも、それを恨んだり、批判したり、嫌ったり、恥ずかしいと感じたりすると、セクシュアル・ウェルネスは発展しません。もし、あなたが真実だとわかっていることでも、人生で出会う大切な人々がそれを否定するなら、自信はお風呂場の石鹸《せっけん》のように滑り落ちていくかもしれない。また、それが真実だとわかっていても、自分の一部があまりにも傷ついていて、知識だけでは回復できない場合、自信がエクスタシーへの入り口になることはありません。喜びも必要になります。真実を愛さなければなりません。

真実を知ることから、真実を愛することに移行するための最初のステップは、「真実を知る」という意味を広げることです。

ステップ1　あなたの感情は常に真実を語っていると知る

ほんとうのセクシュアリティーのさらに先には、セクシュアリティーに対するあなたのほんとうの気持ちがあります。

自分がどう感じているか、意識してください。

真実を知っても神話や嘘から解放されないときは、欲求不満や満足度を司《つかさど》るリトル・モニターに戻ればいいのです。モニターが期待する方法であなたがセクシュアリティーを経験すると、モニターはいい気分になります。あなたがセクシュアリティーを、実際の経験とモニターの期待との間に食い違いが生じるような方法で体験すると、モニターは次第に苛立ちを覚え……怒り出します。やがてモニターはあきらめて、あなたは目標を達成できないと判断し、感情の崖から絶望の淵にあなたを突き落とすのでしたよね。

第8章では、現在地と辿り着きたい場所とのギャップに対処するための3つの方法を紹介しました。「これは私にとって正しい目標なの?」「正しい努力を、適切なだけしている?」「目標に対してどれほどの努力が必要か、現実的に予測できている?」と自問するのです。この3つはすべて、「現実確認」の方法です。

私たちは本書を通じて、このような現実確認が行われているのを見てきました。第5章で、ローリーがジョニーとセックスをしないことにしたとき、彼女は自分がいる場所と辿り着きたい場所の間のギャップを縮め、それによって行為を要求しない愛情へ続く扉を開いたのです。第8章で、オリヴィアが瞑想することで長いオーガズムに辿り着いたのは、目標に向かって突き進むのではなく、ありのままの自分で今という時間に注目することを実践したからでした。エクスタシーを感じるという目標は変わりませんでしたが、費やす努力の種類を変えたのです。そして第7章でメリットは、セックスを愛する女性という憧れのアイデンティティーに挑戦する代わりに、セックスを望まない女性というアイデンティティーを受け入れ、「自分を信頼する」という目標を達成するために、費やす努力の種類を変えました。その結果、セックスを望まない状態にいつまでも沈み込んでいるのではなく、その逆になりました! 今の自分を認めたことが、辿り着きたい場所へ続く扉を開いたのです。

それに対して、Bさんのリトル・モニターは、彼女がいる場所といるべき場所との間に大きな溝があると確信し、深い不満を抱いています。さらに、彼女はそれをどうしたらいいのか途方に暮れている。まさに絶望の淵にいるのです。リトル・モニターが、目標が達成不可能であると確信したときに訪れる絶望的な悲しみに、彼女は倒れ込んでしまいました。変化を生み出そうとして失敗し、また挑戦して失敗を繰り返したのか、それとも、自分のセクシュアリティー、が指標（現実とは無関係な文化的基準によって設定された指標）に届かなかったときに、体がシャットダウンしてしまったのか？　それとも、セクシュアリティー私にはわかりません。しかし、これだけは言えます。Bさんのリトル・モニターは学ぶことができ、彼女が望めば、モニターを教育することができる。目標も、努力も、期待も、変えられるのです。

例えば、あなたは性交で確実にオーガズムに達することができないとします。第8章を読んだあなたは、自分が正常であることを知り、オーガズムを得るための他の方法、特にクリトリスへの刺激によって生じるオーガズムについて学びました。知識はありますよね！　でも、性交でオーガズムを感じられないことに、まだ不満を感じているとしたらどうでしょう？　または恥ずかしいと思っていたり、悲しいと思っていたりしたら？　あるいは批判的になっていたとしたら？　それによって、快楽やオーガズムにアクセスする新しい方法を試すのが簡単になったり、難しくなったりするのでしょうか？　そのとおり、なります。そんなときこそ、こんなふうに現実確認をするんです。あなたの目標はなんですか？　どのような努力をしていますか？　目標を達成するためにどれほどの努力が必要だと思っていますか？

私たちの多くにとって、自発的な性欲や性交によるオーガズムなど、心に描いている目標は、自分自身で意識的に選んだものではありません。「性のシナリオ」という文化から吸収したのです。それらのシナリオを振り返れば、私たちが性の世界を解釈している信条の構造がわかります。そしてそれらはあまりにも頻繁に、私たちと喜びの間の障壁となります。

ここ数十年で西洋文化における性のシナリオがどのように変化してきたかが、調査によって明らかになっています。最近の文化的なシナリオには、「男性のセクシュアリティーは単純で、女性のセクシュアリティーは複雑」とか、「女性は男性ほど強い性欲を持っていない」とか、「オーガズムはポジティブな性体験の中核を成す」などがあります。(2)

性のシナリオは家族や文化によって脳に刷り込まれています——第5章の「道徳的メッセージ」「医学的メッセージ」「メディアからのメッセージ」を思い出してください。

しかし私たちは、頭ではそれらが真実だと信じてはいません。性のシナリオは、感情の「一つの指輪」や、情報をフィルタリングして整理するリトル・モニターのテンプレートとして機能し、同意できない場合でも、それに従って行動し、それに基づいて自分の経験を解釈してしまうのです。

このように、あらかじめ用意されたテンプレートに従って経験を整理するプロセスを、専門用語で「確率的生成モデル」と呼びます。つまり、見たり、聞いたり、嗅いだり、触ったり、味わったりすると、その情報はまず感情脳に送られ、そこで過去の学習（例えば、レモンや小さなネズミのジャケット、ボディ・イメージや性的嫌悪についてなど）と現在の脳の状態（ストレス、愛情、自己批判、嫌悪など）が結びつき、脳はその情報に向かうか離れるかの最初の判断をします。その決断が、他にも真実があるかもしれない、次に何が起きるのかという一連の期待を引き起こすのです。

これは、「地図」vs「地形」で考えると、よりシンプルに理解できるでしょう。

地図と地形――現実を確認するためのツール

地図は、現実に存在するものを抽象的に表現したもの、実際に存在する場所を簡略化して表したものです。私たちの性のシナリオを「地図」と考えれば、地図が表しているはずの実際に存在する「地形」と比較することができます。あなたは地図に従って、性の世界を進もうとしているのです。

地図と地形が一致しない場合、地形が間違っているのでしょうか？

いいえ、問題は地図にあります。地図製作者が間違えたか、実際の地形ではなく他の地図を参考にしたか、あるいは意図的にあなたを惑わそうとしたのかもしれません。地図は間違っていることもあるため、あなたは疑念を抱きながら地図と地形を何度も見比べていくことになります。

悲しいですが、ほとんどの人の性の地図はかなり古くなっています。私たちは、映画『タイムトラベラー／きのうから来た恋人』のブレンダン・フレイザー演じる主人公のようなもの。彼の両親は、１９６２年に核攻撃があったと誤解したまま、彼を核シェルターで育てていました。35

年後、ようやく現実世界に出てきた彼は、それまで教えられてきたこととはほとんど関係がない風景の中を歩みはじめます。彼のように、私たちも頭の中に地図があり、ここには道があるはずだと期待してある場所に足を踏み入れると、とたんに迷子になってしまうのです。私たちの地図にも、35年以上前に造られた場所があるかもしれません。

最大の課題は、私たちの脳は地図と地形が一致しないとき、地図を真実にしようと、自分たちの経験を地図の形に無理やり当てはめようとすることです。「いやいや、ここが正しい道だよ。だって地図にそう描いてあるんだから」と、雑木林の中でつまずきながら、私たちは言います。

数年前、ある若い女性と話したことがあります。彼女は、セックスに関する知識のほとんどを、あるいは知っていると思い込んでいたことのほとんどを、ポルノを観て学んでいました。そして初めての性行為で、期待していたようにはならなかったことに、心底驚いていました――オーガズムは簡単に、そして頻繁に生じるものだと思っていたのです。クリトリスを直接刺激すれば、必ず星が見えるようになると思い込んでいました。何かがおかしいと思いましたが、自分の経験を地図と一致させようとし続け、動画で観た人たちのように振る舞いました。自分はやるべきことをやっているのだから、この感覚は快楽に違いないと自分に言い聞かせながら。

期待と実体験との不一致が、彼女の中ではっきりしたのは数カ月後のことでした。そうして「自分はおかしいに違いない」と確信し、私のところにやってきたのです。

私が「女性は新しい相手と初めてセックスするときよりも、交際がはじまってしばらく経ってからのほうがオーガズムを感じやすい」と説明しても、彼女はまったく信じてくれませんでした。

地図が正しくて、地形、つまり自分の体は間違っていると思い込んでいたからです。

また、快楽は〈文脈〉に左右されるので、クリトリスへの刺激も適切な〈文脈〉で行われなければ気持ちよくならないことも伝えました。「くすぐられたときと似てるのよ。気持ちよくないっていうことは、まだ〈文脈〉が合っていないっていうこと。クリトリスへの刺激が気持ちよくないのは通常、あなたのクリトリスが機能していないからではなく、あなたがまだ十分に興奮していないから」

喜びへの第一歩は、地図と地形の不一致を認識し、常に正しいのは地形であると知ることです。

セックスに関しては「いつでもＯＫ」のオリヴィアは、深いエクスタシーを生み出す可能性を秘めています……あるいは、深い自責の念や不安が生まれるかもしれませんし、追いか

けっこのダイナミクスについては言うまでもありません。それはすべて、どこまで自分はOKなのか、に対する彼女の感じ方によるのです。

第1章の冒頭で、オリヴィアは自分の「地図」が真実でないことを知りました。ホルモンのせいでセックスがしたいのだという自分に言い聞かせていたストーリーは、彼女のことをいじめっ子だと言う文化的なメッセージから自分を守るための比喩だったのです。

しかし、オリヴィアは新しい地図を描きました——科学的な根拠と、自分の内的な経験にジャッジを入れずに注意を払うことを基盤にして。敏感なアクセルは、リトル・モニターと手を組んでコントロール不可能な感覚を生み出すこともできれば、喜びをもたらす快楽を生み出すこともできると気づいたのです。「ストレス－自己批判－ストレス」のスパイラルがエスカレートするのをそのままにしていた頃は、コントロール不可能な感覚に陥っていました。でも、ブレーキもアクセルも踏まずに、ストレスの流れに任せて緩和させることを学ぶと、喜びをもたらす快楽を得られるようになったのです。

「ペースを落として、じっとしていることね」。オリヴィアが、パートナーよりも高い性欲があるすべての人にこうアドバイスします。「追いかけちゃダメ。押してもダメだし、引きもしない。カーリングチームのブラシを持つ人みたいになって、セックスへの道を切り開くの」

セックスしなければならないというプレッシャーがなければ、パトリックはクリエイティブで、好奇心旺盛になり、遊び心を持って、臆せずにいろいろと試すことができます。彼は、オリヴィアの敏感なアクセルが素晴らしいギフトになりえるのを理解していますが、同時にそれがもたらす課題も認識しています。

オリヴィアが修士課程を終えると、パトリックはふたりが信頼を置く友人も巻き込んで、オリヴィアのためにエロティックな宝探しを企画しました。彼女は裸のまま手錠をかけられ、目隠しされ、アパートメントの建物内の廊下を通って他の部屋へと連れていかれ、大人のおもちゃやローションといったお宝探しをしたそうです。見つけた宝物で何をしたかは言うまでもありません（これは、今まで私が聞いた中で最高の「科学のおかげで性生活が良くなった」例のひとつです）。

すべてが終わってボリューム満点の食事を前にしたとき、オリヴィアは幸せホルモンと子宮収縮ホルモンの中を泳ぎながら、パトリックに結婚を申し込みました。ほとんど冗談みたいに。

ほとんど。

この話をすると（ふたりに許可はもらっています）、信じてくれない人がいます。奇妙なことに、これだけは信じてもらえないのです。まるで、型にははまらず、広く開かれた快楽を謳《おう》歌《か》することが、女性がセクシュアリティーに懐疑的になる唯一ほんとうの原因であるかのように。しかしこのエピソードには、快楽と、コントロールできない探求心と、ある女性のセクシュアリティーをまるごと好きになってくれるパートナーが登場します。このような話は、私に希望を与えてくれます。恥という傷から回復し、エロティシズムも含めて自分自身をそのまま受け入れてくれる愛を、より多くの女性に見つけてほしいと願っていますから。

オリヴィアが「いつでもOK」なのは、贈り物でもあれば、課題でもある。彼女は、自分のセクシュアルな反応を、特定の方向に無理やり押していくのではなく、最大限にまで膨らませることで、自分のセクシュアリティーの可能性を最大化できたのです。

ペースを落として、じっとしている。押しも引きもしないで、感覚に任せてみましょう。


自分のセクシュアリティーについてよく知るためには、自身の内なる経験に注目するのが一番です。実際の経験と、「〜を経験すべき」という期待との間に不一致がある場合は（多かれ少なかれ誰にでもあります）、常に経験が正しいと思ってください。

また、他の人の経験は自分の経験とは異なり、自分の経験が「どうあるべきか」についての考え方も人それぞれ異なると考えていいでしょう。誰一人として同じ地形と地図がある人はいません。地図が地形に合っていないなら、地形ではなく、地図を疑ってください。この本を通じて、私は何度か空想上の双子の例を使いましたが、今回は現実の双子を使って説明します。私と妹のアメリアは一卵性双生児です。同じDNAを持ち、数分の違いでこの世に生まれ、同じ家で育ち、同じ学校に通い、同じテレビ番組を観て、同じ本をたくさん読んで育ちました。しかし、それぞれが性生活をはじめる頃には、頭の中にまったく異なる地図ができあがっていました。

私の頭の中には、メディアからのメッセージを自分なりに解釈した地図ができていました。理想的なセクシュアルな女性は、冒険するのが好きな騒々しいメスで、男性はそのスキルと意気込みに欲情するのだと信じていました。そしてもちろん、挿入で簡単にオーガズムを感じ、自発的な性欲を覚え、ヴァギナはすごく濡れると思い込んでいました。一方、新しいことを試したがらない女性は淑女ぶっていて、絶望的なくらい常識に縛られていて、神経質なのだと思っていました。

ここで言う理想的なセクシュアルな女性は、必ずしも大きな快楽を楽しんでいるわけではなく、ただ快楽を経験しているように見えるということに注目してください。私が文化に教わった限りでは、それがセクシュアルな女性のあるべき姿でした。だから私はそのように振る舞ったのです。初めて性的な関係を持つまでの間に、私は他人の快楽のために加工され、包装された商品になっていました。

この地図はとても強力で説得力があったため、私は自分が経験すべきと信じていることと、実際に経験していることを切り離せませんでした。18歳のときに、初めて性的な関係を持った相手は、後にストーカーとなり、私を殺すと脅すようになりました。私は、彼に傷つけられる夢を見て、夢の中で笑っていました。傷つけられるのが好きなのかどうか、自分でもわからなくなるくらい笑っていました。

当時は、それがどれだけめちゃくちゃなことか、わかっていませんでした。

初めて自分のヴァルヴァを見て泣いたのは、彼との関係が終わりかけた頃(警察に通報して終了)でした。

そして、そんな虐待関係に陥ったのと同じ学期に、性教育者としての訓練を受けはじめるという、信じられないような幸運に恵まれました。女性誌やロマンス小説、ポルノから受けてきた指導に従って、自分をセクシュアルな商品として売り込んでいたのと同時に、セクシュアル・ウェルネスについての真実を学んでいたのです。それからの10年間で膨大な知識を得ましたが、それよりも重要なことに、より健康的な考え方を身につけました――女性の体と快楽は、他の誰でもなく、その人のものであるということ。性交に付随するすべてのこと（愛、愛情、快楽、プレイ）は拒絶せずに、性交だけを拒絶できるということ。自分自身の内的経験は、何かを試したいかどうかの正当な指針になることです。

おそらく最も説得力があるのは、自分の内的経験がときに自己矛盾を起こすのは当たり前であり（私は「群れ」だ！）、自分の内的経験の奥深くにまで、より優しく辛抱強く注意を払えば払うほど――特に、不快な思いをしたときに優しく辛抱強くすればするほど――自信と喜びを感じられるのです。

一方でアメリアは、思春期を迎える頃には、彼女なりに解釈した道徳的メッセージが頭の中にありました。賢い女性はセックスを求めない、と信じていました。賢い女の子は体ではなく心に興味があり、頭の悪い女の子だけが「動物的な本能」に支配されているのだと。これは典型的なヴィクトリア朝中産階級の考え方です。女性の理想的なセクシュアリティーとは、多かれ少なかれアセクシュアル〔誰に対しても性的感情を抱かない人〕であると考えていたアメリアは、セックスに興味がないのは自分が知的である証拠だと思っていました。

やがてセックスをするようになり、するのが好きにさえなりました！　彼女は地図上にある新しい空間を開拓し、新しい領域を探検していきました。そして、セックスはレクリエーションである、金曜日の夜に『Xファイル』が放送されてさえいなければセックスを楽しもう、という考えを受け入れることにしたのです。賢くいられたうえで、快楽の源としてのセックスを楽しめるように地図を描き直しましたが、それでも地形のまだかなり狭い範囲を進んでいました。

アメリアは、やがて結婚することになる男性に出会って初めて、セックスを人間同士のつながりや、単なる娯楽ではない深い喜び、自分の個性と関連する快楽を発見できるものとして経験するようになりました。(3)それはまったく新しい地図であり、そこには彼女が存在すら知らなかった地形が描かれていました――ただ探索されていなかっただけで、ずっとそこにあった地形なのですが。

彼女は何十年も同じパートナーと一緒にいて、多くの女性が長期的な関係で経験するような喜びや葛藤をたくさん味わってきました。そして、性教育者になるという大きな幸運に私が恵まれた一方で、妹は性教育者を姉に持つという幸運に恵まれました――いつでも私に電話したりメールをしたりして、「これは正常なの？」と訊けるんですから。彼女は大勢の女性と同じように、〈文脈〉に敏感な性欲があり、それは性的興奮と一致しません。だから、大勢の女性と同じように、私のブログ記事を夫に送りつけて、「ほら！　ここに書いてあるでしょ？」と言ったのです。

私たちは、遺伝子が同じで、よく似た種を植えた庭でも、まったく異なる地形に育つことがあるという一例です。アメリアは私より少し敏感なブレーキを持っていて、私は少し敏感なアクセルを持っていることがわかりました。だから、メディアからのメッセージは私の生まれ持ったセクシュアリティーに適応し、道徳的メッセージはアメリアのそれに少しだけ適応し、このように違う考え方が根づいていったのかもしれません。

私たちはふたりとも、パートナーとセックスするようになるまでに、セックスはこうあるべきだという、ある程度決まった考えを持っていました。そしてふたりとも、ほぼすべての女性と同じように、自分の準備不足に気づき、セクシュアルな女性であるとはどういう意味なのかを学び直す時期を経験したのです。

セクシュアル・ウェルネスにまつわる科学を学ぶことは、自分のセクシュアルな地形をより的確に表す地図を描くことにつながり、その結果、私たち姉妹はパートナーに自分のセクシュアル・ウェルネスについてより効果的に伝えられるようになりました。また、自分の経験とは矛盾する他の女性たちの経験をジャッジしなくなりました――というのも、ほんとうにみんなそれぞれ違うからです。内的経験が、自分が経験「するべき」と思っていたものと一致しなくても、それを信じる気持ちが、この本に書いた科学を受け入れる力を与えてくれました。

しかし、真実を知って地図を描き直すのは、簡単ではありません。私たちふたりにとってもそうでしたし、ポルノからセックスを学んだ女性たちにとっても、そして私が話をする多くの女性にとってもそうです。

自分が正常であるとわかると、多くの女性は瞬時に解放され、これまでにない方法で自分のセクシュアリティーに満足するようになります。光が差してきて、「私の地図はずっと間違っていた。

私は実は正常なんだ!」と言いはじめるのです。しかし、一部の女性は、反応的な性欲や挿入せずに達するオーガズムが正常であると受け入れてもなお、そんな形の「正常」に価値があるとは受け入れられません。自分のセクシュアリティーがどのように機能するかを知るのは重要ですが、ジャッジしたり恥じたりせずに、ありのままにそれを受け入れるのはもっと重要です。でもそれは、多くの女性にとって難しい話です。

そして、そのようなときこそ、「NOジャッジ」の姿勢の出番です。

ステップ2 ジャッジしない=「NOジャッジ」の姿勢

自分のセクシュアリティーに不安を感じたり、特定な見方をする(あるいはしない)自分に腹を立てたり、恥ずかしさを覚えたりすると、多くの場合、その感情を箱に入れ、心の奥底に隠してしまいます。するとその感情は箱の中で、サイクルが完了するのを待つことになります——心から取り除かれたわけではなく、ただ保留になっているだけ。しかし、ゆくゆくはサイクルを完了させなければならなくなります。

例えば、箱に入れるのではなく、そうした感情に気づいたり、興味を持ったり、泣いている赤ちゃんや悲しそうで内気な子猫に接するように、優しく愛情を注いだりするとしましょう。あるいは、自分の内的経験を傍観するように、ただ中立な立場で観察しているとします。このような思いやりのある自己認識は、ブレーキをかけず、自分の内面がサイクルを完了できるような〈文脈〉を作り出します。

私は以前、自分の内的状態を意識するのが重要だと考えていましたが、研究に次ぐ研究で、内的状態の「観察」は健康の予測因子ではないことがわかりました。むしろ、最も重要なのは、「ジャッジしないこと」だったのです[4]。

「NOジャッジ」の姿勢を測定するマインドフルネスの評価でスコアが低い人は、「自分が考えているようなことは考えてはいけないと自分に言い聞かせる」や、「悩ましい考えやイメージが浮かぶと、その内容によって、自分を良い・悪いで判断する」といった項目に同意しています。「NOジャッジ」の傾向が強い人は、逆のことを言います。悩ましい思いが浮かぶと、それを良いか悪いか、正しいか間違っているかで判断せずに、ただ「そういうことが起きている」と認識するのです。つまり、判断しないことによって、自分の感情――それが理にかなっているかどうか、心地よいかどうか、感じるべきだと自分が信じていることかどうかにかかわらず――をそのまま受け入れるようになるのです。「NOジャッジ」の姿勢とは、中立的に自分の内的状態に気づくこと。あなたがどう感じるかではなく、「あなたの感じ方についてあなた自身がどう感じるか」が重要です。そして、最も健康を促進するのは……中立的な感じ方です。

このテーマに関する私のお気に入りの研究論文を使って説明します。全般性不安障害の人々の経験におけるマインドフルネスの働きを調査した小規模な研究です[5]。研究者たちは、被験者の不安症状や、それらの症状が引き起こす日常生活への支障の程度を測定し、被験者には「マインドフルネス質問票」にも回答してもらいました。そこで問われた5つの要素のうち2つは、自分の内的経験に気づく「観察」と、自分の内的経験をいいか悪いかで判断しない「NOジャッジ」です。

結果を見ていくと、症状からの影響が少なかったのは、自分の内的状態を意識する「観察」の要素がある人ではありませんでした。そうではなく、より「NOジャッジ」の要素が強い人たちだったのです！　つまり、不安がどれだけその人の生活を乱すかを予測するのは症状ではなく、その症状に対してその人がどう感じるか、なのです。自分がどう感じるかでもないし、自分がどう感じるかを意識することですらない。自分の感じ方について、自分がどう感じるか、なのです。そして、自分の気持ちに対して批判的でない人は、より良い結果をもたらします。

「NOジャッジ」の姿勢を性機能と関連づけて具体的に測定する研究は、着実に増えています。まだ初期段階ではありますが、セックスに関するセンサリーモーター・サイコセラピーの小規模な研究では、治療グループの女性たちはセラピーによって、自分が何か特別なことを経験「しなければならない」という気持ちが薄れ、自分自身に優しく寛容になれるようになったと報告しています[6]（どこかで聞いたようなことですよね？　そう、第5章のセルフ・コンパッションを覚えていますか？）。

しかし、「NOジャッジ」とセックスに関する研究の最近の大成功は、マインドフルネス質問表をベースにした「セクシュアル・マインドフルネス測定」の開発です。これによって、セクシュアル・マインドフルネス（ジャッジせずに意識すること）は、特に女性において性的満足度の予測因子になることがわかりました[7]。ただし、違いを生むのは意識そのものではないことに注意してください。例えば、体全体を意識することは性的興奮の不一致には影響しません——人は、自分の体が何かをしていることに「気づかない」のではありません[8]。気づいていて判断しないこともあれば、気づいていて判断し、恐れ、恥、苛立ち、憤り、絶望を感じることもある。その違いを生み出すのは、ジャッジしないことなのです[9]。

「NOジャッジ」の姿勢が役立つ5つの状況を見てみましょう。理由のない不快感が湧き上がるとき／トラウマが癒やされるとき／痛みが解消されるとき／快楽が増大するとき／「〜するべき」を追悼するとき、の5つです。

パートナーのオーガズムほど、「ベッドでのあなたは最高！」とはっきり言ってくれるも

のはないですよね？

パートナーがオーガズムに達するのを止められないことがあります——特に、パートナーがちょっと頑固なアクセルを持っている場合によくあることです。

カミラはヘンリーの「特別なピザを作ってあげたのに、一切れしか食べてくれなかったら、嫌いだったのかなと思ってしまうだろ？」という問いについて論理的に考え、賢い結論を出しました。

「カミラはオーガズムに達してはいけない」というルールをふたりの間に作ったのです。

あとは何をしてもいいのですが、カミラがオーガズムに達するのだけは禁止です。これは、現実には効果がなさそうに思える反心理学的なトリックです——「オーガズムに達したくない？　そうですか。じゃあ、オーガズムに達してはいけません！」でも、実は効果があるんです。

このルールは2つの効果をもたらしました。まず、カミラからはセックスをしなければならないというプレッシャーを、ヘンリーからはやり場のない期待を、純粋に取り除いてくれました。ふたりともリラックスして、そうしたことを忘れ、気分が良くなったのです。

別の影響もありました。ヘンリーはすでに前戯に対する考え方を変え、ふたりの関係とはカミラの点滅する種火をいじる機会だと考えるようになっていましたが、新しいルールはそれをさらにレベルアップさせました。

オーガズムについて考えないことによって、カミラのリトル・モニターは不可解な状況に陥りました。ヘンリーが彼女の下のほうへ移動してくると、カミラはオーガズムを予感するほど興奮が高まりますが、それはいけないことだと思い出します。するとリトル・モニターは彼女の興奮レベルを、オーガズムを感じないという目標と比較しはじめます。つまり、モニターはあとどれくらいで彼女がオーガズムに達するかを考え続けるのです。

「オーガズムに達してはいけない」という思考に埋め込まれているのは、「オーガズムに達しなさい」というメッセージです。もし私があなたに「熊のことを考えてはいけない」と言ったら、まず何が頭に浮かびますか？

オーガズムは思考ほど自動的に生まれるものではありませんが、正しいセックス・ポジティブな〈文脈〉で、相手にオーガズムに達しないようにする時間をたくさん与えれば……楽しいですよね。いつか試してみるのもいいかもしれません。

そこで考えるのが、あなたのパートナーが、オーガズムを止められなくなるときの話です。

ヘンリーはカミラと同じくらい賢い人でした。ある日、彼女から私に電話があり、「彼は私よりも厳しくルールを守ったの。バイブレーターを当てられてオーガズムに達する寸前で、私もそれを求めていたのに、彼はその前に手を止めてしまった」と聞いたからです。

彼女は欲求不満になり、少し怒ってすらいました。でも、このルールはそもそも彼女のアイデアでしたからね。ヘンリーはほんとうの紳士だったということです。

その後、彼は同じことを2回しました――オーガズム寸前の彼女から手を引いたのです。紳士なんだから、当然です。

そして最終的にカミラは、オーガズムに達するのを止められないくらいの興奮を覚えました。巧みな戦略でした――女性のオーガズムには、男性の射精のように「引き返せない段階」がありません。女性のオーガズムを止められなくするには、高レベルの興奮が持続することが必要です。

そしてそう、繰り返しますが、人からこんな話を聞かされるのですから、性教育者というのは世界一の仕事なんです。

「NOジャッジ」の姿勢　その1　理由のない不快感が湧き上がるとき

よく耳にする言葉があります。「解決策のない不快な気持ちは、抱いても意味がない」

そんなことはありません。意味はありますよ！

どうしようもできない気持ちが重要なのは、それを排出させて、サイクルを完了させるため。そうすれば、終わらせられます。

同僚のジャンと「NOジャッジ」の研究について話していたら、週末にそれと関連する体験をしたと彼女が教えてくれました。それまでジャンは、手紙を出したいのに切手が見つからないなど、ちょっとしたことで過度に激怒してしまうのに気づいていました。そしてあとになって、あのときの怒りは切手のことではなかったのだと気づくのです。怒りは、前の日の夜に、女性差別主義者の映画を観たのが引き金となり、20年前に付き合った女性差別主義者との過去が思い出されて発動したものでした。

「それで、その怒りをどうしたの？」と私は尋ねました。

「怒る必要はないって自分に言い聞かせたの。あの嫌な男はもう私の人生から消えたんだからって」

「そうジャッジしたってこと？　気持ちにブレーキを踏んだの？」

「他にどうしろっていうの？　20年も会っていない男に腹を立てればよかったの？」

その女性差別主義者という脅威は、もう闘うことも逃げることもできない相手ですよね……それでも彼女の感情は湧き上がってきました。では、それをどうすればよかったのでしょうか？

サイクルを完了させればいいのです。「体感覚」は、彼女がうまく過去に葬った嫌な奴《やつ》とは関係なしに、彼女の体の中に存在しています。

しかし、サイクルの完了は多くの人にとって、人生の初期に身につけられる習慣ではなく、練習が必要です。どうしようもできないと思うようなとき、何もせずにただ感じることに身を任せる方法がわからなければ、脳はどうにかできる状況を探し、その状況に感情を押しつけようとします。

だから、とっくにいなくなった嫌な奴への怒りでむきにならないでください。ただ、怒りがあなたの中を通り抜けるに任せましょう。それが何についての怒りかは関係なく、予期せぬところで表れた過去の「体感覚」は、それ自身で解決しなければなりません。アクセルは踏まず、でもブレーキも踏まないでください。怒りに気づいて、自然に任せましょう。そうすれば、砂漠の熱風や台風のように、あなたの中を吹き抜けていくでしょう。

「NOジャッジ」の姿勢　その2　トラウマが癒やされるとき

トラウマを経験するというのは、まるで誰かが自分の庭に忍び込んできて、それまで大切に育ててきた植物を全部引き抜いてしまうようなものです。特に、庭を荒らしたのが他人ではなく、信頼していた人であった場合は最悪で、怒りや裏切り、荒らされる前の庭を想《おも》う悲しみ、もう二度と植物が生えてこないのではないかという恐怖にさらされます。

でも、また生えてくる。それが庭なのです。

そして、その成長を促すには、庭を以前の姿に戻したり、あなたが望んでいた姿に作り替えたりするのではなく、今あるようにさせることです。どのように？　まずはセルフ・コンパッション――自分への優しさ、普遍の人間性、マインドフルネス。そして忍耐力。「大丈夫じゃない」と感じても大丈夫だと思えること。

回復の過程は辛いものです。脚を骨折したら、治る過程のどの段階も、完治したあとより良く感じられることはありません。痛みやかゆみ、力の衰えもあります。脚を骨折した瞬間から、ずっと気分が重いままです。しかし、だんだんと痛みが和らいできます。痛いのは当たり前です。

肉体的な痛みは麻痺させても、回復は生じます。しかし、心の痛みを麻痺させようとすると、痛みからは解放されますが……同時に回復も一時停止されます。より進化している人は、悲しみやパニックのような感情をなんなく乗り越えられることもありますが、私たちの多くは、心を癒やすためには苦しまなければなりません。残念ですけどね。

回復プロセスの初期段階にある性被害のサバイバーのお手伝いをしたことがあります。彼女は代わる代わる、怒り、絶望、フリーズを経験し、常に恐怖を感じていました。長い間、瞑想の練習をしていましたが、感情が激しすぎて、自分の中を通過させられないと思っていました。つかえて外せないように思えたのです。彼女は痛みを感じてパニックになり、抜け出せなくなりました。こうした感情をどうすればいいのか、どうしたら治せるのか、どうすれば痛みがなくなるのか、どのくらいで痛みが消えるのかを、彼女は知りたいと思っていました。

「私に言えるのは、あなたが経験しているすべてのこと――矛盾した感情やすべての痛み――は、正常な回復過程の一段階であるということ。経験の仕方は人それぞれで、いつまで続くか知る方法はないの。しばらくは最悪だけど、徐々に良くなっていく。でも、これだけは確かです。私が知っているサバイバーは全員、乗り越える方法を見つけ出していきました」と私は言いました。

いつ痛みが消えるかわからない、自分の体と心が回復していくのを信じるしかない、というのを彼女が理解する間、私たちは黙ったまま座っていました。

すると、彼女はこう言いました。「まるで……手のひらに失神した鳥をのせているような感じ。

もし私が急ごうとすれば、鳥は固まったままになるでしょう。でも、私がじっと辛抱強く待っていれば、鳥は目を覚まして飛び立つの」

そう、そのとおりです。

「NOジャッジ」の姿勢　その3　痛みが解消されるとき

私が「異常」と呼んでもかまわないと思う性体験は2つしかありません。それは、同意がないことと、望まない痛みが生じる場合です。性行為に関わっている全員がその場にいることを楽しみ、いつでも自由に立ち去れるのであれば、何をやっても正常です。そして、もし当人がそれをしたくて、好きだと思っているのなら、何をやっても正常なのです。しかし、セックスに伴う不必要な痛み（挿入時の痛み、性器接触時の痛み、望んでいない痛み）は、正常ではありません。

そして、痛みを治療する鍵は、その感覚をジャッジせずに意識することです。

これは厄介です。というのも、それは苦痛を癒やす鍵となるにもかかわらず、多くの女性が、セックス時の痛みは普通だ、人生の一部だ、ワインを飲め、なぜ文句を言うのか、乗り越えろ、とずっと言われてきたからです。私たちは、痛みに対して「NOジャッジ」を貫き、文化によって信じ込まされた「〜するべき」を超えて、より真剣に痛みを扱えるでしょうか？

先日、『*When Sex Hurts: A Woman's Guide to Banishing Sexual Pain*（セックスに痛みが伴うとき：セック

ス時の痛みをなくす女性のためのガイド）』〔未邦訳〕の共著者キャロライン・プコールと話す機会がありました。彼女は、セックスの痛みを我慢する女性がいることを指摘して、『多少の痛みは仕方がない』という思い込みがあるんですよ」と言っていました。

さらに、「女性は必要以上に痛みに耐えるところがある」とも。それはセックスだけでなく、人生における他のことにおいても同じかもしれません。女性たちが痛みを我慢するのは、それしか選択肢がない、有効な治療法がない（あります！）、あるいは、治療法を探す手間が潜在的な利益に見合わない（見合います！）と考えるからです。そして医療関係者は、痛みを真剣に受け止めなかったり、感染症や怪我がなければ、痛みは「すべて気のせい」だと思い込んだりして、この傾向を強めてしまうことがあります。

もし女性（と医療従事者）が、男性が性器の痛みを感じたときと同じ基準で痛みを捉えたなら、決して治療を躊躇したりはしないでしょう。大きな試練（この場合は痛み）を仕方のないものとして許容する姿勢は、学習されたものです。そしてそれは、単に気づき、別の可能性を認めることで変えられます。

このような話を聞くと、私は義憤に身を震わせます。ある車椅子の女性が、講演後に私のところに来て、腟痙攣（骨盤底筋の慢性的な緊張により、ヴァギナへの挿入が不可能または大きな苦痛を伴う）に有効な治療法があることを、私の講演で初めて知ったと言いました。それまで診てもらった医師たちは、腟痙攣が治療可能かもしれないと一度も言わなかったそうです。

それはなぜでしょうか？　医師たちが知らなかったから？　20代の女性とセックスについて話

すことに抵抗があったからでしょうか？　車椅子の女性にも、他の女性と同じように満足のいく性生活を送る権利があるとは思いつかなかったから？　わかりません。しかしその医師たちが、車椅子に乗った20代の男性から性機能障害や痛みについての訴えを聞いたら、無視しただろうかと考えずにはいられません。

ここで、痛みの性質について手短に説明しましょう。

すべての痛みは、何らかの脅威があるという体のシグナルに反応して、脳で作られます[10]痛みは、脳が脅威を感知し、あなたは助けが必要かもしれないという信号です。文化的に押しつけられた基準ではなく、自分の内的経験を最も正確な源とするならば、助けが必要だという脳の信号を聞きとって真剣に受け止められるでしょう。

出産時の裂傷やアレルギー性接触皮膚炎のようなよく理解されている組織損傷から、まだあまり理解されていない、更年期のホルモン変化によるヴァギナの乾燥や萎縮、さらには幼少期に経験した虐待やネグレクトに反応する中枢神経系の過敏性といった新しい研究領域まで、女性の性的な苦痛に対する理解を複雑にしている一因には、非常に多くの異なる「脅威」の存在が挙げられます[11]。

これは、文字どおりの意味です――あなたが（痛みを）どう感じるかではありません。あなたの感じ方をあなた自身がどう感じるか（耐えられても、耐えられなくても）なのです。ジャッジしないことは、あきらめることではありません。自己批判せずに、優しさを持って真実に向かうことを意味します。「NOジャッジ」の姿勢をとれば、助けを求めることができます。

「NOジャッジ」の姿勢　その4　快楽が増大するとき

これまで、不快感やトラウマ、痛みといった体験に対して、「NOジャッジ」の実践についてお話ししてきました。しかし、私たちの中には、最も受け入れがたい体験が「快楽」であり、快楽が大きければ大きいほど、「～するべき」でそれを封じてしまう人がいます。

第5章に登場したサラダバーの比喩を覚えていますか？　好きなものを取って、いらないものは取らずに、みんな違うサラダを持ってテーブルに着くんでしたよね？　多くの女性が、自分の好きなものではなく、パートナーは好きに違いないと思い込んでいるもの、あるいは自分が「好きであるべき」と言われているものを基準に選んでいます。ケールとファットフリーのドレッシングはいいけれど、砂糖をまぶしたピーカンナッツは取るべきではないと教えられていたとします。もしタブーな食べ物をたくさんのせた皿をテーブルに持ってきたら、あなたはジャッジされる。だから、自分に喜びを与えるものを先回りして否定し、その結果、苦しむことになる……。ですが、家族や文化から、苦しみは美徳であると教えられたことがある人はいませんか？

苦しみは美徳ではなく、快楽は罪でもありません。私たちはずっと嘘を教え込まれてきたのです。

私の経験では、女性は不快感をジャッジしないことよりも、快楽をジャッジしないことに苦労しています。私たちは直感的に快楽を遮断してしまうので、自分がそうしていることにさえ気づかないのです。何年も前に、数カ月の鬱状態から抜け出し、日光や友人、学校など、喜びを感じる瞬間に手を伸ばしはじめた学生がいました。

「間違っているように感じるんですよ」と彼女は言いました。「こんなにも世界が混乱しているのに、良い気分になるのはおかしいように思えるの」

私は、彼女の鬱症状に対処する方法として、「NOジャッジ」について以前に交わした会話を思い出してもらいました。「そのスキルは、快楽にも適用できるの。ジャッジしてはダメ。正しいとか間違っているとかではなく、ただ今あなたの体で起きていることってだけなんだから。それを恥じる必要もなければ、通り過ぎたらもう二度と戻ってこられないのではないかと心配する必要もない。何もしなくていいから、ただ快楽に挨拶だけして、好きなようにさせればいいのよ」

彼女は疑《うたぐ》り深い目で私を見ていましたが、数週間後に再び話をしたときにはこう言っていました。「それで、快楽や喜びをジャッジしないよう試してみたんだけどね、ええと……」

彼女は唇を噛みしめ、目に涙を浮かべていました。

私は待ちました。

長い沈黙のあと、彼女は洟をすすりながら、「ジャッジしないと、増大するよね」と言ったのです。

これは、「NOジャッジ」にまつわる不思議な真実です。判断せずに苦しみに向かっていくと、傷が癒えるにつれて苦しみは小さくなっていきます。ですが、判断せずに快楽に向かうと、かつて判断で埋まっていた空間を埋めるように快楽が広がっていくのです。なぜそうなるのかはわかりませんが、これは「NOジャッジ」に関する本質的事実です。

「事前に言ってくれなかったじゃない」と彼女は私を責めました。

「もし警告していたら、あなたは試した？」

「ないない。絶対にしなかった」と、彼女は認めました。「でも……良かったんだよね」

「快楽が好きだという事実を、あなたはどう感じてる？」私はそう焚《た》きつけました。

彼女は驚いたような顔をしてから――自分に対してなのか、私に対してなのか、いまだにわかりませんが――「そう言われると、すごく正常のことに思える」と言いました。

実際、正常なんです。しかし、だからといって、それが簡単で単純だというわけではありません。私たちの多くは、快楽は利己的で、罪深く、時間の無駄で、恥ずべきものだと教えられてきました。他の人のニーズやパートナーに気を配ったり、人の期待に応えたりすべきなのに、どうして自分が気持ちのいいことに気を配れるのかと。

しかし、ここに真実があります――快楽は、あなたの真の本質にアクセスするための入り口です。快楽は、自分自身と、そして最愛の人たちとの制限のないつながりを見つける場所なのです。なぜでしょう？　なぜなら快楽は、脳が、恥や社会的成果や「〜するべき」を排して、あなたが安心して完璧に、完全に自分自身でいられる〈文脈〉でしか生じないから。エクスタシーは、私たちが喜びを感じないもの、好奇心を刺激しないものをすべて置き去りにしたときに訪れます。エクスタシーは、私たちが無条件に快楽に身を委ねたときに生じます。あなたは快楽を好きになっていいのです。そして、そのための最初の一歩は、ジャッジせずに、ただそれに気づくことなのです。

メリットは、みんなの期待どおりにやらない女王です。彼女は、自分が快楽を得られたときではなく、パートナーに快楽を与えられたときに、自分を信頼するようになりました。そしてセクシュアルでない存在でいることを自分に許したとき、自分をセクシュアルな女性として受け入れました。快楽を経験しようとするのをあきらめたとき、強烈な快楽の光の中に身を沈めたのです。

「寒いところから暖かい部屋に入ってきたときの指の感覚に似てるね。しばらくは痛いけど、そのうち温まる」。これは、持つべきだと思っていたセクシュアリティーを手放し、自分のセクシュアリティーのためにスペースを空けるという経験を表現した、メリットの言葉です。

「中年のレズビアンだったら、女性の性のあり方について世間で言われていることよりも、もっと良いことを知っていると思うでしょうね。でも、すべてを手放すのは大変なことなのよ」

「あなたのブレーキはとても繊細なの」と私は言いました。「それにあなたはおそらく、フェミニズムの信条を胸に掲げてきた時間よりもずっと長い間、そのブレーキを持っていたはずよ」

最後にもう1つお話ししましょう。

メリットとキャロルは、娘が高校を卒業して間もなく結婚しました。その子は（当然、高校の仲間うちでは性教育担当のような役回りでした）、母親たちのためにブライダルシャワーを企画したのです。園芸店のギフトカードや新しいタオルといったさまざまな実用的なプレゼントに加えて、娘からは、リボンのついたかわいいバスケットに入ったスパークリングサイダー、アロマキャンドル、マッサージオイルがふたりに贈られました。

「我が子から夜のグッズをプレゼントされるなんてね」と、メリットは娘に言いました。

「いいじゃない。ディルド（挿入用の性具）と鞭をあげたわけじゃないんだし！」

これにはメリットもキャロルも顔を真っ赤にして笑いながら、皿洗いをさせに娘をキッチンに追いやろうとしました。

でも、娘はこう続けました。「だって、今は21世紀なんだよ。ママたちは今ここにいて、クィアで、愛し合っているからこそ、ときどき一緒に裸になるんでしょ。いい加減、慣れなくちゃ」

それ以来、彼女はキャロルと協力してそうしています。

真実を知るだけで、抑圧的な古い神話から解放される人がいます。また、「何が真実か」を知るだけでなく、「何が真実か」を自分がジャッジしていることに気づく必要がある人もいます。自分自身をジャッジしていたことに気づいたら、その習慣から解き放たれ、真実についてより中立的、あるいは肯定的な感情を持つことができます。

また、人によっては、そのような習慣からただ解放されればいいという単純なものではない場合もある。彼女たちは何が真実か知っているし、何が真実かを自分がジャッジしていることにも気づいています。そして、愛すべき人生のためにその判断に固執し、古い考えを捨てて真実を受け入れるのを体も心も拒否しているように見えます。

なぜでしょう?

私たちのシナリオや地図は、私たちのセクシュアリティーの目的、努力、予定が「こうあるべき」という明確な考え方を含んでいます。簡単にオーガズムを得られるべき、自発的な性欲があるべき……そうした神話のことです。そして、私たちが「〜するべき」に従って機能しないとしたら、それは何を意味するでしょう?

「私たちはどこかおかしい」となるのです。

時折、地図と一致しないセクシュアリティーを持つことは、単に変わっているというだけでなく、失格者であることを意味すると思っている人もいます。変人、異常者、病気、気持ち悪い、不適格など、これらは全部、私たちが正常でないことを意味する恐ろしい言葉ばかりです。

私たちは自分のアイデンティティーを、セクシュアリティーや「いい女」や「いい子」であるかどうかの感覚と結びつけています。もしあなたがそうなら、第5章で説明したように、神話を手放すのは自己批判を手放すのに似ていると思うかもしれません。誰もがある程度は、目標を手放すことは希望を捨てることであり、失敗のように感じるものです。これは、欲望のスタイル、オーガズム、快楽といったセックスに関連する目標にも言えることですが、それ以外の人生の目標にも言え、人間関係を終わらせる、学位を取得しない、大学院に進学しないことにする、自分の体形が文化的理想と一致しないことを受け入れる、などが挙げられます。

「こうするべきなのに、こんなはずじゃなかった」「こうするべきじゃない。もっと違うセクシュアリティーだったらよかった」という「〜するべき」を手放すには、あなたのリトル・モニターが目標は達成不可能であると認識し、そして……モニターの判断によって絶望の淵に落ちなければなりません。つまり、ある種の「失敗」が必要で、これまでずっと教え込まれてきたタイプのセクシュアルな人間にはなれないかもしれないことを、受け入れるのです。

これが、地図を変えるのを難しくしている原因であり、女性と、女性にとって最適なセクシュアル・ウェルネスとの間に立ちはだかる、唯一最大の障害かもしれません。快楽を受け入れるには、私たちがずっと恥ずべきと教えられてきた欲望や好奇心、感覚を認める必要があるかもしれません。反応的な性欲を受け入れるには、これまで信じてきた唯一無二の「正しい」セクシュアルな関係のモデルに従う、という希望を捨てる必要があるかもしれません。何が真実かを知ったら、間違っていたものを手放せるでしょうか？　アイデンティティーの一部と結びついていた目標を捨てられるでしょうか？　そのために、絶望の淵を旅し、地図の誤りと、そのせいで行きそびれたすべての場所について悲しみを抱かなければならないのに。

そんな明らかな「失敗」を、人はどのように生き延びられるのでしょう？　一度その落とし穴にはまった人は、どこへ行くのでしょう？

切り抜けるためには、じっとしていることです。自分のアイデンティティーのすべての側面が、教えられてきた嘘と結びついていることに気づき、自分が人生をかけてなろうとしてきた自分を手放す悲しみに気づくことです。また、長い間嘘をつかれていたことへの怒りにも気づいてください。ジャッジはせず、そのすべてに気づいてください。それらが真実であることを認めてください。

第4章で見たように、感情はトンネルです。暗闇を通り抜けなければ、その先の光に辿り着くことはできません。とても簡単なときもあれば、地獄のような痛みを伴うときもある。ある目標を手放すと、アイデンティティーをすべて手放さなければならないように感じることがあります。簡単なプロセスではなく、あからさまに不快に感じる部分もあります。でも、やるだけの価値はあります。トンネルの先には、「あなた」という究極の報酬があるのですから。

今のままで問題ないと実感する

この章の冒頭に登場した、反応的な性欲を持つBさんに話を戻しましょう。彼女の目的はなんだと思いますか？　快楽でしょうか？　パートナーとのつながり？　自分探し？

私たちが知っている数少ない情報（そして、私たちが知っている、女性がセックスに関して社会とつながってきた方法）によると、彼女の無意識の目標は、期待されている理想に合わせることなのでしょう。欲望が自然に湧いてくること、性交時にオーガズムが得られること。要するに、「私は正常だ」と感じることです。

私たちはもうすでに、正常なんていうものが存在しないこと――むしろ私たちはみな正常であることを知っています。私たちはみな、他の人と同じパーツでできていて、構造が違うだけ。同じ人は2人としていません。

でも、私たちの多くは、「正常」だと感じたがっています。

（実際、セクシュアリティーに関して正常なことのひとつは、自分が正常かどうかときどき心配することです。そう、正常であるかどうかを心配するのは……正常なんです）

しかし、なぜ「正常」が目標なのでしょう？　正常でありたいと思うとき、人は何を求めているのでしょう。

これから言うことに直接的な科学的根拠はありませんし、その根拠がどのようなものになるのかさえわかりません。しかし、何十年にもわたって世界中の学生、臨床医、ジャーナリスト、そして見知らぬ人たちと交流してきた中で、私が知っていることをお話ししましょう。

正常だと感じることは、自分がそこに属していると感じることだと思います。第1章でカミラが言った「私たちはみんな、自分たちにふさわしいグループに属そうとしているんだよ」という言葉を思い出してください。私たちは、人類が共有する経験の範囲内で安全であること、自分の地図にあるものが他の人の地図にあるものと同じであることを知りたがっているのです。

自分の地図にない場所に身を置くと——枠組みも台本もない経験をすると——私たちは迷子になったように感じます。第4章の「私は道に迷った／私は家にいる」を思い出してください。未知の領域では、「私は危険にさらされている」と感じる。ストレス反応が働き、イギー・ポップの曲を聞かされたネズミのような状態になり、すべてが潜在的な脅威のように思えるのです。

でも、もし誰かに「大丈夫だよ。この場所は私の地図にあるから。ここは間違いなく範囲内だ」と言われれば、安心できますよね。私たちはまだ家にいて、その範囲内では安全で、自分たちはここに属していると思えるからです。

「私は正常ですか？」と訊かれたら、それは「私はここに属していますか？」と訊かれているのと同じです。

答えは「イエス」です。あなたは自分の体に属している。あなたはこの世界に属している。生まれたときから、ここがあなたの居場所なのです。外から押しつけられた性的な基準に合わせることで、それを獲得する必要はありません。

目標を「正常」から「自分の居場所」に変えれば、あなたはすでにそこにいるのだから、常に成功するのです。

私は長年、事務所のドアに小さな風刺画を貼っていました。それには、老いた僧侶が若い僧侶の隣に座っている光景が描かれています。年配の僧侶は、「次はない。今がすべてだ」と言っています。

私は尼僧というよりもオタクですが、この風刺画は、不一致を減らすフィードバックループ〔フィードバックを繰り返すことで、結果が増幅されていくこと〕と速度基準、そしてリトル・モニターを、未来に向かってひたすら突き進むのではなく、現在を楽しめるように訓練することの重要性について説明していると考えます。

これから過激な考えを述べますが、一緒に考えてみてください。

もし、あなたが自分の性的機能を「これがすべてだ！」と感じていたら？

もし、今のセクシュアリティーが、あなたのセクシュアリティーだとしたら？

もし、これがすべてだとしたら？

私がその質問を投げかけると女性たちは、輝くような笑顔を見せる人もいれば、絶望して突然嗚咽《おえつ》をあげる人もいるほど、ものすごく幅広い反応を示します。

もしあなたが、今のままのセクシュアリティーがすべてだと、顔を輝かせながら言えたなら、素晴らしい。本書に書かれた科学が、あなたのセクシュアル・ウェルネスをさらに発展させ、活気づける一助となることを願っています。

もし今のセクシュアリティーが自分のセクシュアリティーだと聞いて、悲しみや恥、絶望、怒り、不安、不満、恐怖を感じるなら、自分のセクシュアリティーを探求する前に、あなたと思いやりという暖かい光の間に立ちはだかる、恐怖や怒り、悲しみの間を切り抜けていく必要があるかもしれません。それは簡単なことではありません。しかし不可能ではなく、私はやるだけの価値があると信じています。今からお伝えすることを、いつも忘れないでいてください――

あなたが生まれた日、世界はあなたの体について何をあなたに教えるか選択しました。自分の体に自信と喜びを持って生きることを教えもできたでしょう。自分の体と性欲は美しい贈り物だと教えることもできたはずです。でもその代わりに、世界は、自分のセクシュアリティーと体を批判的に見て、不満を覚えるように教えました。あなたは、それに価値を見いだし、何かを期待するように教えられましたが、それは実際のセクシュアリティーと一致しないものでした。性体験をするようになると、どんなことが起きるかについて話を聞かされましたが、それは偽りでした。あなたは嘘をつかれていたのです。私はあなたの代わりに、嘘をついた世界に対して腹を立てています。そして、女性たちの体について、もうこれ以上嘘をつかない世界を作るために活動しています。

私は、世界があなたに負わせた傷を変えられません。あなたにも変えられません。

でも、あなたは自分で回復することができる。

あなたの性器と同じように、あなたのセクシュアリティーは完璧で、そのままで美しい。あなたは正常で、美しいのです。だから、自分のセクシュアリティーに不満を感じたり、羞恥心や不満、悲しみを抱いたりしていると気づいたら、その感情を自分から遠ざけて、代わりに矛先を間違った話を伝えた文化に向けてください。自分自身に対してではなく、あなたに嘘をついた文化に激しい怒りをぶつけるのです。よく言えば恣意的、悪く言えば抑圧と暴力である架空の「理想」と一致しないことを嘆くのではなく、あなたが生まれながらにして手に入れる資格があるのに、手に入れられなかった、思いやりのある世界を思って嘆きましょう。

そうした「体感覚」を抱くのを自分に許す目的は、世の中を変えることではありません。「体感覚」を放出し、解放し、新しいもののための新しいスペースをあなたの中に作れるように、それを感じましょう。悲しみが自分の中を通っていくのを許すと、刷り込まれてきた、あるべきセクシュアルな人間の姿——長い間あなたの心の中の空間を占めていた幻の自分——を手放せるようになる。そうすることで、本来のあなたというセクシュアルな人間のための空間が生まれるのです。私たちがこれを実践すれば、一人ひとりの力で世界は変わっていくでしょう。

あなたがオリヴィアやカミラやメリットやローリーに似ているのか、それとも私がこれまで出会った誰とも似つかないのかは、私にはわかりません。あなたが快楽や欲望を生み出す〈文脈〉を、どれほど簡単に発見して作れるのか、私にはわかりません。あなたが自分のセクシュアリティー——自分だけの庭——をどれほど居心地良く思っているかも、私にはわかりません。でも私は、あなたが庭師であることを知っています。そして、あなたが自分の庭の生来の特性を活かせば活かすほど、より健康で豊かな庭になることも。あなたはそのままで美しく、自信を持ってセックスを「楽しめる」。あなたは正常なのです。

ローリーとジョニーは、その後（ほとんど）ずっと、幸せに暮らしました。人生は複雑なもので、ローリーは今でも疲労に吸い込まれて圧倒されるようなときがあり、体が快楽を味わう可能性をすべて遮断してしまうようなときがあります。しかし、3つのことが永久的に変わりました。

まず、彼女はジャッジすることなく感覚を意識する練習を重ね、愛する人たちと同じように自分自身にも優しく、寛大になることを学びました。そして、快楽や楽しさを祝福し、「気持ちいい」と感じるのを自分に許すことも。

2つ目は、生活の中の実際のストレス要因を減らせたわけではありませんでしたが、意図的に力を抜いて、活性化されたストレス反応サイクルを完了させることで、ストレスを減らしました。泣くのを自分に許しました。シャワーをゆっくり浴びて、肌に触れる水の感覚に意識を向け、パンの焼き型に油を塗るみたいにボディローションを塗るのではなく、その気持ちよさや肌の状態に注意を向けました。運動しながら、自分のストレスをバッグス・バニーの漫画に出てくるオレンジ色の怪物ゴッサマー（バッグスがマニキュアをしてあげる怪物）に見立てて、怪物から遠く離れようと家に飛び込んで、ジョニーの腕の中に逃げ込むところを想像しました。ストレス発散を快楽として——あるいは少なくとも苦しみの原因ではないものとして——経験するようになったのです。

そして3つ目に、自分の体を批判したり、快楽に対して罪悪感を持ったりしていると気づいたときには、自分にとても優しく接するようにしました。「やめなさい！」と叫ばずに、ただ、「ああ、また自己批判的な考えが出てきたね」と心の中で思うのです。彼女は「NOジャッジ」の練習をしました。

この3つの変化は、そこに改善のチャンスがあるとジョニーが気づかなかったら、ここまで続かなかったかもしれません。

ローリーの「スイッチOFF」をOFFにするという考えがしっくりくると、ジョニーは彼女のブレーキを外すためにできることに、ますます気づくようになりました。それは、皿洗いやキッチンカウンターの拭き掃除などの単純なことだったり、「セックスするかどうか心配するのはやめて、一緒に横になって話をしよう」と言うことだったりもしました。また、ローリーがくつろげるような時間をたっぷりとったデートをセッティングすることもありました。

性欲が高いパートナーは、「彼女も自分と同じように性欲を高めればいいだけなのに！」

と思うかもしれません。パートナーの感じ方について、否定的な感情を抱いてしまうのです。しかしジョニーは、ただセックスがしたいのではなく、お互いのニーズを満たすような〈文脈〉を作ること、つまり、そうした人生を作ることが大切だと気づきました。彼は、「スイッチOFF」をOFFにする難問に、好奇心とともに取り組みました。冬の休耕地だったローリーのセクシュアリティーが春を迎え、花を咲かせると、深い驚嘆をもって見つめました。そして、適切な〈文脈〉であれば、愛情に満ちた暖かい雨と太陽の下で、彼女の情熱がエクスタシーという形で庭の壁から溢れ出すことに、畏敬の念を抱いたのです。

楽しむというのは難しい部分です。実は、喜びについて記している本章は、この本を書くうえで最も困難でした。喜びは明白なものでも、単純なものでもありません。目的地でもなければ、「旅」でもない。ほんとうのエロティックな自分に向かう旅について、あなたがどう感じるかです。たとえそれが誰かが言う「あるべき姿」でなかったとしても、あなたは今の自分のセクシュアリティーを愛していいのです。

証拠《エビデンス》と方法《メソッド》を糧に生きている私は、喜びの根底にある脳のメカニズムを理解したいと思っています。そして、それにまつわる科学的証拠を見つけましたが、誤解しないでください。私は本書に提供できる限りの証拠を記したつもりです。でも科学は私たちを、すでに知られていることの端っこまでしか導けません。私が四半世紀にわたる性教育者としての経験から学んだのは、すでに知られていることの端っこから、真実の冒険へと飛び出していくときに喜びが生じるということです。

本書を通じて何度も繰り返してきましたが、自分の体を信じてください。未知の世界に飛び込んでもいいと思えるくらい、自分の体を完全に信頼するのです。飛び込むことこそが、喜びなのです。

第9章のまとめ

1

素晴らしいセックスライフを送るために最も重要なのは、自分のセクシュアリティーをありのままに受け入れること。たとえそれが、これまで自分が望んでいたものや、期待していたものとは違っていてもいい。

2

嘘だらけの古めかしい文化基準を手放すには、リトル・モニターによって絶望の淵に突き落とされるという追悼のプロセスが必要になることがある。それでも、やってみる価値はある。

3

いらないものを手放すためには、「NOジャッジ」というスキルを身につけよう。ジャッジせずに意識するセクシュアル・マインドフルネスによって、女性の性的満足感は上がることがわかっている。

4

あなたは正常。あなたはすでに、あなたがいるべき場所に属している。それを知れば、ストレスは完了へ向かい、体は自己回復し、暗闇のトンネルを抜けて光のある場所——セクシュアル・ウェルネスの真実——に到達することができる。

おわりに

あなたこそが秘密の隠し味

さあ、本書を読んでこれまで何を学びましたか？

私たちはみな、同じパーツでできていて、構造が違うだけで、同じ人間は2人といないこと。また、性的反応は、「スイッチON」をONにして、「スイッチOFF」をOFFにする両方のプロセスであること。そして、そのONとOFFがいつどのように作動するかは、周りの環境と精神状態という〈文脈〉に左右されることも学びました。

さらに、性器の反応と性的興奮は、必ずしも一致しないことも学びました。性欲には自発的なものと反応的なものがあり、どちらも正常であることも。性交によって確実にオーガズムに達する女性もいれば、そうでない女性もいますが、どちらも正常で、あなたが思うほど大きな問題ではないと知りました。

そして何より、あなたの性生活が悩みや苦しみに満ちたものになるか、自信や喜びに満ちたものになるかを決めるのは、あなたのセクシュアリティーのあり方ではないことも。決めるのは、今の自分のセクシュアリティーを歓迎するあなたの包容力です。

そこに至るまでに、解剖学、生理学、行動心理学、比較心理学、進化心理学、健康心理学、道徳心理学、ジェンダー研究、メディア研究などを使って論じてきました。そのために私は、比喩や物語、四半世紀にわたる教育者としての経験、そして1世紀以上にわたる科学的知見を使いました。

女性のセクシュアリティーがいかに奥深く、複雑なのかを説明するには、そうしたすべてが必要でした――これでも足りないくらいです。

この本を書いた理由

みなさんと同じように、私も成長する過程で間違ったことばかり教えられてきました。そして大人になると、あらゆる間違いを犯しました。そして「正しく」するためにはどうすればいいかを知るために、キンゼイ研究所や、人間のセクシュアリティーを専門に扱う数少ない博士課程のような環境に足を踏み入れて、なんて幸せなんだろうと感じながら何年も過ごしました。

この本は、私が学んだこと――私を助けてくれたことや、実際に他の女性たちを助けたこと――を共有するために書きました。妹と母のため、妹の義理の娘たちのため、姪《めい》っ子たちのため、そして何よりも私が教える学生たちのために書きました。そのすべての女性たちはみな正常で健康だと教えてくれた科学的根拠を共有するためです。私たちはみんな違っていてもいいと認めるために、この本を書きました。

女性が自分の体について嘘をつかれる世界、女性が性的な快楽を覚える主体ではなく性的な欲望の対象である世界、セックスが女性に対する武器として使われる世界、男性の体をしていないからという理由だけで、女性が自分の体はどこかおかしいと思ってしまう世界を生きるのは、もうたくさんです。そして、女性が生まれたときから自分の体を敵として扱うように訓練されている世界で生きるのも、もうたくさん。

女性に自信と喜びを持って生きることを教えるために、私はこの本を書きました。

あなたがこの本に書かれていることを1つでも覚えて、セクシュアリティーとの付き合い方を改善するために使えれば、私は目標達成に近づいていることになります。そして、ここに書かれていることのどれかを1人でもいいので、他の人と共有してくれたら、女性が自信と喜びを持って生きられる空間を世界中に広げていけるはずです。

ある意味で、それは小さな目標です。がんを予防したり、気候変動危機を解決したり、中東に平和を築いたりしようとしているのではないのですから。それでも、私は、多くの人が自分の体に自信と喜びを持って生きられるよう手助けしたいのです。そうしたら、もしかすると、ほんとうに大勢の人々が自信と喜びを持って生きられるようになり、最終的には、すべての人の性の自主性が尊重される世界に住めるようになるかもしれません。

そのことが、がんの予防や気候変動危機の解決、世界平和の構築に役立つと考えているかって？

はい、実はそうなんです。でも、それはまた別のお話。

さらなる答えを見つけるには

私はすべての問いに答えられるどころか、半分も答えられません。科学は常に成長し、発展し続けているので、これからも、より多くの洞察を得て、物事が明確になっていくでしょう。本書では、私がこれまで実際に女性の助けになるのを見てきた答えをいくつか紹介しました。それによって、あなたのセクシュアリティーが癒やされ、更新され、発展できれば本望です。

私たちはみな、庭を育てる作業を続けています――雑草を取り除き、花を咲かせたいと思う植物を育てています。たいていの場合は楽しいですが、辛い経験になることもあり、常に奥深く個人的な経験でもあります。そして、庭の手入れをするとき、私たちはみな、自分がやっていることは正常であると確認するために、自分の外に目を向けます。悩みを抱えたとき、人はコミュニティーに安らぎを求めます。自分では見つけられない答えを求めて、専門家を頼るのです。まだ歩けずに転んでしまう幼児から、性的暴行から立ち直ろうとする瞑想の達人まで、誰もがそうします。私たちはみな、自分の経験から顔を上げて世の中に目を向け、「ああ、痛かった。私は大丈夫かな？　私がやっていることは、正しいのかな？」と尋ねるのです。

（あなたは正しいことをやっているし、あなたは大丈夫。傷ついても治りますから）

そして、ストレス要因に鋭い歯や爪があったときに、ストレス反応の生理学が役立ったのと同じように、「自分は大丈夫」と確認しようと自分の外を見たとき、その「外」がメディアを通した知らない人ではなく、地域コミュニティーや実際に知っている人たちであるなら、より役立つかもしれません。

私たちは「最高の5つのヒント」みたいなものが大好きな世界に住んでいます。毎月、「頭がぶっ飛ぶくらいのフェラチオをするための12の新しいテクニック」や、「彼がいつも試したいと思っている6つの体位」が紹介されています。この世界は、私たちの注意を引きつけてやまない、楽しくて、エキサイティングな娯楽で溢れています。

しかし真実の構造は、もっと静かで、ゆっくりで、個人的で、単なる娯楽よりもずっと興味深いものです。そしてそれは、喜びを味わう静かな瞬間、心配で不安になる瞬間、あなたという群れが脅威から逃れようとすると同時に喜びに向かって飛ぼうとして引き裂かれた瞬間、あなたの中だけに存在するものなのです。

だから、自分の中で何か予期せぬことに気づき、それが正常かどうか、自分が大丈夫かどうかを確認するために「外」を見たくなったときには、私がこう言っていたことを思い出してください――「あなたは大丈夫」。この本を鏡だと思いましょう。顔を上げて、自分を見るんです。あなたは美しいのだから。

自分の体を信じましょう。

あなたの中の静かな声に耳を傾けてください――「いい、いい、もっと」と言っているのか、「ダメ、やめて」なのか。その声が両方同時に聞こえる場合は、もっと耳を傾けるようにしましょう。そんなときは、思いやりを持って自分に接することです。焦らずゆっくりいきましょう。「外」を見れば、インスピレーションや娯楽、素晴らしい科学的根拠やサポートが見つかるかもしれません。しかし、あなた自身のセクシュアル・ウェルネスの真実――あなたが何を望み、何を好み、何を必要としているかは見つかりません。それを見つけるには、自分の内側を見ることです。

私が教えているようなワークショップに参加したり、本書のような本を読んだりする人は、「隠し味」――自分のセックスライフの一見混沌《こんとん》とした状態を、ある種の、意味ある秩序に変えてくれる隠れた万能薬――を見つけたいと思っていることがとても多いように思います。

では、その隠し味とはなんでしょうか？

映画『カンフー・パンダ』は観ましたか？

パンダのポーが、努力と師匠の支え、そして「無限の力を得るための鍵」――つまり秘薬が書かれた「龍《りゅう》の巻物」の知恵――によって、カンフーの達人になるというアニメです。初めてその巻物を見たとき、ポーは何も書かれていないことに落胆します。巻物は自分の顔を映し出す鏡だったのです。

でも、そこでポーはひらめきます――「隠し味なんてない。隠し味は自分自身なんだ」と。

念のために、もう一度言いますね。

そう、あなたは正常です。実際、ただ正常なだけではありません。あなたは素晴らしいのです。魅力的で、勇気があって、美しい。耳障りなおしゃべりから、湧き立つ喜びまで全部ひっくるめて、あなたの体は美しくて、あなたのセクシュアリティーは完璧です——今のままで。

隠し味は、「あなた自身」です。

科学的根拠がありますから。

そしてこの本を読み終わったあなたは今、それを証明することだってできるのです。

付録

1

オーガズムを知るためのマスターベーション

もしあなたがオーガズムに関してフラストレーションを感じているのなら、ひとりでオーガズムを学ぶにしても、パートナーとオーガズムを学ぶにしても、あるいはオーガズムをもっとコントロールできるようになるために学ぶにしても、私はこのやり方をおすすめします。

1

クリトリスを探しましょう（第1章を参照）。

2

素晴らしい〈文脈〉を作りましょう。第3章にあるワークシートが役立ちます。一般的には、30分程度邪魔される心配がない状況——安全できるプライベートな空間で、関係ない心配事に邪魔されない状況——を想定しています。

3

自分の体に触れて、どんな感覚がするかに意識を向けてください。足や脚、腕や手、首や頭皮を触ってみましょう。オーガズムの達し方を学んでいるときは、まずここで止めてください。30分間、ただこうして過ごしてください。週に数回、2週間ほど続けます。それから徐々に胸や下腹部、太ももの内側を触っていきます。

4

次は、間接的にクリトリスを刺激してください。最も間接的な刺激は、単にクリトリスについて考えることです。ただ静かに、愛情を持って意識してみましょう。腰を揺らしたり回したりして、骨盤に注意を向けてみてください。クリトリスに注意を向けると、何らかの感情が表れることに気づくかもしれないし、気づかないかもしれません。どちらでも正常です。どんな感情をも受け入れ、自分自身や自分の性器、そしてあらゆる感情に対して愛情や思いやりを持って接する練習をしましょう。

準備ができたと感じたら(何日も何週間も準備ができたように思えなくても、大丈夫です)、「遠位的な」刺激、つまり間接的な刺激に移行します。以下のどれかを試してみてもいいし、いいと思えるものなら、他のどんなやり方でもOKです。

●親指と人差し指で大陰唇を優しく挟んでから、伸ばして、左右に引っ張ります。そうすると、クリトリスに非常に間接的な圧力がかかって、クリトリスの上の皮膚（陰核包皮）が動きます。

●手のひらを恥丘に当てて、少し押し下げてから上へ、おなかのほうへ引き上げます。これによってクリトリスに優しい力がかかり、クリトリスの周りの皮膚が動きます。力のかけ具合や、速さや引っ張り具合をいろいろ試してみましょう。手のひらで円を描くように回転させてもいいし、ゆっくり長く引っ張ったり、素早く何度も引っ張ったりするのもいいでしょう。

●手のひらを内ももに当て、親指の外側が大陰唇に当たるようにし、できれば大陰唇同士を押しつけるようにします。両手が押す力に逆らうように腰を揺らしましょう。

直接的な刺激よりも間接的な刺激を好む人もいます。こうしたテクニックを試すと、腕や脚、お尻、腹部の筋肉が緊張するのに気づくかもしれません。これは、体が興奮する過程で起こることで、正常です。また、ある刺激に対して、やめたくないと思うこともあるかもしれません。その場合は、自分の感覚に従って、やめないことをおすすめします。気持ちがいい間はずっと続けて、快感を変えようとか、理解しようとはせずに、快感をただ意識するようにしましょう。

5

直接的な刺激を試してみましょう。ほとんどの人の場合、すでに興奮が高まってきていると、直接的な刺激が快楽となります。快楽に近づいている感覚があり、体が温まってきたら、以下のどれかを試してみましょう。

- 1本または2本、3本の指先の平らな部分で、クリトリスの頭に優しく触れて、一定の速さで往復させます。ゆっくり、速く、またはその中間で気持ちの良い速度を試し、軽く触れたり、ブラッシングするようにしたり、優しく押したり、強く押してみたり……速度と押す力のさまざまな組み合わせを試してみてください。
- 気持ちがいいと感じる本数を使って、指の腹で直接、円を描くようにクリトリスをこすりましょう。速くても、ゆっくりでも、軽くても、強くても、その中間でも、なんでもOKです。
- 再び指の本数を変え、押す力と速度を変えながら、クリトリスを陰核包皮から上に向かって引っ張りましょう。

●試したい指、速度、力加減で、クリトリスの頭のすぐ下から上に向かって弾きます。興奮の度合いが変わるとき、自分の体の変化を意識して観察するようにしてください。無理に変えようとはしないでください。もし、脳が不安や恐れを抱きはじめたと気づいたら、その心配は別の機会にもできるから、と語りかけ、その考えを解放し、体の中の感覚に意識を戻しましょう。

6

呼吸をし続けましょう。快感を味わうと、筋肉が緊張して、息を止めていたり、呼吸が浅くなっていたりすることがよくあります。定期的に呼吸を確認し、腹筋をリラックスさせ、意識的に呼吸するようにしましょう。

何かを無理やり起こそうとはせずに、ただ、生じている感覚に気づき、体が欲するままに身を任せてください。もし、自分の体をコントロールできなくなりそうで不安になったら、その恐怖を和らげて、あなたは安全だし、いつでもやめられるんだと自分に言い聞かせて安心させます。これ以上は無理、と思ったら、いつでもやめてください。続ければ続けるほど、快楽と緊張が体じゅうに広がり、ある強烈な一線を越えると、やがて……爆発するでしょう。

パートナーと一緒にオーガズムを学ぶ場合は、まずは1週間（または3週間）、以上を全部ひとりでやってから、次に横にパートナーの写真を置いて同じようにやってみます。それを1週間（または3週間）続けてください。次に、パートナーと電話をしながら、あるいは隣の部屋にいる状態で一緒にやってみます。その後、同じ部屋にいるけれど離れたところで、暗闇の中で目隠しをして、互いに背を向け合った状態でやってみます。徐々に近づいていき、光の調整も少しずつ行います。

ベッドの上で、パートナーがそばにいる状態でオーガズムを感じはじめたら、自分が何を気持ちいいと思うのかを相手に見せましょう。パートナーの手を自分の体の上で動かして、気持ちがいい部分を示しましょう。

そして常に自分がイライラしていないか意識しましょう。すでに快楽というゴールに到達しようとしていることを思い出してください。

付録

2

じっくり、より大きなオーガズムを感じるには

オーガズムの時間を延ばして増幅させるというのは、ある種の瞑想です。もしこれまで、性行為とは関係ないところで瞑想をした経験がなければ、セクシュアリティーとは離れたところで瞑想の練習することからはじめるのが簡単かもしれません。

まずは、第8章の「観戦(スペクテータリング)」を説明するセクションで紹介したような、簡単な呼吸法からはじめましょう。

●鼻から5秒間空気を吸い、10秒かけて口から吐きます。これを8回、合計2分間続けます。

呼吸をしていると、他のことに心がとらわれるかもしれませんが、それは正常で健康です!

ポイントは、心が迷わないようにすることではなく、邪念が生じたときにそれに気づき、すぐにそれを手放し、呼吸にそっと意識を戻すことです。呼吸自体も大切ですが、まずは心の迷いに気づき、呼吸に意識を戻すことが肝心なスキルになります。

この呼吸法を毎日続けていると、自分がいつも何に注意を払っているのかに次第に気づけるようになります。自然に気づけるようになったら、より大きなオーガズムへと向かう準備が整ったというサインです。

準備ができたら、邪魔や雑念のない、自分ひとり（または信頼できるパートナーと）の時間を十分持てる状況を作りましょう。1〜2時間は必要になります――「オーガズムのために1時間も2時間もかけられない」と思っている人もいるかもしれませんが、ごもっとも！　実は、長時間のオーガズムは、マラソンと同じようなものと言えます。健康な人が必ずマラソンをするとは限りませんが、時には野心的な目標を設定し、そのために時間を費やし関心を注いでみるのもいいものですよね。マラソンであれオーガズムであれ、自分の人生に合わせてあなたが選ぶことです。

そのためには、適した〈文脈〉を作りましょう。そして2分間の呼吸法をはじめて、呼吸が乱れたときに注意を戻す練習をします。

付録1で紹介したマスターベーションのテクニックを使って、自分の体がどう感じるかに注意を払いながら、ちょっとした感覚の探求をはじめます。性的興奮は0から10のスケールで起こり、0は興奮なし、10はオーガズムであると想像してください。

●0からはじめて、興奮を5まで高めます。ここまでくれば、確実にスイッチは入って、セックスに関心がある状態になります。

●1まで戻ります。筋肉の緊張を解きほぐしましょう。

●6まで上げて、2まで戻します。このプロセスを進める中で、他のことに注意が向いていると気づいたら、雑念を捨てて、体の感覚に意識を戻しましょう。そして、その間も呼吸するのを忘れないでください。

●7まで上げて、3まで下げます。7はかなり興奮しています。7になる頃には、あなたの体はオーガズムに向かって進むのを止めようとしなくなるかもしれません。ここで、ブレーキをかけずにアクセルから足を離すという重要なスキルを求められます。「スイッチOFF」のスイッチをONにするのではなく、「スイッチON」のスイッチをOFFにするのです。筋肉をリラックスさせ、興奮がじんわりと消散されていくのを感じましょう。

●8まで上げて、4まで下げます。

●9まで上げて、5まで下げます。9はかなり高レベルの興奮です。この時点であなたの体はすでに電車に乗っていて、目的地に向かって前進したいのです。ですから、腹筋、大腿筋、臀部の筋肉を十分にリラックスさせて興奮を和らげるのは、最初の試みでは難しいかもしれません。でもできるようになれば、温かさが体じゅうに広がるような、あるいはゾクゾクするような感覚を味わえるかもしれません。速いオーガズムは一般的に性器に集中するのに対して、ゆっくりしたオーガズムは全身にじわじわと広がります。それを目指しましょう。思考がさまよっているのに気づいたら、体の感覚に意識を向け直してみましょう。

●9・5まで上げて、6まで下げます。9・5は、オーガズムがほろ苦い叫びをあげるような境地です。最初は、アクセルを踏む力を抜くのが難しいかもしれません。最初の数回はできなくても大丈夫——それでもオーガズムには達せますから！　でも、コツを覚えたら、興奮度を6に下げていきます。

●9・5まで上げて、7まで下げます。腹筋、臀部、太ももの筋肉の緊張が和らぐよう、意図的に努力する必要があります。緊張があると、気持ちが追い詰められてしまうからです。リラックスできれば、興奮が性器から全身に向かって放射状に広がっていくのを感じるはずです。

●9・5まで上げて、8まで下げます。

●9・5まで上げて、9まで下げます。この頃には、あなたは常にオーガズムの周辺をうろうろしていて、体が維持できるセクシュアルな緊張は最高潮を迎えています。それが、「より大きなオーガズム」です。おめでとうございます！　練習すれば、体が維持できる限り好きなだけそこにとどまれます。自分の意識が何に向いているかに気づいて、体の感覚に意識を戻せるようにもなります。この時点では、あなたはバスブのようなもの。緊張は排出されるのとまったく同じ速度で、あなたの中に流れ込んできます。もし排出のスピードよりも流れ込むスピードが少し速くなったら、あなたは境界を越えて溢れ出します。もし、排出するスピードが流れ込むスピードよりも少し速くなったら、あなたはオーガズムのピークから遠ざかっていくでしょう。とはいえ「失敗」というものはなく、さまざまな種類の「成功」があるだけです。なぜなら、すべてが強烈な快楽だからです。

以上のプロセスには45分かかるかもしれないし、1時間かかるかもしれません。また、その過程で「体感覚」を抱くのは間違いありません。でも、たとえ長時間のオーガズムを感じられなくても、たくさんの快楽を味わえるようになれますよ！

エクスタシーをともなう快楽の素晴らしいところは、恥、ストレス、恐怖、怒り、恨み、激情、疲弊といったものとは共存できないこと。エクスタシーの練習とは、あらゆるネガティブな感情の外側で生きることを練習し、それらから自分自身を解放する方法を学ぶことです。野菜やジョギング、睡眠、呼吸と同じように、快楽は体に良いものなのです。

謝辞

まずは、セックスライフについて私に話してくれたすべての女性たちに感謝します。あなたたちから聞いた話は、カミラ、オリヴィア、メリット、ローリーの物語に織り込まれ、本書の至るところに登場します。十分に伝えられていることを願っています。

話を聞かせてくれて、何章も読んでくれて、私の頭がおかしいようには読めないから大丈夫と言ってくれて、頭がおかしいように読めると指摘してもくれて、科学そのものを書くことと一般読者向けに科学について書くことの違いについて謝罪する私に同情しながらうなずいてくれた、研究者、教育者、カウンセラーのみなさんに感謝します。ケント・ベリッジ、チャールズ・カーバー、クリステン・チャンバーリン、メレディス・シバース、シンシア・グレアム、ロビン・ミルハウゼン、カロライン・プカール、そしてケリー・スチンスキー、ほんとうにありがとうございました。優秀な方々から正確で明確なフィードバックがあったにもかかわらず、科学上の間違いがあれば、すべて私の責任であることを記しておきます。

美しい性器の絵を描いてくれた、エリカ・モーンにも感謝を〔日本語版はMiona Moriによる〕。

原稿をチェックしてくれた方々、特にアンドリュー・ウィルソン、サブリナ・ゴロンカ、パトリック・キンズマン、ルース・コーエン、アナ・クック、そしてジャン・モリスもありがとう。早い段階で草稿を読んでくれたり、4年間も記事にコメントをくれたりしたブログの読者たちにも心から感謝を送ります。知的にも感情的にも誠実でいられ、より良い筆者になるために、自分が知っていると思い込んでいたことを疑い続ける姿勢を貫けたのは、あなたたちのおかげです。

スミス大学の学生たちに感謝します。彼らは、私が考えたこともないような質問（例えば「子宮の進化上の起源はなんなのか？」）を投げかけ、私がより良い教師になれるように、自分が教えていることをより深く理解するよう背中を押してくれました。

本書を読んでくれたすべての方、ほんとうにありがとうございます。

そして、言葉にならない感謝の気持ちがあります。心の周りに膨れ上がった、言い表せないくらいの感情のことです。どんなだか、わかりますか？　その人のところに行って、膝をつき、両手で顔を覆い、謙虚な気持ちでひたすら感謝するような感じです。

でも実際にそんなことをしたら、私が感謝を伝えたいと思っている人たちは、ものすごく気まずい思いをするに違いありません。だから、代わりに名前を挙げることにします。

言葉にならないくらい助けてくれた人たちを、ほぼ年代順に紹介します。

ナンシー・ナット＝チェイス

シンシアア・グレアムとジョン・バンクロフト

エリック・ヤンセン

デビッド・ローマン
リチャード・スティーブンズ
リンジー・エッジコム
サラ・ナイト
ジュリー・オッニキー
アメリア・ナゴスキー
スティーブン・クロウリー

謙虚な気持ちで、ひたすら感謝しています。ありがとう。

そうであれば、意識そのものが良いとか悪いとかではなく、意識の質が重要なのだ。心配の意識は、ブレーキをかけるようだ。ブレーキの感度は変えられなくとも、〈文脈〉を変えることは可能で、意識を心配から「NOジャッジ」に変えることができる。このことは、第6章注23で述べたように、性的な苦痛を覚えた女性が、性器の興奮を意識すればするほど、性的興奮と一致する理由の説明にもなる(Suschinshy et al., "The Relationship between Sexual Functioning and Sexual Concordance")。

10. Moseley and Butler, *Explain Pain Supercharged*, Tracey, "Getting the Pain You Expect."

11. Pierce et al., "Vaginal Hypersensitivity and Hypothalamic-Pituitary-Adrenal Axis Dysfunction."

ドバックループを減らすのではなく拡大させ、不一致の標的となる(Carver and Scheier, "Cybernetic Control Processes")。

23. Schwarzer and Frensch, eds., *Personality, Human Development, and Culture*, chapter 1.
24. Wrosch et al., "The Importance of Goal Disengagement," 370. これは、Mitchell et al., "Managing Sexual Difficulties"における3つの対処法——状況に合わせて目標を変える、目標に合わせて状況を変える、目標と状況のギャップに耐える、に類似している。
25. Herbenick et al., "Prevalence and Characteristics of Vibrator Use."
26. Marcus, "Changes in a Woman's Sexual Experience."
27. Haller, "The 5 Craziest Sex Studies EVER." 靴下をはいていない研究参加者の半数がオーガズムに達したが、その数は靴下をはくと80%まで上がった。
28. Toates, *Motivational Systems*, 151-2.

第9章　真実の愛

1. Ellin, "More Women Look Over the Counter."
2. Sakaluk et al., "Dominant Heterosexual Sexual Scripts."
3. 私たちが自分のセクシュアリティーをありのままに受け入れるための異なる道筋の考え方は、クラインプラッツとメナールが「pathways toward magnificent sex(素晴らしいセックスへの道のり)」で概説した異なる道筋と偶然にも重なる(*Magnificent Sex*, chapter 12)。
4. Baer et al., "Construct Validity of the Five Facet Mindfulness Questionnaire"; Van Dam, Earleywine, and Danoff-Burg, "Differential Item Function"; Baer et al., "Using Self-Report Assessment Methods"; Silverstein et al., "Effects of Mindfulness Training."(この最後の論文では、「観戦」因子には大きな変化はなく、「NOジャッジ」因子が最も大きく変化したにもかかわらず、インターオセプション——体内で起きた刺激を認識すること——がその違いをもたらしたと、不可解な結論を出している)
5. Hoge et al., "Mindfulness and Self-Compassion in Generalized Anxiety Disorder." 不安と気分のふさぎの両方を対象とした同様の研究で、マインドフル・アテンション・アウェアネス・スケール(MAAS)と第5章で紹介したセルフ・コンパッション・スケールを比較したところ、セルフ・コンパッションは、マインドフルネスよりも——気づきという点においてだけだが——QOLの予測因子として優れていた(Van Dam et al. "Self-Compassion Is a Better Predictor")。
6. Mize and Iantaffi, "The Place of Mindfulness in a Sensorimotor Psychotherapy Intervention."
7. Leavitt, Lefkowitz, and Waterman, "The Role of Sexual Mindfulness."
8. Suschinsky and Lalumière, "Is Sexual Concordance Related."
9. 性機能における「NOジャッジ」の力は、性欲の問題と性的興奮の不一致の関係を私が理解するのにも一役買っている。研究者たちは、性機能への不安が大きい女性は性器の感覚をより気にする傾向があり、その結果、性器の血流量への注意が高まり、一方で主観的興奮と性器の血流量の両方が低下する可能性があると示唆している(Velten et al., "Investigating Female Sexual Concordance")。

ギナと腟口の解剖学的な区別を以下のように記している。

“マスターベーションで「ヴァギナへの挿入」を報告した人の多くは、ヴァギナの前庭(神経終末が多い)とヴァギナ自体(神経終末が少ないか、欠如している)を区別できていない。多くの場合、女性の指は、他の指が性器の外側を刺激する間しっかりと固定できるように、腟の入り口(腟口)にある筋輪を越えたところまでしか挿入されていなかった”

12. これも1世紀の大半に、複数の方法論で再現されてきた数字だ。徹底的な検証は、Lloyd, *The Case of the Female Orgasm*とLevin, “The Human Female Orgasm”を参照のこと。
13. Wallen and Lloyd, “Female Sexual Arousal.” 第1章の注1も参照のこと。この種の研究は、人間のセクシュアリティーの進化史を少しずつ理解するのには役立つが、私たちが日常生活でセクシュアリティーをどのように「経験すべき」なのかについては、なんの洞察も与えていない。ウォーレンとロイドは違うが、他の研究者たちはこのような間違いを犯している。解剖学的形態論に関する研究を読む際は、感染症や望まない痛みについて論じていない限り、特定の解剖学的形態を「健康」「機能障害」「成功」と同一視するような表現に注意すること。
14. Nagoski, “The Definitive Answer.”
15. Graham, “The DSM Diagnostic Criteria.” オーストラリア人女性のランダムなサンプルの研究では8%が「困難+苦痛」を報告し(Hayes et al., “What Is the ‘True’ Prevalence of Female Sexual Dysfunctions”)、大人数のサンプルの研究では女性の10%が「困難+苦痛」を報告し(Witting et al, “Correlated Genetic and Non-Shared Environmental Influences”)、フランドル地方の女性17,000人のうち6.5%が「オーガズムの機能障害」を報告した(Hendrickx, Gijs, and Enzlin, “Prevalence Rates of Sexual Difficulties”)。
16. Armstrong, England, and Fogarty, “Accounting for Women’s Orgasms.” 新しいパートナーとのセックスでオーガズムに達するためには、どんな刺激が最適だったのか?　答えは、自分の手でクリトリスを刺激すること。
17. Stroupe, “How Difficult Is Too Difficult?”
18. Read, King, and Watson, “Sexual Dysfunction in Primary Medical Care” によれば一般的な臨床サンプルでは7%だった。
19. Simons and Carey, “Prevalence of Sexual Dysfunctions”の研究概説では、7〜10%にそれが見られたとされている。なお、“生涯にわたる”無気力症の女性の80%は心理学的介入によって効果的な治癒がなされた(Heiman, “Psychologic Treatments for Female Sexual Dysfunction”)というが、これは私が、生涯にわたる無気力症を患っている女性の数が実際は5〜10%よりも大幅に少ないのではないかと考えるいくつかの理由のひとつである。
20. Kingsberg et al., “Characterization of Orgasmic Difficulties.”
21. リトル・モニターについてのより正確で科学的な説明(例えば、実際にはリトル・モニターは存在しないこと)については、Carver and Scheier, “Self-Regulation of Action and Affect”を参照されたい。比較心理学において、好奇心という現象は、Toates, *Biological Psychology*, 404-6では「探索(Exploration)」、Panksepp and Biven, *The Archaeology of Mind*, Chapter 3では「探求(seeking)」として研究されている。
22. これは、何かを避けようとするときにもあてはまる。これらは「望まない結果」であり、フィーに、オーガズムに達していると思っているのです」(Rowland, *The Pleasure Gap*, chapter 2)と語っている。私は、あなたたちは自分の体を知らないと言って女性を洗脳するのではなく、オーガズムとは何かと自問するべきだと主張したい。なぜなら、オーガズムは明らかに私たちが測っているものとは違うからだ。私自身の結論は、オーガズムとは、性的緊張が自発的、無意識的に解放されることである(本章の注1を参照)。

4. Alzate, Useche, and Villegas, "Heart Rate Change."
5. 脳内ではたくさんのことが起きている。Georgiadis and Kortekaas, "Sweetest Taboo"を参照されたい。
6. Herbenick and Fortenberry, "Exercise-Induced Orgasm."
7. Levin and van Berlo, "Sexual Arousal and Orgasm." ゲスト講師として話した内容は、TEDトークで私が話した内容の基盤となっている(Emily Nagoski, "The Truth about Unwanted Arousal," filmed April 13, 2018, in Vancouver, Ontario, TED video, 15:06, http://go.ted.com/emilynagoski)。
8. 約30%の女性が、夜間にオーガズムを感じていることが研究でわかっている(Mah and Binik, "The Nature of Human Orgasm")。
9. LoPiccolo and LoPiccolo, eds., *Handbook of Sex Therapy*.
10. また、クリトリスへの刺激と比較して、ヴァギナへの刺激では脳の異なる部分が「点灯」することも事実(Komisaruk et al., "Women's Clitoris, Vagina, and Cervix")。脳の異なる部分が体の異なる部分に結びつけられるのだ。しかし、私たちがそれらの部分を「ヴァギナ体性感覚野のオーガズム」とか「クリトリス体性感覚野のオーガズム」と呼ぶことはない。脊髄を損傷した女性が、脊椎を完全にバイパスして、子宮頸部と脳を直接結ぶ脳神経を刺激することでオーガズムが生じることさえある(Komisaruk et al., "Brain Activation")。そしてそれは「脳神経オーガスム」ではなく、単なる「オーガズム」なのだ。修飾語は必要ない。
11. この数字は、キンゼイによる女性に関する巻や*The Hite Report*〔『ハイト・リポート』〕など、複数の研究において、複数の方法論で、何度も再現されている。私が見た中で、マスターベーション中の挿入率が最も高かったのは、女性が「バイブレーターを使ったり、ヴァギナに物を入れたりするか?」という質問に、21.4%の人が「少なくともときどきはある」と答えた2007年の調査だった(Carvalheira and Leal, "Masturbation among Women")。ここで重要なのは、バイブレーターは一般的に体外的に使用されるということだ。デイビスらによると("Characteristics of Vibrator Use among Women")、女性の3%弱(115人中3人)がバイブレーターを「主に」ヴァギナに挿入してマスターベーションを行い、31%(36/115)がヴァギナを含むかもしれない「性器のさまざまな部分」にバイブレーターを当てていた。14%(79人中11人)は、主にバイブレーターを「出し入れ」したことを報告し、79%の女性が、ひとりで行うマスターベーション中のクリトリスへのバイブレーターの刺激が「だいたい、あるいは常にオーガズムに至った」、30%が、ヴァギナへのバイブレーターの刺激でそうなったと報告している。

　また、ハイト(1976年)によれば、1.5%の女性がヴァギナへの挿入のみでマスターベーションを行い、5%の女性がマスターベーション中に常にヴァギナに何かを挿入しており、1%の女性がヴァギナに何かを挿入しながらもう片方の手でヴァルヴァを刺激してオーガズムに達し、さらに1%がヴァギナへの挿入で潤滑を得ている。キンゼイら(1953年, 161)は、ヴァ

Orig1s000StatR.pdf.

15. Ng, "Risk Assessment and Risk Mitigation Review(s)."「満足できるセクシュアルな経験」の数は副次的な重要評価項目であり、「治療群の間で統計的有意性を満たせなかった」(p.8)。
16. Filipovic, "Can 1 Little Pill Save Female Desire?"
17. Sole-Smith, "Pleasure in a Pill?"(記事の見出しは、快楽と性欲を混同している)
18. 例を挙げると、Stein, "Female Libido Pill Fires Up Debate"とAdams, "For Sexual Dysfunction, 'Men Get a Pill and Women Need Therapy'"(2つ目の見出しは、女性の性欲障害と男性の勃起・覚醒障害を混同している)。
19. Nagoski, "The World Cup of Women's Sexual Desire."
20. Meston and Buss, "Why Humans Have Sex."
21. 例えば、Clayton et al., "The International Society for the Study of Women's Sexual Health"がある。反対の例としては、Tiefer, "Sex Therapy as a Humanistic Enterprise"を参照のこと。
22. Kleinplatz et al., "The Components of Optimal Sexuality."
23. Rosen, "How Do Women Survivors."
24. Fahs and Plante, "On 'Good Sex' and Other Dangerous Ideas."
25. Kleinplatz and Ménard, *Magnificent Sex*, 185.

第４部　エクスタシーは私たちのもの

第８章　オーガズム

1. キンゼイ、ポメロイ、マーティン(*Sexual Behavior in the Human Male*〔アルフレッド・C・キンゼイ、ウォーデル・B・ポメロイ、クライド・E・マーティン『人間に於ける男性の性行爲』コスモポリタン社・1950年刊〕, 158)は、オーガズムを「局所の痙攣やより広範囲な、あるいはすべてを呑み込むような痙攣を引き起こす突然の解放」と定義した。マスターズとジョンソン(*Human Sexual Response*〔『人間の性反応　マスターズ報告1』〕, 6)は「オーガズム期」を、「性的な刺激を受けたことによって生じた血管攣縮(血管の収縮)と筋緊張(筋肉の収縮)が解放される数秒間のこと。この無意識の絶頂には、特定の機会に最大限に性的緊張が増えると到達する」と説明している。これらは、21世紀の「女性のオーガズムは、膣周囲の骨盤底筋のリズミカルな収縮に伴う強烈な快感の束の間のピークや、しばしば子宮や肛門の収縮を伴うというコンセンサス」(Bianchi-Demicheli and Ortigue, "Toward an Understanding of the Cerebral Substrates" 2646)という説明より包括的であることに気づくだろう。この「コンセンサス」の定義は、不一致に関する研究や、オーガズムによる快楽における〈文脈〉の不在に関する研究と矛盾している。
2. Levin and Wagner, "Orgasm in Women in the Laboratory."
3. Bohlen et al., "The Female Orgasm." 研究者のニコール・プラウスは、実験室でオーガズムを測定し、オーガズムを報告する女性の半数は生理的徴候を示していないことを発見した。彼女はインタビューで、「これが現実です。多くの女性は、オーガズムに達していないの

Nature of Women's Sexuality")。

経口避妊薬(ピル)を服用していると、約3分の1の女性は性的関心が低下し、約5分の1の女性は性的関心が高まり、残りの半数は特に変化がないと報告している。ホルモン剤での避妊をはじめたせいでセックスへの関心が下がったのを元に戻したいのであれば、別のピルに切り替えたり、避妊リング、子宮内避妊具(IUD)、避妊インプラント、ホルモンによるその他の避妊法を試したりしてみてほしい〔訳注:アメリカにおける治療法〕。ホルモンの組み合わせに対する反応は、女性によって異なる。

また、よく言われる女性の加齢によるセックスへの関心の低下は、ホルモンではなく年齢そのものと関連していることがわかっている(Erekson et al., "Sexual Function in Older Women")。この問題は複雑で、もちろん例外もあるが、経験則から言うと、ホルモンは生殖器/神経末梢の問題(痛み、乾燥、感覚など)には効果があるが、脳/中枢の問題には効果がなく、性欲は脳の問題である(Basson, "Hormones and Sexuality")。

6. Basson, "Biopsychosocial Models of Women's Sexual Response"; Brotto et al., "Predictors of Sexual Desire Disorders."
7. Beach, "Characteristics of Masculine 'Sex Drive.'" 衝動のセックスの概念化の歴史に関する手短な議論については以下を参照のこと。Heiman and Pfaff, "Sexual Arousal and Related Concepts."
8. セックスのチャンスに「恵まれていない」とパニックになるのは、性欲のせいではない。むしろそれは、少なくともある意味で、孤独のせいなのである。人とのつながりこそが、衝動なのだ(Nagoski,"I'm Sorry You're Lonely")。
9. Toates, *How Sexual Desire Works*, chapter 4.
10. 好奇心や遊び心は、人間(および他の社会性を持つ哺乳類)にとって、飢えや渇きと同じくらい生得的なものであることに注意したい(Toates, *Biological Psychology*)。性教育における「セックスは必要ない」という視点は、男性の性的特権意識から女性を守るために提供されたものであるが(Manne, *Down Girl*〔ケイト・マン『ひれふせ、女たち　ミソジニーの論理』慶應義塾大学出版会・2019年刊〕と*Entitled*〔ケイト・マン『エンタイトル　男性の無自覚な資格意識はいかにして女性を傷つけるか』人文書院・2023年刊〕参照)、残念ながらその真逆の、絶対的な禁欲の提唱に傾倒していくこともある(Duffey, *The Relations of the Sexes*; Foster, *The Social Emergency*)ため、この点は重要である。セックスは人間が生まれながらにして持っている意欲であり、私の考えでは、唯一の前提条件は、相互が自由に同意できることと不要な苦痛がないことだ。これは、まさに男性に性的特権意識があるために、言うは易く行うは難しである。
11. Perel, "The Secret to Desire in a Long-Term Relationship."
12. Gottman, *The Science of Trust*, 257.
13. チャールズ・カーヴァーは、快楽は、1つのことに注意を払うのをやめて、もっと不満足を覚えるようなことにシフトできるというシグナルかもしれないと示唆している("Pleasure as a Sign")。本書第8章の、不一致を低減するフィードバックループについての記述および注22を参照。
14. Dwyer and Sobhan, "Statistical Review and Evaluation," 2020年9月11日閲覧。https://www.accessdata.fda.gov/drugsatfda_docs/nda/2015/022526

しかし、反応的な性欲を評価する研究には欠点がある(私にはそう思える)にもかかわらず、研究について読めば読むほど、また性欲について話をすればするほど、性欲という基本的な概念は、完全に捨て去るわけではないにしても、個人や関係における性的自信や喜びを理解し発展させるためのわずかな要因として、脇に置くべきだと思うようになった。私の目標は、人々が性欲について経験してきたさまざまな事柄を正常化し、読者が欲求そのものよりも、快楽を優先させる動機を高めることにある。

これらの目標は、性欲に対するアプローチの中でも、北米よりも欧州のものに合致しているように思われる。性欲の不一致に関する欧州性医学会議の意見書には、特に、性欲の変動を正常化し、病的なものと考えないこと、自発的に性欲が湧くという神話に異議を申し立てること、人間関係の問題や満たされない関係のニーズに対処することなどが提案されている(Dewitte et al., "Sexual Desire Discrepancy")。

まとめ――どのくらいの人が、どのような性欲スタイルを持っているのかなんて、誰が気にするだろう？　それは、小陰唇が大陰唇からはみ出ている人の割合はどれくらいか、と訊くようなもの。性的満足感のどの領域をも予測せず、文化的に構築された理想に適合している人の割合を示すだけだ。

2. 研究の中には、「まずは興奮、次に性欲」と表現しているものもあり、本書の初稿でもそれを使用した。だが、多くのジャーナリストは混乱し、戸惑った。というのも、この言葉は、「セックスをはじめたら、女性は自分ではどうすることもできなくなる」という長年にわたるレイプ神話に危ういほど似ていて、また、女性は望んでもいないし好きでもないセックスを「ただする」ことはないという(誤った)前提ありきで、女性は「ただする」べきだとアドバイスしているようにも取られてしまうからだ。ある読者は、夫が「まずは興奮」という言葉を鵜呑みにしていたがために、いきなり彼女の下着に手を突っ込んできて、彼女が「私は興奮していない」と言うと、「でも、これから興奮するんだろう？」と返されたと話していた。これは、私が教えようとしていることの正反対である。

   こうした誤解があったため、本書が出版されてから数カ月のうちに、私は教え方を「まずは興奮、次に性欲」から「まずは快楽、次に性欲」に変更した。研究熱心な臨床医から、なぜこのような表現に変えたのかと訊かれたが、これがその理由だ。そのほうがより正確で、レイプカルチャーのレンズを通しても誤解されにくい。

3. もちろん、個人差もある。ストレスにあまり影響を受けないブレーキを持つ人はシナリオ1が自然に感じられるかもしれないし、遠くから煽られた快楽がようやく火花を散らすまでにより多くの刺激が必要なアクセルを持つ人は、シナリオ3がより共鳴しやすく思えるかもしれない。しかし、一般的なプロセスは誰にとっても同じだ。快楽と適切な〈文脈〉(適切な外的状況と内的状態)が合わされば、性欲になるのだ。

4. Ryan, "Women's Lived Experiences Seeking and Using Adaptation Strategies."

5. 性欲の問題にホルモンが関与しているかもしれないケースもあるが、多くは医学的な問題を伴っている。例えば、45歳より前に卵巣摘出術を受けた女性は、性欲低下を経験しやすいと言われている。そして、主にホルモン剤で避妊をしている、性的興奮がテストステロンに依存する女性のグループ(約15%)が存在する可能性がある。具体的には、性的反応メカニズムのテストステロンに対する感度が低いため、性的関心が高まるまでに、より多くのテストステロンを必要とする可能性があるということだ(Bancroft and Graham, "The Varied

23.　これは過去20年間繰り返されているが、最初の証拠はMorokoff and Heiman, "Effects of Erotic Stimuli on Sexually Functional and Dysfunctional Women"であり、Velten and Brotto, "Interoception and Sexual Response"によってより詳細に調査されている。重要な解説としては、Meston and Stanton, "Desynchrony between Subjective and Genital"を参照されたい。また、非臨床的な集団において、性的な苦痛はより大きく一致すると予測した(Suschinsky et al., "The Relationship between Sexual Functioning and Sexual Concordance")。

24.　Bobby Henderson, Church of the Flying Spaghetti Monster, "Open Letter to Kansas School Board," www.venganza.org/about/open-letter/.

25.　Bloemers et al., "Induction of Sexual Arousal in Women."

26.　Velten et al., "Investigating Female Sexual Concordance."

27.　Jozkowski et al., "Women's Perceptions about Lubricant Use."

第７章　性欲

1.　どれくらいの割合の人が、どんな性欲スタイルを持っているのか？

例えば、Hendrickx, Gijs, and Enzlin, "Prevalence Rates of Sexual Difficulties"によれば、女性の約6%というごく一部の人は、自発的な性欲と反応的な性欲の両方をもっていないことがわかっている。それ以外に、誰がどのような性欲スタイルを持っているかについての有用な統計は、まだ見つけていない。何十年にもわたって、さまざまな集団で、さまざまな方法論を使って、数多くの研究を行ってきたにもかかわらず、科学はまだ答えを見つけていないのだ(Garde and Lunde, "Female Sexual Behaviour"; Michael et al., *Sex in America*〔ロバート・T・マイケル、ジョン・H・ガニョン、エドワード・O・ローマン、ジーナ・コラータ『セックス・イン・アメリカ　はじめての実態調査』NHK出版・1996年刊〕; Beck, Bozman, and Qualtrough, "The Experience of Sexual Desire"; Bancroft, Loftus, and Long, "Distress about Sex"; Cain et al., "Sexual Functioning"; Carvalheira, Brotto, and Leal, "Women's Motivations for Sex"; Štulhofer, Carvalheira , and Traen, " Is Responsive Sexual Desire for Partnered Sex Problematic among Men? Insights from a Two-Country Study")。現在入手可能な情報に基づくと、女性の約3分の1が主に、または必ず反応的な性欲を経験していると推測される。

私が知る2つの新しい研究路線が、反応的な性欲の正式な測定法を生み出すかもしれない。最初の取り組み(Velten et al., "Development and Validation")は、残念ながら、月経周期に伴う女性の交尾「方法」の変化を研究するために開発された尺度(Gangestad, Thornhill, and Garver, "Changes in Women's Sexual Interests")の改訂版であり、すでに霊長類学では否定されて、求交尾性、受容性、魅力に基づく分類が支持されている(Dixson, *Sexual Selection*, chapter 6)。このように、誤った理解に基づく人間のメスの性機能研究の流れが、明確な洞察につながる可能性は低いと思われる。

2番目の研究(Mark and Lasslo, "Maintaining Sexual Desire")はより臨床的で、誰がどのような性欲スタイルを経験するかという統計ではなく、むしろ長期的な関係において満足できる性的欲求の予測因子を理解するための枠組みを提供するものである。これは、性欲の程度差に対処しようとするカップルのアプローチに関する、精巧な研究の基礎を形成している。

に測定するために磁気共鳴画像装置(MRI)を使用する場合、重なりは多少減る(Hall, Binik, and Di Tomasso, "Concordance between Physiological and Subjective Measures")。ハイテクを駆使して、膣内血流や主観的興奮だけでなく、機能的磁気共鳴画像法(fMRI)で脳活動を測定すれば、性器の反応は女性の脳の活動と重複しないことがわかる(Arnow et al., "Women with Hypoactive Sexual Desire Disorder")。

4. Bergner, "Women Who Want to Want"; Bergner, *What Do Women Want?*; Ryan and Jethá, *Sex at Dawn*〔クリストファー・ライアン、カシルダ・ジェタ『性の進化論　女性のオルガスムは、なぜ霊長類にだけ発達したか?』作品社・2014年刊〕, 272-73, 278; Magnanti, *The Sex Myth*, 14.
5. Angier, "Conversations/Ellen T. M. Laan."
6. Both, Everaerd, and Laan, "Modulation of Spinal Reflexes"; Laan, Everaerd, and Evers, "Assessment of Female Sexual Arousal."
7. Suschinsky, Lalumière, and Chivers," Sex Differences in Patterns of Genital Sexual Arousal." 実際に一緒に膝を突き合わせて切り抜きを見せてくれたケリー・サチンスキーとメレディス・チバーズに敬意を表します。
8. Velten, Chivers, and Brotto, "Does Repeated Testing."
9. Velten et al., "Investigating Female Sexual Concordance."
10. Suschinsky, Dawson, and Chivers, "Assessing the Relationship."
11. 「女性向」と分類される女性(異性愛者以外の女性)は、異性愛者の女性よりも一致率が高いことがますます明らかになってきている(同上)。
12. *Biological Psychology*の特集号はコンコーダンス研究についてで、そのどれもがセックス研究ではなかった(Hollenstein and Lanteigne,"Models and Methods of Emotional Concordance")。
13. Benedek and Kaernbach, "Physiological Correlates."
14. Kring and Gordon, "Sex Differences in Emotion"; Schwartz, Brown, and Ahern, "Facial Muscle Patterning."
15. Gottman and Silver, *What Makes Love Last?*
16. Hess, "Women Want Sex."
17. James, *Fifty Shades of Grey*, 275. 〔E・L・ジェイムズ『フィフティ・シェイズ・オブ・グレイ』早川書房・2015年刊〕
18. 同上。
19. 同上、293.
20. Koehler, "From the Mouths of Rapists."
21. Toulalan, *Imagining Sex*.
22. Moore, "Rep. Todd Akin." エイキンはこの発言を謝罪したが、その後の2014年に謝罪したことを後悔していると書いた。なぜなら、当然レイプはストレスを引き起こし、それによって生殖機能が阻害されるわけで、その意味で「すべてを拒む」と発言したのだと(Eichelberger, "Todd Akin Is Not Sorry for His Insane Rape Comments")。はっきりさせておくが、元(そして将来的に復帰する可能性もある)議員としての彼の意見によると、女性は流産してはじめて「法的に」レイプされたと言えるというわけだ。

21. Tybur, Lieberman, and Griskevicius, “Microbes, Mating, and Morality.”
22. Graham, Sanders, and Milhausen, “The Sexual Excitation/Sexual Inhibition Inventory.”
23. de Jong et al., “Disgust and Contamination Sensitivity”; Borg, de Jong, and Schultz, “Vaginismus and Dyspareunia.” レビューは de Jong, van Overveld, and Borg, “Giving In to Arousal”を参照のこと。
24. Neff, “Self-Compassion, Self-Esteem, and Well-Being.”
25. https://self-compassion.org/self-compassion-practices/#self-compassion-exercises.
26. Stice, Rohde, and Shaw, *The Body Project*, 95.
27. Germer, *The Mindful Path to Self-Compassion*, 150.〔クリストファー・K・ガーマー『マインドフルネスそしてセルフ・コンパッションへ 苦しい思考や感情から自由になる』星和書店・2024年刊〕
28. Hawkins et al., “ The Impact of Exposure to the Thin-Ideal Media Image.”
29. Becker et al., “Eating Behaviours and Attitudes.”
30. Becker, *Body, Self, and Society*, 56.
31. Becker et al., “Validity and Reliability”では、参加者の35%が過去28日間に伝統的なハーブの瀉下薬を用いて瀉下したと報告しているが、Thomas et al., “A Latent Profile Analysis,”では、従来の瀉下薬を用いた人の74%のみが、例えば医学的な理由とは異なり、特に体重減少のためにそうしたと答えている。
32. 特に、道徳的モデルとメディアモデルの同時圧力の有効性は、女性のセクシュアリティーに関する「マドンナか売春婦か」の構造が永続化していることに見て取れる。若い女性のセクシュアリティーにおいて、これがどのように行われているかを見るには、トルマンの著書*Dilemmas of Desire*をおすすめする。

第３部　私たちのセックスはこうなっている

第６章　性的興奮

1. Suschinsky, Lalumière, and Chivers, “ Sex Differences in Patterns of Genital Sexual Arousal”; Bradford and Meston, “The Impact of Anxiety on Sexual Arousal.”
2. Peterson, Janssen, and Laan, “Women’s Sexual Responses to Heterosexual and Lesbian Erotica.” なぜ男と女は違うのか?　まだ証明されてはいないが、最も有効な仮説は「準備上の仮説」で、メスの性器は性行為に備えるため、多かれ少なかれあらゆる性に関する刺激に反応して傷害を防ぐが、陰茎の勃起はより特定された刺激に反応して、より良い働きをすると考えられる(Lalumière et al., “ The Empirical Status of the Preparation Hypothesis”)。
3. 同じ実験でも、フォトプレチスモグラフの代わりにサーミスタ(小陰唇に装着し、血流の代用として温度を測定する小さなクリップ)を使用すると、重なりは多少増える(Henson, Rubin, and Henson, “ Analysis of the Consistency of Objective Measures”)。骨盤の血流の変化を正確

6. Pazmany et al., “Body Image and Genital Self-Image.”
7. Kilimnik and Meston, “Role of Body Esteem.”
8. Longe et al., “Having a Word with Yourself.”
9. Powers, Zuroff, and Topciu, “Covert and Overt Expressions of Self-Criticism.”
10. Gruen et al., “Vulnerability to Stress.”
11. Dickerson and Kemeny, “Acute Stressors and Cortisol Responses.”
12. Besser, Flett, and Davis, “Self-Criticism, Dependency”; Cantazaro and Wei, “Adult Attachment, Dependence”; Reichl, Schneider, and Spinath, “Relation of Self-Talk.”
13. Hayes and Tantleff-Dunn, “Am I Too Fat to Be a Princess?”
14. 2009年に開催された摂食障害に関する学会で、「細い体という理想」の文化的起源に関する講演に参加した(Gans, “What's It All About?”)。そこで学んだのは、そうしたものには全部、社会的ステータス——男性の社会的ステータスが関わっているということ。西洋文化における「細い体という理想」は、女性を所有物や、自分のステータスシンボルとする概念に由来している。

　17世紀には、より柔らかく丸みを帯びたふっくらとした体形の女性が理想とされていた。なぜなら、ルーベンスの絵画に描かれた女性のような豊かな曲線を描く体形を維持できるのは、バターや小麦粉を使った食事や、座りっぱなしの生活を送ることができた金持ちの女性だけだったからだ。19世紀半ば頃、産業革命と中産階級の台頭と時を同じくして、男は体が弱くて働けない女と結婚することで、自分がいかに金持ちであるかを誇示するのが流行した。小柄で、痩せていて、弱々しく、家の中をよろよろ歩くのがやっとで、家計に貢献しない——貢献できない妻を持つことがステータスシンボルだったのだ。これは、進化論が女性に求めるであろう、たくましく、健康で、強く、背が高く、複数の子孫を妊娠・妊娠・出産・授乳できる健康的な女性の姿と矛盾している。

　21世紀になっても、体形は社会的地位の指標である——裕福な女性は(加工食品のようなひどい食べ物ではなく)本物の食品を手に入れ、運動する余暇を持てるというように。相変わらず、女性の体形はどうあるべきかの流行は、社会階級に関連する。逆に、生殖能力とは無関係であり、「進化した嗜好」とも関係なく(私たちがより高い社会的地位を好むという進化した嗜好を除き)、女性の健康増進とも関係ない。

　それでも文化に教わった自分の体のあるべき姿を信じられるだろうか?
15. Bacon, “HAES Manifesto.”
16. ハイトのウェブサイト「Moral Foundations.org」では、道徳基盤についてより詳しく説明している。しかし、重要な批評として、以下を参照されたい。Suhler and Churchland, “Can Innate, Modular ‘Foundations’ Explain Morality?”
17. まずはYeshe, *Introduction to Tantra*を参照されたい。
18. とはいえ、完全に同一ではない。刺激には異なるカテゴリーがあり、例えば体を包むものにダメージを食らう、血液や身体的痛みに関わる「身体の境界への侵害」と、消化機能に関係する「中核的嫌悪」がある。この2種類の嫌悪感は、区別できる反応を生む(Shenhav and Mendes, “Aiming for the Stomach”)。
19. Mesquita, “Emoting: A Contextualized Process.”
20. Borg and de Jong, “Feelings of Disgust.”

ラウマ・ケア』星和書店・2016年刊〕。

15. Khong, "Mindfulness."
16. Mitchell and Trask, "Origin of Love."
17. Hitchens, *Hitch-22*.
18. Acevedo et al., "Neural Correlates."
19. Glass and Blum, "317."
20. セックス・アタッチメント・リンクの包括的なレビューは、Dewitte, "Different Perspectives on the Sex-Attachment Link"とDunkley et al., "Sexual Functioning in Young Women and Men"を参照のこと。
21. Johnson, *Hold Me Tight*, 189.〔スー・ジョンソン『私をギュッと抱きしめて　愛を取り戻す七つの会話』金剛出版・2014年刊〕
22. Kinsale, *Flowers from the Storm*, 431, 362.〔ローラ・キンセイル『嵐に舞う花びら』扶桑社・2010年刊〕
23. Johnson, *Love Sense*, 121.
24. Feeney and Noller, "Attachment Style"; Bifulco et al., "Adult Attachment Style. I."
25. 項目は、"Experiences in Close Relationships" questionnaire(Fraley, Waller and Brennan, "Self-Report Measures of Adult Attachment")から許可を得て引用した。
26. Warber and Emmers-Sommer, "The Relationships among Sex, Gender and Attachment"とDunkley et al., "Sexual Functioning in Young Women and Men"。
27. Stefanou and McCabe, "Adult Attachment and Sexual Functioning"、また、Birnbaum et al., "When Sex Is More Than Just Sex"、Cooper et al., "Attachment Styles, Sex Motives, and Sexual Behavior"、そして La Guardia et al., "Within-Person Variation in Security of Attachment"も参照のこと。
28. Davila, Burge, and Hammen, "Why Does Attachment Style Change?"
29. Taylor and Master, "Social Responses to Stress."
30. David and Lyons-Ruth, "Differential Attachment Responses."
31. Rumi, *Teachings of Rumi*.
32. 同上。

第5章　文化と〈文脈〉

1. van de Velde, *Ideal Marriage*, 145.〔T・H・ヴァン・デ・ヴェルデ『完全なる結婚』河出書房新社・1982年刊・文庫版〕
2. Hite, *The Hite Report*, 365.〔シェアー・ハイト『ハイト・リポート　新しい女性の愛と性の証言』パシフィカ・1977年刊〕
3. Britton et al., "Fat Talk."
4. これは、変わりはじめているかもしれない？　ある研究では、女子大学生たち(ほとんどが白人)は、自分の体を批判する女性よりも肯定的に話す女性のほうを好きになると報告したが、同時に、自己批判する女性が他の女性から好まれると考えられるとも報告した(Tompkins et al., "Social Likeability")。
5. Woertman and van den Brink, "Body Image."

Sexuality"; Ter Kuile, Vigeveno, and Laan, " Preliminary Evidence That Acute and Chronic Daily Psychological Stress Affect Sexual Arousal"; Laumann et al., "Sexual Problems among Women and Men Aged 40–80 Y."

4. Hamilton and Meston, "Chronic Stress and Sexual Function in Women."
5. Levine, *In an Unspoken Voice*, 8.〔『身体に閉じ込められたトラウマ』〕
6. 必然的に、実際はもっと複雑である。健康な神経系では、自律神経のアクセルペダルと連動しているブレーキがあり、生命体がアクセルを踏むとブレーキが外れ、生命体がアクセルを緩めるとブレーキが再びかかるようになっている。これは、スティーブン・ポージスが「迷走するブレーキ」と呼ぶ、新哺乳類脳の迷走神経のことだ。心臓の動きを鈍らせ、「凍りつき」のブレーキとなる爬虫類脳の迷走神経とは対照的である(Porges, *The Polyvagal Theory*, 92-93)。
7. フォレスト・ガンプの「走りたいから走っているだけ」という台詞や、P・G・ウッドハウスの*Performing Flea*など、事実でもフィクションでも何度も登場する。「先日、子犬がバイクに轢かれ、無傷で帰ってきたんだけど、ちょっと感情的になっていた。彼が落ち着くまで、ロンドンの半分を追いかけなければならなかった。彼はただ走り出して、気分が落ち着くまで走り続けたから」
8. このような研究を知っていたら、enagoski@gmail.comまでメールをください!
9. ほぼすべての人にその経験がある(Radomsky et al., "Part 1-You Can Run but You Can't Hide"とBerry and Laskey, "A Review of Obsessive Intrusive Thoughts")。強迫性障害(OCD)患者の4分の1は性的な思考の侵入があると報告しており(Grant et al., "Sexual Obsessions and Clinical Correlates")、OCD患者の子どもや若者の間にも見られる(Fernández de la Cruz et al., "Sexual Obsessions in Pediatric")。性的思考の侵入について公にすることに人が消極的になるのは、残念だが、実際にそうした開示に対するスティグマや、社会的拒絶があることに根拠がある(Cathey and Wetterneck, "Stigma and Disclosure of Intrusive Thoughts")。
10. 世界保健機関(WHO)の報告によると、「全世界の女性の35%が、生涯において親密なパートナーからの暴力またはパートナー以外からの性暴力を経験している」(〈女性に対する暴力〉ファクトシートによる)。アメリカ国立刑事司法参照局の報告によると、アメリカでは女性の約18%が生涯のうちにレイプされ、約25%が生涯のうちにパートナーからレイプ、暴行、身体的虐待を受けている。一方の男性は8%だという(アメリカ合衆国司法省、*Full Report*)。
11. US Department of Education, Office for Civil Rights, Boston, "Title IX and Sexual Assault: Exploring New Paradigms for Prevention and Response," March 24-25, 2011.
12. Lisak and Miller, "Repeat Rape and Multiple Offending."
13. この分類の臨床版についてはGaffney, "Established and Emerging PTSD Treatments"を参照のこと。
14. センサリーモーター・サイコセラピー:Ogden, Minton, and Pain, *Trauma and the Body*. ソマティック・エクスペリエンス:Levine, *Waking the Tiger*〔ピーター・リヴァイン『心と身体をつなぐトラウマ・セラピー』雲母書房・2008年刊〕と*In an Unspoken Voice*〔ピーター・A・ラヴィーン『身体に閉じ込められたトラウマ　ソマティック・エクスペリエンシングによる最新のトえること(Abler et al., "Prediction Error")や、慢性腰痛持ちの人のNAcが「不快な熱刺激」(火傷を負わされるなど)に対して、痛みを感じない人とは異なる反応を示すこと(Baliki et al., "Predicting Value of Pain")が明らかにされている。慢性的な腰痛がある人の脳機能の研究では、特に興味深いことがあった。背中の皮膚の灼熱感に注意を向けると、熱は痛いと感じ、背中の筋肉の痛みに注意を向けると、熱は気持ちいいと感じたと報告されている。私たちがどこに注意を向けるかは、〈文脈〉の一部なのだ。

15. Berridge and Kringelbach, "Neuroscience of Affect," 295.

16. ヤーク・パンクセップとルーシー・バイブン(*The Archaeology of Mind*)は、脳辺縁系の分類法に、探索、怒り、恐怖、欲望、ケア、パニック/悲哀、遊びを含めている。フレデリック・トーツは、ストレスやセックスとともに、社会的行動、攻撃性、探索性を含めている(*Biological Psychology*)。ポール・エクマンは、普遍的な顔の表情の研究から、基本的な感情のカテゴリーとして、怒り、嫌悪、恐怖、幸福、悲しみ、驚きを理論化している(*Emotions Revealed*)。私たちの最も基本的な感情の構造を理解するための、広く合意されたシステムがまだ存在しないことは、多くのことを物語っている。また、感情とは何か、動機とは何か、同じものなのか違うものなのかについても、広く合意された定義はない——とはいえ、参考文献を見てもらえれば、私の考え方の傾向がよく反映されている(Berridge and Winkielman, "What Is an Unconscious Emotion?"; Panksepp, "What Is an Emotional Feeling?")。

17. Berridge, *The Mechanisms of Self-Control*. ハーバード大学の心理学者ダニエル・ギルバートは、ベリッジを「世界最高の神経科学者のひとり」(Berridge, Davidson, and Gilbert, *The Neuroscience of Happiness*)と評しているが、私は彼を他の神経科学者と区別してこんなふうに考えている——私にイギー・ポップのラット研究と「一つの指輪」のメタファーの両方を思いつかせ、ラットの脳研究についての著書で私を大笑いさせた唯一無二の存在。

18. 研究者たちは、意識的に引用符(ベリッジの「欲求」「好き」など)や、大文字(パンクセップとバイブンの著書*The Archaeology of Mind*でのSEEK〈探求〉など)を使って、好き、欲求、学びと中脳辺縁系の「好き」「欲求」「学び」の区別をはっきりさせている。

　本書ではその区別をつけるために、随所で短絡的な比喩を使用した。動機付け、学習、快楽や苦しみに関する人の経験(人が自分が欲しいもの、知っているもの、感じているものを表現するために使う言葉)について話すときは、「あなた」を主語にし、感情的な動機付け、学習、感情(欲求、好き、学習)について話すときは「あなたの脳」を主語にした。

19. Childress et al., "Prelude to Passion."

第２部　セックスを左右する私たちの〈文脈〉

第４章　感情と〈文脈〉

1. Porges, "Reciprocal Influences between Body and Brain."

2. Levine, *In an Unspoken Voice*, 55–56. 〔ピーター・A・ラヴィーン『身体に閉じ込められたトラウマ　ソマティック・エクスペリエンシングによる最新のトラウマ・ケア』星和書店・2016年刊〕

3. Lykins, Janssen, and Graham, "The Relationship between Negative Mood and

10. Carpenter et al., "The Dual Control Model."

11. 性的関心への心理的影響

	上昇(%)	変化なし(%)	減少(%)
抑鬱			
男性	10	55	35
女性	9.5	40	50.5
不安			
男性	25	58	17
女性	23	43	34

Lykins, Janssen, and Graham, "The Relationship between Negative Mood and Sexuality in Heterosexual College Women and Men"より。Janssen, Macapagal, and Mustanski, "Individual Differences in the Effects of Mood on Sexuality"も参照。

12. Pfaus, "Neurobiology of Sexual Behavior."

13. Pfaus, Kippin, and Coria-Avila, " What Can Animal Models Tell Us about Human Sexual Response?"

14. Pfaus and Wilkins, "A Novel Environment Disrupts Population in Sexually Naive."

15. Velten et al., "Temporal Stability of Sexual Excitation."

第３章　〈文脈〉

1. カーペンターらによる「二重支配モデル」では4%、私のブログや授業でのかなり科学的ではない経験では8%。

2. McCall and Meston, "Cues Resulting in Desire"と"Differences between Pre- and Postmenopausal Women"。

3. Graham et al., "Turning On and Turning Off."

4. Gottman, *The Science of Trust*, 254.

5. Bergner, *What Do Women Want?*, 68-73.

6. Graham, Sanders, and Milhausen, "The Sexual Excitation/Sexual Inhibition Inventory."

7. BBC News, " Words 'can change what we smell'."

8. Aubrey, "Feeling a Little Blue."

9. Ariely, *Predictably Irrational*. 〔ダン・アリエリー『予想どおりに不合理　行動経済学が明かす「あなたがそれを選ぶわけ」』・早川書房・2013年刊・文庫版〕

10. Nakamura and Csikszentmihalyi, "Flow Theory and Research," 195-206.

11. Flaten, Simonsen, and Olsen, "Drug-Related Information." ゴールドエイカーの" Ben Goldacre at Nerdstock"には脱帽。

12. Reynolds and Berridge, "Emotional Environments."

13. Gottman, *The Science of Trust*, 192.

14. ラットとヒトの両方において、〈文脈〉によって刺激に対する中脳の反応が変化するという証拠が増えてきている。ヒトの脳画像研究では、不確実性やリスクがNAcの反応に影響を与てきた急進的な考えである。生物学的に理にかなっている唯一の考え方で、そうでないものは文化的な観点からのものでしかない。それなのに、あまりにも多くの場所で、性器を「正常化」するための手術を行うことが標準的な医療行為となっている(ILGA-Europe, "Public Statement")。なお、2013年に国連による「拷問及び他の残虐な、非人道的な又は品位を傷つける取扱い又は刑罰」についての特別報告書には、これらの手術も含まれている。同報告書は、医学的に不必要な「正常化」手術について、「傷、性感覚の喪失、痛み、失禁、生涯にわたる気分のふさぎを引き起こす可能性があり、また非科学的で潜在的に有害でスティグマを助長するとの批判がある」と非難している(UN Human Rights Council, *Report of the Special Rapporteur*, 18)。

12. McDowell et al., "Anthropometric Reference Data."
13. International Society for the Study of Vulvovaginal Diseaseによると彼女は正しい。Vieira-Baptista et al., "International Society for the Study of Vulvovaginal Disease Recommendations."
14. この最高の言い回しへの責任は、Operation Beautifulにある。

第2章　二重支配モデル

1. Masters and Johnson, *Human Sexual Response*.〔ヴァージニア・E・ジョンソン、ウィリアム・H・マスターズ『人間の性反応　マスターズ報告1』池田書店・1980年刊〕
2. Kaplan, "Hypoactive Sexual Desire."
3. Janssen and Bancroft, "Dual Control Model," 197.
4. Goldstein et al., "Hypoactive Sexual Desire Disorder," 117.
5. Velten et al., "Temporal Stability of Sexual Excitation."
6. Velten et al., "Sexual Excitation and Sexual Inhibition"とRettenberger, Klein, and Briken, "The Relationship between Hypersexual Behavior"。以下も参照。Granados, Carvalho, and Sierra, " Preliminary Evidence on How the Dual Control Model Predicts Female Sexual Response."
7. 一方、ブレーキの感度にかかわらず、あまり敏感でないアクセルは、無性愛者(性的な接触を望まない人。パートナーに触れることだけを望み、自分は触れられたくない人とは違う)の予測因子の1つとなる。無性愛者だと自認する人々に関する数少ない研究によると、彼らは性的な関係を持つ相手よりもアクセルの敏感さがかなり低いことが判明している(Prause and Graham, "Asexuality")。しかし、ブレーキには違いがない。つまり、無性愛の人たちの脳は、性的な刺激を感知しにくいということなのかもしれない。もちろん、これは無性愛の説明のほんの一部にしか過ぎない。というのも、無性愛者は一般人口の約1%で、女性の約5〜10%が低SEであると言われているからだ。繰り返すが、どこかがおかしいわけでも、間違っているわけでもない。無性愛者の性的反応のメカニズムは、セクシュアルな人々と同じパーツでできていて、ただ構造が違うだけなのだ。
8. Carpenter et al., "Women's Scores"; Carpenter et al., "The Dual Control Model."
9. Milhausen et al., "Validation of the Sexual Excitation/Sexual Inhibition Inventory"とJanssen et al., "The Sexual Inhibition/Sexual Excitation Scales-Short Form"からの応用。

原注

（文献タイトルは略している場合があります。正式タイトルは参考文献ページ参照）

第1部　私たちが知らない基礎知識

第1章　解剖学的構造

1. Wallen and Lloyd “Female Sexual Arousal.” Emhardt, Siegel, and Hoffman, “Anatomic Variation and Orgasm”とMazloomdoost and Pauls, “A Comprehensive Review of the Clitoris”も参照のこと。画期的で重要な研究だが、2番目の引用も含め、このような研究の多く（すべてではない）は、性機能に関する神話に基づく論——例えば、ヴァギナへの刺激によって生じるオーガズムは「オーガズムの成功例」であるといった——によって解剖学的なサイズ、形状、位置に関する還元主義的な記述に変換されるという罠に陥るため、私はこれについてほとんど教えていない。実際、2014年、本書を推敲中、この箇所について校閲者が「では、より距離があるのとないのとでは、どちらが“良い”のでしょうか？」というコメントをつけたが、これこそまさに、私が人々に問いかけるのをやめてもらいたいと思っている質問だ。こうした誤った分析は、女性が自信と喜びを持って生きるのを助けるどころか、自分の性器がどこかおかしいのではないかという不安を生むことになる。人々はすでに自分の性器について十分すぎるほどの判断材料を与えられている。本書の冒頭でこのやりとりを持ち出したのは、科学に興味を持ちすぎて、目の前の人に十分な興味を持てていない、という間違いを示すためだ。この章と本全体のテーマは、「私たちはみな、同じパーツでできていて、構造が違うだけ」ということ。どの組織がより良いとか悪いとかではなく、ただ違うだけなのだ。しかし、科学ですら時に、ある性器の形が他のものより「良い」とすることがあるのなら、私たちが自分の性器について偏見を持たずにいることに苦労するのも無理はない。
2. Aristotle, *Aristotle's Compleat Master-Piece*, 16.
3. Drysdale, Russell, and Glover, “Labiaplasty.”
4. Moran and Lee, “What's Normal?”
5. 処女膜の実態は、*How to Lose Your Virginity*といったドキュメンタリー番組やそれに関連するメディアでの報道（Feeney, “Living Myths about Virginity”）、ビデオシリーズ*Adam Ruins Everything*の一部などで、ようやく議論されはじめている。
6. Hegazy and Al-Rukban, “Hymen: Facts and Conceptions.”
7. この質問をされたのは、2012年の秋学期に（スミス大学の）タルボット・ハウスを訪れたときのこと。懐かしい！
8. Wickman, “232 Plasticity of the Skene's Gland.”
9. 誰もが「インターセックス」という言葉に満足しているわけではない。ある人は「曖昧な性器」という表現を好む人もいれば、「性発達障害」や「性分化疾患（DSD）」を好む人もいる（Dreger “Why ‘Disorders of Sex Development’?”）。私がこの箇所で「インターセックス」を使うのは、医学書ではない本書の文脈に最もふさわしいと感じるからだ。
10. Fausto-Sterling, *Sexing the Body*, 2000.
11. この考え方は、「私たちはみな同じパーツからできている」という枠組みからすると、一見当たり前のように思えるが、実はインターセックス活動家たちが数十年にわたって懸命に訴え

"Development and Validation of a Measure of Responsive Sexual Desire." *Journal of Sex & Marital Therapy* 46, no. 2 (2020): 122–40. doi:10.1080/0092623X.2019.1654580.

Velten, Julia, Saskia Scholten, Cynthia A. Graham, Dirk Adolph, and Jürgen Margraf. "Investigating Female Sexual Concordance: Do Sexual Excitation and Sexual Inhibition Moderate the Agreement of Genital and Subjective Sexual Arousal in Women?" *Archives of Sexual Behavior* 45, no. 8 (2016): 1957–71.

Velten, Julia, Saskia Scholten, Cynthia A. Graham, and Jürgen Margraf. "Sexual Excitation and Sexual Inhibition as Predictors of Sexual Function in Women: A Cross-Sectional and Longitudinal Study." *Journal of Sex & Marital Therapy* 43, no. 2 (2017): 95–109.

Velten, Julia, Lisa Zahler, Saskia Scholten, and Jürgen Margraf. "Temporal Stability of Sexual Excitation and Sexual Inhibition in Women." *Archives of Sexual Behavior* 48, no. 3 (2019): 881-89.

Vieira-Baptista, Pedro, Gutemberg Almeida, Fabrizio Bogliatto, Tanja Gizela Bohl, Matthé Burger, Bina Cohen-Sacher, Karen Gibbon, et al. "International Society for the Study of Vulvovaginal Disease Recommendations regarding Female Cosmetic Genital Surgery." *Journal of Lower Genital Tract Disease* 22, no. 4 (2018): 415–34.

Vowels, Laura M., and Kristen P. Mark. "Strategies for Mitigating Sexual Desire Discrepancy in Relationships." *Archives of Sexual Behavior* 49, no. 3 (2020): 1017–28.

Wallen, Kim, and Elisabeth A. Lloyd. "Female Sexual Arousal: Genital Anatomy and Orgasm in Intercourse." *Hormones and Behavior* 59, no. 5 (2011): 780–92. doi:10.1016/j.yhbeh.2010.12.004.

Warber, Katie M., and Tara M. Emmers-Sommer. "The Relationships among Sex, Gender and Attachment." *Language and Communications Quarterly* 1 (2012): 60–81.

Wickman, D. "232 Plasticity of the Skene's Gland in Women Who Report Fluid Ejaculation with Orgasm." *Journal of Sexual Medicine* 14, no. 1 (2017): S67.

Witting, K., P. Santtila, F. Rijsdijk, M. Varjonen, P. Jern, A. Johansson, B. von der Pahlen, K. Alanko, and N. K. Sandnabba. "Correlated Genetic and Non-Shared Environmental Influences Account for the Co-Morbidity between Female Sexual Dysfunctions." *Psychological Medicine* 39, no. 1 (2009): 115–27.

Woertman, Liesbeth, and Femke van den Brink. "Body Image and Female Sexual Functioning and Behavior: A Review." *Journal of Sex Research* 49, no. 2 (2012): 184–211. doi:10.1080/00224499.2012.658586.

World Health Organization. "Violence against Women: Intimate Partner and Sexual Violence against Women." Fact sheet. November 29, 2017. https://www.who.int/news-room/fact-sheets/detail/.

Wrosch, Carsten, Michael F. Scheier, Charles S. Carver, and Richard Schulz. "The Importance of Goal Disengagement in Adaptive Self-Regulation: When Giving Up Is Beneficial." *Self and Identity* 2 (2003): 1–20.

Yeshe, Lama Thubten. *Introduction to Tantra: The Transformation of Desire*. ReadHowYouWant.com, 2010.

Thomas, J. J., R. D. Crosby, S. A. Wonderlich, R. H. Striegel-Moore, and A. E. Becker. "A Latent Profile Analysis of the Typology of Bulimic Symptoms in an Indigenous Pacific Population: Evidence of Cross-Cultural Variation in Phenomenology." *Psychological Medicine* 41, no. 1 (2011): 195–206. http://dx.doi.org/10.1017/S0033291710000255.

Tiefer, Leonore. "Sex Therapy as a Humanistic Enterprise." *Sexual and Relationship Therapy* 21, no. 3 (2006): 359–75. doi:10.1080/14681990600740723.

Toates, Frederick. *Biological Psychology*. 3rd ed. New York: Prentice Hall/Pearson, 2011.

———. *How Sexual Desire Works: The Enigmatic Urge*. Cambridge: Cambridge University Press, 2014.

———. *Motivational Systems*. New York: Cambridge University Press, 1986, 151–59.

Tolman, Deborah L. *Dilemmas of Desire: Teenage Girls Talk about Sexuality*. Cambridge, MA: Harvard University Press, 2002.

Tompkins, K. Brooke, Denise M. Martz, Courtney A. Rocheleau, and Doris G. Bazzini. "Social Likeability, Conformity, and Body Talk: Does Fat Talk Have a Normative Rival in Female Body Image Conversations?" *Body Image* 6, no. 4 (2009): 292–98.

Toulalan, Sarah. *Imagining Sex: Pornography and Bodies in Seventeenth-Century England*. New York: Oxford University Press, 2007.

Tracey, Irene. "Getting the Pain You Expect: Mechanisms of Placebo, Nocebo and Reappraisal Effects in Humans." *Nature Medicine* 16 (2010): 1277–83. doi:10.1038/nm.2229.

Tybur, Joshua M., Debra Lieberman, and Vladas Griskevicius. "Microbes, Mating, and Morality: Individual Differences in Three Functional Domains of Disgust." *Journal of Personality and Social Psychology* 97, no. 1 (2009): 103–22. doi:10.1037/a0015474.

UN Human Rights Council. *Report of the Special Rapporteur on Torture and Other Cruel, Inhuman or Degrading Treatment or Punishment*. February 1, 2013. A/HRC/22/53.

US Department of Justice. *Full Report of the Prevalence, Incidence, and Consequences of Violence against Women*. November 2000. www.ncjrs.gov/pdffiles1/nij/183781.pdf.

Van Dam, Nicholas T., Mitch Earleywine, and Sharon Danoff-Burg. "Differential Item Function across Mediators and Non-Mediators on the Five Facet Mindfulness Questionnaire." *Personal and Individual Differences* 47, no. 5 (2009): 516–21.

Van Dam, Nicholas T., Sean C. Sheppard, John P. Forsyth, and Mitch Earleywine. "Self-Compassion Is a Better Predictor Than Mindfulness of Symptom Severity and Quality of Life in Mixed Anxiety and Depression." *Journal of Anxiety Disorders* 25, no. 1 (2011): 123–30.

van de Velde, T. H. *Ideal Marriage: Its Physiology and Technique*. Translated by Stella Browne. New York: Random House, 1926. 〔T・H・ヴァン・デ・ヴェルデ『完全なる結婚』河出書房新社・1982年刊・文庫版〕

Velten, Julia, and Lori A. Brotto. "Interoception and Sexual Response in Women with Low Sexual Desire." *PloS ONE* 12, no. 10 (2017).

Velten, Julia, Meredith L. Chivers, and Lori A. Brotto. "Does Repeated Testing Impact Concordance between Genital and Self-Reported Sexual Arousal in Women?" *Archives of Sexual Behavior* 47, no. 3 (2018): 651–60.

Velten, Julia, Samantha J. Dawson, Kelly Suschinsky, Lori A. Brotto, and Meredith L. Chivers. (2020)

Sole-Smith, Virginia. "Pleasure in a Pill?" *Marie Claire*, September 16, 2015. Accessed June 22, 2020. http://www.marieclaire.com/sex-love/advice/a11640/pleasure-in-a-pill-female-viagra/.

Stefanou, Christina, and Marita P. McCabe. "Adult Attachment and Sexual Functioning: A Review of Past Research." *Journal of Sexual Medicine* 9, no. 10 (2012): 2499–507. doi:10.1111/j.1743-6109.2012.02843.x.

Stein, Rob. "Female Libido Pill Fires Up Debate about Women and Sex." *All Things Considered*, NPR, February 16, 2015. Accessed June 22, 2020. https://www.npr.org/sections/health-shots/2015/02/16/384043661/female-libido-pill-fires-up-debate-about-women-and-sex.

Stice, Eric, Paul Rohde, and Heather Shaw. *The Body Project: A Dissonance-Based Eating Disorder Prevention Intervention*. New York: Oxford University Press, 2013.

Stopes, Marie. *Married Love*. 1918. Oxford: Oxford University Press, 2008.〔マリー・ストープス『結婚愛』美学館・1981年刊・世界性医科学全集第2巻・新版〕

Stroupe, Natalie N. "How Difficult Is Too Difficult? The Relationships among Women's Sexual Experience and Attitudes, Difficulty with Orgasm, and Perception of Themselves as Orgasmic or Anorgasmic." Master's thesis, University of Kansas, 2008. http://kuscholarworks.ku.edu/dspace/handle/1808/4517.

Štulhofer, Aleksandar, Ana Alexandra Carvalheira, and Bente Traen. "Is Responsive Sexual Desire for Partnered Sex Problematic among Men? Insights from a Two-Country Study." *Sexual and Relationship Therapy* 28, no. 3 (2013): 246–58. doi:10.1080/14681994.2012.756137.

Suhler, Christopher L., and Patricia Churchland. "Can Innate, Modular 'Foundations' Explain Morality? Challenges for Haidt's Moral Foundations Theory." *Journal of Cognitive Neuroscience* 23, no. 9 (2011): 2103–16. doi:10.1162/jocn.2011.21637.

Suschinsky, Kelly D., Samantha J. Dawson, and Meredith L. Chivers. "Assessing the Relationship between Sexual Concordance, Sexual Attractions, and Sexual Identity in Women." *Archives of Sexual Behavior* 46, no. 1 (2017): 179–92.

Suschinsky, Kelly D., Jackie S. Huberman, Larah Maunder, Lori A. Brotto, Tom Hollenstein, and Meredith L. Chivers. "The Relationship between Sexual Functioning and Sexual Concordance in Women." *Journal of Sex & Marital Therapy* 45, no. 3 (2019): 230–46.

Suschinsky, Kelly D., and Martin L. Lalumière. "Is Sexual Concordance Related to Awareness of Physiological States?" *Archives of Sexual Behavior* 41, no. 1 (2012): 199–208.

Suschinsky, Kelly D., Martin L. Lalumière, and Meredith L. Chivers. "Sex Differences in Patterns of Genital Sexual Arousal: Measurement Artifacts or True Phenomena?" *Archives of Sexual Behavior* 38, no. 4 (2009): 559–73. doi:10.1007/s10508-008-9339-8.

Taylor, Shelley E., and Sarah L. Master. "Social Responses to Stress: The Tend-and-Befriend Model." In *The Handbook of Stress Science: Biology, Psychology, and Health*, edited by Richard J. Contrada and Andrew Baum, 101–109. New York: Springer, 2011.

Ter Kuile, Moniek M., Daan Vigeveno, and Ellen Laan. "Preliminary Evidence That Acute and Chronic Daily Psychological Stress Affect Sexual Arousal in Sexually Functional Women." *Behaviour Research and Therapy* 45, no. 9 (2007): 2078–89. http://dx.doi.org/10.1016/j.brat.2007.03.006.

Reichl, Corinna, Johann F. Schneider, and Frank M. Spinath. "Relation of Self-Talk Frequency to Loneliness, Need to Belong, and Health in German Adults." *Personality and Individual Differences* 54, no. 2 (2013): 241–45. http://dx.doi.org/10.1016/j.paid.2012.09.003.

Rettenberger, Martin, Verena Klein, and Peer Briken. "The Relationship between Hypersexual Behavior, Sexual Excitation, Sexual Inhibition, and Personality Traits." *Archives of Sexual Behavior* 45, no. 1 (2016): 219–33.

Reynolds, Sheila M., and Kent C. Berridge. "Emotional Environments Retune the Valence of Appetitive versus Fearful Functions in Nucleus Accumbens." *Nature Neuroscience* 11 (2008): 423–25. doi:10.1038/nn2061.

Rosen, Lianne. "How Do Women Survivors of Childhood Sexual Abuse Experience 'Good Sex' Later in Life? A Mixed-Methods Investigation." PhD diss., University of Victoria, 2018.

Rowland, Katherine. *The Pleasure Gap: American Women and the Unfinished Sexual Revolution*. London: Hachette UK, 2020.

Rumi, Mevlana Jalaludin. *Teachings of Rumi (the Masnavi): The Spiritual Couplets of Jalaludin Rumi*. Translated by E. H. Whinfield. London: Octagon Press, 1994.

Ryan, Christopher, and Cacilda Jethá. *Sex at Dawn: The Prehistoric Origins of Modern Sexuality*. New York: Harper, 2010.

Ryan, Rebecca. "Women's Lived Experiences Seeking and Using Adaptation Strategies Aimed at Improving Subjective Low Sexual Desire with Their Current Male Sexual Partner." PhD diss., Indiana University Bloomington, 2019. ProQuest Dissertations Publishing (13814724).

Sakaluk, John K., Leah M. Todd, Robin Milhausen, Nathan J. Lachowsky, and Undergraduate Research Group in Sexuality. "Dominant Heterosexual Sexual Scripts in Emerging Adulthood: Conceptualization and Measurement." *Journal of Sex Research* 51, no. 5 (2013): 516–31. doi:10.1080/00224499.2012.745473.

Sanders, Stephanie A., Cynthia A. Graham, Jennifer L. Bass, and John Bancroft. "A Prospective Study of the Effects of Oral Contraceptives on Sexuality and Well-Being and Their Relationship to Discontinuation." *Contraception* 64, no. 1 (2001): 51–8.

Schwartz, Gary E., Serena-Lynn Brown, and Geoffrey L. Ahern. "Facial Muscle Patterning and Subjective Experience during Affective Imagery: Sex Differences." *Psychophysiology* 17, no. 1 (1980): 75–82.

Schwarzer, Ralf, and Peter A. Frensch, eds. *Personality, Human Development, and Culture*. New York: Psychology Press, 2010.

Shenhav, A., and W. B. Mendes. "Aiming for the Stomach and Hitting the Heart: Dissociable Triggers and Sources for Disgust Reactions." *Emotion* 14, no. 2 (November 2013): 301–9. www.ncbi.nlm.nih.gov/pubmed/24219399.

Silverstein, R. Gina, Anne-Catharine H. Brown, Harold D. Roth, and Willoughby B. Britton. "Effects of Mindfulness Training on Body Awareness to Sexual Stimuli: Implications for Female Sexual Dysfunction." *Psychosomatic Medicine* 73, no. 9 (2011): 817–25.

Simons, Jeffrey, and Michael P. Carey. "Prevalence of Sexual Dysfunctions." *Archives of Sexual Behavior* 30, no. 2 (2001): 177–219.

Species Neuroscience." *Motivation and Emotion* 36, no. 1 (2012): 4–15.

Panksepp, Jaak, and Lucy Biven. *The Archaeology of Mind: Neuroevolutionary Origins of Human Emotions*. New York: W. W. Norton, 2012.

Pazmany, Els, Sophie Bergeron, Lukas Van Oudenhove, Johan Verhaeghe, and Paul Enzlin. "Body Image and Genital Self-Image in Pre-Menopausal Women with Dyspareunia." *Archives of Sexual Behavior* 42, no. 6 (2013): 999–1010. doi:10.1007/s10508-013-0102-4.

Perel, Esther. *Mating in Captivity: Unlocking Erotic Intelligence*. New York: Harper, 2006.〔エスター・ペレル『不倫と結婚』晶文社・2019年〕

———. "The Secret to Desire in a Long-Term Relationship." TED video, February 2013. www.ted.com/talks/esther_perel_the_secret_to_desire_in_a_long_term_relationship.

Peterson, Zoë D., Erick Janssen, and Ellen Laan. "Women's Sexual Responses to Heterosexual and Lesbian Erotica: The Role of Stimulus Intensity, Affective Reaction, and Sexual History." *Archives of Sexual Behavior* 39, no. 4 (2010): 880–97. doi:10.1007/s10508-009-9546-y.

Pfaus, James G. "Neurobiology of Sexual Behavior." *Current Opinion in Neurobiology* 9, no. 6 (1999): 751–58. https://pubmed.ncbi.nlm.nih.gov/10607643/.

Pfaus, James G., Tod E. Kippin, and Genaro Coria-Avila. "What Can Animal Models Tell Us about Human Sexual Response?" *Annual Review of Sex Research* 14 (2003): 1–63.

Pfaus, James G., and Mark F. Wilkins. "A Novel Environment Disrupts Population in Sexually Naive but Not Experienced Male Rats: Reversal with Naloxone." *Physiology & Behavior* 57, no. 6 (1995): 1045–49.

Pierce, Angela N., Janelle M. Ryals, Ruipeng Wang, and Julie A. Christianson. "Vaginal Hypersensitivity and Hypothalamic-Pituitary-Adrenal Axis Dysfunction as a Result of Neonatal Maternal Separation in Female Mice." *Neuroscience* 263 (2014): 216–30.

Porges, Stephen W. *The Polyvagal Theory: Neurophysiological Foundations of Emotions, Attachment, Communication, and Self-Regulation*. New York: W. W. Norton, 2011.

———. "Reciprocal Influences between Body and Brain in the Perception and Expression of Affect: A Polyvagal Perspective." In *The Healing Power of Emotion* edited by Diana Fosha, Daniel J. Siegel, and Marion Solomon, 27–54. New York: W. W. Norton, 2009.

Powers, Theodore A., David C. Zuroff, and Raluca A. Topciu. "Covert and Overt Expressions of Self-Criticism and Perfectionism and Their Relation to Depression." *European Journal of Personality* 18, no. 1 (2004): 61–72. doi:10.1002/per.499.

Prause, Nicole, and Cynthia A. Graham. "Asexuality: Classification and Characterization." *Archives of Sexual Behavior* 36, no. 3 (2007): 341–56. doi:10.1007/s10508-006-9142-3.

Radomsky, Adam S., Gillian M. Alcolado, Jonathan S. Abramowitz, Pino Alonso, Amparo Belloch, Martine Bouvard, David A. Clark, et al. "Part 1——You Can Run but You Can't Hide: Intrusive Thoughts on Six Continents." *Journal of Obsessive-Compulsive and Related Disorders* 3, no. 3 (2014): 269–79.

Read, Simon, Michael King, and James Watson. "Sexual Dysfunction in Primary Medical Care: Prevalence, Characteristics and Detection by the General Practitioner." *Journal of Public Health Medicine* 19, no. 4 (1997): 387–91.

Difficulties: A Qualitative Investigation of Coping Strategies." *Journal of Sex Research* 48, no. 4 (2011): 325–33.

Mize, Sara J. S., and Alex Iantaffi. "The Place of Mindfulness in a Sensorimotor Psychotherapy Intervention to Improve Women's Sexual Health." *Sexual and Relationship Therapy* 28, no. 1 (2013): 63–76. doi:10.1080/14681994.2013.770144.

Moore, Lori. "Rep. Todd Akin: The Statement and the Reaction." *New York Times*, August 20, 2012. www.nytimes.com/2012/08/21/us/politics/rep-todd-akin-legitimate-rape-statement-and-reaction.html?_r=0.

Moran, C., and C. Lee. "What's Normal? Influencing Women's Perceptions of Normal Genitalia: An Experiment Involving Exposure to Modified and Nonmodified Images." *BJOG: An International Journal of Obstetrics and Gynaecology* 121, no. 6 (2013): 761–66. doi:10.1111/1471-0528.12578.

Morokoff, Patricia J., and Julia R. Heiman. "Effects of Erotic Stimuli on Sexually Functional and Dysfunctional Women: Multiple Measures before and after Sex Therapy." *Behaviour Research and Therapy* 18, no. 2 (1980): 127–37.

Moseley, G. Lorimer, and David S. Butler. Explain Pain Supercharged. Adelaide, Australia: NOI, 2017.

Nagoski, Emily. "I'm Sorry You're Lonely but It's Not My Job to Help You: The Science of Incels." *Medium*, May 5, 2018. Accessed June 23, 2020. https://medium.com/@enagoski/im-sorry-you-re-lonely-but-it-s-not-my-job-to-help-you-the-science-of-incels-25bf83e2aaa0.

———. "The Definitive Answer to the Question, 'Does the G-Spot Exist?' " *Medium*, July 6, 2014. Accessed September 11, 2020. https://medium.com/@enagoski/the-definitive-answer-to-the-question-does-the-g-spot-exist-5d962de0c34c.

———. "The Truth about Unwanted Arousal." Filmed April 13, 2018, in Vancouver, Ontario. TED video, 15:08. http://go.ted.com/emilynagoski.

———. "The World Cup of Women's Sexual Desire." *Medium*, August 11, 2015. Accessed June 23, 2020. https://medium.com/@enagoski/the-world-cup-of-women-s-sexual-desire-9a085617495e.

Nakamura, J., and M. Csikszentmihalyi. "Flow Theory and Research." In *The Handbook of Positive Psychology*, edited by C. R. Snyder and S. J. Lopez, 195–206. Oxford: Oxford University Press, 2009.

Neff, Kristin D. "Self-Compassion, Self-Esteem, and Well-Being." *Social and Personality Psychology Compass* 5, no. 1 (2011): 1–12. doi:10.1111/j.1751-9004.2010.00330.x.

Ng, Theresa. "Risk Assessment and Risk Mitigation Review(s) Application Number 210557Orig1s000." Accessed June 22, 2020. https://www.accessdata.fda.gov/drugsatfda_docs/nda/2019/210557Orig1s000RiskR.pdf.

Ogden, Pat, Kekuni Minton, and Clare Pain. *Trauma and the Body: A Sensorimotor Approach to Psychotherapy*. New York: W. W. Norton, 2006.〔パット・オグデン、ケクニ・ミントン、クレア・ペイン『センサリーモーター・サイコセラピー（SP）の理論と実践　―マインドフルネスにもとづくトラウマセラピー―』星和書店・2012年刊〕

Panksepp, Jaak. "What Is an Emotional Feeling? Lessons about Affective Origins from Cross-

Mah, Kenneth, and Yitzchak M. Binik. “The Nature of Human Orgasm: A Critical Review of Major Trends.” *Clinical Psychology Review* 21, no. 6 (2001): 823–56.

Manne, Kate. *Down Girl: The Logic of Misogyny*. Oxford: Oxford University Press, 2017. 〔ケイト・マン『ひれふせ、女たち　ミソジニーの論理』慶應義塾大学出版会・2019年刊〕

———. *Entitled: How Male Privilege Hurts Women*. New York: Crown, 2020. 〔ケイト・マン『エンタイトル　男性の無自覚な資格意識はいかにして女性を傷つけるか』人文書院・2023年刊〕

Marcus, Bat Sheva. “Changes in a Woman's Sexual Experience and Expectations Following the Introduction of Electric Vibrator Assistance.” *Journal of Sexual Medicine* 8, no. 12 (2011): 3398–3406. doi:10.1111/j.1743-6109.2010.02132.x.

Mark, Kristen P., and Julie A. Lasslo. “Maintaining Sexual Desire in Long-Term Relationships: A Systematic Review and Conceptual Model.” *Journal of Sex Research* 55, no. 4–5 (2018): 563–81.

Masters, William H., and Virginia E. Johnson. *Human Sexual Response*. Boston: Little, Brown, 1966. 〔ヴァージニア・E・ジョンソン、ウィリアム・H・マスターズ『人間の性反応　マスターズ報告1』池田書店・1980年刊〕

Mazloomdoost, Donna, and Rachel N. Pauls. “A Comprehensive Review of the Clitoris and Its Role in Female Sexual Function.” *Sexual Medicine Reviews* 3, no. 4 (2015): 245–63.

McCall, Katie, and Cindy Meston. “Cues Resulting in Desire for Sexual Activity in Women.” *Journal of Sexual Medicine* 3, no. 5 (2006): 838–52. doi:10.1111/j.1743-6109.2006.00301.x.

———. “Differences Between Pre- and Postmenopausal Women in Cues for Sexual Desire.” *Journal of Sexual Medicine* 4 no. 2 (2007): 364–71. doi:10.1111/j.1743-6109.2006.00421.x.

McDowell, Margaret A., Cheryl D. Fryar, Cynthia L. Ogden, and Katherine M. Flegal. “Anthropometric Reference Data for Children and Adults: United States, 2003–2006.” National Health Statistics Report no. 10 (October 2008).

Mesquita, Batja. “Emoting: A Contextualized Process.” In *The Mind in Context*, edited by Batja Mesquita, Lisa Feldman Barrett, and Eliot R. Smith, 83–104. New York: Guilford Press, 2010.

Meston, Cindy M., and David M. Buss. “Why Humans Have Sex.” *Archives of Sexual Behavior* 36, no. 4 (2007): 477–507.

Meston, Cindy M., and Amelia M. Stanton. “Desynchrony between Subjective and Genital Sexual Arousal in Women: Theoretically Interesting but Clinically Irrelevant.” *Current Sexual Health Reports* 10, no. 3 (2018): 73–75.

Michael, Robert T., John H. Gagnon, Edward O. Laumann, and Gina Kolata. *Sex in America: A Definitive Survey*. Boston: Little, Brown, 1994. 〔ロバート・T・マイケル、ジョン・H・ガニョン、エドワード・O・ローマン、ジーナ・コラータ『セックス・イン・アメリカ　はじめての実態調査』NHK出版、1996年刊〕

Milhausen, Robin R., Cynthia A. Graham, Stephanie A. Sanders, William L. Yarber, and Scott B. Maitland. “Validation of the Sexual Excitation/Sexual Inhibition Inventory for Women and Men.” *Archives of Sexual Behavior* 39, no. 5 (2010): 1091–1104.

Mitchell, John Cameron, and Stephen Trask. “The Origin of Love” from *Hedwig and the Angry Inch: Original Cast Recording*. Atlantic Compact Disc 13766. 1999.

Mitchell, Kirstin Rebecca, Michael King, Irwin Nazareth, and Kaye Wellings. “Managing Sexual

Attachment, Need Fulfillment, and Well-Being." *Journal of Personality and Social Psychology* 79, no. 3 (2000): 367–84.

Lalumière, Martin L., Megan L. Sawatsky, Samantha J. Dawson, and Kelly D. Suschinsky. "The Empirical Status of the Preparation Hypothesis: Explicating Women's Genital Responses to Sexual Stimuli in the Laboratory." *Archives of Sexual Behavior* 49, no. 2 (2020): 1–20.

Laumann, E. O., A. Nicolosi, D. B. Glasser, A. Paik, C. Gingell, E. Moreira, and T. Wang. "Sexual Problems among Women and Men Aged 40–80 Y: Prevalence and Correlates Identified in the Global Study of Sexual Attitudes and Behaviors." *International Journal of Impotence Research* 17 (2005): 39–57. doi:10.1038/sj.ijir.3901250.

Leavitt, Chelom E., Eva S. Lefkowitz, and Emily A. Waterman. "The Role of Sexual Mindfulness in Sexual Wellbeing, Relational Wellbeing, and Self-Esteem." *Journal of Sex & Marital Therapy* 45, no. 6 (2019): 497–509.

Levin, Roy J. "The Human Female Orgasm: A Critical Evaluation of Its Proposed Reproductive Functions." *Sexual and Relationship Therapy* 26, no. 4 (2011): 301–14. doi:10.1080/14681994.2011.649692.

Levin, Roy J., and Willy van Berlo. "Sexual Arousal and Orgasm in Subjects Who Experience Forced or Non-Consensual Sexual Stimulation——a Review." *Journal of Clinical Forensic Medicine* 11, no. 2 (2004): 82–88.

Levin, Roy J., and Gorm Wagner. "Orgasm in Women in the Laboratory——Quantitative Studies on Duration, Intensity, Latency, and Vaginal Blood Flow." *Archives of Sexual Behavior* 14, no. 5 (1985): 439–49.

Levine, Peter A. *In an Unspoken Voice: How the Body Releases Trauma and Restores Goodness*. Berkeley, CA: North Atlantic Books, 2010.〔ピーター・A・ラヴィーン『身体に閉じ込められたトラウマ　ソマティック・エクスペリエンシングによる最新のトラウマ・ケア』星和書店・2016年刊〕

———. *Waking the Tiger: Healing Trauma*. Berkeley, CA: North Atlantic Books, 1997.〔ピーター・リヴァイン『心と身体をつなぐトラウマ・セラピー』雲母書房・2008年刊〕

Lisak, David, and Paul M. Miller. "Repeat Rape and Multiple Offending among Undetected Rapists." *Violence and Victims* 17, no. 1 (2002): 73–84.

Lloyd, Elisabeth A. *The Case of the Female Orgasm: Bias in the Science of Evolution*. Cambridge, MA: Harvard University Press, 2005.

Longe, Olivia, Frances A. Maratos, Paul Gilbert, Gaynor Evans, Faye Volker, Helen Rockliff, and Gina Rippon. "Having a Word with Yourself: Neural Correlates of Self-Criticism and Self-Reassurance." *NeuroImage* 49, no. 2 (2010): 1849–56. doi:10.1016/j.neuroimage.2009.09.019.

LoPiccolo, Joseph, and Leslie LoPiccolo, eds. *Handbook of Sex Therapy*. New York: Plenum, 1978.

Lykins, Amy D., Erick Janssen, and Cynthia A. Graham. "The Relationship between Negative Mood and Sexuality in Heterosexual College Women and Men." *Journal of Sex Research* 43, no. 2 (2006): 136–43.

Magnanti, Brooke. *The Sex Myth: Why Everything We're Told Is Wrong*. London: Weidenfeld & Nicolson, 2012.

Kaplan, Helen Singer. “Hypoactive Sexual Desire.” *Journal of Sex & Marital Therapy* 3, no. 1 (1977): 3–9.

Khong, Belinda Siew Luan. “Mindfulness: A Way of Cultivating Deep Respect for Emotions.” *Mindfulness* 2, no. 1 (2011): 27–32. doi:10.1007/s12671-010-0039-9.

Kilimnik, Chelsea D., and Cindy M. Meston. “Role of Body Esteem in the Sexual Excitation and Inhibition Responses of Women with and without a History of Childhood Sexual Abuse.” *Journal of Sexual Medicine* 13, no. 11 (2016): 1718–28.

Kingsberg, Sheryl A., Natalia Tkachenko, Johna Lucas, Amy Burbrink, Wayne Kreppner, and Jodi B. Dickstein. “Characterization of Orgasmic Difficulties by Women: Focus Group Evaluation.” *Journal of Sexual Medicine* 10, no. 9 (2013): 2242–50. doi:10.1111/jsm.12224.

Kinsale, Laura. *Flowers from the Storm*. New York: Harper, 1992.〔ローラ・キンセイル『嵐に舞う花びら』扶桑社・2010年刊〕

Kinsey, Alfred Charles, Wardell Baxter Pomeroy, and Clyde E. Martin. *Sexual Behavior in the Human Male*. Philadelphia: W. B. Saunders, 1948.〔アルフレッド・C・キンゼイ、ウォーデル・B・ポメロイ、クライド・E・マーティン『人間に於ける男性の性行爲』コスモポリタン社・1950年刊〕

Kinsey, Alfred C., Wardell B. Pomeroy, Clyde E. Martin, and Paul H. Gebhard. *Sexual Behavior in the Human Female*. Philadelphia: W. B. Saunders, 1953.

Kleinplatz, Peggy J., and A. Dana Ménard. *Magnificent Sex: Lessons from Extraordinary Lovers*. New York: Routledge, 2020.

Kleinplatz, Peggy J., A. Dana Ménard, Marie-Pierre Paquet, Nicolas Paradis, Meghan Campbell, Dino Zuccarino, and Lisa Mehak. “The Components of Optimal Sexuality: A Portrait of ‘Great Sex.’ ” *Canadian Journal of Human Sexuality* 18, no. 1–2 (2009): 1–13.

Koehler, Sezin. “From the Mouths of Rapists: The Lyrics of Robin Thicke’s Blurred Lines.” The Society Pages, September 17, 2013. http://thesocietypages.org/socimages/2013/09/17/from-the-mouths-of-rapists-the-lyrics-of-robin-thickes-blurred-lines-and-real-life-rape/.

Komisaruk, Barry R., Beverly Whipple, Audrita Crawford, Sherry Grimes, Wen-Ching Liu, Andrew Kalnin, and Kristine Mosier. “Brain Activation during Vaginocervical Self-Stimulation and Orgasm in Women with Complete Spinal Cord Injury: fMRI Evidence of Mediation by the Vagus Nerves.” *Brain Research* 1024, no. 1–2 (2004): 77–88.

Komisaruk, Barry R., Nan Wise, Eleni Frangos, Wen-Ching Liu, Kachina Allen, and Stuart Brody. “Women’s Clitoris, Vagina, and Cervix Mapped on the Sensory Cortex: fMRI Evidence.” *Journal of Sexual Medicine* 8, no. 10 (2011): 2822–30. doi:10.1111/j.1743-6109.2011.02388.x.

Kring, Ann M., and Albert H. Gordon. “Sex Differences in Emotion: Expression, Experience, and Physiology.” *Journal of Personality and Social Psychology* 74, no. 3 (1998): 686–703.

Laan, Ellen, and Stephanie Both. “What Makes Women Experience Desire?” *Feminism & Psychology* 18, no. 4 (2008): 505–14.

Laan, Ellen, Walter Everaerd, and Andrea Evers. “Assessment of Female Sexual Arousal: Response Specificity and Construct Validity.” *Psychophysiology* 32, no. 5 (1995): 476–85.

La Guardia, Jennifer G., Richard M. Ryan, Charles E. Couchman, and Edward L. Deci. “Within-Person Variation in Security of Attachment: A Self-Determination Theory Perspective on

Herbenick, Debby, and J. Dennis Fortenberry. "Exercise-Induced Orgasm and Pleasure among Women." *Sexual and Relationship Therapy* 26, no. 4 (2011): 373–88. doi:10.1080/14681994.2011.647902.

Herbenick, Debra, Michael Reece, Stephanie Sanders, Brian Dodge, Annahita Ghassemi, and J. Dennis Fortenberry. "Prevalence and Characteristics of Vibrator Use by Women in the United States: Results from a Nationally Representative Study." *Journal of Sexual Medicine* 6 no. 7 (2009): 1857–66.

Hess, Amanda. "Women Want Sex, but Men Don't Want Them to Know It." Slate, June 4, 2013. www.slate.com/articles/double_x/doublex/2013/06/what_do_women_want_sex_according_to_daniel_bergner_s_new_book_on_female.html.

Hitchens, Christopher. *Hitch-22: A Memoir*. New York: Grand Central Publishing, 2010.

Hite, Shere. *The Hite Report: A Nationwide Study of Female Sexuality*. New York: Macmillan, 1976. 〔シェアー・ハイト『ハイト・リポート　新しい女性の愛と性の証言』パシフィカ・1977年刊〕

Hoge, Elizabeth A., Britta K. Hölzel, Luana Marques, Christina A. Metcalf, Narayan Brach, Sara W. Lazar, and Naomi M. Simon. "Mindfulness and Self-Compassion in Generalized Anxiety Disorder: Examining Predictors of Disability." *Evidence-Based Complementary and Alternative Medicine* (2013). http://dx.doi.org/10.1155/2013/576258.

Hollenstein, Tom, and Dianna Lanteigne. "Models and Methods of Emotional Concordance." *Biological Psychology* 98 (2014): 1–5. doi:10.1016/biopsycho.2013.12.012.

ILGA-Europe. "Public Statement." https://ilga-europe.org/resources/ilga-europe-reports-and-other-materials/protecting-intersex-people-europe-toolkit.

James, E. L. *Fifty Shades of Grey*. New York: Vintage Books, 2012. 〔E・L・ジェイムズ『フィフティ・シェイズ・オブ・グレイ』早川書房・2015年刊〕

Janssen, Erick, and John Bancroft. "The Dual Control Model: The Role of Sexual Inhibition and Excitation in Sexual Arousal and Behavior." In *The Psychophysiology of Sex*, edited by Erick Janssen, 197. Bloomington: Indiana University Press, 2007.

Janssen, Erick, Deanna Carpenter, Cynthia Graham, Harrie Vorst, and Jelte Wicherts. "The Sexual Inhibition/Sexual Excitation Scales——Short Form." *Handbook of Sexuality-Related Measures*, 77. New York: Routledge, 2019.

Janssen, Erick, Kathryn R. Macapagal, and Brian Mustanski. "Individual Differences in the Effects of Mood on Sexuality: The Revised Mood and Sexuality Questionnaire (MSQ-R)." *Journal of Sex Research* 50, no. 7 (2013): 676–87.

Johnson, Sue. *Hold Me Tight: Seven Conversations for a Lifetime of Love*. New York: Little, Brown, 2008. 〔スー・ジョンソン『私をギュッと抱きしめて　愛を取り戻す七つの会話』金剛出版・2014年刊〕

———. *Love Sense: The Revolutionary New Science of Romantic Relationships*. New York: Little, Brown, 2013.

Jozkowski, Kristen N., Debby Herbenick, Vanessa Schick, Michael Reece, Stephanie A. Sanders, and J. Dennis Fortenberry. "Women's Perceptions about Lubricant Use and Vaginal Wetness during Sexual Activities." *Journal of Sexual Medicine* 10, no. 2 (2013): 484–92. doi:10.1111/jsm.12022.

On and Turning Off: A Focus Group Study of the Factors That Affect Women's Sexual Arousal." *Archives of Sexual Behavior* 33, no. 6 (2004): 527–38.

Granados, Reina, Joana Carvalho, and Juan Carlos Sierra. "Preliminary Evidence on How the Dual Control Model Predicts Female Sexual Response to a Bogus Negative Feedback." *Psychological Reports* (2020): https://doi.org/10.1177%2F0033294120907310.

Grant, Jon E., Anthony Pinto, Matthew Gunnip, Maria C. Mancebo, Jane L. Eisen, and Steven A. Rasmussen. "Sexual Obsessions and Clinical Correlates in Adults with Obsessive-Compulsive Disorder." *Comprehensive Psychiatry* 47, no. 5 (2006): 325–29.

Gruen, Rand J., Raul Silva, Joshua Ehrlich, Jack W. Schweitzer, and Arnold J. Friedhoff. "Vulnerability to Stress: Self-Criticism and Stress-Induced Changes in Biochemistry." *Journal of Personality* 65, no. 1 (1997): 33–47. doi:10.1111/j.1467-6494.1997.tb00528.x.

Hall, Kathryn S., Yitzchak Binik, and Enrico Di Tomasso. "Concordance between Physiological and Subjective Measures of Sexual Arousal." *Behaviour Research and Therapy* 23, no. 3 (1985): 297–303.

Haller, Madeline. "The 5 Craziest Sex Studies EVER." Men's Health. September 22, 2012. Accessed September 11, 2020. https://www.menshealth.com/sex-women/a19534159/the-5-craziest-sex-studies-ever/.

Hamilton, Lisa Dawn, and Cindy M. Meston. "Chronic Stress and Sexual Function in Women." *Journal of Sexual Medicine* 10, no. 10 (2013): 2443–54.

Hawkins, Nicole, P. Scott Richards, H. Mac Granley, and David M. Stein. "The Impact of Exposure to the Thin-Ideal Media Image on Women." *Eating Disorders: The Journal of Treatment & Prevention* 12, no. 1 (2004): 35–50. doi:10.1080/10640260490267751.

Hayes, Richard D., Lorraine Dennerstein, Catherine M. Bennet, and Christopher K. Fairley. "What Is the 'True' Prevalence of Female Sexual Dysfunctions and Does the Way We Assess These Conditions Have an Impact?" *Journal of Sexual Medicine* 5, no. 4 (2008): 777–87.

Hayes, Sharon, and Stacey Tantleff-Dunn. "Am I Too Fat to Be a Princess? Examining the Effects of Popular Children's Media on Young Girls' Body Image." *British Journal of Developmental Psychology* 28, no. 2 (2010): 413–26. doi:10.1348/026151009X424240.

Hegazy, A. A., and M. O. Al-Rukban. "Hymen: Facts and Conceptions." *The Health* 3, no. 4 (2012): 109–15.

Heiman, Julia R. "Psychologic Treatments for Female Sexual Dysfunction: Are They Effective and Do We Need Them?" *Archives of Sexual Behavior* 31, no. 5 (2002): 445–50.

Heiman, Julia R., and Donald Pfaff. "Sexual Arousal and Related Concepts: An Introduction." *Hormones and Behavior* 59, no. 5 (2011): 613–15.

Hendrickx, Lies, Luk Gijs, and Paul Enzlin. "Prevalence Rates of Sexual Difficulties and Associated Distress in Heterosexual Men and Women: Results from an Internet Survey in Flanders." *Journal of Sex Research* 51, no. 1 (2014): 1–12. doi:10.1080/00224499.2013.819065.

Henson, Donald E., H. B. Rubin, and Claudia Henson. "Analysis of the Consistency of Objective Measures of Sexual Arousal in Women." *Journal of Applied Behavior Analysis* 12, no. 4 (1979): 701–11.

Fraley, R. Chris, Neils G. Waller, and Kelly A. Brennan. "An Item Response Theory Analysis of Self-Report Measures of Adult Attachment." *Journal of Personality and Social Psychology* 78, no. 2 (2000): 350–65. doi:10.1037/0022-3514.78.2.350.

Gaffney, D. "Established and Emerging PTSD Treatments." *Mental Health Clinician* 2, no. 7 (2013): 213–19.

Gangestad, Steven W., Randy Thornhill, and Christine E. Garver. "Changes in Women's Sexual Interests and Their Partner's Mate-Retention Tactics across the Menstrual Cycle: Evidence for Shifting Conflicts of Interest." *Proceedings of the Royal Society of London. Series B: Biological Sciences* 269, no. 1494 (2002): 975–82.

Gans, Margery. "What's It All About? Attending to the Meaning of Eating Disorders." Paper presented at the Collaborative Ways to Address Disordered Eating on Campus: It Takes a Village conference. Cambridge, MA, April 17–18, 2009.

Garde, K., and I. Lunde. "Female Sexual Behaviour: A Study in a Random Sample of 40-Year-Old Women." *Maturitas* 2, no. 3 (1980): 225–40.

Georgiadis, J. R., and Rudie Kortekaas. "The Sweetest Taboo: Functional Neurobiology of Human Sexuality in Relation to Pleasure." In *Pleasures of the Brain*, edited by Morten L. Kringelbach and Kent. C. Berridge, 178–201. New York: Oxford University Press, 2010.

Germer, Christopher K. *The Mindful Path to Self-Compassion: Freeing Yourself from Destructive Thoughts and Emotions*. New York: Guilford Press, 2009.

Glass, Ira, and Deborah Blum. "317: Unconditional Love Transcript." *This American Life*, Chicago Public Media. September 15, 2006. www.thisamericanlife.org/radio-archives/episode/317/transcript.

Goldacre, Ben. "Ben Goldacre at Nerdstock." YouTube video, 2010. www.youtube.com/watch?v=01Q3jZw4FGs.

Goldstein, Andrew, Caroline F. Pukall, and Irwin Goldstein. *When Sex Hurts: A Woman's Guide to Banishing Sexual Pain*. Boston: Da Capo Press, 2011.

Goldstein, Irwin, Noel N. Kim, Anita H. Clayton, Leonard R. DeRogatis, Annamaria Giraldi, Sharon J. Parish, James Pfaus, et al. "Hypoactive Sexual Desire Disorder: International Society for the Study of Women's Sexual Health (ISSWSH) Expert Consensus Panel Review." In *Mayo Clinic Proceedings* 92, no. 1, pp. 114–28. Amsterdam: Elsevier, 2017.

Gottman, John M. *The Science of Trust: Emotional Attunement for Couples*. New York: W. W. Norton, 2011.

Gottman, John, and Nan Silver. *What Makes Love Last? How to Build Trust and Avoid Betrayal*. New York: Simon & Schuster, 2013.

Graham, Cynthia A. "The DSM Diagnostic Criteria for Female Orgasmic Disorder." *Archives of Sexual Behavior* 39, no. 2 (2010): 256–70. doi:10.1007/s10508-009-9542-2.

Graham, Cynthia A., Stephanie A. Sanders, and Robin R. Milhausen. "The Sexual Excitation/Sexual Inhibition Inventory for Women: Psychometric Properties." *Archives of Sexual Behavior* 35, no. 4 (2006): 397–409.

Graham, Cynthia A., Stephanie A. Sanders, Robin R. Milhausen, and Kimberly R. McBride. "Turning

Dwyer, Kate and Mahboob Sobhan. “Statistical Review and Evaluation of Application Number: 022526Orig1s000.” Accessed September 11, 2020. https://www.accessdata.fda.gov/drugsatfda_docs/nda/2015/022526Orig1s000StatR.pdf.

Eichelberger, Erika. “Todd Akin Is Not Sorry for His Insane Rape Comments.” *Mother Jones*, July 10, 2014. Accessed July 27, 2014. http://www.motherjones.com/mojo/2014/07/todd-akin-book-legitimate-rape.

Ekman, Paul. *Emotions Revealed: Recognizing Faces and Feelings to Improve Communication and Emotional Life*. 2nd ed. New York: Henry Holt, 2007.〔ポール・エクマン『顔は口ほどに嘘をつく』河出書房新社・2018年刊・文庫版〕

Ellin, Abby. “More Women Look Over the Counter for a Libido Fix.” *New York Times*, July 2, 2012. www.nytimes.com/2012/07/03/health/more-women-seek-over-the-counter-sexual-remedies.html.

Emhardt, E., J. Siegel, and L. Hoffman. “Anatomic Variation and Orgasm: Could Variations in Anatomy Explain Differences in Orgasmic Success?” *Clinical Anatomy* 29, no. 5 (2016): 665–72.

Erekson, Elisabeth A., Deanna K. Martin, Kejia Zhu, Maria M. Ciarleglio, Divya A. Patel, Marsha K. Guess, and Elena S. Ratner. “Sexual Function in Older Women after Oophorectomy.” *Obstetrics & Gynecology* 120, no. 4 (2012): 833–42. doi:10.1097/AOG.0b013e31826af3d1.

Fahs, Breanne, and Rebecca Plante. “On ‘Good Sex’ and Other Dangerous Ideas: Women Narrate Their Joyous and Happy Sexual Encounters.” *Journal of Gender Studies* 26, no. 1 (2017): 33–44.

Fausto-Sterling, Anne. *Sexing the Body: Gender Politics and the Construction of Sexuality*. New York: Basic Books, 2000.

Feeney, Judith A., and Patricia Noller. “Attachment Style as a Predictor of Adult Romantic Relationships.” *Journal of Personality and Social Psychology* 58, no. 2 (1990): 281–91. doi:10.1037/0022-3514.58.2.281.

Feeney, Nolan. “Living Myths about Virginity.” Atlantic, February 7, 2014. www.theatlantic.com/health/archive/2014/02/living-myths-about-virginity/283628.

Fernández de la Cruz, Lorena, Faye Barrow, Koen Bolhuis, Georgina Krebs, Chloe Volz, Eriko Nakatani, Isobel Heyman, and David Mataix-Cols. “Sexual Obsessions in Pediatric Obsessive-Compulsive Disorder: Clinical Characteristics and Treatment Outcomes.” *Depression and Anxiety* 30, no. 8 (2013): 732–40.

Filipovic, Jill. “Can 1 Little Pill Save Female Desire?” *Cosmopolitan*, February 24, 2015. Accessed June 22, 2020. https://www.cosmopolitan.com/sex-love/news/a36745/can-a-pill-save-female-desire/.

Flaten, Magne Arve, Terje Simonsen, and Harald Olsen. “Drug-Related Information Generates Placebo and Nocebo Responses That Modify the Drug Response.” *Psychosomatic Medicine* 61, no. 2 (1999): 250–55. www.psychosomaticmedicine.org/content/61/2/250.full.

Foster, William Trufant. *The Social Emergency: Studies in Sex Hygiene and Morals*. Boston: Houghton Mifflin, 1914.

Faught, Sharon J. Parish, et al. "The International Society for the Study of Women's Sexual Health Process of Care for Management of Hypoactive Sexual Desire Disorder in Women." In *Mayo Clinic Proceedings* 93, no. 4, pp. 467–87. Amsterdam: Elsevier, 2018.

Cooper, Lynne M., Mark Pioli, Ash Levitt, Amelia E. Talley, Lada Micheas, and Nancy L. Collins. "Attachment Styles, Sex Motives, and Sexual Behavior: Evidence for Gender-Specific Expressions of Attachment Dynamics." In *Dynamics of Romantic Love: Attachment, Caregiving, and Sex*, edited by Mario Mikulincer and Gail S. Goodman, 243–74. New York: Guilford Press, 2006.

David, Daryn H., and Karlen Lyons-Ruth. "Differential Attachment Responses of Male and Female Infants to Frightening Maternal Behavior: Tend or Befriend versus Fight or Flight?" *Infant Mental Health Journal* 26, no. 1 (2005): 1–18. doi:10.1002/imhj.20033.

Davila, Joanne, Dorli Burge, and Constance Hammen. "Why Does Attachment Style Change?" *Journal of Personality and Social Psychology* 73, no. 4 (1997): 826–38. doi:10.1037/0022-3514.73.4.826.

Davis, Clive M., Joani Blank, Hung-Yu Lin, and Consuelo Bonillas. "Characteristics of Vibrator Use among Women." *Journal of Sex Research* 33, no. 4 (1996): 313–20.

de Jong, Peter J., Mark van Overveld, and Charmaine Borg. "Giving In to Arousal or Staying Stuck in Disgust? Disgust-Based Mechanisms in Sex and Sexual Dysfunction." *Journal of Sex Research* 50, no. 3 (2013): 247–62. doi:10.1080/00224499.2012.746280.

de Jong, Peter J., Mark van Overveld, Willibrord Weijmar Schultz, Madelon L. Peters, and Femke M. Buwalda. "Disgust and Contamination Sensitivity in Vaginismus and Dyspareunia." Archives of Sexual Behavior 38, no. 2 (2009): 244–52. www.ncbi.nlm.nih.gov/pubmed/17909958.

Dewitte, Marieke. "Different Perspectives on the Sex-Attachment Link: Towards an Emotion-Motivational Account." *Journal of Sex Research* 49, no. 2–3 (2012): 105–24.

Dewitte, Marieke, Joana Carvalho, Giovanni Corona, Erika Limoncin, Patricia Pascoal, Yacov Reisman, and Aleksandar Štulhofer. "Sexual Desire Discrepancy: A Position Statement of the European Society for Sexual Medicine." *Sexual Medicine* 8, no. 2 (2020): 121–31.

Dickerson, S. S., and M. E. Kemeny. "Acute Stressors and Cortisol Responses: A Theoretical Integration and Synthesis of Laboratory Research." *Psychological Bulletin* 130, no. 3 (2004): 355–91.

Dixson, Alan F. *Sexual Selection and the Origins of Human Mating Systems*. Oxford: Oxford University Press, 2009.

Dreger, Alice Domurat. "Why 'Disorders of Sex Development'? (On Language and Life)." November 17, 2007. https://alicedreger.com/dsd/.

Drysdale, Kirsten, Ali Russell, and Andrew Glover. "Labiaplasty: HungryBeast." ABC TV Australia, 2010. http://vimeo.com/10883108.

Duffey, Eliza Bisbee. *The Relations of the Sexes*. 1876. New York: Arno Press, 1974.

Dunkley, Cara R., Silvain S. Dang, Sabrina C. H. Chang, and Boris B. Gorzalka. "Sexual Functioning in Young Women and Men: Role of Attachment Orientation." *Journal of Sex & Marital Therapy* 42, no. 5 (2016): 413–30.

Body Image 3, no. 3 (2006): 247–54.

Brotto, Lori A., A. John Petkau, Fernand Labrie, and Rosemary Basson. "Predictors of Sexual Desire Disorders in Women." *Journal of Sexual Medicine* 8 no. 3 (2011): 742–53. doi:10.1111/j.1743-6109.2010.02146.x.

Cain, Virginia S., Catherine B. Johannes, Nancy E. Avis, Beth Mohr, Miriam Schocken, Joan Skurnick, and Marcia Ory. "Sexual Functioning and Practices in a Multi-Ethnic Study of Midlife Women: Baseline Results from SWAN." *Journal of Sex Research* 40, no. 3 (2003): 266–76.

Cantazaro, Amy, and Meifen Wei. "Adult Attachment, Dependence, Self-Criticism, and Depressive Symptoms: A Test of a Mediational Model." *Journal of Personality* 78, no. 4 (2010): 1135–62. wei.public.iastate.edu/manuscript/attachment dependence self-criticism.pdf.

Carpenter, Deanna L., Cynthia Graham, Erick Janssen, Harrie Vorst, and Jelte Wicherts. "The Dual Control Model: Gender, Sexual Problems, and Prevalence of Sexual Excitation and Inhibition Profiles." www.slideserve.com/phoebe/the-dual-control-model-gender-sexual-problems-and-prevalence-of-sexual-excitation-and-inhibition-profiles.

Carpenter, Deanna, Erick Janssen, Cynthia Graham, Harrie Vorst, and Jelte Wicherts. "Women's Scores on the Sexual Inhibition/Sexual Excitation Scales (SIS/SES): Gender Similarities and Differences." *Journal of Sex Research* 45, no. 1 (2008): 36–48. doi:10.1080/00224490701808076.

Carvalheira, Ana A., Lori A. Brotto, and Isabel Leal. "Women's Motivations for Sex: Exploring the Diagnostic and Statistical Manual, Fourth Edition, Text Revision Criteria for Hypoactive Sexual Desire and Female Sexual Arousal Disorders." *Journal of Sexual Medicine* 7, no. 4 (2010): 1454–63. doi:10.1111/j.1743-6109.2009.01693.x.

Carvalheira, Ana, and Isabel Leal. "Masturbation among Women: Associated Factors and Sexual Response in a Portuguese Community Sample." *Journal of Sex & Marital Therapy* 39, no. 4 (2013): 347–67. doi:10.1080/0092623X.2011.628440.

Carver, Charles S. "Pleasure as a Sign You Can Attend to Something Else: Placing Positive Feelings within a General Model of Affect." *Cognition and Emotion* 17, no. 2 (2003): 241–61.

Carver, Charles S., and Michael F. Scheier. "Cybernetic Control Processes and the Self-Regulation of Behavior." In *The Oxford Handbook of Human Motivation*, edited by Richard M. Ryan, 28–42. New York: Oxford University Press, 2012.

———. "Self-Regulation of Action and Affect." In *Handbook of Self-Regulation: Research, Theory, and Applications*, 2nd ed., edited by Kathleen D. Vohs and Roy F. Baumeister, 3–21. New York: Guilford Press, 2013.

Cathey, Angela J., and Chad T. Wetterneck. "Stigma and Disclosure of Intrusive Thoughts about Sexual Themes." *Journal of Obsessive-Compulsive and Related Disorders* 2, no. 4 (2013): 439–43.

Childress, Anna Rose, Ronald N. Ehrman, Ze Wang, Yin Li, Nathan Sciortino, Jonathan Hakun, William Jens, et al. "Prelude to Passion: Limbic Activation by 'Unseen' Drug and Sexual Cues." *PLoS ONE* 3, no. 1 (2008). doi:10.1371/journal.pone.0001506.

Clayton, Anita H., Irwin Goldstein, Noel N. Kim, Stanley E. Althof, Stephanie S. Faubion, Brooke M.

Berridge, Kent C., and Morten L. Kringelbach. "Neuroscience of Affect: Brain Mechanisms of Pleasure and Displeasure." *Current Opinion in Neurobiology* 23, no. 3 (2013): 294–303. http://dx.doi.org/10.1016/j.conb.2013.01.017.

Berridge, Kent, and Piotr Winkielman. "What Is an Unconscious Emotion? (The Case for Unconscious 'Liking')." *Cognition and Emotion* 17, no. 2 (2003): 181–211.

Berry, Lisa-Marie, and Ben Laskey. "A Review of Obsessive Intrusive Thoughts in the General Population." *Journal of Obsessive-Compulsive and Related Disorders* 1, no. 2 (2012): 125–32.

Besser, Avi, Gordon L. Flett, and Richard A. Davis. "Self-Criticism, Dependency, Silencing the Self, and Loneliness: A Test of a Mediational Model." *Personality and Individual Differences* 35, no. 8 (2003): 1735–52. http://dx.doi.org/10.1016/S0191-8869(02)00403-8.

Bianchi-Demicheli, Francesco, and Stephanie Ortigue. "Toward an Understanding of the Cerebral Substrates of Woman's Orgasm." *Neuropsychologia* 45, no. 12 (2007): 2645–59. http://dx.doi.org/10.1016/j.neuropsychologia.2007.04.016.

Bifulco, A., P. M. Moran, C. Ball, and O. Bernazzani. "Adult Attachment Style. I: Its Relationship to *Clinical Depression." Social Psychiatry and Psychiatric Epidemiology* 37 (2002): 50–59.

Birnbaum, Gurit E., Harry T. Reis, Mario Mikulincer, Omri Gillath, and Ayala Orpaz. "When Sex Is More Than Just Sex: Attachment Orientations, Sexual Experience, and Relationship Quality." *Journal of Personality and Social Psychology* 91, no. 5 (2006): 929–43. doi:10.1037/0022-3514.91.5.929.

Bloemers, Jos, Jeroen Gerritsen, Richard Bults, Hans Koppeschaar, Walter Everaerd, Berend Olivier, and Adriaan Tuiten. "Induction of Sexual Arousal in Women under Conditions of Institutional and Ambulatory Laboratory Circumstances: A Comparative Study." *Journal of Sexual Medicine* 7, no. 3 (2010): 1160–76. doi:10.1111/j.1743-6109.2009.01660.x.

Bohlen, Joseph G., James P. Held, Margaret Olwen Sanderson, and Andrew Ahlgren. "The Female Orgasm: Pelvic Contraction." *Archives of Sexual Behavior* 11, no. 5 (1982): 367–86.

Borg, Charmaine, and Peter J. de Jong. "Feelings of Disgust and Disgust-Induced Avoidance Weaken following Induced Sexual Arousal in Women." *PLoS ONE* 7, no. 9 (2012). doi:10.1371/journal.pone.0044111.

Borg, Charmaine, Peter J. de Jong, and Willibrord Weijmar Schultz. "Vaginismus and Dyspareunia: Relationship with General and Sex-Related Moral Standards." *Journal of Sexual Medicine* 8, no. 1 (2011): 223–31. doi:10.1111/j.1743-6109.2010.02080.x.

Both, Stephanie, Walter Everaerd, and Ellen Laan. "Modulation of Spinal Reflexes by Aversive and Sexually Appetitive Stimuli." *Psychophysiology* 40, no. 2 (2003): 174–83. doi:10.1111/1469-8986.00019.

Bradford, Andrea, and Cindy M. Meston. "The Impact of Anxiety on Sexual Arousal in Women." *Behaviour Research and Therapy* 44, no. 8 (2006): 1067–77. doi:10.1016/j.brat.2005.08.006.

Briganti, Paul, dir. Adam Ruins Everything. Season 1, episode 10, "Adam Ruins Sex." Written by Caldwell Tanner. Aired December 8, 2015, on truTV.

Britton, Lauren E., Denise M. Martz, Doris G. Bazzini, Lisa A. Curtin, and Anni LeaShomb. "Fat Talk and Self-Presentation of Body Image: Is There a Social Norm for Women to Self-Degrade?"

Baliki, Marwan N., Paul Y. Geha, Howard L. Fields, and A. Vania Apkarian. "Predicting Value of Pain and Analgesia: Nucleus Accumbens Response to Noxious Stimuli Changes in the Presence of Chronic Pain." *Neuron* 66, no. 1 (2010): 149–60. doi:10.1016/j.neuron.2010.03.002.

Bancroft, John, and Cynthia A. Graham. "The Varied Nature of Women's Sexuality: Unresolved Issues and a Theoretical Approach." *Hormones and Behavior* 59, no. 5 (2011): 717–29. http://dx.doi.org/10.1016/j.yhbeh.2011.01.005.

Bancroft, John, Jeni Loftus, and J. Scott Long. "Distress about Sex: A National Survey of Women in Heterosexual Relationships." *Archives of Sexual Behavior* 32, no. 3 (2003): 193–208.

Basson, Rosemary. "Biopsychosocial Models of Women's Sexual Response: Applications to Management of 'Desire Disorders.' " *Sexual and Relationship Therapy* 18, no. 1 (2003): 107–15. doi:10.1080/1468199031000061308.

———. "Hormones and Sexuality: Current Complexities and Future Directions." *Maturitas* 57, no. 1 (2007): 66–70. doi:10.1016/j.maturitas.2007.02.018.

BBC News. "Words 'can change what we smell'." September 26, 2005. news.bbc.co.uk/2/hi/health/4558075.stm.

Beach, Frank A. "Characteristics of Masculine 'Sex Drive.' " *Nebraska Symposium on Motivation*, vol. 4. Lincoln: University of Nebraska Press, 1956, 1–32.

Beck, J. Gayle, Alan W. Bozman, and Tina Qualtrough. "The Experience of Sexual Desire: Psychological Correlates in a College Sample." *Journal of Sex Research* 28, no. 3 (1991): 443–56.

Becker, Anne E. *Body, Self, and Society: The View from Fiji*. Philadelphia: University of Pennsylvania Press, 1995.

Becker, Anne E., Rebecca A. Burwell, David B. Herzog, Paul Hamburg, and Stephen E. Gilman. "Eating Behaviours and Attitudes Following Prolonged Exposure to Television among Ethnic Fijian Adolescent Girls." *British Journal of Psychiatry* 180 (2002): 509–14. doi:10.1192/bjp.180.6.509.

Becker, Anne E., Jennifer J. Thomas, Asenaca Bainivualiku, Lauren Richards, Kesaia Navara, Andrea L. Roberts, Stephen E. Gilman, and Ruth H. Striegel-Moore. "Validity and Reliability of a Fijian Translation and Adaptation of the Eating Disorder Examination Questionnaire." *International Journal of Eating Disorders* 43, no. 2 (2010): 171–78. doi:10.1002/eat.20675.

Benedek, Mathias, and Christian Kaernbach. "Physiological Correlates and Emotional Specificity of Human Piloerection." *Biological Psychology* 86, no. 3 (2011): 320–29.

Bergner, Daniel. *What Do Women Want? Adventures in the Science of Female Desire*. New York: Harper, 2013.

———. "Women Who Want to Want." *New York Times*, November 24, 2009. www.nytimes.com/2009/11/29/magazine/29sex-t.html?pagewanted=all&_r=0.

Berridge, Kent. *The Mechanisms of Self-Control: Lessons from Addiction*. Video, The Science Network, May 13, 2010. http://thesciencenetwork.org/programs/the-mechanisms-of-self-control-lessons-from-addiction/kent-berridge.

Berridge, Kent, Richie Davidson, and Daniel Gilbert. *The Neuroscience of Happiness*. Video, Aspen Ideas Festival, 2011. https://youtu.be/8f-T7lgdLPI.

参考文献

（ウェブサイトはその性質上、リンク切れの可能性があります）

Abler, Birgit, Henrik Walter, Susanne Erk, Hannes Kammerer, and Manfred Spitzer. "Prediction Error as a Linear Function of Reward Probability Is Coded in Human Nucleus Accumbens." *NeuroImage* 31, no. 2 (2006): 790–95. doi:10.1016/j.neuroimage.2006.01.001.

Acevedo, Bianca P., Arthur Aron, Helen E. Fisher, and Lucy L. Brown. "Neural Correlates of Long-Term Intense Romantic Love." *Social Cognitive and Affective Neuroscience* 7, no. 2 (2011): 145–59. doi:10.1093/scan/nsq092.

Adams, Rebecca. "For Sexual Dysfunction, 'Men Get a Pill and Women Need Therapy.' What Gives?" Huffington Post, June 3, 2015. Accessed June 22, 2020. https://www.huffpost.com/entry/sexual-dysfunction-pill_n_6677502.

Alzate, H., B. Useche, and M. Villegas. "Heart Rate Change as Evidence for Vaginally Elicited Orgasm and Orgasm Intensity." *Annals of Sex Research* 2 (1989): 345–57.

Angier, Natalie. "Conversations/Ellen T. M. Laan; Science Is Finding Out What Women Really Want." *New York Times*, August 13, 1995. www.nytimes.com/1995/08/13/weekinreview/conversations-ellen-tm-laan-science-is-finding-out-what-women-really-want.html.

Ariely, Dan. *Predictably Irrational: The Hidden Forces That Shape Our Decisions*. Rev. ed. New York: Harper, 2009.〔ダン・アリエリー『予想どおりに不合理　行動経済学が明かす「あなたがそれを選ぶわけ」』・早川書房・2013年刊・文庫版〕

Aristotle [pseud.]. *Aristotle's Compleat Master-Piece in Three Parts Displaying the Secrets of Nature in the Generation of Man*. 1728.

Armstrong, Elizabeth A., Paula England, and Alison C. K. Fogarty. "Accounting for Women's Orgasms and Sexual Enjoyment in College Hookups and Relationships." *American Sociological Review* 77, no. 3 (2012): 435–62. doi:10.1177/0003122412445802.

Arnow, B. A., L. Millheiser, A. Garrett, M. Lake Polan, G. H. Glover, K. R. Hill, and A. Lightbody, et al. "Women with Hypoactive Sexual Desire Disorder Compared to Normal Females: A Functional Magnetic Resonance Imaging Study." *Neuroscience* 158, no. 2 (2009): 484–502. doi:10.1016/j.neuroscience.2008.09.044.

Aubrey, Allison. "Feeling a Little Blue May Mask Our Ability to Taste Fat." National Public Radio, June 6, 2013. www.npr.org/blogs/thesalt/2013/06/04/188706043/feeling-a-little-blue-may-mask-our-ability-to-taste-fat?ft=1&f=1007.

Bacon, Lindo. "The HAES Manifesto." From *Health at Every Size: The Surprising Truth about Your Weight*. Dallas: BenBella Books, 2010. Lindobacon.com/HAESbook/pdf_files/HAES_Manifesto.pdf.

Baer, Ruth A., Gregory T. Smith, Emily Lykins, Daniel Button, Jennifer Krietemeyer, Shannon Sauer, Erin Walsh, Danielle Duggan, J. Mark G. Williams "Construct Validity of the Five Facet Mindfulness Questionnaire in Meditating and Nonmeditating Samples." *Assessment* 15, no. 3 (2008): 329–42. doi:10.1177/1073191107313003.

Baer, Ruth A., Gregory T. Smith, Jaclyn Hopkins, Jennifer Krietemeyer, and Leslie Toney. "Using Self-Report Assessment Methods to Explore Facets of Mindfulness." *Assessment* 13, no. 1 (2006): 27–45. doi:10.1177/1073191105283504.

[著者]

エミリー・ナゴスキー

Emily Nagoski, Ph.D.

性教育者。本書『私たちのセクシュアル・ウェルネス（原題：*Come As You Are*）』はニューヨーク・タイムズ紙のベストセラーとなり、TEDトークの再生数は数百万回を誇る。Netflixのドキュメンタリー・シリーズ『快楽の原則』にも出演。キャリアの始まりは、デラウェア大学在学中にボランティアとして学生たちに健康、とくに性についてのアドバイザーとなる訓練を受けたことだった。大学卒業後はインディアナ大学大学院でカウンセリング学の修士号と健康行動学の博士号を取得。同大学キンゼイ研究所で研修を受けたのち、スミス大学で8年にわたって教鞭を執った。現在は執筆と講演活動を中心に活動。漫画家の夫と2匹の犬、2匹の猫とともにマサチューセッツ州西部に暮らす。

[訳者]

小澤身和子

Miwako Ozawa

東京大学大学院人文社会系研究科修士号取得、博士課程満期修了。ユニバーシティ・カレッジ・ロンドン修士号取得。「クーリエ・ジャポン」の編集者を経て翻訳家に。主な訳書に、ニナ・マグロクリン『覚醒せよ、セイレーン』（左右社）、カルメン・マリア・マチャド『イン・ザ・ドリームハウス』（エトセトラブックス）、ジェニー・ザン『サワー・ハート』、リン・エンライト『これからのヴァギナの話をしよう』（以上、河出書房新社）、ウォルター・テヴィス『クイーンズ・ギャンビット』（新潮社）など。

[日本語版監修者]

高尾美穂

Miho Takao

医学博士・産婦人科専門医。日本スポーツ協会公認スポーツドクター。日本医師会認定産業医。イーク表参道副院長。ヨガ指導者。婦人科の診療・治療を通じて、女性のウェルネス向上のサポートを行い、多くの支持を集めている。テレビや雑誌などメディアへの出演多数。また、SNSでの日々の発信に加え、アプリstand.fmでは、再生回数1100万回を超える人気音声番組『高尾美穂からのリアルボイス』を毎日配信中。主な著書に、『娘と話す、からだ・こころ・性のこと』（朝日新聞出版）、『人生たいていのことはどうにかなる あなたをご機嫌にする78の言葉』（扶桑社）。

私たちのセクシュアル・ウェルネス

女性の体・性・快楽のメカニズム

2024年6月3日　第1版1刷

著者	エミリー・ナゴスキー
訳者	小澤身和子
日本語版監修	高尾美穂（産婦人科医）
編集	尾崎憲和　川端麻里子　小林恵
装丁	奈良岡菜摘デザイン事務所
イラスト	Miona Mori
本文制作	クニメディア
取材協力	村田亜美／林美帆子／Yuka Kiryu／平野陽子／結叶凛／水野遥／武石美有紀／似鳥よーこりん／堀中かな枝（ほりえ）
発行者	田中祐子
発行	株式会社日経ナショナル ジオグラフィック 〒105-8308 東京都港区虎ノ門4-3-12
発売	株式会社日経BPマーケティング
印刷・製本	日経印刷

ISBN978-4-86313-574-1
Printed in Japan

乱丁・落丁本のお取替えは、こちらまでご連絡ください。
https://nkbp.jp/ngbook

本書は米国Simon & Schuster社の書籍『Come As You Are』を翻訳したものです。
内容については原著者の見解に基づいています。